Heinz Grill

KOSMOS
UND
MENSCH

Ein Weg der Selbsterkenntnis
und Selbstheilung durch das
Studium des Yoga, der Anatomie
und Physiologie des Körpers

Heinz Grill

KOSMOS
UND
MENSCH

Ein Weg der Selbsterkenntnis
und Selbstheilung durch das
Studium des Yoga, der Anatomie
und Physiologie des Körpers

Bibliografische Information der Deutschen Bibliothek
Die Deutsche Bibliothek verzeichnet diese Publikation in der deutschen
Nationalbibliografie; detaillierte bibliografische Daten sind im Internet über
http://dnb.ddb.de abrufbar.

Copyright 2003 bei
Lammers-Koll Verlag e. K.
Leopoldstraße 1
D-75223 Niefern-Öschelbronn
Alle Rechte vorbehalten

ISBN 3-935925-63-8

Idee: Heinz Grill
Fotos: Regina Junk
Titelbild: R. R.
Gestaltung und Satz: Johanna Blümel, Albert Wimmer
Druck: Vochezer-Druck, D-83301 Traunreut

Inhalt

Einleitung		11
Das intellektuelle Denken im Gegensatz zur reinen Erkenntnis		13
I	Die Liebe als universale Kraft	13
II	Beobachtung und Interesse	14
III	Schulung des Denkens	16
IV	Geduld, Gedankenpflege, Wiederholung	18
V	Die Welt der Sinne und die Gedanken bilden eine Einheit	20
Das kreative Lernen und die jenseitige Welt		23
I	Notwendige Ausrichtung zu einer geistigen Quelle	23
II	Das Lernen und der universale seelische Fortschritt	24
III	Die Toten lernen mit uns und finden Befreiung	25
Die Unterscheidung von Körper, Seele und Geist		27
I	Die Erkenntnis der verschiedenen Ebenen gibt ein Gefühl der Zusammengehörigkeit	27
II	Denken, Fühlen und Wille – *manas, buddhi, ātman*	28
Der Bewegungsapparat		32
Das Skelett im Sinnbild des Geistes		32
I	Die geistige Bedeutung der Wirbelsäule und der Extremitäten	32
II	Der geistige Ursprung der Bewegung	35
	cakrāsana – Das Rad im Zyklus	36
Die Wirbelsäule und die Zusammenhänge des Geistes		38
III	Anatomie, Diagnose und therapeutische Ansätze	38
IV	Die Wirbelsäulenabschnitte in Zuordnung zum seelischen Entwicklungswunsch	41
V	Die Muskulatur und das Bewegungsleben	43
VI	Die Muskeln und der Weg zur Erde	44
Die Gelenke		48
VII	Der Zusammenhang der Gelenke zum Lichtäther und dem Kosmos	48
VIII	Die zukünftige Beweglichkeit aus dem Ich	52
IX	Die seelische Bedeutung der Wirbelsäule und die damit verbundenen Entwicklungsmöglichkeiten	58
X	Die sechs Bewegungsmöglichkeiten der Wirbelsäule	62
Die Pathologie und die Heilsmöglichkeiten		69
XI	Weite, Sinnestiefe und Lichtäther	69
XII	Unfälle, Traumen	71
XIII	Die Entzündungen und Übersäuerungen am Bewegungsapparat	73
XIV	Degenerative Krankheiten	75
XV	Die Heilwirkungen von Körperübungen mit Gedankeninhalt	77
XVI	Das *maṇipūra-cakra* und das rechte Aktivsein	79
	Das *maṇipūra-cakra*, das luft-feurige Zentrum für Wirbelsäule und Stoffwechsel	82

Die Haut als die irdische Hülle des Menschen ... 84

I	Die Haut und die Schönheit des physischen Körpers	84
II	Die Haut und die vier Elemente	88
III	Das Sinnbild der Erde	90
IV	Nervöse Schwankungen spiegeln sich in der Haut	93
V	Die Haut und der Kieselsäureprozess	95
VI	Eine Interpretation aus geistiger Sicht zu den Hautkrankheiten	96
VII	Das Allergen als Erinnerungsträger	99
VIII	Heilung der Allergie durch konkrete Gedankenbildung	101
IX	Eine Atemübung aus dem Yoga zum Erleben der eigenen Inkarnation	103

Das Nervensystem ... 106

Die geistige Bedeutung des Nervensystems ... 106

I	Das Nervensystem ist ein Lichtträger	107
II	Die Bewegung ist ein hoher und höchster Willensausdruck des Kosmos	109
III	Die Kontrolle des Ich steigert die Wahrnehmungssensitivität	112
IV	Die geistige Bedeutung von Nervenschädigungen	115
V	Sensitivitätssteigerung des Astralleibes	116
VI	Die Weitung des Astralleibes bedarf eines rhythmischen, geordneten Lebens	119
VII	Planeten und Nerven	120
VIII	Das begehrliche, aktive Prinzip im Astralleib	122
IX	Der Zusammenhang von Stoffwechsel, Planeten und Nerven	125
X	Die Nacht und das Geheimnis zur Regeneration des Nervensystems	130
XI	Die geistige Bedeutung des vegetativen Nervensystems	134
XII	Die Öffnung des Unbewussten	136
XIII	Der Fortschritt in der Seele erfolgt aus dem Neubeginn des Bewusstseins	139
XIV	Die chronische Sympathikotonie, die anhaltende Unruhe	140
XV	Nach der persönlichen Klärung erfolgen bewusste Ziele für die Zukunft	142

Die klassische Nervenkrankheit – die Psychose ... 143

XVI	Psychische und physische Zusammenhänge, biographische und karmische Ursachen	143
XVII	Die Therapie von Psychosen aus integrativer Sicht	147

Das Atemsystem ... 151

I	Der unbewusste Spannungszustand in der Lunge	152
II	Das Atemsystem als Ernährungssystem	154
III	Der Atem und die Entwicklung des Seelenlebens	159
IV	Die polare Dimension des Atems	160
	Das Sonnengebet – *sūrya namaskara*	162
V	Die freie, dritte Dimension des Atems	164
VI	Einige einfache Übungen zur Atemunterstützung	166
VII	Vier Dimensionen in einem Atemzug	172

Das Zirkulationssystem ... 176

I	Die Bewegung des Blutes	176
II	Das Herz als Inkarnationsorgan	177
III	Der vitalisierende und der asketische Ansatz von Übungen	180
IV	Der neue Yogawille	182
V	Wo liegt der Mittelpunkt des Kreislaufes	188
VI	Die Bedeutung von Rhythmus	190
VII	Die Veränderung des Herzens mit der spirituellen Entwicklung	196
VIII	Die Heilung durch rhythmische Einflüsse	197
IX	Rhythmus und Heilung aus der Seele	199
X	Der Herzinfarkt	202
XI	Vorbeugung und Therapie des Herzinfarktes	205

Das Hormonsystem ... 208

Die Drüsen in Beziehung zu den *cakra* — 208

I	Der Einfluss ätherischer Kräfte auf Hormone, Drüsen und *cakra*	208
II	Die Zuordnung der Drüsen zu den *cakra*	209
III	Das Hormonsystem arbeitet nach einem im Äther angelegten Steuerungsrhythmus	211
IV	Entwicklungsdefizite prädestinieren für Fremdeinflüsse	214
V	Stärkung des Ätherleibes durch Bewusstseinsschulung	215

Die Entwicklung des sechsten Zentrums — 218

VI	Die tiefere Bedeutung des vierten und sechsten Zentrums für die Persönlichkeitsentwicklung	218
VII	Heilkraft durch schöpferische Gedankenentwicklung	220
VIII	Das sechste Zentrum und der Lebensauftrag	220
IX	Die Bedeutung des siebten Zentrums und die Frage nach der göttlichen Transzendenz	221
X	Durch die Hinwendung und eigenständige Auseinandersetzung mit spirituellen Quellen aktivieren wir für den Äther der Welt ein Licht	223

Das Verdauungssystem ... 225

I	Das Verdauungssystem als wärmebildendes System	225
II	Therapeutische Ansätze für das Verdauungssystem	227
III	Das Verdauungssystem als feinstoffliches Kommunikationssystem	229
IV	Der vermittelnde Planet Merkur in der Verdauung	231
V	Der Weg von oben nach unten und von unten nach oben	234

Beispiele zu einem Heilsansatz mit Yoga — 238

VI	Gastritis, Migräne, Bronchitis	238
VII	Das Wesen des Dünndarms	240
VIII	Die Candida-Erkrankung	242
IX	Das Beispiel von Übungen	244

Die Nieren 249

Die Nieren im Zeichen der Venus 249
I   In jedem Organ lebt ein geheimer Schöpferwille
mit einem spezifischen Auftrag 249
      Gedicht 250
II   Die Organanlage entstand durch das Opfer höherer Hierarchien 251
III Empfindung, Wärme und die Venus 252
Vorsicht vor Schematismus 254
Die Venus und ihr physischer und psychischer Prozess 254
Die Bedeutung des geistigen Einscheidungsprozesses
und des physiologischen Ausscheidungsprozesses 257
IV Geistige Einflüsse bestimmen unsere Bewusstseinslage 257
V   Unsere geistigen Ideale bestimmen unsere Handlungen 258
VI Die Gedankenaktivität wirkt auf den Einscheidungs-
und Ausscheidungsprozess 259
Die Möglichkeiten durch Yoga 260
VII Die Anmut ist ein Ausdruck der Venus 260
VIII Sprachgestaltung und die Entwicklung der Venus 262

Das differenzierte Erleben der Organe 264
I   Der Mond und das Gehirn 264
II   Das schöpferische Wissen im Gegensatz zur Epigonie 266
III Der Merkur und die Lunge 268
IV Das Herz und die Hysterie 269
V   Die Leber und die Erwartungshaltung 269
VI Die Niere und die Sensitivität 270
VII Die Milz und der Saturn 271
VIII Die Galle und der Mars 272

Die Organschwäche 273
I   Organdispositionen lenken die seelische Entwicklung 273
II   Das frühere Leben bestimmt die leibliche Kondition 274
III Leber und Nieren 276
IV Schwäche fordert ein seelisches Aktivsein 277

Die Bedeutung des Körpers 279
I   Der Geist steht am Anfang 279
II   Analogien der vier Naturreiche 281
      Die heilige Kuh 284
III Der Körper als *kurukṣetra* 286
IV Im irdischen Dasein nimmt der Körper die Seele gefangen 288

Die verjüngende Kraft des Geistes
für das Bewusstsein und den Körper 290

Die Heilsseite des Glaubens und die geistige Bedeutung der Wärme ... 295

I	Glaube und innere Kraft der Seele	295
II	Inkarnation und Exkarnation des Bewusstseins	297
III	Die Krankheit und das besetzende Wesen	298
IV	Die Epiphyse und die Hypophyse	299
V	Die Milz und ihr mysteriöser Charakter	300
VI	Die Lebensmüdigkeit und die Krebskrankheit	302
VII	Vermeidung von passiver Offenheit bei der Krebskrankheit	303
VIII	Die Allergie und die Entwicklung der Beobachtung des Wärmeäthers	305
IX	Das Blut, die Wärme und das *anāhata-cakra*	307
X	Die Erfahrung des *anāhata-cakra*	309
XI	Die Allergie und die Entwicklung des vierten Zentrums	311
XII	Praktische Hinweise zur Entwicklung der Wärme in der Seele	312
XIII	Ein bewusstes In-Ruhe-Lassen der allergischen Reaktionen	314
XIV	Die Symbiose als Gegensatz zur Freiheit der Liebe	316

Der Lichtstoffwechsel und die Kieselsäure im Verhältnis zur Krebszelle ... 318

I	Einführung in die Arbeitshaltung	318
II	Naturheilkunde, Ganzheitlichkeit, Allopathie	321
III	Über den Geist und das Opfern	323
IV	Der Unterschied von Seele und Gefühl	325
V	Lichtstoffwechsel und Karzinom	327
VI	Kieselsäuremangel, Depression, Wirbelsäulendegeneration	328
	Das Licht der Gedanken, die Kieselsäure und die entstehende Raumempfindung	330
VII	Candida albicans	333
VIII	Osteoporose	335
IX	Die Einzigartigkeit des Seelen-Lichtprozesses	337
X	Förderung des Lichtstoffwechsels durch Nahrung	339
	Eine Seelenübung zur Erkenntnis der Lichtätherkräfte	342

Die maligne Tumorbildung ... 344

I	Die Zunahme der degenerativen Krankheiten im Zeichen der mangelnden Individualität	344
II	Das fehlende Feuerwesen am Beispiel der malignen Tumorbildung	345
III	Die vermeintliche Gesundheit im Festhalten der jugendlichen Vitalität im idealistischen Denken	349
IV	Der Mensch als Abbild eines geistigen Kräftewirkens	351
V	Die wärmende und heilende Seite der schöpferischen Gedankenbildung	353
VI	Die Hintergründe des degenerativen Zellwachstums aus geistiger Sicht	355
VII	Das Studium der Heilmittel als tiefgreifender Therapieansatz am Beispiel der Birke	357
VIII	Die Therapie mit einem lebendigen Studium des Yoga in drei Schritten	361

Die Heilung der malignen Tumorbildung 364
    I   Die Entwicklung der Schöpferkraft über drei Jahre   364
    II   Die Selbstverantwortung und die Grundlage des geistigen Studiums   365
    III   Die geheime Sehnsucht nach Harmonie und der mystische Abstieg   368
    IV   Ein erster Heilimpuls durch Aktivierung der Willenskraft   372
    V   Das Studium der Imaginationen als innerer Weg zu einem neuen Leben   373

Wie erlangt man geistige Erkenntnisse (Imagination) 376

Anhang / Anmerkungen 387

Literaturhinweise 402

Autorenportrait 405

Hinweis:
Die Texte in den Kopfzeilen wurden als Lesehilfe vom Verlag erstellt.

LIEBER LESER!

Das vorliegende Buch richtet sich an Therapeuten und andere Fachkräfte in Heilberufen, ebenso wie an Laien, die Interesse an den geistig-seelischen Dimensionen des Menschseins und den Zusammenhängen von Physiologie, Anatomie, Gesundheit und Krankheit haben. Aber auch Menschen, die sich mit Yoga befassen, finden hier viele Anregungen, wie die Körperübungen und die Art der Übungspraxis heilsame Wirkungen entfalten.

Die Schilderungen über Anatomie, Physiologie und Krankheitserscheinungen geben bildhafte Beschreibungen von den sichtbaren physischen Tatsachen und von geistig geschauten Realitäten, die die unsterbliche Seele und den Menschen als kosmisch-geistiges Wesen mit in die Betrachtung einbeziehen. Sie erscheinen gegenüber anderen medizinischen Werken eher poetisch und ungewöhnlich und können in ihrer Tiefe meist nicht sogleich verstanden werden. Es empfiehlt sich daher, die einzelnen Abschnitte wiederholt und aufmerksam zu lesen und durch Betrachtung und Nachempfinden der Bilder die Kerngedanken zu erfassen.

Der 1960 in Wasserburg am Inn geborene Autor Heinz Grill legt die Betonung in seinem Werk vor allem auf ein integrales, kreatives Denken und Empfinden. Die Entwicklung eines neuen Bewusstseins über die Realität des Geistes soll zu einer Erweiterung der Heilkunst anregen, die auch zu einer seelisch-geistigen Neuorientierung und einem Heilwerden in der Seele beiträgt.

Persönlich habe ich viele neue Impulse und Anregungen für die therapeutische Arbeit bekommen und die Erfahrung gemacht, dass allein das Lesen und Betrachten dieser Inhalte eine äußerst heilsame Therapie für die Patienten darstellt. Eine Hinwendung zu den Gedankeninhalten zeitgemäßer spiritueller Quellen hat meiner Erfahrung nach einen wichtigen Anteil an einem Heilgeschehen im Sinne einer ganzheitlichen Menschenbetrachtung. Als spirituelle Quellen sehe ich in diesem Sinne Beschreibungen realer Zusammenhänge, die aus eigener geistiger Schau entstanden sind, wie zum Beispiel die Werke von Rudolf Steiner und Śri Aurobindo. Die im vorliegenden Buch enthaltenen Schilderungen weisen daher naturgemäß Parallelen zu den vorgenannten Autoren auf.

Mein Dank gilt dem Autor und allen die an der Herausgabe des Buches mitgearbeitet haben und ich wünsche mir eine weite Verbreitung des Werkes, damit möglichst viele Menschen an den heilsamen Gedanken teilhaben können.

Gerhard Himmel *Bad Reichenhall, Dezember 2002*

Das intellektuelle Denken im Gegensatz zur reinen Erkenntnis

I
Die Liebe als universale Kraft

Die innerste Sehnsucht unseres psychischen Wesens zeigt sich in dem unsagbaren und unbeschreibbaren Drängen hin zu Gott durch eine bestehende, aber geheimnisvoll verborgene Liebe und ungeteilte, unbegrenzte, immanente Freude. Vor allem Wissen sucht die Seele die einende, versöhnende und heilende göttliche Liebe. Die Liebe zur Wahrheit, zu *satya*, ist der Sporn, das Ziel, die Wahrheit wieder in sich selbst, da sie Liebe ist. Sie steht höher als das höchste Bildungswissen auf dieser Erde.

Lernen soll untrennbar mit seelischem Wachstum verbunden sein. Ein neu in die Geburt strebendes geistiges, freieres Leben erhebt sich aus der innersten Natur mit den Lernschritten, die gleichzeitig Verwandlungsschritte des herkömmlichen Denkens, Fühlens und des Willens sind. Ist das Lernen mit der Suche nach dem höheren geistigen Wirklichkeitsgehalt und einer Liebe zu Wahrheit verbunden, trägt das Denken ein Licht der Zartheit und der Wille eine Flamme der Reinheit in sich. Über einer dunklen Grotte des routinegeprägten Alltags erhebt sich die Erkenntnis aus der Seele auf die Höhe der tatsächlichen Wirklichkeiten, die wir mit *brahman* bezeichnen und die in einer verborgenen Wiege im übersinnlichen Leben ruhen.

In unserer Kultur existiert leider die allgemeine Meinung, man müsse durch intellektuelles Wissen sein Selbstbewusstsein stärken, bevor man sein Bewusstsein zu der Ebene des Seelenlebens und den Geisteshierarchien emporlenkt. Diese Anschauung führt zu mühseligem Lernen von Studieninhalten über den Körper und seine Funktionen. Die meisten Studenten leiden infolge des trockenen Lernstoffes an Müdigkeit und nervlicher Erschöpfung. Insgeheim spürt die Seele beim Lernen, das oftmals ein reines Auswendiglernen ist, den Entfremdungscharakter der Studieninhalte und reagiert mit mehr oder weniger offensichtlicher Ablehnung. Die Sehnsucht der Seele ist für jeden Menschen eine heimliche Hoffnung auf höhere Einswerdung im seligen Frieden des Geistes, den sie in der Regel dann vorfindet, wenn sie eine geistige Erkenntnis über eine Sache oder Angelegenheit entwickelt. Wissensgut oder aus dem Gesamtzusammenhang herausgelöstes Bildungswissen aber, wie es allgemein in unserer von Angst und Sorge erfüllten Zeit gepflegt und zu Idealen erhoben wird, führt nicht in die tiefe Innenwelt der empfindenden Herzmitte, sondern fördert eher erst einmal das einseitige, materiell orientierte und ohnehin überlastete Kopfdenken.

II

Beobachtung und Interesse

Die erste Empfindungskraft der Seele ist die Stärke, die äußere Wirklichkeit mit wacher und bewusster Aufmerksamkeit zu beobachten, sie wahrzunehmen und damit im Äußeren originalgetreu zu erkennen, wie sie ist. Diese Beobachtungsfähigkeit kann durch ein geduldiges Studium, das auch die wissenschaftlichen Grundprinzipien respektiert, langsam in Erfahrung gebracht werden. Vorsicht und Wachsamkeit sind jedoch in jedem Falle notwendig, damit nicht die trügerische Schlinge einer Verwechslung des gewöhnlichen, konkreten Beobachtens mit einem unterschwelligen Gefühlsleben, das zur Schwärmerei neigt, erfolgt. Wir dürfen auch nicht unsere eigenen Ideen, Vorstellungen und Meinungen auf die Objekte oder Tatsachen projizieren und die Verhältnisse damit vorschnell interpretieren. Die Beobachtung erfordert Ruhe, Geduld und eine gewisse freie Innerlichkeit bei klarer Wachheit. Zu viele Emotionen, Projektionen und unbewusste Wünsche dürfen nicht die konkrete Beobachtung ablenken und mit subjektiven Bewertungen beladen. Sie entspringen ihrer Natur nach völlig entgegengesetzten Quellen. Das reine, emotionsfreie Beobachten sieht die Natur, sieht die Mitmenschen, wie sie sind, es sieht die Welt ohne Täuschung, es nimmt die Erscheinungen zunächst einmal urteilsfrei wahr und wird damit dem verlebendigten Bewusstsein in seinem beruhigenden Charakter gerecht. Diese Beobachtung, so könnten wir meinen, wäre nur ein Vorgang der Sinne, der Augen oder der Wahrnehmungen durch das Gehör. Wir sehen, identifizieren und erkennen jedoch nur jene Objekte und Tatsachen, für die wir ein Bewusstsein und ein Gedächtnis ausgeprägt haben. Die kosmischen Zusammenhänge und übersinnlichen Wirklichkeiten nehmen wir in der Regel nicht wahr, da wir für diese keine Gedanken und Empfindungen entwickelt haben. Für die Beobachtung, wie sie hier in ihrer mehr integral ganzheitlichen und unmittelbaren Bewusstheit verstanden wird, müssen wir uns bestimmte Gedanken und Empfindungen aneignen, sie in der Tiefe der Seele durch Konzentration ausprägen und auf wiederholte Weise die Objekte der Außenwelt betrachten.

Die Sinne müssen sich deshalb einer tatsächlichen Schulung durch das Bewusstsein unterziehen. Die Sinne sind im ungeschulten Zustand von den persönlichen Meinungen und Eindrücken beladen und können die Wirklichkeit nur unvollständig oder gar nicht erkennen. So erfordert die Entwicklung dieses Wirklichkeitsdenkens die große Schule der Entwicklung von einer konkreten, reinen Aufmerksamkeit, die zu Freiheit von persönlichen Ansichten, Schwärmereien, Emotionen, vorschnellen Bewertungen und selbstentworfenen Glaubensbegriffen führt, damit sich die individuelle Seele, *jīva*, einem profunderen, sensitiven Wahrheitsfühlen, Wahrheitsbewusstsein, Wahrheitswirken und einer immerwährenden Wahrheitsliebe annähern lernt.

Die Anatomie des menschlichen Körpers dient uns als bevorstehendes Fachgebiet zur Auseinandersetzung und zur Schulung eines weiten, umfassenden und seelisch heilenden Denkens, das aus der klaren Aufmerksamkeit hervorgeht. Der Mikrokosmos des Leibes findet seine Entsprechung im Makrokosmos des Universums. Die Betrachtung der Anatomie darf aber dann nicht ausschließlich mit der gewöhnlichen wissenschaftlichen Methode am direkten Bild des Körpers stehenbleiben und sie darf auch nicht mit zu vielen theoretischen, verkomplizierenden Begriffen beginnen. Würde man nur ausschließlich vom Körper und seinen Gliedern ausgehen und eine Trennung zum Kosmos definieren, so bliebe man in einseitigen Ideen und wirklichkeitsfremden, spekulativen Theorien gefangen. Die gesamte Beobachtung und das Erfassen des Körpers müssen von ersten Gedanken und Vorstellungen, die wir am besten durch Lesen und Erarbeiten von imaginativen Texten aufnehmen, was soviel heißt, wie von seelischer, von höherer Weisheit erfüllt, ihre Berechtigung und Charakteristik erhalten. Von diesen Vorstellungen erwachen reine, stille Empfindungen in der Seele, und von diesen ausgehend können wir ein inneres Bildnis des Körpers und seiner Physiologie erfahren. Das reine Denken ist ein inneres, bildhaftes Wahrnehmen, das nahe der Seele wie eine stille, kleine Blüte inmitten der Wiese menschlicher Achtsamkeit und Bescheidenheit lebt. Ein solch feines Wahrnehmen beginnt nicht allein mit den physischen Augen des Leibes, sondern lenkend mit den Augen der Seele, die in den aktiv erworbenen Gedanken gegründet ist und die der tiefen Natur des Bewusstseins entspricht. Wenn man die Welt der Anatomie und Physiologie zuerst äußerlich wissenschaftlich studiert und schließlich dann mit dieser innigen und doch sehr feinen Gedankenwesenwelt zu erweitern beginnt, gewinnt sie einen lichten, edlen Charakter. Das Wissen führt in jene angenehme, weite Pietät und wertungsfreie Beschreibung, die ihre kristallklare Definität im Lichte des Gedankens lebendig und nah zugleich erfährt. Das Wissen gründet sich in der ganzheitlichen und hohen integrativen Welt der übersinnlichen Gedankensphäre. Der konzentrierte, disziplinierte Prozess der Aufmerksamkeit, der Beziehungsfreude und Sinnesliebe, der zu dieser Beobachtung nötig ist, erhebt unsere individuelle Natur und gibt ihr einen lichtvollen Glanz. Das wahrnehmende, im Gedankenlicht gegründete Betrachten, das nichts anderes als ein einfaches, gehobenes und doch naturnahes Denken ist, gießt eine dezente Freude und innigliche Wärme in fast unmerklicher aber dennoch überzeugender Weise über die Studieninhalte aus.

III
Schulung des Denkens

Der materielle Boden der Erde ist durch die Schöpfung gegeben. Das geschaffene Werk ist von Anfang an aus dem einen und gleichen Geiste ausgehaucht, der in einem Gedanken sich einmal im Ursprung gründete. Wir sehen die Schöpfung durch die Identität mit den Gedanken. Wir stehen mit unseren Füßen auf der Erde, ruhen uns auf ihr aus. Sie schenkt uns Heimat und Geborgenheit, Wachstum und Kraft. Durch sie ist unser Körper geboren, durch ihren Lebensatem sind die Glieder und Organe entstanden. Die Erde ist gleich dem Körper, und dieser ist der Tempel der Schöpfung. Wir sehen ihn als den Leib. Nicht aber sehen wir die großen, feinen Hierarchien eines geistigen Wirkens am Körper und seiner Physiologie. Das intellektuelle Denken und die menschlichen, projizierenden Gefühle bilden die umhüllenden Schleier um die Wahrheit und Wirklichkeit der reinen Gedanken, die im Urbeginne eins sind und bleiben. Das Denken in der begrifflichen Norm und das Fühlen in der emotional übersäten Herzenswelt bedürfen deshalb der Erweiterung von feineren Wahrheitsempfindungen und geistigen Einsichten.

Das Lebendige in der reinen Absicht des Gedankens aber besteht immerfort, still und profund, denn die Welt und alle Erscheinungen sind eine Manifestation aus den Gedanken. Das Gegenteil zu dieser reinen Wirklichkeit ist die projizierende Welt, die sich entweder in Intellektualität, Emotionalität oder in den vielen Formen von Begierden und Verlangen äußert. Sie besitzt keine bleibende Existenzgrundlage, und so wird sie als das Tote oder allgemein als das Vergängliche bezeichnet. Dieses Tote überlagert den erhabenen und thronenden Gedanken, der von oben oder vom Geiste kommt, und die irdische Weltanschauung bezeichnet diese Wirklichkeit als *māyā* oder Täuschung.

Eine Arbeit in der Auseinandersetzung und in aktiver Form der Konzentrationsentwicklung höherer und erweiterter Gedanken bildet die Grundlage zur

Sonne, Mond und Erde und das Mantra OM

Tafelbild 1

Die Sonne wird in den Mysterienschulen als ein großes Sinnbild für den reinen Gedanken betrachtet. Sie ist der Ursprungsort der Liebe und des Gebens. Der Mond ist der Ausdruck für das reflektierende Denken, er reflektiert das Licht der Sonne und schenkt dadurch ein Bewusstsein. Die Erde ist der Ort der Manifestation des Lichtes; an diesem Ort treffen sich die Ströme der Entwicklung. Die drei Welten werden von der indischen Lehre in dem bekannten Mantra OM wiedergegeben. OM bedeutet deshalb die Einheit und Ganzheit der Schöpfung und des Kosmos. OM besteht aus drei Buchstaben, aus A, U, M. Gemäß der Sanskritsprache wird der Diphthong AU zusammengefasst und wie ein langes O gesprochen.

Entfaltung des reinen, übersinnlichen Schauens. Sicherlich ist es bereits sehr vorteilhaft, wenn wir unseren Blickwinkel ändern und unsere Gedanken mehr aus einer bescheideneren, einfühlsameren Empfindungswelt des Herzens durch ruhige Beobachtung schaffen. Durch eine ruhige Beobachtung werden wir auf ganz andere Geschehnisse und Zusammenhänge aufmerksam, die den physischen Leib in seiner Form, Farbe und Ausdrucksweise betreffen. Eine notwendige Anforderung aber zeigt sich sogleich zu Beginn dieser Art des Betrachtens, denn das normale Bewusstsein orientiert sich immer gerne an den einfachsten, bekannten Schablonen. Nun muss das Denken auf gezielte Weise geschult werden, so dass es nicht sofort in die herkömmliche Logik der Sinnenwelt mit ihren Anschauungen und ihren kristallisierenden Bewertungen verfällt, sondern vom Gewohnten losgelöst in einer lichten Wahrnehmung in bestimmten, entschiedenen und zur Konzentration erhobenen Eindrücken verweilt. Obwohl diese Art und Weise des Denkens recht schwierig ist, können doch mit einiger Ausdauer die Fesseln der gewohnheitsmäßigen Mentalität, der Vitalität und der Körperlichkeit, die in ihrer Gebundenheit und Unwissenheit eine Art Bewusstseinsfixierung beschreiben, überwunden werden.

IV

Geduld, Gedankenpflege, Wiederholung

Einige Ausdauer und eine besondere Konzentrationsschulung mit Gedankenaufbau im Sinne einer lebendigen Gedankenmodellierung und Gedankenplastizierung sind für die Entwicklung des reinen Denkens unbedingt notwendig. Wird in der Konzentration zu ersten Vorstellungen zu schnell die Geduld verloren, so bleiben die Ergebnisse aus und die ganze Arbeit wirkt ungeheuerlich schwierig und somit nicht nachvollziehbar. Jeder Suchende benötigt deshalb einige gute Vorsätze, Ausdauer und auch die Gelassenheit, nicht sogleich die besten Ergebnisse zu erhalten. Die Freude des reinen Denkens ist groß und erfüllt auf edle Weise das ganze Leben mit schöpferischer Kraft. Eine richtige, über die wissenschaftliche Norm hinausreichende Anschauung über den Körper wie auch jede richtige Erkenntnis über das Leben, bewirken Frieden und Zuversicht. Das Dasein rückt durch die zarte Fügung der Seele in die Einheit der integralen Mitte oder, anders ausgedrückt, in die Erfahrung der Seele im Gedanken. Es ist wichtig, die Zusammenhänge nicht auf mechanische Weise zu studieren, sondern die materiellen Verhältnisse mit einem wachsamen Überblick praktisch und lebensnah zu beobachten und damit durch die höhere Natur des Gedankens jenen Sinn in der Seele entstehen zu lassen.

Das reine Denken beginnt auf unserem Fachgebiet im Lernansatz mit der Pflege von allgemeinen und auch speziellen Gedanken über den Körper, seine Natur und gleichzeitig über die Seele und ihren Werdegang zur Vollkommenheit. Man beobachtet beispielsweise den Körper und studiert die physiologischen Abläufe nach den Möglichkeiten der wissenschaftlichen Forschung und geht weiterhin zu bildhaften Vorstellungen, Erwägungen, Fragen und Überlegungen über. Hinter jeder physiologischen Erscheinung existiert ein geistiges Wesen und eine tiefere kosmische Bedeutung, die sich auf stumme Weise ausdrückt. Diese kosmische, verborgene Natur einer geistigen Wirkungsmacht wird dem Auge immer verborgen bleiben. Die Studien folgen deshalb in weiteren Beobachtungen den Imaginationen, die durch die Geistforscher bereits niedergeschrieben sind und werden nun eigenständig aufgegriffen und in einem eigenständigen Denkprozess aktiv nachvollzogen. Das tiefe Wahrnehmen und Erkennen und weise Empfinden sind Ergebnisse des aktiven, eigenständigen Denkprozesses und sie geben die seelische Wirklichkeit, die sich immer wieder neu entfaltet und belebt.

Die Empfindungen, die entstehen, schenken uns auf langsame Weise eine Logik und eine erste beginnende Erklärung über die Gesundheit und über die Bedeutung von Krankheiten im Körper. Der Körper ist nicht ein für sich alleinstehendes, aus dem Zusammenhang gelöstes, isoliertes Gebilde. Er webt und atmet in lebendigen Geisteshierarchien und in inniglichster Verbindung mit der gesamten Natur, mit der Lichtwelt der Sterne und mit dem Mineralreich der Erde. Darüber hinaus arbeitet in und durch diesen menschlichen Körper ein frei verfügbares oder zumindest ein zur Entfaltung angelegtes freies Willensvermögen. Dieses freie Willensvermögen und die Möglichkeit zur Gedankenbildung erhebt das menschliche Wesen über die Naturreiche. Das Studieren beginnt vielleicht in einem ersten Ansatz mit isolierten Einzelheiten, aber es folgt sogleich den viel weiteren Betrachtungen und den innigen Fragen nach jener Logik des verborgenen Geistes. Von diesen Fragen und schöpferischen Gedanken ausgehend erleben wir die Gestalt des menschlichen Leibes auf eine tiefere und neue Weise.

Das reine, schöpferische und zugleich pietätvolle Denken besitzt einen inneren, warmherzigen Charakter. Ruhe, Achtsamkeit und glaubende Liebe oder gelebte Religion und gelebte Reife entstehen auf der Grundlage dieses Denkens. Da diese Seelenqualitäten in unserer Zeit rar geworden sind, bedarf es der inneren Umstellung und es bedarf vielleicht eines großen Maßes an eigenständiger Motivation. Mit dem ausschließlichen intellektuellen Denken zeigt sich ein sehr hartes Charakterleben. Blickt man in die Augen des Menschen der Gegenwart, bemerkt man eine innere Leere oder gar Traurigkeit und in manchen Fällen auch eine unangenehme Strahlkraft von Hochmut. Der Intellekt möchte durch äußeres Bildungswissen die fehlende Wärme des Herzens und das fehlende Wahrnehmen der höheren Welten ersetzen. Die geistbeseelte Perzeption und die Erfahrung und das Erfühlen der höheren Welten, die verborgen hinter dem Sinnesleben liegen, bewirken die so wichtige nahe Verbindung zu den Mitmenschen und schließlich zum göttlich-geistigen Leben. Wir fühlen aus dem Prozess der Gedankenentwicklung und Empfindungserweiterung eine unendliche Monade, das heißt eine Vielfalt, die jedoch ein Ausdruck einer allgegenwärtigen Einheit ist.

V
Die Welt der Sinne und die Gedanken bilden eine Einheit

Die Welt der Sinne und diejenige des Körpers bilden eine sich ewig variierende Einheit. Ohne die Natur kann die Körperlichkeit und das auch mit ihr eng verbundene Bewusstsein nicht existieren. Der Körper benötigt Nahrung, wie beispielsweise das Getreide, das auf den Feldern wächst. Er braucht das Quellwasser, um sich innerlich und äußerlich zu reinigen. Alle Produkte, die der Körper für das Leben benötigt, gewinnt er aus der Natur. So sind die Ziegelsteine für das Haus aus dem Mutterboden der Erde gewonnen und mit dem Element des Feuers gebrannt, die Balken des Dachstuhls dem Wald entnommen und die Blumen, die die Fensterbank zieren, dem Garten. Die Kleidung stammt aus der Baumwolle strauchartiger Gewächse. Auf vielseitige und umfassende Weise schenkt die Natur die für unsere Existenz notwendigen Dinge. Äußerlich sind die Reiche der Natur und die Erscheinungen der Welt getrennt, sie scheinen für das Auge ganz für sich selbst zu existieren. Aber es besteht weiterhin im Inneren, im Mysteriösen oder hinter dieser variierenden Einheit des Sinneslebens eine verborgene seelische Einheit, und es existiert eine profunde geistige Bedeutung in allen Erscheinungsformen.

Über die Gesunderhaltung des Körpers hinaus spendet die Natur die lichte Nahrung von Formen und Farbenspielen auf feinerer Ebene. Die Wiesen und Wälder, die Berge und Seen, der Horizont und der blaue Himmel schenken großartige Bilder für die ahnende und suchende Seele. Das Zwitschern der Vögel und das Summen der Bienen, das Öffnen der Blüten einer Blume oder ihr Schließen am Abend sind stille, nahezu fromme Erinnerungen, die, wenn wir sie nicht zu romantisierend aufnehmen, das Sinnesleben erquicken und Fragen über den höheren Sinn erwecken. Diese Fragen, gepaart mit Eindrücken, gedeihen zu einer Nahrung für die Seele, da in ihnen die verborgene Musik der höheren geistigen Welten an das Bewusstsein heranklingt. Ohne diesen tagtäglich stattfindenden Austausch durch die Sinne und ganz ohne Fragen, Interessen und Antrieb zu größerem Verständnis könnten wir nicht gesund existieren. Wir nehmen über die Sinne äußerlich die Materie und zunächst noch ganz unbewusst und unbedacht den Ausdruck von astralen und ätherischen Wirkungen wahr.

In der Natur lebt ein feiner Zauber, ein märchenhaft romantisches Licht- und Schattenspiel, ein stilles Tönen und Klingen von Sprießen und Gedeihen. Die Natur ist durch die Elementargeister bezaubert und verlebendigt. Die Elementargeister der Natur gehören zu der Lebenssphäre, zu der sogenannten Äthersphäre.

Ziel eines jeden Studiums

Widmen wir uns als geistige Aspiranten dem Körper und den Erscheinungsweisen dieses Körpers und geben wir uns gleichzeitig mit verschiedenen gezielten Fragestellungen, mit nachfolgenden Konzentrations- und Kontemplationsübungen den Naturprozessen hin, rufen wir als ersten Eindruck einen Sinn für Harmonie, Gesundheit und Ästhetik wach. Das Denken, das wir aber dann durch eine gezielte mentale und übende geistige Auseinandersetzung gewinnen, führt uns den tieferen Erkenntnissen und geistbeseelten Bedeutungsinhalten näher, als wenn wir alleine den Körper mit seinen Geweben und Organen analysieren. Die Anatomie und Physiologie in ihren lebendigen Zusammenhängen erwacht schrittweise im sich offenbarenden, erhobenen und gebildeten Gedanken, und es erwacht der innere Mensch innerhalb der existentiellen Fragen des Daseins und somit mit der antwortenden Sinngestalt der Seele, die ein verborgenes und unendliches Dasein führt. Die herrlichen Erkenntnisse, die wir auf diesem Wege finden, gewinnen ihre Bestätigung durch eine Impression von Liebe. Das Bewusstsein wird in eine lebendige Schwingung versetzt, da ein Fühlen für die höhere Ordnung und die Richtigkeit aller Erscheinungen, sowohl derjenigen, die der Verstand als positiv bewertet als auch derjenigen, die er als negativ betrachtet, erwacht. Keine andere Erkenntnis eröffnet sich unserem Gemüte als jene, dass wir mit unserem Intellekt und unseren Begierden nehmend sind und dass die verborgene Allweisheit des Gedankens in einer ungesehenen und unerwähnten Liebe gebend wirkt. Diese Unterscheidung und Identifikation ist das hohe Ziel eines jeden Studiums.

Das kreative Lernen und die jenseitige Welt

I
Notwendige Ausrichtung zu einer geistigen Quelle

Das Leben ist ein unendlicher Lernschritt und beschreibt ein unendliches Wachstum zu immer größerem Wissen, zu größerer, weitwerdender Liebe und zu einem im Gesamten daraus resultierenden Opfer. Es darf noch zu jenen Empfindungen – wenn wir das Bild beschreiben, wie dieser Weg aussieht, wie er sich anfühlt, wie dieser Weg der produktiven Schöpferkraft erscheint – ein ganz wichtiger Zusammenhang erwähnt werden. Wir lernen um unser selbst willen; aber wir lernen auch um der Schöpfung willen, um unseres Geistseins willen. Wir lernen nicht nur, um einen isolierten Aspekt im Leben zu erfüllen, wir lernen, um einen integralen, allumfassenden, ja ewigen Sinn in die Erfüllung zu führen.

Es wäre die Vorstellung sehr leicht, dass dieser schöpferische Weg ohne eine spirituelle Quelle ausgerichtet sein könne und sich der Lernende somit immer wieder neuen Faszinationen, neuen Möglichkeiten hinwende. Eine spirituelle Quelle ist beispielsweise die originale Lehre von Rudolf Steiner oder der Integrale Yoga von Śri Aurobindo. Mit der Hinwendung an lebendige Geistleben, die zeitgemäß sind und eine tiefgreifende Bewusstheit in sich tragen, erwacht eine Herausforderung für unsere Seele. Wir wollen den lebendigen Geistsinn ergreifen, verarbeiten, in unsere Individualität rezeptieren. In der normalen Gestaltung des Lebens, ohne die Eingliederung eines höheren Geistes, ohne Hinwendung an eine geistige Quelle, ohne das Verlangen nach Vollkommenheit in der Seele, wird das Leben in der Regel gesund gehalten, indem immer wieder neue Aspekte, neue Faszinationen, neue Reize dem Gemüte zugeführt werden. Die neuen Reize, die ständigen Abwechslungen und die ständigen materialistischen Steigerungen halten in der Regel das Leben in einer gewissen vitalen Spannkraft. Das menschliche Gemüt aber erhält dadurch noch nicht seine Erfüllung und profunde Verwandlung, weil es im Innersten, in der Seele verarmt. Der Reichtum der Seele entsteht erst dann, wenn die Quelle vom Geiste in ihm in die Erfahrung kommt. Die Fülle, die Seligkeit, das Glück, die Sicherheit und das Einzigartige kommen erst dann in die Geburt, wenn das geistige Mysterium zum eigenen Mysterium wird.

II
Das Lernen und der universale seelische Fortschritt

Das Lernen ist in diesem Sinne ein Teil unseres Weges. Man könnte vielleicht die Behauptung aufstellen, dass das Lernen keinen Sinn erfülle, weil man das gelernte Wissen nicht wirklich zur Anwendung bringen könne. Oder man könnte vielleicht auch in einem etwas nihilistischen Sinne die weitere These pflegen und sagen: Das Lernen hat keinen rechten Sinn, es erfüllt keinen rechten Zweck, da man ohnehin in fünf oder zehn Jahren zum Sterben verurteilt ist. Was soll man in den älteren Jahren noch so vieles studieren und hinzulernen, wenn es ohnehin keinen Sinn erfüllt oder keine wirkliche Integration im Leben mehr nehmen kann? Das Lernen hat immer einen Wert. Jeder Tag ist mit Lernen verbunden. Selbst für den Siebzigjährigen ist der Tag noch mit Lernen erfüllt. Jener, der lernt, erhält sich jung. Wer nicht mehr lernt, altert und rostet. Lernen ist ein Teil unseres Lebens. Das Lernen ist aber dann in einer nihilistischen Verödung begriffen, wenn es nur auf die Tage zwischen Geburt und Tod ausgerichtet bleibt oder nur in einem materiellen, einseitigen Zweck zum Leben verstanden wird. Das Lernen sollte niemals allein nur für dieses Dasein, für dieses eine Dasein eine Berechtigung erhalten. Wir lernen, um zu sein und wir lernen, um im weiteren Wachstum Größeres zu vollbringen. Das, was wir heute lernen, wird uns auch weiterhin als eine Willenskraft für spätere Zeiten für das Leben nach dem Tode und auch für die nächsten Inkarnationen zur Verfügung stehen.

Weiterhin lernen wir nicht nur um unseres eigenen einsamen Daseins willen, um unserer eigenen Individualität willen, die scheinbar abgeschieden ist von den ewigen Welten und von den Mitmenschen. Wir lernen auch, um der anderen willen und schließlich um der geistigen Welt willen. Wie ist dies zu verstehen? Wir leben eingebunden in das irdische Dasein und somit leben wir eingebunden in ein Spannungsverhältnis. Dieses Spannungsverhältnis zeigt sich darin, dass unsere Ich-Identität derartig machtvoll und in jeder Form beengend ist, dass wir im Dasein eine entzweiende Trennung spüren. Wir erleben uns getrennt von der Außenwelt und wir erleben uns in einer Einsamkeit in der Weltenschöpfung. Die Trennung ist Teil unseres Daseins, sie ist Teil unserer Ich-Identität, sie ist unsere Ich-Identität selbst. Da wir machtvoll und in jeder Form, mit den Gedanken, mit den Gefühlen und mit unserem Leibe in dieses irdische Licht eingebunden sind und abgeschieden sind von einer ewigen oder jenseitigen, astralen, ätherischen oder geistigen Welt, ist es für uns mit erhöhter Anforderung und erhöhter Willensleistung verbunden, die Prinzipien des Geistes in die Erfahrung zu bringen. Ein geistiges Studium ist ein Studium des einen, einzigartigen Ewigen und ein Studium der ätherischen, astralen Welten des Jenseits.

III

Die Toten lernen mit uns und finden Befreiung

Wir studieren die Gesetze des Lebens und wir studieren die Geheimnisse unserer Schöpfung, die Mysterien sind. Indem wir ein lebendiges Interesse finden, lernen ebenfalls die Seelen der Verstorbenen im Jenseitigen mit. Es ist eine ganz tiefe Wahrheit, dass wir mit dem Lernen tatsächlich auch das Leben im Jenseitigen erlösen oder im einfacheren Sinne befreiend begleiten. Unser Lernen auf dem irdischen Plan ist gleichzeitig ein Lernen in der geistigen Welt. Verstanden kann dieser Zusammenhang noch leichter werden, wenn wir uns ein klares, tatsächlich existentes oder nachvollziehbares Bild vor die Augen rücken. Wir müssen dies vor unsere seelische Vorstellungskraft, vor unsere imaginative Vorstellungskraft rücken. Nach dem Tode, nach dem Abscheiden des Leibes und Hineingehen des Bewusstseins in die jenseitigen Welten, besteht für diesen gesamten Bewusstseinsapparat, für dieses Wesen, das weiterexistiert, keine eigenständige Möglichkeit zu reagieren und zu arbeiten. Es wird bearbeitet und es wird regiert. Indem der Leib hinwegfällt, kann dieses Bewusstsein nicht mehr eigenständig den Willen entfalten; der Wille wird durch dieses Wesen hindurch entfaltet. Da aber dieses Wesen des Bewusstseins, dieses seelische Gebilde, dem Jenseitigen als Geistkörper angehörige Gebilde mit der irdischen Welt in Verbindung steht, erhält es auch die Nahrung aus der irdischen Welt. Wenn Menschen das heilige Mysterium studieren und mit besonderem Interesse begleiten – auf dies kommt es an, auf das Interesse, die Begeisterung, die Faszination, die Anteilnahme, auf die innerste Beziehung im Lernen – wenn diese Anteilnahme lebt, dann werden auch die höheren oder jenseitigen Seelen, die im Todesreich bangen, lernen. Ein Auswendiglernen ohne Anteilnahme, ein reines Lernen im Sinne der heutigen Dialektik, wie wir es in den Universitäten kennen, ein Lernen, um den Schein zu wahren oder den Schein zu machen, ist nicht ein wirkliches Lernen, das den jenseitigen Welten zu einer Befreiung verhilft. Es verhaftet sogar noch die jenseitigen Welten. So wie das Lernen heute den Kopf belastet und die Gemüter verhärtet, so verhärtet es auch gleichzeitig die astralen Welten. So wie das Lernen aber mit dem feurigen Interesse des Selbst, das in der Schöpferkraft einer Hingabe und Faszination die Gemüter belebt, die Stoffwechsel- und Willenslage stärkt, so wird auch die geistige Welt damit in ein Licht der

Befreiung getragen. So ist selbst an unserem letzten Tage dieses irdischen Daseins noch ein Lernen angesagt. Wir lernen, um den Mond oder die Sphäre des *kāmaloka* zu befreien. Wir lernen nicht nur um unseres irdischen Seins willen, wir lernen um unserer ganzen Schöpfung und unserer Mitmenschen willen. Jede Seele, ja, jeder individuelle Bürger auf dieser Erde muss dieses Lernen zur Annäherung an eine größere Wahrheit, *satya*, erfüllen. Indem wir dieses Gesetz des Lernens erfüllen, tragen wir bei zur gesamten Erlösung innerhalb unseres Menschseins und unseres im wachsenden Leiden bestehenden Daseins.

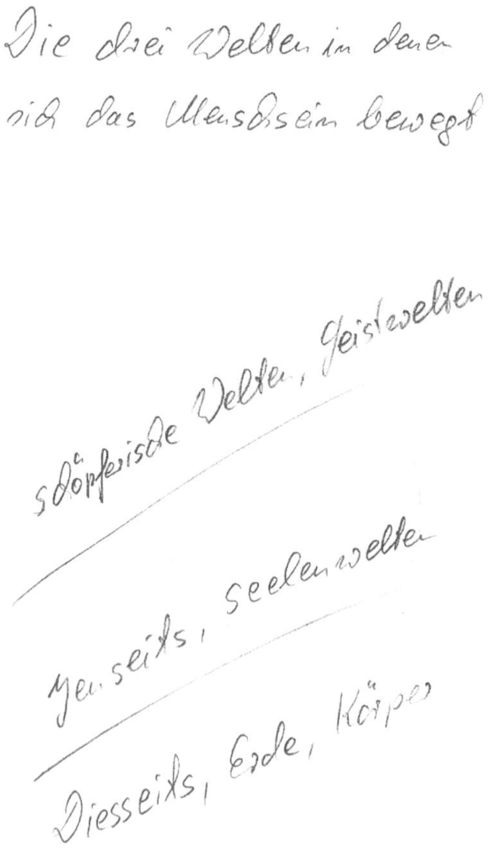

Die drei Welten in denen sich das Menschsein bewegt

Schöpferische Welten, Geisteswelten

Jenseits, Seelenwelten

Diesseits, Erde, Körper

Skizze 1

Die Unterscheidung von Körper, Seele und Geist

I

Die Erkenntnis der verschiedenen Ebenen gibt
ein Gefühl der Zusammengehörigkeit

Für ein eigenständiges Umgehen mit dem Schulungsweg, wie er hier verstanden und beschrieben ist, sollten wir die Ebenen, in denen sich das menschliche Leben aufhält und entwickelt, sorgfältig differenzieren. Die Differenzierung der Ebenen eröffnet ein größeres Verständnis für die Unterschiede, in denen sich das Leben bewegt und gibt uns die Möglichkeit, eine Einheit in der Vielseitigkeit und Vielschichtigkeit durch den geschulten Gedanken und die entwickelte Empfindung zu erkennen. Obwohl wir die Ebenen von Körper, Seele und Geist, die immanent ineinander verschmolzen sind, zunächst einmal unterscheiden und auf gesonderte Weise erleben, entdecken wir bald eine umfassende Einheit in einer alles verbindenden und einigenden Liebe.

Der Körper bezeichnet und symbolisiert die irdische Hülle, die Seele das Lichtwesen des Kosmos und der Geist das außerirdische Leben der ewigen Realität. Die Kräfte der Seele, die ihren Ursprung in der Schwerelosigkeit des Lichtes haben, sind das Denken, das Fühlen und der Wille. Wir bezeichnen sie allgemein als die Seelenkräfte. Die Schulung mit der Entwicklung eines schöpferischen Denkens erfordert eine bewusste Entwicklung dieser Seelenkräfte, sowohl des Denkens als auch des Fühlens und des Willens.

Wie unterscheiden sich aber die Seele und der Geist voneinander? Diese Frage veranlasst uns zu einer sehr langatmigen und intensiven Erfahrungssuche, denn wir müssen erst einmal eine Empfindung für die seelische Welt des Lichtes und für die transzendente, das heißt für die ganz freie und übersteigende Wirklichkeit des Geistes entwickeln. Je mehr wir aber im Leben eine geistige Realität erahnen, erfühlen und realisieren, desto mehr erleben wir in unserem Dasein, sowohl im Alltag als auch in den Übungen der Meditation eine Universalität und untrennbare Zusammengehörigkeit.

Der Geist wird uns auf ganz besondere Weise durch die verschiedenen anspruchsvollen religiösen Schriften mit Bildern, Vergleichen und verschlüsselten

Wortformeln dargestellt. Es ist beispielsweise die *Bhagavad Gītā*, jene östliche Schrift oder Bibel der Hindus, wie sie genannt wird, mit lebendigen Geisteindrücken und Erzählungen eine hohe Botschaft der transzendenten Welt. Ebenso ist es das Evangelium, das weniger eine moralische Botschaft, sondern vielmehr eine große Geisteswahrheit erzählen möchte. Das ewige Wort, von dem das Evangelium erzählt, das am Anfang war und durch den Sohn, den Christus, in die Welt gekommen ist, ist ewiger Geist, das Leben der Liebe. Der Christus als die Person ist das große Mysterium, das heilige Geheimnis, von dem erzählt wird, und da es Geist ist, vom Leben ungeteilte Geistesrealität, ist es auch ein Mysterium, das uns selbst auf stille Weise begleitet.

Am Anfang ist der ausströmende und immer schon freie Geist, und die Seele spendet die Verbindung zu dem Bewusstsein, das schließlich zu einer Brücke wird und ein Werkzeug auf der Erde darstellt, das jeder Mensch besitzt und für die Arbeit der Selbstwerdung und Selbstverwirklichung benützen lernen muss. Die Liebe ist Geist. Sie ist ein heiliger Geist. Die Seele ist immer mit einem gewissen Drängen nach Fortschritt aufgeladen, und in ihrer höchsten Aufmerksamkeit und Tiefe nimmt sie Glückseligkeit, Reinheit und immerwährende Stille, die gegeben sind, wahr.

II

Denken, Fühlen und Wille –
manas, buddhi, ātman

In der Sanskritsprache, die die künstlerische und schöpferische Sprache einer tiefen Weisheit ist, unterscheiden wir verschiedene seelische Zustände, die im Grade ihrer Vollkommenheit den Worten der Imagination, Inspiration und Intuition entsprechen. Die Imagination ist das gereinigte, verwandelte Gedankenprinzip, und dies ist die Ebene von *manas*. Die Reinheit in den Empfindungen und die Erkenntnis tieferer Zusammenhänge über die innere Natur der Schöpfung ist die *buddhi* oder die Intelligenz des empfindenden, kreativen, schöpferischen und schaffenden Wissens aus dem Geiste. Der höchste Zustand aber ist der *ātman*, der eine vollkommene Einswerdung mit allen Prinzipien durch das Feuer des Willens im Willen der höheren Welten beschreibt. *Ātman* ist nicht mehr wirklich ein seelischer Zustand, es ist ein reiner, schweigender, friedvoller Erfahrungszustand, in der die Identität in einer ungeteilten Einheit mit der transzendenten Wirklichkeit ruht.

Reinheit im Gedanken, manas

> manas — Denken — Imagination
> buddhi — Fühlen — Inspiration
> atman — Wollen — Intuition
>
> Die Imagination beschreibt ein lautloses, bewußtes Denken und es ist wie das Licht des Gedankens
>
> Die Inspiration ist nicht eine bloße Eingabe oder Einflüsterung. Sie ist mehr wie eine tiefe Wahrheitsempfindung
>
> Die Intuition bildet die tiefste Geistebene. Sie ist dann erwühlt, wenn eine Verinnerlichung der Gedanken und Gefühle zu vollständiger Schöpferkraft eingekehrt ist.

Skizze 2

Das seelische und gedankliche Empfinden und das Bewusstsein sind hier nach unserer Begriffsbestimmung gleich. Zwischen dem gewöhnlichen Bewusstsein, das sich aus einem konventionellen Denken, vermischten und projizierenden Fühlen und aus vielen Wünschen und Sehnsüchten zusammensetzt, und dem ersten Zustand der Reinheit im Gedanken oder *manas*, liegt ein weiter Spielraum. Dieser weite Unterschied müsste nicht unbedingt so groß sein, aber er scheint so groß, da wir noch nicht wirklich im Gedanken denken und uns somit noch nicht des Bewusstseins selbst bewusst sind. In der Regel ist das Denken noch von einer gewissen Emotion oder auch von einem willentlichen Wünschen überlagert und deshalb ist das Denken noch nicht frei in der Gedankenwirklichkeit und Reinheit gegründet. Mit der Entwicklung von *manas* streben wir aber ein Denken an, das sich nicht von Emotionen oder verborgenen Wunschabsichten leitet. Das Denken entwickelt sich in seiner Freiheit durch verschiedene Konzentrationsübungen, Studiengänge und allgemein durch die Übungen mit dem Körper oder mit meditativen Texten.

Bewusstsein und Körper

Der Körper zählt zur materiellen, sinnlichen Welt. Durch den sichtbaren Körper strahlt das Bewusstsein, ähnlich wie eine Lampe durch den Lampenschirm strahlt. Der Körper, den der Mensch erhält, entspricht seinem jeweiligen Bewusstsein. Da das Bewusstsein individuelle Unterschiede aufweist, sind die Körper ebenso durch spezielle Merkmale und Eigenheiten individuell geprägt. Aus dem Bewusstsein, das bei einem Individuum vorherrscht, formt sich auch der Ausdruck der Bewegungen, der Sprache und der äußeren Statur und Erscheinung. In einer tausendfachen Vielheit drücken sich die einzigartigen Ströme eines unendlich ausstrahlenden Geistes durch das Bewusstsein in einem Körper ab. Aus dem schöpferischen Geiste, der in die mentalen und vitalen Anlagen ausstrahlt, formt sich das gesamte Erscheinungsbild im Äußeren. So erklärt es sich, weshalb manche Menschen einen weicheren, zarteren Körperbau besitzen als andere. Die Einzigartigkeit eines im Anfang liegenden Geistes formt die mentale Situation, aus der sich das Abbild in der physischen Welt des Körpers gestaltet.

Das Bewusstsein ist tatsächlich wie eine Lampe, die auf veränderliche Weise leuchten und strahlen kann. Eine Lampe benötigt eine Energiequelle, und das ist nach den Bezeichnungen der Welt der elektrische Strom. Wird dieser schwach oder gar unterbrochen, so wird das Licht schwächer oder es erlischt. Ein Hindernis vor der Lampe schwächt die Strahlkraft des Lichtes ebenfalls ab. Am besten wird die Lampe leuchten, wenn sie frei gerichtet ist und von einer guten Stromquelle versorgt wird. Analog zu diesem Beispiel verhält es sich mit dem Bewusstsein. Das reine Bewusstsein ist frei von den Trübungen der Unwissenheit, *avidyā*, und wird aus der Quelle des zunehmenden Wissens, des *vidyā*, versorgt. Hierzu aber müssen die Seelenkräfte, das Denken, das Fühlen und der Wille zu einer Klärung und Läuterung gelangen, und es muss das Denken sich im Denken erleben, das Fühlen in den Empfindungen und der Wille in den Mächten des Wollens. *Vidyā*, das Wissen, entwickelt sich auf der Grundlage dieser Läuterungsprozesse der Seelenkräfte und der durchgestaltenden Gliederung der Ebenen. Indem wir die Ebenen von Körper, Seele und Geist auf differenzierte Weise in die Erfahrung bringen, erleben wir auch die Seelenkräfte des Denkens, Fühlens und Wollens in ihrer ureigenen Dynamik und in ihren schöpferischen Möglichkeiten. In der Gliederung der Seele und der Seelenkräfte wird das Bewusstsein aus authentischen Geistbewegungen versorgt, aber es wird versorgt und es ist noch nicht die reine geistige Welt selbst. Der Geist ist der Ursprung, die Reinheit und Liebe, und das Bewusstsein ist das Instrument für das Wachstum des Geistes.

Der Ursprung des Bewusstseins liegt nicht primär in der sinnlich-irdischen Welt. Doch ist auch das Bewusstsein und damit das Seelenleben eine wandelbare Erscheinung. Im astralen Meer der Sterne, jener weiten Himmelsregion, befindet sich die wirkliche Heimat des Bewusstseins. All die Wahrnehmungen, die unserem Menschsein durch die Anlage der Seelenkräfte des Denkens, Fühlens und des Willens zuteil werden, haben ihren Ursprung im hohen Meer der astralen Welt. Die Sterne strahlen auf die Erde hernieder. Sie sind die wesenhaften und feinstofflichen Kräfte, die sich wieder im Gemüte zeigen. Das Bewusstsein ist jenes große Gewölbe des Sternenhimmels, das sich durch die Bewegung und die Strahlkräfte der einzelnen Gestirne im organischen und psychischen Befinden widerspiegelt. Dadurch ist es den Astrologen möglich, innerhalb einer vorgegebenen Grenze, anhand von Berechnungen Aussagen über die persönlichen Verhältnisse zu machen.

So ist der Körper als eine sichtbare oder wägbare Wirklichkeit zu verstehen, die Seele als der Kosmos und wir selbst erleben die Seele durch das Bewusstsein in uns. Der Geist selbst aber ist transzendent und übersteigt den Kosmos und er ist die hohe Macht der Liebe, die im Selbstsein des Menschen einen Ausdruck findet, ebenso in der schöpferisch-kreativen Kraft in die Welt wirkt und dieser Geist verbindet die Erde und den Kosmos oder den Menschen mit seiner Seele.

Der Bewegungsapparat

Das Skelett im Sinnbild des Geistes

I

Die geistige Bedeutung der Wirbelsäule und der Extremitäten

Bei der natürlichen, bildhaften Betrachtung des Skeletts fällt der unkomplizierte Zusammenhang ins Auge: Die Wirbelsäule mit ihren 33 einzelnen Wirbeln bildet die zentrale Achse. Die Knochen sind kompakt ineinandergerichtet. An der Peripherie, besonders an den Händen und Fingern, sind die einzelnen Knochen sehr lose, sehr leicht und daher auch sehr beweglich angeordnet. Dieser so einfache Unterschied beim Skelettaufbau soll uns nun bei den weiteren Beobachtungen begleiten und zu den tieferen Lerninhalten führen.

Die Peripherie mit der feineren Gliederung der einzelnen Knochen und Knöchelchen ist bezeichnend für das jugendliche Leben des Menschen. Bewegungen wie auch allgemein Beweglichkeit bedeuten jugendliche Kraft und Frische. In der Beweglichkeit des Körpers drückt sich dieses so herrliche Geschenk, das dem jungen Menschen ganz besonders eigen ist, auf anmutige und ästhetische Weise aus. Das ganze Leben ist ein fortlaufendes Spiel mit Bewegungen. Der Körper mit seinen Gliedmaßen gebiert sich inmitten dieses Spiels. Er gehört ganz zum Leben. Ein Kind drückt dieses unbefangene Leben am schönsten aus, wenn es in seiner Impulsivität über die Wiese purzelt, sich im Turnen überschlägt und vor Begeisterung hüpft.

Die Wirbelsäule ist der kompakteste Teil des ganzen Skeletts. Sie symbolisiert das Alter, den Gegensatz zur Jugend. Im Vergleich zu den Gliedmaßen lässt die Wirbelsäule die Bewegungen nur geringfügig zu. Sie kann sich zwar nach vorne, nach hinten, zur Seite bewegen, sie kann sich auch in der eigenen Achse etwas wenden und drehen, doch wirken die Bewegungen allgemein behäbiger und sind nur in geringem Radius möglich. Wie in der Jugend die aktive, lebendige Welt der körperlichen Betätigung vorherrscht, so überwiegt im Alter die ruhende, gelassene Wesensseite. Die Wirbelsäule in ihrer kompakten Form trägt in sich die Würde des Alters. Sie umschließt zudem schützend das Rückenmark, jenen so wesentlichen Teil des Nervensystems.

Die jugendlichen Teile des Skeletts

Beginnen wir die Betrachtung bei den tendenziell jugendlichen Teilen des Skeletts. Die vier Finger bestehen aus dünnen Knöchelchen (Phalangen), in der Anordnung jeweils drei; der Daumen, der fünfte Finger, besitzt nur zwei Phalangen. Auf die Fingerglieder folgen die fünf Mittelhandknochen, die durch einfache Gelenke mit den Fingern verbunden sind. Am Ende der Mittelhandknochen, direkt am Handgelenk, sind sieben kleine Knöchelchen gelagert, die Handwurzelknochen. Diese Knöchelchen sind mit den Mittelhandknochen beweglich verbunden. Sie verstärken die federnde und dynamische Wirkung der Hand. Elle und Speiche sind die beiden Knochen des Unterarms. Durch eine besonders gelenkige Verbindung können die Arme unterschiedliche Zugbelastungen halten und Drehbewegungen (Rotationen) ausführen. Von der Ellenbeuge bis zum Schulterblatt reicht der Oberarmknochen. Das Schulterblatt bildet eine große Gelenkpfanne, die den Kopf des Oberarms aufnimmt. Die Anzahl wie auch die Gesamtbeweglichkeit der Knochen nimmt zum kompakteren Rumpf hin ab. Das Leichtere liegt an der Peripherie, das Schwerere im zentralen Bereich. Der Aufbau der Beine mit den Fußwurzelknochen ist im Vergleich zu den Armen etwas stärker, da sie die Last des ganzen Körpers tragen müssen. Schienbein und Wadenbein bilden das Skelett unterhalb des Kniegelenkes. Der Oberschenkel, der längste Knochen des Körpers, verbindet das Kniegelenk mit der Hüfte. Der Kopf des Oberschenkelknochens, der sich mit einem Halsteil vom Schaft fortsetzt (Oberschenkelhals), liegt in der breiten Gelenkpfanne des Hüftknochens.

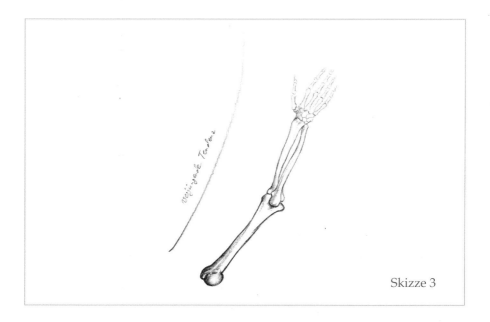

Skizze 3

Bewegung als verjüngende Dynamik

Das ganze Skelett gleicht einem künstlerischen Werk von unnachahmlicher Vollkommenheit. Es ist die Musik der Welt, die sich in einem irdischen Lied verfestigt hat. Die Gliedmaßen sind wie die Strophe eines großen Werkes, wohlgeordnet im Rhythmus und zart in der Melodie. Die Extremitäten, besonders an der Peripherie mit den Fingern und Zehen, bilden den aktiven, bewegten Teilbereich des Körpers, der in sich das aufbauende Stoffwechselleben symbolisiert. Zur Hüfte oder Schulter hin werden sie in Bau und Beschaffenheit schwerer. Dieser Bereich lässt sich in der imaginativen Betrachtung als der ältere Teil des Skeletts darstellen und kann damit regelrecht als das abbauende Stoffwechselleben erkannt werden.

Bei allen Bewegungen sehen wir ein Ausströmen von elektrischen Impulskräften hinüber in die Peripherie, die über das Nervensystem übertragen werden und die aus der Wirbelsäule entspringen. Jede Bewegung fließt aus dem Zentrum der Wirbelsäule in seine gewünschte Ausgestaltung. Anlässlich unserer bisherigen Beschreibung dürfen wir deshalb die Bewegung als die verjüngende Dynamik des Menschenlebens bezeichnen, denn die sogenannte Motorik trägt sich hinaus in die Peripherie. Indem wir die Arme heben, die Beine grätschen oder den Körper nach vorne, seitlich oder nach rückwärts beugen, verströmen wir uns mit dieser gewählten Geste in die Peripherie. Die Wirbelsäule, die dem Alter entspricht, benötigt die zugehörigen Extremitäten, denn durch diese erfährt sie wieder ihre verjüngende Dynamik. Beachten wir deshalb die verschiedenen Formen der Bewegungen: Sie sind alle mit der Wirbelsäule in einer Verbindung. Die Leichtigkeit der Giedmaßenbewegungen lässt sich auf die feinsten Bewusstseinsprozesse, die in der Wirbelsäule stattfinden und sich über die Nerven verströmen, erklären. Indem wir die Gliedmaßen bewegen, nehmen wir teil an den verjüngenden Kräften des atmosphärischen Kosmos. Ganz besonders eindrucksvoll können wir dieses Zusammenspiel der Peripherie mit dem Zentrum der Wirbelsäule an verschiedenen Yogastellungen erfahren und erkennen. Indem wir beispielsweise in *cakrāsana*, dem Rad, die Stellung mit weiten Bewegungen der Arme formen, erleben wir das Zusammenspiel von der äußeren Gliedmaßentätigkeit rückwirkend zur Wirbelsäule und erleben gleichzeitig auch das dynamische Hinausgleiten der Bewegung von einem Zentrum in den äußeren Raum. Das Fixierte, das Behäbige, die mehr statische Natur des Rückens überwinden sich selbst durch das sensitive Zusammenspiel mit der Gliedmaßentätigkeit. In der Bewegung verliert sich das Älterwerden in der Zukunft des Jüngerwerdens.

(In der folgenden Bildseite wird das Rad, *cakrāsana*, in einem zusammenhängenden, relativ dynamischen Bewegungszyklus beschrieben.)

II
Der geistige Ursprung der Bewegung

Alle Bewegungen sind mit der Wirbelsäule in synchroner oder übertragener Weise verbunden, denn durch die Wirbelsäule treten die peripheren Nerven, die die einzelnen Teilbewegungen der Extremitäten ermöglichen, aus. Achten wir auf das Erleben der Bewegungen des Körpers, auf das Öffnen und Schließen der Hände, auf die Streckungen, Beugungen, Winkelungen, auf das Hinausrollen und das Einziehen oder Zurückkehren zur Ausgangslage, so erkennen wir in all diesen Formen den Atem der Götter, die Liebe des schöpferischen Geistes. Die Bewegung selbst ist die Höchste aller Künste und sie ist die Musik der schaffenden, zur Vollkommenheit drängenden göttlichen Wirklichkeit. Die Bewegung ist Willenskraft, die nicht aus einem Körper oder aus einem Zusammenwirken von nervösen Impulsen in der Muskulatur allein entstehen könnte, sondern die aus dem Willen von höchsten Geistwesen, die die Vollkommenheit des Menschen skulpturieren wollen, entspringt. Die Nerven, die Muskeln, die Bänder und Gelenke sind die ausführenden Instrumente in der Welt, die den hohen Atem der Bewegung sichtbar machen.

Wie fein sind die einzelnen Gliedmaßen angelegt. Sie sind durch ihre geordnete Gliederung zum Tanze, zum lebendigen Auf und Nieder aufgefordert. Die Natur der Hände und Finger, der Arme und Beine ruft förmlich nach Bewegung. Die Bewegungskunst ist eine der anspruchsvollsten und integralsten Künste. Sie ist ein Ausdruck der Ich-Kräfte oder selbstseienden Bewusstseinskräfte und beschreibt ein Leben in absoluter Lebendigkeit. Die hohen und erhabenen Wesenheiten, die in der Bewegung der Gliedmaßen und des ganzen Körpers arbeiten, die sie substantiell tragen, sollten wir wieder erfahren und erleben lernen. Der Ansatz der Bewegung liegt in der Reinheit der Seele. Rein ist das Leben eines Kindes. So wie ein Kind noch keine Verhärtungen und Widerstände im Körper trägt, so strahlt eine lichte, unberührte Zartheit über dem Wesen, das noch nicht in den weltlichen Denkmustern gefangen ist. So muss auch der Erwachsene die Bewegungen in der jugendlichen Seele entdecken lernen. Er muss zu einem unkomplizierten Schauen und Fühlen finden, damit er die Einzigartigkeit des ästhetischen Harmoniespiels im gesamten Dasein wieder in sein Bewusstsein ruft. Dies ist ein aktiver seelischer Prozess, der Aufmerksamkeit und Gewahrsein auf die Formen und auf die Schönheit der Impressionen und Expressionen des Zusammenspiels der Glieder erfordert. Überall spielt die Melodie der höchsten Weisheit, da das göttliche Leben sich durch Ästhetik und Weisheit in den Formen ausdrückt. Nur muss man von Ideenwelten und Theorien wieder

Cakrāsana, das Rad im Zyklus

1. Das Rad, von oben nach unten ausgeführt, beschreibt eine anmutige Bewegung, die für jüngere Personen empfehlenswert ist. In der Kreuzbeinregion muss der Übende eine Kontraktion leisten, die der gesamten Bewegung einen Halt verleiht. Der Nacken fällt locker nach hinten, und die Aufmerksamkeit bewahrt sich, wie bei allen Übungen, aus der Mitte der Stirn beobachtend überschauend zum ganzen Körper.

4. Die Wirbelsäule und die Gliedmaßen wirken bei der Ausführung der dynamischen Phasen des Rades zusammen. Allgemein bezeichnet diese Bewegung, die in ruhiger, überschauender, lenkender und balancierender Kontrolle Schritt für Schritt ausgeführt wird, eine jugendliche, expandierende Kraft, die dem Drang nach Bewegung gerecht wird. Die Bewegung sucht sich einen neuen Raum und einen Weg zur intensiveren Verbindung mit der Erde. Das Rad ist die *āsana* der Jugend.

2. In der zweiten Phase biegt sich die Brustwirbelsäule weiter in die Durchwölbung. Der Übende sucht im freien, haltlosen Wölben eine Ausdehnung, die ihn näher auf geeignete Weise zum ersehnten Ruhe- und Zielpol der Erde führt. Er lässt sich bei der Ausführung Zeit, überhastet keinen Schritt. In allen Teilbereichen, ganz besonders aber in der Brustwirbelsäule, wird die Durchwölbung angesetzt.

3. Bei der dritten Phase behält der Übende bei wachsender Dynamik die Balance und Kontrolle über die Bewegung. Die geistige Bedeutung dieses Bewegungszyklus liegt mehr in der allertiefsten Empfindungs- und Willensrichtung der Seele verborgen: Der Übende führt von oben nach unten die Bewegung aus, er sucht die Verbindung im unsicheren, sich rundenden Rad zum sicheren, statischen Boden. Das Ich des Jugendlichen im metaphorischen Sinne auf die Übungen bezogen ist es, das den Weg zur Erde, zum Festen, zum Sicheren und Gediegenen über die ausholende und formende Bewegung sucht.

zu einem nahen, intuitiven und praktischen Erfassen der Wirklichkeit zurückkehren. Das Leben ist in einer integralen und kosmischen Wirklichkeit gegeben. Es ist mehr aus dem Geiste gegeben und besitzt einen einzigartigen Ausdruck und eine weisheitsvolle, diesen Geist repräsentierende Form. Diese genau nach dem ewigen Spiel der Einzigartigkeit gewählten Formen sind nahe und lebendig. Ohne Schulung der Gedanken und Empfindungen aber sieht man diese kosmische Einfachheit des ätherischen und verbindenden Lebens nicht mehr. Durch die Meditation, durch Verehrung und unermüdliche, nie versiegende Wahrheitssuche zu jenem Namen, den wir als den Herrn bezeichnen, der das immerwährende, unvergängliche und damit erhabene *paramātman* selbst ist, wird das Denken nahe zum Leben und zu reiner, unkomplizierter Erkenntnis gelenkt.

Die Wirbelsäule und die Zusammenhänge des Geistes

III
Anatomie, Diagnose und therapeutische Ansätze

Betrachten wir die Wirbelsäule zunächst einmal auf ganz wissenschaftliche und lehrgemäße Weise. Die Wirbelsäule besteht aus insgesamt 33 Wirbeln. Der Wirbel selbst ist dabei der typische Urknochen. Wenn wir mit der Hand am Rücken entlangtasten, so können wir die Dornfortsätze der einzelnen Wirbel noch spüren. Der eigentliche Wirbel, der aus zwei Querfortsätzen, zwei Gelenkfortsätzen, einem kompakten Wirbelkörper und einem Wirbelloch besteht, ist tiefer innen angelegt. Steißbein und Kreuzbein bilden die unteren Partien. Sie sind tiefer gelagert als der Hüftknochen. Die Wirbel sind in dieser Region kompakt ineinander verschmolzen, so dass man keine einzelnen Wirbelkörper unterscheidet, sondern nur von einem Kreuzbein und einem Steißbein spricht. Über dem Kreuzbein ist die Lendenwirbelsäule mit fünf Wirbeln aufgebaut. Die Brustwirbelsäule, der längste Abschnitt, besteht aus zwölf Wirbeln, die daran anschließende Halswirbelsäule hat sieben Wirbel.

Die Wirbel sind in ihrem Aufbau ineinandergefügt wie die genau bemessenen Steine eines großen Turms. Im unteren Abschnitt ist die Wirbelsäule kompakt und von breiter Muskulatur umgeben. Nach oben hin werden die Wirbel loser,

Zuordnung der Wirbelsäulenabschnitte zum Denken, Fühlen und Willen

die obersten Wirbel sind nur noch wie Ringe ineinandergelegt. In den Wirbellöchern, die zusammen einen Kanal bis zum Kreuzbein bilden, strömt die Rückenmarksflüssigkeit, die einen sehr empfindlichen Teil des zentralen Nervensystems darstellt.

In einer recht einfachen Definitionsweise können wir die obere Wirbelsäule dem Nerven-Sinnes-System zuordnen und die Lendenwirbelsäule dem Willens- oder Stoffwechselleben. Die untere Wirbelsäule ist schwerer, gediegener und ist größeren Lasten ausgesetzt als es von den Halswirbeln verlangt wird. Die Mitte der Wirbelsäule, die etwa dem Bereich der 12 Brustwirbel entspricht, dürfen wir dem verbindenden Gefühlsleben zuordnen. So ist auf einfache Weise das Denken mit der Halswirbelsäule durch das Nerven-Sinnes-System verbunden, das Fühlen im mittleren Wirbelsäulenbereich mit der Brustwirbelsäule und der Wille mit der Lendenregion durch das Stoffwechselleben.

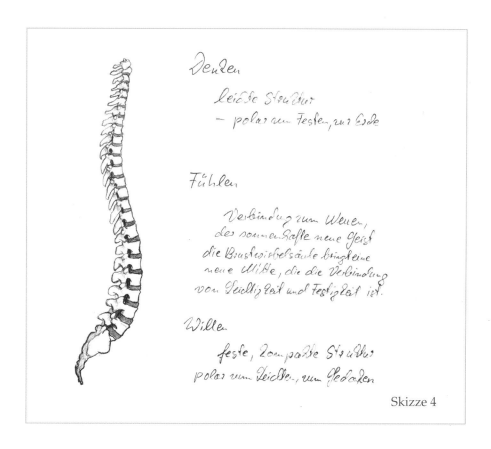

Skizze 4

Diese einfache Betrachtung und Zuordnung lässt diagnostische und therapeutische Rückschlüsse vom Seelenleben auf den Körper zu. Blockaden, die allgemein im Gefühlserleben durch Einschnürungen, Verdrängungen oder ungelebte Lebenswünsche entstehen, manifestieren sich gerne in einer blockierten bis verformten Brustwirbelsäule. Lordosen oder Schwächen in der Lendenwirbelsäule deuten auf eine Schwäche im Willen, die sehr häufig mit einer depressiven Grundanlage verbunden ist. Verhärtungen in der Muskulatur der Halswirbelsäule und Verspannungen über die Schulterregion hinweg deuten auf eine Einseitigkeit oder Überlastung im Denken hin, das meist durch die materiellen Neigungen der Gegenwartskultur zu sehr an die körperliche Wirklichkeit gebunden wird.

Diese Eindrücke und Zusammenhänge können wir relativ leicht aus den Beobachtungen der körperlichen Verhältnisse ableiten. Die Wirbelsäule steht mit den drei Kräften des Seelenlebens, mit dem Denken, dem Fühlen und dem Willen unmittelbar in Verbindung. Im Idealfall sollte die Wirbelsäule in allen Teilbereichen beweglich und stabil sein. Zu große Beweglichkeit in einem Teilabschnitt wirkt sich mit der Zeit ungünstig auf die Gesamtharmonie der anderen Teile aus. Sind ein oder mehrere Wirbel bereits versteift, lähmt sich das natürliche Bewegungsspiel der Wirbelsäule. Obwohl anlagegemäße Veränderungen wie Kyphosen (Rundrücken), Skoliosen (seitliche Krümmung der Wirbelsäule) oder starke Lordosen (Hohlkreuz) im Erwachsenenalter nur noch wenig oder kaum mehr korrigiert werden können, so können wir dennoch auf ein günstigeres Gleichgewicht in der Gesamtspannkraft der Muskulatur achten und durch Bewusstseinsübungen wie auch Körperübungen ein möglichst gesundes wie auch elastisches Empfinden in diesen drei Regionen entwickeln.

Für dieses gesunde Entwickeln, das durch gewisse Seelen- und Körperübungen herangebildet werden kann, erscheint es recht günstig, wenn wir nicht nur die einfache, auf körperlicher Ebene orientierte Zuordnung in einer Dreigliederung des Denkens, Fühlens und des Willens treffen, sondern darüber hinaus die drei Abschnitte der Wirbelsäule in einen Zusammenhang mit dem innersten verborgenen Erleben des Seelischen bringen.

IV
Die Wirbelsäulenabschnitte in Zuordnung zum seelischen Entwicklungswunsch

Die Halswirbelsäule, der sensibelste und lichteste Teil, der mit Atlas und Axis nur noch aus zwei Ringen besteht, trägt in sich das Licht des vergangenen Lebens. In dieser obersten Wirbelsäule äußert sich ein mystisches Leuchten, das seine Strahlkraft nicht aus dem neugeformten und gegenwärtig erlebten Bewusstseinsprozess erhält, sondern aus verborgenen Strahlen, die von einem ehemaligen, verflossenen, früheren Leben stammen. Die Halswirbelsäule dürfen wir deshalb in den Zusammenhang mit einem früheren Leben bringen.

Ganz anders erscheint mit einer geistigen Betrachtung die Lendenwirbelsäule. In ihr ist alle Hoffnung der Zukunftsperspektive gespeichert. In ihr liegt ein stoffwechselfreudiges Drängen nach einem Geburtsvorgang neuer Gedanken, die nicht an das alte, verflossene Leben anknüpfen, sondern die aus dem gegenwärtigen Dasein durch Erkenntnisbildung entwickelt werden. In der Lendenwirbelsäule lebt ein Licht und Strahlen, das zu einer konkreten Erkenntnisbildung drängt und die Kraft freisetzen möchte, neue, mentale, bewusste Gedanken in die Schöpfung zu heben. In der Lendenwirbelsäule sehen wir den Menschen konkreter zu der Welt streben, denn in diesem Teil möchte sich das inneliegende Licht eine bewusstere, unabhängigere Spiritualität, die in der Welt zur Integration tauglich ist, aneignen. In diesen Regionen der Lendenwirbelsäule will der Mensch durch das Drängen seines Unbewussten zu einem konkreten Bewusstsein in der Welt und im Geiste kommen. In diesen Regionen möchte der spirituelle Mensch für die Zukunft entstehen.

So haben wir in den beiden Polaritäten, die miteinander in einer latenten Verbindung stehen, in der Halswirbelsäule und in der Lendenwirbelsäule, zwei große Gegensätze. Die Halswirbelsäule ist mit den mystischen, vergangenen Einflüssen des Menschseins verbunden, während die Lendenwirbelsäule mit der nach der Zukunft strebenden und zur Konkretisierung drängenden Spiritualität korrespondiert. Aus diesem Vergleich sehen wir, dass für alle Übungen eine gewisse Gelöstheit im Kopf- und Halswirbelsäulenbereich nötig ist und eine lebendige Dynamik im Lendenwirbelsäulenabschnitt erarbeitet werden soll. Die Stärke der Lendenwirbelsäule, ihre lebendige Durchgestaltung und ihre rhythmisch aufbauende Dynamik können für die Zukunft zu einem konkreten spirituellen Erkenntnispfad beitragen.

Dreieck: Gelöstheit und aktive Dynamik

In der Mitte zwischen Lenden- und Halswirbelsäule liegt die Brustwirbelsäule mit ihren 12 Einzelwirbeln. Sie ist nun jener Teil, der eine Art Sonnenraum beschreibt und mit seiner Verbindung zum nahe liegenden Herzen, dem Sonnenorgan, das pulsierende Zentrum des Zirkulationslebens umrahmt. In der Brustwirbelsäule äußert sich auf geistige Weise der neue Mensch, jener, der geboren werden möchte und seine Liebe in die Welt verströmen will. Das Gefühl, das in

Dreieck, *trikonāsana*

Der Körper ist in der Kopf-, Gesichts-, Hals- und Schulterregion gelöst, gleichsam wie ein wiegendes Blatt in den Lüften. Im Zentrum des Stoffwechsels, in der Hüfte, besteht jedoch eine lebendige, aktive Dynamik zur Bewegung. In trikonāsana stützt sich der Übende nicht auf die Handfläche auf, sondern trägt das Gewicht stabil mit den Beinen und hält die aktive Dehnung in der Wirbelsäule dynamisch aufrecht.

dieser Region durch das Herz beheimatet liegt, gebiert sich zum sonnenhaften Empfinden und zur Liebe, wenn die schöpferischen Aktivitäten, die aus dem inneren Drängen des Willens zur Erkenntnis und einem freien, unabhängigen Denken entspringen, das Lebensziel einer integralen Spiritualität verfolgen. In der Brustwirbelsäule lebt die Hoffnung zu diesen freien Empfindungssinnen und einem freien Herzen, das sich als vollkommene, unabhängige Liebe, die nicht emotionsverhaftet, sondern von höherer Liebe durchpulst ist, entfalten möchte.

So ist die Halswirbelsäule mit dem vergangenen oder mystischen Leben unseres Daseins verbunden. Sie sollte frei und im Lichte des Gedankens wiegen. Die Lendenwirbelsäule aber besitzt das Drängen des Willens zu einem spirituell-mentalen Erkenntnisprozess. Dieser Wille sollte möglichst kräftig und dynamisch in das Leben hineinwirken. In der Brustwirbelsäule schließlich erwacht der sonnenhafte, neue Mensch, der als seine Merkmale Empfindungen der Unabhängigkeit, der Schönheit, Ästhetik und Reinheit in das Leben strahlt. So weben das Alte, die dynamische Kraft zum spirituellen Drängen und der sich neu gebärende Mensch in der Wirbelsäule durch ihre Dreiheit zusammen.

V
Die Muskulatur und das Bewegungsleben

Im unteren Teil der Wirbelsäule, den Lenden- und Kreuzbeinabschnitten, ist die Muskulatur sehr stark und kräftig. Nach oben hin zur Halswirbelsäule und zum Halsbereich wird sie in ihrer Stärke etwas gelöster. Wie ein Baum im unteren Stammbereich dicker und kräftiger ist, damit er solide die Äste und Zweige tragen kann, ist dies auch bei der Wirbelsäule der Fall, die sich von unten nach oben, makellos im Bau, entgegen der Schwerkraft hochrichtet. Die Spannkraft in der Wirbelsäule ist nur dann gewährleistet, wenn alle Teilbereiche beweglich und die Lenden gefestigt sind. Die Halsmuskulatur sollte entspannt bleiben. Eine verspannte Nackenmuskulatur führt immer zu unangenehmen Beschwerden. Sie entsteht durch eine Disharmonie in den Seelenkräften des Denkens, Fühlens und Wollens.

Das Muskelsystem, das im Äußeren nach scheinbar recht deutlichen mechanischen Gesetzen wie Kontraktion und Adduktion arbeitet, ist im Lichte des Geistes ein anderes Wirkungssystem, das sich innerhalb der normalen polaren Kraftmechanismen wie ein sich unendlich vertiefender Inkarnationsprozess offenbart, der in die Erde hineingerichtet ist. Die aufrechte Körperhaltung setzt

Bewegung ist Atem

eine gewisse Dauerkontraktion von verschiedenen Skelettmuskeln voraus. Ganz einfach kann man bei den verschiedenen Bewegungsformen das Zusammenwirken von zwei oder mehreren Muskeln am Bewegungsapparat beobachten. Immer muss zur Kontraktion eines Muskels ein Gegenspieler arbeiten. So kontrahiert sich ein Muskel und ein anderer wird gedehnt, damit die Bewegung abgebremst wird. Das Zusammenspiel der Bewegung ist ein großer, rhythmischer Vorgang. Das Sonnengebet, jener dynamische Bewegungszyklus, der am Anfang der Übungsreihe praktiziert wird, zeigt bildhaft den Vorgang. Die Arme gleiten in die Offenheit, und die Wirbelsäule wächst in die Länge. Die Rückenmuskulatur kontrahiert sich, und die Vorderseite des Körpers öffnet sich. Dann gleiten die Arme weit nach vorne in die Streckung. Der Körper streckt sich in einer Gegenbewegung nach vorne. Der Rücken wird nun gedehnt und die Vorderseite des Körpers, die Brust- und Bauchmuskulatur, zieht sich zusammen. In den ausrollenden und anziehenden Bewegungsgesten äußert sich neben der polaren Ergänzung ein langsamer zentripetaler Impuls, der uns in seinem Schritttempo Tag für Tag und Jahr für Jahr tiefer in die Erde und in das Mysterium der Erde hineinführt. Die Bewegungen der Muskeln sind wie ein Atemleben, das ein Willensleben des einzigartigen Geistes ist und das uns vor allem in der Aktivität mit dem Körper und in der Arbeit dem Boden der Erde annähert. So ist die Bewegung wie ein großes Einatmen und sie ist Atem selbst, und dieser Atem ist wieder ein Wille, der uns unweigerlich einer Mitte naheführt.

VI

Die Muskeln und der Weg zur Erde

Die Muskulatur sollte zu ihrer Gesunderhaltung aktiv trainiert werden. Falsche Bewegungen oder auch Nervenschädigungen führen zu Verspannungen oder zum Schwinden des Muskelgewebes (Atrophie). Werden einige Körperpartien einseitig beansprucht, wie es bei verschiedenen Arbeiten oder auch bei extremem Leistungssport der Fall sein kann, führt dies allgemein zu disharmonischen Bewegungen und damit zu einem gestörten Harmonieempfinden. Es ist gut, die Muskulatur des gesamten Körpers durch ein aktives, aber nicht übertriebenes Bewegungsleben lebendig zu erhalten.

Allgemein sollten die dynamischen Bewegungen bei den *āsana* nicht zu langsam ausgeführt werden. Schnelle Bewegungen, die gezielt und mit klarer Entschlossenheit stattfinden, stärken den Bandapparat. Langsame Bewegungen und das lange Halten von *āsana* schenken große Beweglichkeit, sie schwächen aber auf

Dauer gesehen die Bänder und damit die Eigenstabilität des Skeletts. Extreme Einseitigkeit in der Praxis ist zu meiden. Ruhiges Halten mit nachfolgenden dynamischen Bewegungen gibt Harmonie und Ausgeglichenheit.

Kontraktion und Entspannung, Zusammenziehen und Loslassen beschreiben das lebendige Spiel der Bewegung. Die Körperübungen des Yoga, beginnen mit der aktiven, dynamischen Phase. Die Glieder bewegen sich in die Weite, die Wirbelsäule wächst in die Länge und formt die rechte Wölbung. Die gesamte Muskulatur wirkt auf vielfältige Weise zusammen. Wie der Atem sich in ein- und ausatmender Bewegung verkündet, so zeigt sich auch im Anspannen und Loslassen durch den Körper das Spiel der Muskulatur. Dieses Spiel der Bewegung trägt in sich ein höchstes geistiges Leben, das wir vielleicht erst nach langer Zeit der Beobachtung und durch eine künstlerische Gestaltung mit Körperübungen entdecken lernen.

Die nun folgende Anordnung der wichtigsten Muskeln des Körpers zeigt deren große Bedeutung. Der Hüft-Lendenmuskel (M. iliopsoas), der unter dem Leistenband gelagert ist, trägt wesentlich zur aufrechten Körperhaltung bei. Er ist sehr tief nach innen zum Kreuzbein und Lendenabschnitt der Wirbelsäule gelagert. Für Stärke und Spannkraft der Wirbelsäule, die eine aufrechte, natürliche Körperhaltung ermöglichen, ist die Bauchmuskulatur wichtiger als die Rückenmuskulatur. Von unten ausgehend richtet sich die Wirbelsäule wie ein Turm auf. So gewinnt die Muskulatur in den unteren Regionen die größte Bedeutung. Die Rückenmuskulatur oberhalb der Lenden trägt nur noch sekundär zur geraden Körperhaltung bei. Von der Wirbelsäule aus geht der breite Rückenmuskel (M. latissimus dorsi) seitlich über die Achsel zum Oberarmknochen. Für diesen Muskel, der einen großen Teil der mittleren Wirbelsäulenpartie motiviert, sollte der Yogaübende ein Gefühl bekommen. Bei vielen Bewegungen wird die Wirbelsäule durch seine breite Ansatzfläche in Spannung getragen.

Oberhalb des M. latissimus dorsi liegt der Trapezmuskel. Dieser Name ist sehr zutreffend, da dieser Muskel vom Bild her ein großes Trapez darstellt, das mit der Oberseite zum Nacken hinaufreicht, an den Seiten über die Schulterblätter zu den Armen hinübergreift und bis zur Mitte der Wirbelsäule nach unten reicht. Dieser Muskel ist hauptsächlich für die Bewegung der Arme von Bedeutung, jedoch nicht für die Aufrichtekraft der Wirbelsäule. Wenn wir diesen Trapezmuskel intuitiver betrachten, so bemerken wir, dass wir uns aus dieser Rückenregion mit Hilfe der verströmenden Arm- und Handbewegungen tiefer in die Welt hineinatmen oder hineinentwickeln wollen. Die Arme und die Hände sind bezeichnend für das Drängen des Menschen hinein in die Welt.

Gedrehtes Dreieck: Kontraktion und Ausdehnung der Wirbelsäule

Gedrehtes Dreieck, *pārśva parivṛtta trikoṇāsana*

Die Ausdehnung und Mobilisation der Arme in die Streckung geschieht aus der mittleren und oberen Rückenmuskulatur. Die Stellung des gedrehten Dreiecks ist physiologisch ein Ausdruck für die Kontraktion und Ausdehnung der Wirbelsäule und sie beschreibt seelisch das integrative Ausgespanntsein und aktive Arbeiten des Menschen in die Welten des Geistes und der Erde.

Gedrehtes Dreieck: Synthese des Bewusstseins

Gedrehtes Dreieck, *pārśva parivṛtta trikoṇāsana*

Der gesamte Ausdruck der Bewegung wird empfindsamer, hingebungsvoller und leichter, wenn der Übende das Nervensystem als ein eigenes Funktionssystem mit kosmischem Charakter erleben lernt. Er lernt beim Üben der einzelnen Bewegungsformen die Kontrolle frei und ohne Zwänge über die Gliedmaßen auszudrücken. Die Bewegung wird erfüllt von lebendiger Empfindung.

Die Hände wollen in der Geschicklichkeit der Berührungen, in der Feinheit des Ausarbeitens oder der Teilnahme an einer Sache tiefer in die Welt inkarnieren. Mit den Händen und Armen äußert sich ein inkarnatorisches, das heißt ein untergründiges Drängen der Seele hinein in die Welt. Der Trapezmuskel im Rücken ist mit dem Lungenorgan verbunden und so ist seine Bewegung über die Arme, Hände und Finger wie eine sich verströmende Einatmung, die ihre Beziehung tiefer in die Welt sucht. In diesem Sinne können wir eine Empfindung über diesen relativ großen Muskel am Rücken entwickeln. Wir erleben den Muskel in Zusammenhang mit den Armen, Händen und Fingern und erleben ein Streben nach Inkarnation, nach einem tieferen Hineingehen unseres Willens in die Erde.

Für die einzelnen Muskeln der Arme und Beine, des Nackens sowie des Beckens benötigt der Yogaübende kein differenziertes Bewusstsein. Diese Muskeln der Gliedmaßen werden aus dem selbstverständlichen Fließen und Ineinandergleiten der dynamischen Bewegungen gestärkt.

Die Gelenke

VII

Der Zusammenhang der Gelenke zum Lichtäther und dem Kosmos

Die Betrachtung der Gelenke auf esoterische Weise führt unsere Aufmerksamkeit zu der bedeutungsvollen kosmischen Entität des Lichtes, des kosmisch wirkenden Weltenstoffes, in dem ein Geheimnis der höheren Weltenkunde stets webt und waltet. Die Gelenke zeigen zum Wesen des Lichtes eine nennenswerte Verwandtschaft. Die Scharniergelenke beispielsweise, wie sie an den Fingergliedern bestehen, lassen die Bewegung nur in einer einzigen Richtung zu. Diese Bewegungsrichtung, die ganz allgemein auch mit der Wirbelsäule im Biegen und Strecken ausgeführt werden kann, ist vergleichbar mit dem Öffnen der Blütenblätter einer Pflanze am Morgen und dem Schließen der Blüte am Abend. Die Bewegungen des Kugelgelenks aber, die kreisend sowie auf und nieder ausgeführt werden können, entsprechen in ihrem Sinngehalt mehr den Blättern einer Pflanze. Im grünen Anteil des Pflanzenteiles findet die Photosynthese statt. Die Pflanzen empfangen Licht und Wärme und verarbeiten auf innigste

Stehende Kopf-Knie-Stellung: aus sich selbst herausgehen

Stehende Kopf-Knie-Stellung, *uttanāsana*

Bei dieser Stellung strebt der Übende mit einer intensiven Extension in die Weite und in die Richtung des Bodens. Die gesamte Ausdehnung gebiert sich intensiver, leichter und freier, wenn die Hände zugleich weit nach vorne ausholen. Der Rumpf, die Arme und ebenfalls die Beine sind in der Dynamik der Ausführung zusammenwirkend integriert. Das geistige Bild der Bewegung beschreibt »aus sich selbst herausgehen«.

Weise die Kohlensäure wieder zu Sauerstoff. Sie sind der im Stillen aller Chemie arbeitende Teppich der Natur. Eine innere Beziehung und Verwandtschaft des menschlichen Kugelgelenks besteht zu den Blättern der Naturpflanze, denn in der lebendigen Fülle der hohen Natur aller Prozesse vollzieht sich sowohl im menschlichen Leibe als auch in der Pflanzenwelt eine intuitive chemische Verwandlung. Das Kugelgelenk kann in alle Richtungen bewegt werden. Es gleitet auf und nieder, kreist, abduziert und adduziert. Die Pflanze arbeitet immerfort unter Licht- und Wärmeeinwirkung und schenkt lebensspendenden Sauerstoff. Sie gleicht einer Bewegung in alle Richtungen. Ihr ist keine Grenze gesetzt. Den Bewegungen der Hüfte und der Schultern sind ebenfalls von Seiten des Gelenks keine Grenzen gesetzt. Am Bewegungsapparat drückt sich damit ein zunächst intuitives aber gleichzeitig reines, seelisches Wesen aus. Die Seele, in ihrer Reinheit einer Pflanze gleich, schenkt Leben über die vielseitigen chemischen, stofflichen Wirkungen. Bei der Bewegung eines Gelenks ist ebenfalls ein gewisser unbewusster seelischer Verwandlungsprozess im Menschen tätig.

Das Zusammenwirken des Unterschenkels mit dem Oberschenkel, die Kraftübertragung über die Muskeln und Bänder und die Belastungen, die allgemein auf die Knorpel und Gelenke wirken, sind bei einem gesunden Körper nicht bewusst, denn die chemischen Abläufe in der neuromuskulären Übertragung und die mechanischen Zusammenspiele gehorchen den Gesetzen eines unbewusst organisierten Gesamtorganismus. Dennoch aber müssen sich die Kräfte aus einem bestehenden Gesamtbewusstsein, das zunächst im individuellen Leib unbewusst abläuft, übertragen. Die unbewusste Kraft organisiert sich über den sogenannten Lichtäther. Wie von außen das Licht des Kosmos auf die Pflanze leuchtet, so leuchtet von einem organisierten oder ehemals kosmischen Bewusstsein, das in die Gewohnheit des Lebens übergegangen ist, ein lichtvoller Teil hinüber auf die Muskeln, Sehnen und Gelenke und überträgt die einzelnen Kräfte, die zur Bewegung notwendig sind. Alles Bewegungsleben ist durch den Lichtäther mobilisiert. Dieser Lichtäther besitzt seinen Ursprung im kosmischen Dasein und ist aber über unsere individuelle Wesensnatur auf spezifische Weise in der Körperlichkeit angelegt. Die Bewegungen sind für uns Selbstverständlichkeit, Routine oder unbeachtete Gewohnheit geworden. Der Lichtäther, der die Pflanzen zum Wachstum erweckt, spielt seine weisheitsvolle und heilsame wie auch förderliche und treibende Kraft dem Körper zu. Im Bewegungsleben der einzelnen Gliedmaßen, im Zusammenspiel von verschiedenen Extensionen und Retensionen erleben wir einen unbewusst wirkenden kosmischen Teil der Schöpfung. Die Bewegung selbst ist durch den Lichtäther in unserem Körper individualisiert. Dieser Lichtäther, der bis hinein in die Gelenkhöhlen wirkt und der sich vor allen Dingen über die Nerven und Nervenendigungen überträgt, möchte den Menschen zu einem beständigen weiteren Wachstum auffordern. Das Bewegungsleben trägt in sich selbst durch die Wirkungen des Lichtäthers einen unendlichen Drang nach Ausdehnung, Erweiterung, Elastizität und Flexibilität. Im Lichtäther existiert der Drang nach einem elementaren, vegetativen Geben. Es ist in unserem Körper diese Sehnsucht nach einem naturgemäßen Geben im Sinne eines Drängens nach Wachstum angelegt.

Indem wir uns ganz in die einzelnen Bewegungsformen der Gelenke kontemplativ hineinvertiefen, erfahren wir das merkuriale Wesen. Dieses merkuriale Wesen erhält den Ansporn und die Aufforderung von der planetarischen Kraft, die dem Lichtäther entspricht und die tendenziell durch den Planeten der Venus gekennzeichnet ist. Der Lichtäther fordert den Merkur zur Beweglichkeit auf. An den Gelenken arbeiten diese Kräfte zusammen.

Die unendliche und unstillbare Sehnsucht nach Liebe, die *bramosia*, die Hoffnung nach Ausdehnung, Erfüllung und Erweiterung der schöpferischen Möglichkeiten liegt bereits im Bewegungsleben inniglichst verborgen. Die feinen ätherischen Substanzen, die dem Merkur und der Venus zuzuordnen sind und die im chemischen Äther und im Lichtäther einen Ausdruck finden, kennzeichnen das Bewegungsleben, das in den einzelnen Gliedmaßen und Gelenken stattfindet. Innerhalb der Übungsweise können wir auf dieses innigliche und feinstofflich angelegte ätherische Erleben aufmerksam werden.

Am Bewegungsapparat an der Wirbelsäule, an den sich nach außen hin verfeinernden Gliedmaßen, an dem Zusammenwirken der Muskulatur mit den einzelnen Gelenken erleben wir die kosmische Atembewegung der Schöpfung und wir erleben die Bewegung als einen lebendigen Atem des Kosmos. Das Bewegungsleben ist kosmisches Leben, gleichzeitig empfinden wir uns mit den einzelnen Gliedmaßen und ganz besonders auch mit der Wirbelsäule als aus einem Kosmos herausorganisiertes oder hereinorganisiertes körperliches Wesen, das in seinem evolutionären Werdegang zunehmend ein Bewusstsein über sich selbst und über die großen Weiten und weisheitsvollen Tiefen des gesamten Kosmos entfaltet. Zu diesem kosmischen Erleben und gleichzeitig individuellen, weisheitsvollen Erkennen des schöpferischen Wirkens von Kräften wollen wir in der Zukunft durch Meditation und erkenntnisreiche Übungen hinkommen.

VIII
Die zukünftige Beweglichkeit aus dem Ich

Betrachten wir das Gelenk noch einmal von einer weiteren geistigen Blickrichtung. Das Gelenk ist durch den sogenannten Gelenkspalt gekennzeichnet. In früheren Zeiten, als der Mensch noch stärker im Kosmos ausgegossen war und er noch kein so sehr differenziertes Einzelbewusstsein, wie wir es heute besitzen, hatte, war sein gesamtes Erleben hin zum Körper beziehungsweise zu der Materie anders. Er erlebte noch nicht die unmittelbare gelenkige Verbindung, wie beispielsweise die Verbindung am Fußgelenk, vom Sprungbein zum Schienbein, sondern er erlebte seine einzelnen Glieder tatsächlich mehr zu verschiedenen Richtungen des Kosmos zugehörig. Bewusstseinsgemäß bildete sich deshalb das Erleben des Gelenkes erst in dieser Form heran, wie wir das heute beispielsweise in der naturwissenschaftlichen Anatomie oder in der Röntgenkunde erfahren haben. Das Gelenk selbst ist noch ein gewisser letzter Lichtraum des Kosmos. Hätten wir die gelenkigen Verbindungen nicht mehr in unserem Körper, so würden wir wohl nur noch ganz eine irdische, statische Welt erleben. Nun möchte die Evolution der Ich-Werdung aber diese noch bestehenden letzten kosmischen Räume im Menschsein auflösen und aus dem ganzen Leib ein zentriertes Ich-Organ bilden, das in sich selbst den Lichtäther in allen Teilen organisiert fühlt. Heute in der gegenwärtigen Stufe der Evolution fühlen wir die einzelnen Gelenke als Verbindungsstellen einzelner Knochen oder Teilbereiche des Körpers. Von allen Knochen und Gelenken ist die Wirbelsäule das Organ, das bereits am weitesten in der Evolution fortgeschritten ist. Es entspricht deshalb auch dem älteren Glied der Schöpfung. In der Wirbelsäule erkennen wir nicht eine Bewegung, die innerhalb eines Wirbels zu einem anderen Wirbel großartig funktionieren würde, sondern wir erkennen mehr die Gesamtbeweglichkeit und Elastizität, die sich mit ihrer Länge und Dehnbarkeit ergibt. Für das Vorwärts- oder Rückwärtsbeugen integrieren sich nahezu alle Wirbelsäulenteile. Mit der Bewegungsform der Wirbelsäule erscheint deshalb eine zentrierte Gesamtbewegung.

Die zukünftige Form der Beweglichkeit, die sich aber erst zu einer viel späteren Zeit der Evolution äußern wird, ist durch die Auflösung des Gelenkspaltes gegeben und durch eine starke Erweichung des Gesamtskelettes. Alle Gliedmaßen tendieren dahin, ähnlich wie die Wirbelsäule, sich in eine Gesamtbeweglichkeit und Zentriertheit hineinzufügen. Der Gelenkspalt, der bislang das Skelett kennzeichnet, nimmt tendenziell ab und ganz langsam, über die Jahrtausende hinweg, werden die einzelnen Knochen ineinander verschmelzen und es werden

Zukünftige Form der Beweglichkeit

nur noch gewisse Erhöhungen übrig bleiben. Der Mensch wird auf diese Weise zu einem zentrierten Leib hingelangen, der aber nicht mehr so hart ist wie der jetzige, sondern eine unmittelbare Flexion in den Knochen selbst aufweist. Wenn der Leib weich wird, ähnelt er gewissermaßen auch einer Pflanze. Im Unterschied zu der Pflanze aber wird der Mensch in der Zukunft den Lichtäther nicht von außen empfangen, sondern den Lichtäther direkt in seinem Inneren ausstrahlen. Auf diese Weise wird er zu einem individuellen Selbstbewusstsein fortschreiten und eine unmittelbare Gabe, eine unmittelbare Lichtquelle in der Weltschöpfung

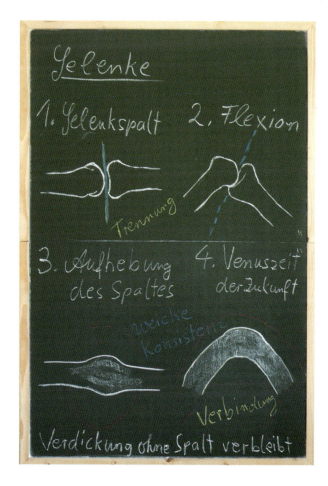

Tafelbild 2

selbst sein. Die Pflanze kann nur durch ihre Anmut, ihre Blüte oder Schönheit das Licht der Weltenschöpfung reflektieren, sie kann den göttlichen Geist in die Erinnerung des Menschen hineinspiegeln, aber sie kann ihn selbst nicht hervorbringen und selbst nicht geben. Der Mensch aber, der sich immer weiter durch die kosmischen Kräfte zentriert und ein Ich, einen eigenschöpferischen Geist im Inneren hervorbringt, wird einmal auf größerer, vollkommenerer Stufe die Reinheit des Gebens und die Schönheit eines Lichtes selbst ausstrahlen.

Diesen Entwicklungsweg können wir imaginativ durch die Übungsweise des Yoga erfassen. Ein Beispiel für das notwendige Zusammenwirken der einzelnen Gelenke und das bessere Zentriertsein in einem Ich zeigt *ardha kapotāsana*, die vorbereitende Übung zur Taube. Bei dieser Übung ist ein Bein weit nach hinten gerichtet und die Arme sind hoch in die Lüfte ragend. Noch ist der Körper relativ weit in den Raum hinausgespannt. Damit sich aber die Übung in eine geeignete Form bringen lässt und die Wirbelsäule sich nicht infolge der Sitzhaltung seitlich verdrehen muss, muss der Übende sich in seinen gesamten Gelenken zentrieren lernen. Nicht eine zentrifugale, sondern eine tendenziell mehr zentripetale Wirkung strebt der Übende innerhalb der Formung von *ardha kapotāsana* an. Dabei kann ein Fühlen folgen, wie die Glieder aus dem Kosmos zu einer Mitte, und ganz besonders zu einer aufgerichteten, zentrierten Wirbelsäulenmitte, hintendieren. Die Gliedmaßen fliehen nicht hinweg von der Wirbelsäule, sie ziehen sich bei der notwendigen Formung mehr an und fügen sich langsam in das Gesamtbild des leicht rückwärts gebeugten Körpers ein. Nach und nach formt sich ein harmonisches, aufgerichtetes Bild. Es ist wahrlich ein Fühlen möglich, wie sich die einzelnen Gliedmaßen vom Kosmos ausgehend in die gewünschte Form bewegen. Der Kosmos ist der Führer aller Bewegungen.

Eine andere Stellung, die jedoch in fortgeschrittener Form die Gesamtdimension der Beweglichkeit, die im Körper angenommen werden soll, beschreibt, ist *vajrāsana*, der Diamant. Der Diamant ist ein Ausdruck für das unmittelbare Lichtätherwirken oder das unmittelbare Widerstrahlen eines Lichtes. Diese Stellung weist ganz besonders auf das zukünftige Bewusstseinserleben eines menschlich-geistigen Weltendaseins hin. Rudolf Steiner würde dieses Weltendasein als Venus-Dasein bezeichnen. Bei der Diamantstellung beugt sich die Wirbelsäule auf zunehmend runde Weise immer weiter, bis sie schließlich innerhalb der Gliedmaßen eine neue Form der Vereinigung findet. Die Hände ergreifen die Füße, und schließlich, in der letzten Stufe, vereinen sich die Füße mit dem Hinterkopf. Der Körper ist rund, geschlossen und beschreibt in sich eine zentrierte Gesamtbewegung gleich einer gelenklosen, geschmeidigen Leiblichkeit.

Vorbereitung zur Taube: horizontale Bewegung der Beine

Vorbereitung zur Taube, *ardha kapotāsana*

*Diese für Anfänger und Fortgeschrittene empfehlenswerte Übung
ist weniger von der Streckung des Rückens abhängig, als vielmehr von der
Dynamik der Beine. Weich dem Boden ganz aufliegend, einfühlsam in die
Unterlage gestreckt, entfalten die Beine eine horizontale Bewegung. Der Übende
kann dann, wenn er die Arme und den Rücken nach oben führt, den Kosmos
fühlen, der unentwegt auf ihn einstrahlt und mit seinen Lichtimpulsen über
die Anlage des Nervensystems die Glieder in die rechte
Kontraktion führt.*

Die Taube, *kapotāsana*

*Die Taube in diesem fortgeschrittenen Vollzug beschreibt ein sehr
anspruchsvolles Gefühl der Hingabe und zugleich der Einheit.
Sie ist in dieser vollendeten Form erst nach langem Training möglich.
Der Körper bleibt mehr horizontal, niedrig, und der Übende fühlt sich in der
Gestik der Hingabe, da er sich mit der Hüfte immer weiter dem Boden annähert.
Indem schließlich der Fuß auf den Kopf gestellt wird, entsteht
ein zufriedenstellender geschlossener Kreis. Dieser Kreis ist ein
symbolischer Ausdruck für das Selbst im Menschen.*

Der Diamant: Ausdruck für das Lichterleben und Lichtwirken

Der Diamant, *vajrāsana*

In der Zukunft sollte der Mensch in seiner gesamten Flexibilität und Leichtigkeit des Körpers Fortschritte erzielen. Obwohl das Üben von diesen recht schwierigen Stellungen eine außerordentlich zeitaufwändige Disziplin darstellt und von wenigen Menschen aufgegriffen wird, so kann die Freude und die Schönheit der Stellungen einen Sinn über ein zukünftiges, edleres, integrales Menschsein erwecken. Der Diamant schenkt einen Ausdruck für das Lichterleben und Lichtwirken. Er beschreibt mit den Füßen am Kopf angekommen ebenfalls einen geschlossenen Kreis als Ausdruck für das Selbst.

IX
Die seelische Bedeutung der Wirbelsäule und die damit verbundenen Entwicklungsmöglichkeiten

Der Bewegungsapparat mit all seinen vielseitigen Bewegungsmöglichkeiten ist ein reiner Ausdruck des Seelenlebens. Die Bewegung ist der höchste Ausdruck des Geistes. Eine besondere Art von Gelenkverbindungen, die eine Mobilität in einem äußerst geringfügigen Maße in alle Richtungen zulässt, zeigen die Wirbelgelenke. Sie sind nach der Seite, nach rückwärts und vorwärts flexibel oder lassen sich um die eigene Achse drehen. Die Wirbelsäule selbst ist von hoher Harmonie getragen und beschreibt ein einzigartiges, individuelles Kunststück.

Jede Individualität besitzt eine genau bemessene Wirbelsäule. Diese Wirbelsäule ist in sich selbst wie ein Same, den wir aus einem früheren Leben mit in dieses herübernehmen, denn in dieser Wirbelsäule sind uns die Anlagen und Möglichkeiten für dieses Dasein mitgegeben. In der Wirbelsäule liegt die verborgene Kapazität unserer Schöpfer- und Schaffenskraft für dieses Leben beheimatet. Manche Menschen sind in der Bewegung flexibler und andere sind in der Möglichkeit ihrer Dehnfähigkeit eingeschränkter. In der Regel legt sich die Fähigkeit zur Beweglichkeit in den ersten drei Lebensjahrsiebten in unserer Körperlichkeit und vor allem in der Wirbelsäule an.

Die Wirbelsäule ist wie ein Same, der in sich selbst die Möglichkeiten für die weitere Entwicklung bereithält. Der eigentliche Keimling liegt dabei in der sakralen Region, in der Kreuzbeinregion, die die kompakteste und festeste Zone der Wirbelsäule darstellt. Das Fruchtartige des Samens aber liegt in der Brustwirbelsäule, denn diese bildet, wie wir bereits angeführt haben, den neuen Menschen. Der neue Mensch ist wie eine Frucht oder wie eine Gabe, die dem gesamten weltenschöpferischen Dasein übergeben wird. Schließlich bildet die obere Wirbelsäule, die Halsregion, die wir dem vergangenen Leben zugeordnet haben, die Schale des Samenkernes. Mit dieser potentiellen Kraft, die in der Wirbelsäule gleich einer veranlagten Kapazität lebt, gehen wir in das Leben hinein und entfalten von innen heraus unsere zukünftigen Möglichkeiten.

Vergleichsweise können wir auch davon sprechen, dass die spirituelle Entwicklungsausrichtung den Menschen in eine lichte, gebende Persönlichkeit verwandelt, die so anziehend, fein gegliedert und strahlend werden möchte wie eine sonnenfreudige Wärme-, Licht- und Liebesquelle. Der spirituelle Entwicklungsweg ist dabei aber nicht nur als ein technisch-methodischer Weg mit verschiedenen Seelen- und Körperübungen zu verstehen. Er ist ein umfassender Pfad mit höchsten Bemühungen um spirituelle Vollkommenheit, der immerfort von innen heraus aus einem eigenen Willensantrieb zu einem neuen Gleichgewicht und neuen Hineinleben in höhere Möglichkeiten manifestiert wird. Der Vergleich des menschlichen Wesens mit einer wärmenden Licht- und Liebesquelle liegt deshalb nahe, da wir jetzt noch auf einem gewissen unvollkommenen und damit auch gewissermaßen sogar passiven, von fremdem Licht bestrahlten Stand der Entwicklung stehen. In dem gegenwärtigen Stadium der Entwicklung befindet sich der menschliche Leib noch in einem sehr unruhigen und wenig von innen ausgestalteten Bewusstseinslicht. Die selbstbewussten Kräfte, die Ich-organisierenden Aktivitäten, die wir entwickeln wollen, müssen sich zuerst aus einem egoistischen, verhafteten, materialistischen Bewusstsein heraus entwickeln zu einem universalen, weisheitsvollen gesamten und integralen Bewusstsein. So wollen das Bewegungsleben der Gliedmaßen, der Hände, der Finger, die Gesten des Hauptes und die Rhythmen des Ganges sich langsam der unendlichen Harmonie des Kosmos annähern und hineinfügen und im eigenen Ich-Verständnis darin aufgehen. Aus dem Samen unseres vergangenen Lebens und damit aus der Anlage der Wirbelsäule entwickeln wir im Zusammenspiel mit der Welt und in Hingabe an intensive Gedankeninhalte neue, zukünftige Möglichkeiten und verwandeln uns schließlich in einen neuen und höher entwickelten Menschen.

Es ist aber weiterhin noch ein sehr interessanter Vergleich zur Erkenntniserfahrung der Wirbelsäule lehrreich. Die Pflanze trägt vergleichsweise zum Menschen ihre Sinne ganz in ihrem innersten Wesen. Sie trägt sie unsichtbar in ihrem stillen Wachsen, das sich in den Rhythmen des Weltenlaufes ohne eigenen Anspruch hineinfügt. Die Blüte ragt zum Himmel und öffnet sich farbenprächtig zur Peripherie und Umwelt. Diese Blüte ist ein Ausdruck des geheimen Willenslebens der Natur und sie wiegt in der Wärme und im Lichte in einer unausgesprochenen Zugehörigkeit zum Kosmos. Die Pflanze trägt die Blüte nach außen und behält die Sinne, so weit man von einem Sinn sprechen kann, im Inneren. Sie ruht still und gibt sich dem Leben preis. Das Bild des Menschen zeigt hier aber die umgekehrte Einordnung von Sinnesleben und Willensimpulsen. Der Wille liegt zentral im Stoffwechselsystem oder ganz in unserem eigenen Inneren und entfacht aus diesem einen unendlichen Kreislauf von eigenen Wünschen und Ansprüchen. Die Sinne unseres menschlichen Daseins befinden sich an den peripheren Organen wie an der Haut oder an den speziellen Organen wie dem des Auges oder dem des Gehörs. Nun will das menschliche Wesen nicht zu dem ehemaligen Dasein einer Pflanze zurückkehren und seine Sinne nach innen verlagern und sich ganz passiv den äußeren Willenseinflüssen des

Kosmos hingeben. Tatsächlich wollen wir den Willen im Inneren tragen und die Sinne in Wachheit und Erlebensfreude an der Peripherie oder an der Außenwelt orientieren. Dieses Erleben soll ganz besonders durch den Yoga auf rechte Weise zu einer Einordnung und deutlicheren, bewussten Stimmung der Harmonie führen. Wir wollen zu einer sonnenfreudigen, eigenständigen Erkenntnis und Lichtquelle, die in sich selbst einen Willen trägt, werden, und gleichzeitig wollen wir durch die geistige Entwicklung unsere Sinne als reine, objektive und kosmisch geeinte Weisheit mit Licht und Liebescharakter erleben.

Zu dieser Ausdehnung der individuellen Möglichkeiten und zu der Umwandlung des Körpers in ein weiteres, beweglicheres, ästhetisches und vollkommeneres Instrument helfen uns die *yoga-āsana*. Die Übungen fördern allgemein die Beweglichkeit in den Gelenken, insbesondere in den Hüften und in der Wirbelsäule. Die Muskulatur, die mit Bändern und Sehnen die Stabilität der Gelenke gewährt, erhält durch die Yogaübungsweise eine kräftige Belebung und wird spannkräftig und zugleich weich. Gleichzeitig achten wir aber bei all diesen Übungen, die im Körper stattfinden, auf die inneren Erlebensformen und entwickeln zu diesen Erlebensformen Gedanken, die uns in die weitere Harmonie des kosmischen Daseins führen. Diese Gedanken bezeichnen wir als Imaginationen oder als seelische Weisheiten der Weltenschöpfung.

Durch die rechte Aktivität sollte in das gesamte Knochensystem der calcifizierende und phosphorisierende Prozess der Verdichtung auf harmonische Weise eintreten. Gleichzeitig sollte aber das Nervensystem zu einer größeren Strahlkraft finden. Dieses Nervensystem ist im Wirbelkanal lokalisiert und ermöglicht über die peripheren Bahnen die Beweglichkeit des Körpers. Das Nervensystem ist zugleich der Träger aller Empfindungen und Bewusstseinsformen. In der Wirbelsäule muss deshalb der Verdichtungsprozess durch die Kalkprozesse auf harmonische Weise eintreten und gleichzeitig muss von innen heraus der Nervenäther auf lebendige Weise zu einem größeren Erstrahlen gelangen. Der Kalkprozess trägt im Allgemeinen zur Stabilisierung und Verdichtung bei, während der lichte Strahlprozess, der in der Wirbelsäule im Inneren der Nerven zur Anregung kommen soll, zur Auflösung und Körperfreiheit führen möchte. Beide Prozesse aber gehören im menschlichen Dasein zusammen und beschreiben den Entwicklungsweg eines seelisch-geistigen wie auch körperlichen Lebens.

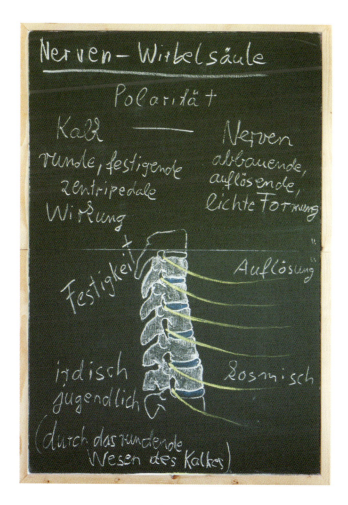

Tafelbild 3

*Auflösende und festigende Kräfte
an der Wirbelsäule.*

Die Gefahr das Sinnesleben nach innen zu verlagern

Das Erleben der Wirbelsäule und die Ausdehnung der individuellen Möglichkeiten in eine kosmische Weite und transzendente Erkenntnisweise entsteht am günstigsten, wenn wir alle Übungen als bewusste Betrachtungsübungen erleben und der versuchenden Gefahr ausweichen, in zu tiefe Körpergefühle und körpereigene Energien hineinzusteigen, oder besser gesagt, hinunterzusteigen. Zu tief sollten wir in das Leiblich-Innere nicht hineingehen, da wir sonst der Gefahr unterliegen, das Sinneserleben nach innen zu verlagern und in eine evolutionäre Rückwärtsentwicklung zu gehen. Da diese Gefahr bei Yoga sehr häufig in Erscheinung tritt und die subjektiven, mehr körperbezogenen oder rein energetischen Erlebensformen gewisse Wohlgefühle und Einheitszustände vortäuschen, sollte ganz besonders hier an dieser Stelle die Aufmerksamkeit auf den geordneten, objektivierenden Prozess des Sinneserlebens gerichtet werden. Nicht zu tief und nicht ohne objektive, überschauende Ich-Kraft der Sinne sollte eine Übungsweise getätigt werden. Die Sinne werden deshalb nicht verschlossen oder passiv zurückgezogen, zurückgezogen von den Objekten der Außenwelt, *pratyāhāra*, sondern sie werden bewusst geschult, in der Zielrichtung gelenkt und mit Imaginationen erfüllt.

X

Die sechs Bewegungsmöglichkeiten der Wirbelsäule

Bei all diesen Bewegungsformen erleben wir den Körper, erleben die Wirbelsäule und die verschiedenen Möglichkeiten, die durch die Bewegungsrichtungen gegeben sind. Wir erleben den Körper auf instrumentale Weise und bemerken dabei, wie wir durch den Körper in den irdischen Raum hineingestellt sind. Die Wirbelsäule selbst ist der Same, der zum Keimen und zur Fruchtbildung kommen möchte. Aus der Wirbelsäule entfalten sich deshalb die zukünftigen Möglichkeiten. Wir sollten alle *āsana* in ruhiger Gelassenheit und wacher Übersicht bei klarer Formung der körperlichen Flexion erleben. Wenn wir in unserem Ich wachsam bleiben und dabei doch den Körper in eine Bewegungsrichtung führen, einen Gedankeninhalt bewahren und in stiller Konzentration mit freien Atemzügen verweilen, so entstehen harmonische Prozesse der Ordnung, bei denen das Sinneserleben tatsächlich von außen nach innen erlebt wird und der Wille als innere Kraft von innen nach außen erstrahlt. Durch ein rechtes, objektives und Ich-beteiligtes Praktizieren, durch die Entwicklung von Empfindungen zu den verschiedenen Bewegungsformen und bestehenden Bedingungen des Daseins führen wir eine natürliche Ordnung herbei. Das Nervensystem kann auf harmonische Weise aus der Mitte des Wirbelkanales erstrahlen.

1. Bewegungsrichtung: Rotation

Insgesamt gibt es sechs Bewegungsmöglichkeiten der Wirbelsäule. Mit jeder Bewegungsmöglichkeit ist eine imaginative Erlebensform verbunden. Diese Imaginationen können wir nun im Folgenden einstudieren lernen.

Drehsitz, *ardha matsyendrāsana*

Bei dem Drehsitz, matsyendrāsana, stehen die gedankliche Wachheit und die Übersicht im Vordergrund. Sie sind Eigenschaften des Ich-Erlebens.

Die erste Form der Bewegungsrichtung ist die Eigendrehung der Wirbelsäule oder die Rotation. Diese besondere und charakteristische, zentrierende Bewegungsform der Wirbelsäule lässt das Ich-Gefühl erkraften und gibt gegenüber dem eigenen Körper ein bewussteres und objektiveres Erleben. Der Drehsitz, *matsyendrāsana*, ist hier beispielhaft.

2. Bewegungsrichtung: Vorwärtsflexion

Kopf-Knie-Stellung, *paścimottānāsana*

Die Vorwärtsbeuge beschreibt einen sehr aktiven Einsatz und ist in dieser Stellung ein Ausdruck für das Wesen der Arbeit. Die Kopf-Knie-Stellung schenkt ein Gefühl des Hineingehens in die Materie.

Die zweite Bewegungsrichtung, die die Wirbelsäule nehmen kann, ist die Vorwärtsflexion, die beispielsweise bei der Pflugstellung, *halāsana*, oder bei der Kopf-Knie-Stellung, *paścimottānāsana*, getätigt wird. Bei allen Vorwärtsbeugen nähern wir uns mit unserem Empfindungsleben der Materie oder der festen, irdischen Welt an. Wir gehen gewissermaßen mit der Vorwärtsflexion in die Materie tiefer hinein. Diese Erlebensform können wir auf objektive Weise kennenlernen und studieren.

3. Bewegungsrichtung: Rückwärtsflexion

Halbmond, *āñjaneyāsana*

*Diese Bewegung ist bereits sehr weit in die Rückwärtsbeuge ausgeführt.
Allgemein ist jede Rückwärtsbeuge mit einer Hingabe und persönlichen
Selbstaufgabe, die aber einen Raum eröffnet, verbunden.*

Eine dritte Bewegungsmöglichkeit ist die Rückwärtsflexion, die beispielsweise beim Halbmond, *āñjaneyāsana*, oder bei der Bogenstellung, *dhanurāsana*, getätigt wird. Bei dem Rückwärtsbeugen öffnet sich die Vorderseite des Körpers und die Rückenmuskulatur zieht sich zusammen. Das Bild der Selbstaufgabe und Hingabe erscheint offensichtlich. Insgeheim nähern wir uns mit unserem inneren Empfindungsleben nun dem idealen Status des Lebens an oder allgemein ausgedrückt geben wir uns auf diese Weise einem Ideal oder einem höheren Dasein hin.

4. Bewegungsrichtung: Extension

Waage, *tulādaṇḍāsana*

Aus der Mitte führt die Bewegung in die beiden Richtungen.
Die Waage beschreibt das geistige Bild des Fortschrittes.

Eine vierte Möglichkeit des Bewegens der Wirbelsäule ist die Extension oder die allgemeine Form der Dehnung und des Hinausgleitens. Wenn wir uns strecken, so beanspruchen wir einen größeren Raum für uns. In der Waage, *tulādaṇḍāsana*, sehen wir charakteristisch das Bild des weiten Hinausgehens in den Raum. Wir öffnen uns für die neu eingenommene Raumesempfindung. Im Inneren der Seele aber erleben wir mit dem weiten Hinausgehen der Wirbelsäule in den Raum eine Art des Annehmens der gewöhnlichen Weltenstimmung, ein Offenwerden für den Tag, für das sinnliche, gegenständliche und materielle Bewusstsein. Mit der Ausdehnung hinein in den Raum, mit der Extension der Wirbelsäule, die insgesamt nur geringfügig möglich ist aber doch als eine rechte und weite Dehnung erfahren werden kann, öffnen wir uns tendenziell mehr für das weltliche Empfinden.

5. Bewegungsrichtung: Kontraktion

Gedrehte Kopf-Knie-Stellung, *parivṛtta jānu śīrṣāsana*

Zu der Ausdehnung der Wirbelsäule in die Vorwärtsflexion kommt mit der Drehung eine kontraktive Bewegungsform hinzu. Die untere und mittlere Wirbelsäule muss sich infolge der Drehung wieder nach unten sammeln, damit sich der Oberkörper frei öffnet.

Zu der Ausdehnung muss es deshalb auch eine Kontraktion geben. Diese Kontraktion der Wirbelsäule findet allgemein bei verschiedenen Bewegungen naturgemäß statt, beispielsweise bei rückwärtsbeugenden Übungen. Auf die Kontraktion jedoch sollten wir ganz besonders Wert legen und sie einstudieren lernen, da sie gewisse Degenerationszustände wie Lordosen auf sehr günstige Weise heilen kann. Die Wirbelsäule zieht sich, wie der Name sagt, zusammen, sie kontrahiert oder sie wird in sich kompakter und fester. Das Kontrahieren erleben wir beispielsweise auf sehr unmerkliche und dezente Weise im Meditationssitz, in *padmāsana*, oder ganz besonders in der gedrehten Kopf-Knie-Stellung. Mit dem Erleben der Kontraktion in der Wirbelsäule öffnet sich das Seelenleben für das geistige Erkennen. Aus diesem Grunde ist das Erleben der Kontraktilität der Wirbelsäule von einer nennenswerten und wichtigen Bedeutung.

6. Bewegungsrichtung: Seitliche Flexion

Dreieck, trikoṇāsana

*Die Arme streben bei der Dreieckstellung in den Raum, der obere
Rücken ist mit seiner Muskulatur in die Stellung sanft und belebend einbezogen.
Es ist das Bild der Ausdehnung und Weite.*

Eine sechste Bewegungsrichtung, die die Wirbelsäule einnehmen kann, ist die seitliche Flexion, die beispielsweise bei den Dreieckstellungen, *trikoṇāsana*, signifikant erscheint. Der Körper dehnt sich weit nach der Seite hinaus und öffnet seine Flanken. In dieser Bewegungsrichtung erleben wir im Innersten die Imagination einer Annäherung zu den Mitmenschen oder zu menschlichen Werten im Miteinander. Diese dritte Form der Flexion beschreibt deshalb den Edelmut aller Pädagogik, denn die Pädagogik verbindet die Menschen im Miteinander.

Die Pathologie und die Heilsmöglichkeiten

XI
Weite, Sinnestiefe und Lichtäther

Für ein tieferes Verständnis der vielschichtigen Störungen, die an den Gelenken, in den Knochen, in den Muskeln und an den Bändern auftreten können, ist es wesentlich, noch einmal die innere Seite, die verborgene Dimension des Bewegungslebens näher zu betrachten. In allen Bewegungen äußert sich das Willensleben, das die tiefste und verborgenste Authentizität des Menschseins ist. Da die Bewegung selbst Wille, Willenskraft oder tätiges Wollen beschreibt, drückt sich in dieser die persönliche Wesensseite unseres Menschseins aus. Im Willen wurzelt unser tiefstes, inneres, persönliches Sein. Das Bewegungsleben offenbart das Leben und Wesen unseres inneren, verborgenen und authentischen Menschendaseins. Die persönlichen Eigenschaften und Expressionen von Weite oder von Schönheit, von Harmonie, Empfindungssensibilität oder anregender Sinnesfreude, die im Gegensatz zur Sinnlichkeit, Sinnesverhaftung und Triebhaftigkeit stehen, sind Merkmale von Seelengröße und bezeichnen die innere Seite unseres Daseins.

Die freie und verfügbare Willenskraft ist durch die Weite und Sinnesfreude der verschiedenen Gedanken, Gefühle und durch die Freiheit von Ängsten gekennzeichnet. Jene Menschen, die eine Weite im Gedankenleben und eine große Unabhängigkeit besitzen, können sich leichter durch anmutige Bewegungen einen Ausdruck verschaffen. Die Weite, Sinnessympathie und Sinnestiefe als Expression für freiere Gedanken, als eine natürliche, erquickende Anmut in den Gefühlen und als eine Freiheit von Angst, verdienen in der Betrachtung des pathologischen Geschehens, das am Bewegungsapparat stattfinden kann, die größte Aufmerksamkeit. Es ist die am Menschen wahrnehmbare sinnessympathische Weite eine Expression, die dem Willen einen gesunden Raum gewährt und die das Bewegungsleben heilend und verjüngend begleitet.

Die Expression der qualitativen, seelenwärmenden Weite deutet auf die Substantialität des sogenannten Lichtäthers hin. Dieser Lichtäther ist mit der Profundität und der Art und Weise der Zielrichtung unserer Gedanken gegeben. Der Lichtäther ist ein untergründiger, unbewusster Teil unserer Seele. Wenn wir ihn auf esoterische Weise beschreiben wollen, so würden wir ihm die Farbe eines hellen, freudigen, leichten Blautons zuordnen. Manchmal neigt er sich in das Goldfarbene. Die Erscheinungsform, die wie ein helles, lichtes Blau oder Gold wirkt, offenbart einen anmutigen, anregenden, aber nicht reizenden, sondern eher einen beruhigenden, atmosphärischen Charakter. Der Lichtäther wirkt weitend und beruhigend zugleich.[1]

Bei allen Störungen des Bewegungsapparates schenkt der Lichtäther einen Schlüssel zur Heilung. Wenn es uns gelingt, den Lichtäther auf günstige Weise zu stärken, so können wir alle Arten von Krankheiten und Beeinträchtigungen, die am Bewegungsapparat angreifen, zur Linderung oder Heilung führen. Auch Frakturen oder Rupturen unterliegen in ihrem Heilverlauf dem feinen kristallbildenden und gewebeerhaltenden Einfluss des Lichtäthers. Der Lichtäther sollte durch die entsprechenden Maßnahmen, die wir im Leben zur Verfügung haben, auf größtmögliche Weise gestärkt werden, damit sich eine innere Weitung und Ausdehnung der verborgenen Willensfähigkeiten im Menschsein entwickeln kann.

Eine der besten Möglichkeiten, den Lichtäther zu stärken, bietet die Ernährung. Tatsächlich wirkt sich eine gut ausgewählte Diät mit hohen Mineralstoffanteilen und sorgfältig ausgewählter Getreide- oder Frischkost außerordentlich schnell und kräftigend auf den Bewegungsapparat aus. Die Nahrung sollte möglichst kieselsäurereich sein und nicht zu viele schwere Stoffe wie Fleisch oder gesättigte Fettsäuren beinhalten. Gleichzeitig aber ist darauf zu achten, dass die gesamte Diät möglichst alle notwendigen essentiellen Aminosäuren, alle Mineralien, Vitamine, Kohlenhydrate und Fette enthält.

Zur Unterscheidung der verschiedenen pathologischen Veränderungen, die auf den Bewegungsorganismus einwirken, ist die folgende Gliederung hilfreich. Es gibt unabhängig von malignen Zellentartungen im Wesentlichen drei verschiedene Gruppen von pathologischen Wirkungen, die sich im Charakter und in der Ätiologie entsprechend repräsentieren. Das sind:

1. Erkrankungen durch vorausgegangene Traumen wie Frakturen, Bänderrupturen oder Luxationen

2. entzündliche Erkrankungen und

3. degenerative Erscheinungsformen.

XII

Unfälle, Traumen

Betrachten wir in Kürze die erste Form der Erkrankung, das ist jene, die durch ein Trauma eintritt. Die Verletzungen von Gliedmaßen, der Wirbelsäule oder von Körpergewebe ruft in den ersten Tagen zu einer Ruhigstellung auf. Ganz besonders deutlich sehen wir diese Notwendigkeit zur Ruhigstellung bei Frakturen. Ebenso müssen wir bei Bänderüberdehnungen, Distorsionen oder auch bei Luxationen wie auch bei Prellungen (Kontusionen) für einige Tage eine Pause mit ruhiger Schonung des Gelenkes oder der betreffenden Körperstelle einleiten. Der Körper selbst erfordert zu seiner Heilung eine bewusste Ruhezeit. Vielleicht mögen wir vor Eintritt des Traumas schon erschöpft gewesen sein und nun können wir nach dem Unfall die Ruhigstellung, die der Bewegungsapparat uns auferlegt, genießen. Im einfacheren Sinne der Betrachtung sind deshalb Frakturen und Distorsionen oder auch schwere Kontusionen mit einer nervenentlastenden Erholungszeit verbunden, da sie uns eine angenehme Ruhepause gönnen und die vitale Hast des Alltages abnehmen. In jenen Zeiten eines Krankenlagers sind wir zu mehr Innerlichkeit und Nachdenklichkeit aufgefordert.

Das geistige Geheimnis, das mit einem Unfall verbunden ist, der zu einem Knochenbruch oder zu einer Bänderüberdehnung oder sonstigen Einschränkung am Bewegungsapparat führt, liegt in dem stillen Aufruf der Seele zu einem ersten körperfreien, das heißt einem von den Gliedmaßen losgelösteren Denken. Wenn wir im Krankenlager das gebrochene Bein hochlagern müssen und wenn wir es erst einmal längere Zeit nicht mehr in die Einsatzfreude des natürlichen, lebendigen oder hastigen Ganges einsetzen können, so sind wir zu einer anderen, neuen Blickrichtung in einer vom Körper unabhängigeren Bewusstheit aufgefordert. Während des Krankenaufenthaltes betrachten wir das gebrochene Bein, ohne es benützen zu können. Durch die Betrachtung, die objektiv auf das kranke Glied gerichtet ist, ohne mit der Bewegung, das heißt, mit dem Willen in dieses Glied sofort untertauchen zu können, schulen wir ein neues und weiteres Bewusstsein für unseren Körper selbst. Es ist diese Pause eine Phase der naturgegebenen und auferlegten mentalen Kontemplation. Durch diese naturgegebene, körperexterne Kontemplation des Bewusstseins in der Pausezeit, die uns die Verletzung einräumt, entwickelt sich eine öffnende, sensitivierende Weitung im Gedankenleben, und es können auf dieser Grundlage neue und edlere Gefühle der Achtsamkeit gegenüber uns selbst und auch gegenüber unseren Mitmenschen erwachen. Die Achtsamkeit in ruhiger, kontemplativer Besinnungspause ist jene Eigenschaft, die den Lichtäther neu heranbilden lässt.

Yogaübungen bei Verletzungen am Bewegungsapparat

Bei Verletzungen am Bewegungsapparat, selbst bei Knochenbrüchen, die eine Ruhigstellung durch Gipsverband erfordern, sind die verschiedensten *āsana*-Übungen jedoch sehr heilsam. Bei Beinbrüchen, insbesondere bei Brüchen, die an den Fußwurzelknochen stattfinden, ist es sehr hilfreich, wenn wir die verschiedenen Umkehrstellungen und, soweit es möglich ist, auch gewisse Dehnungsübungen an den Beinen, wie es die Beinübungen, die liegenden Dreieckstellungen sind, ausführen. Durch die Bewusstheit organisieren wir den Lichtäther auf richtige Weise in den Körper. Die *āsana*-Übungen sind in diesem Sinne Bewusstseinsübungen, die die kristallbildende Substantialität des Lichtäthers auf langsame Weise stärkend auf den Körper überführen.

Dreieck in Rückenlage, *supta trikonāsana*

Der Arm führt auf leichte, aber nicht zwingende Weise das Bein in die hochragende Dreiecksform. Beide Beine sind sehr aktiv. Der Oberkörper erlebt sich in einer ruhigen Entspannung, die Sinne beobachten aus der Ruhelage die Form und Dynamik der Stellung. In allen Dreiecksstellungen erlebt der Übende das dritte Energiezentrum in seiner Vermittlungs-, Dynamik- und Verbindungsfunktion. Dieses cakra bildet den Sitz der aufbauenden Stoffwechselfunktionen, das Zentrum der Aktivkraft, des Feuers zur psychischen und physischen Bewegung.

XIII
Die Entzündungen und Übersäuerungen am Bewegungsapparat

Zu den Entzündungen am Bewegungsapparat zählen wir in erster Hinsicht die rheumatoide Arthritis, die eine Gelenkentzündung ist, die meistens in generalisierter und chronischer Form auftritt. Sie beschreibt das klassische Bild, das wir in der Umgangssprache mit Rheuma bezeichnen. Bei der rheumatoiden Arthritis, die sehr viele unterschiedliche Schweregrade aufweist, besteht eine mehr oder weniger deutliche psychische Tendenz, bei der der Betroffene sich in eine kindliche Gemütsstimmung zurückversetzt wissen möchte. Bei der Krankheit spielen genetische Anlagen eine gewisse Rolle. Deshalb sollte auf die psychische Gesamtsituation einmal ganz besonders Rücksicht genommen werden. Die meisten Patienten, die an rheumatischen Gelenkentzündungen leiden, sehnen sich insgeheim zurück zu den Erlebensformen, die das zweite Lebensjahrsiebt gegeben hatte. Die Patienten wollen eine Blume werden oder eine gewisse Reinheit eines kindlichen Daseins bewahren. Häufig altern sie ganz wenig. Gleichzeitig kann es dazu kommen, dass diese innere Rückzugsbewegung des Bewusstseins die kompensatorische Gegenreaktion eines äußeren Intellektualismus oder einer sehr veräußerlichten Lebensweise hervorbringt.

Wie verhält sich die organische Stoffwechsellage zu den Konditionen in den Gelenken? Die Entzündung in den Gelenken lässt bereits für den Laienbetrachter die Vermutung aufkommen, dass die Ausscheidung nicht richtig intakt ist und das wässrige Element stagniert und den Körper beherrscht. Das Bewusstsein dringt nicht mehr organisierend und durchlichtend in die Gelenke hinein, und die Synovialhäute beginnen sich zu entzünden. Es entstehen innerleibliche Spannungen, die Autoimmunreaktionen mit Entzündungen in den Gelenken verursachen. Bereits relativ schwere entzündliche Krankheiten sind die Bursitis und die Tendovaginitis.

Die chronische Polyarthritis ist eine schmerzhafte, langwierige und schwere Krankheit, die zur vollkommenen Invalidität führen kann. Ihre Heilung würde eine umfassende Schulung des Bewusstseins voraussetzen. Die Gedankenentwicklung und Gedankenbildung, so wie wir sie in der Disziplin des Integralen Yoga verstehen, könnten die größten Heilschancen bringen, da sich auf diese Weise das Bewusstsein wieder neu und spannkräftig organisierend betätigt und sich der Lichtäther heilsam über den Körper verströmt. Allein die Körperübungen des Yoga, die *āsana*-Übungen, würden begleitend und unterstützend den

Acidose: Übersäuerung

gesamten Heilsverlauf fördern. Die Betonung bei der Übungsweise liegt auf der Gedankenentwicklung und Gedankenbildung.

Zu der zweiten Gruppe von Krankheiten zählen weiterhin die häufigen und vielleicht auch harmlosesten Störungen, die primär auf eine bestehende Übersäuerung zurückzuführen sind, die am Bewegungsapparat in den Muskeln und in den Gelenken auftreten. Die Acidose kann das Ergebnis eines übertriebenen Leistungssportes oder eines einseitigen Trainings oder auch einer nervösen Erschöpfung mit Mineralstoffdefiziten sein. Die Übersäuerung ruft in den Gewebeteilen eine feine Entzündungsreaktion hervor. Wir bemerken in der Regel auch feine, entzündliche Schmerzpartien. Die Übersäuerung ist immer eine Reaktion, die als Folge einer Überforderung, Verausgabung oder einseitigen Beanspruchung der Seelenkräfte oder auch des Körpers entsteht. Die mentalen Überforderungen, die heute so häufig auftreten, wirken sich sehr leicht auf den Bewegungsapparat aus und bewirken in diesem zunächst entzündliche Veränderungen mit nachfolgenden Verspannungserscheinungen und schmerzlichen Beeinträchtigungen der Bewegung. Das übersäuerte Gewebe neigt ganz besonders leicht zu Verletzungen wie Muskelrissen und Bänderzerrungen. Die wohlbekannten Krämpfe, die gerne in der Wadenmuskulatur auftreten, sind ebenfalls ein Ausdruck einer bestehenden Übersäuerung und damit einer organischen und mentalen Überforderung. Diese Probleme könnten ebenfalls eine angenehme Linderung erfahren, wenn eine regelmäßige Zeit der Besinnung eingehalten werden würde und wenn einige Yogaübungen im Sinne eines spirituell-mentalen Bewusstseinsweges getätigt werden. In unserer Seele atmet diese hohe Sehnsucht nach Erweiterung und nach der Verwirklichung eines größeren Zieles. Während im allgemeinen Alltag häufig eine Verausgabung in den Nerven unweigerlich eintreten muss, können wir auf der anderen Seite eine bewusstere Formung entwickeln, die schließlich die seelenbezogenen Lichtätherkräfte zu einem besseren Eingreifen oder zu einer tieferen Inkarnation führen. Wenn das Bewusstsein nicht immer nach außen abgezogen und verausgabt wird, so entsteht ein besseres Gleichgewicht innerhalb des Mineralstoffwechsels, und auch innerhalb des Eiweißstoffwechsels, und die allgemeinen Übersäuerungstendenzen bleiben aus. Die rechte Übungsweise mit *yoga-āsana* und Seelenübungen führt zur allgemeinen psychischen Ausgeglichenheit, zur Stärkung des Nervensystems und schließlich zur allgemeinen Stärkung der Willens- und Persönlichkeitskräfte.

Grundsätzlich bringen Übersäuerungen im Gewebe immer eine unangenehme Gesamtbelastung, die sich auch auf die mentale Leistung und auf die Wachheit des gesamten Lebens negativ auswirkt. Durch rechtzeitige Ruhe und Entspannung, in denen sich das Nervensystem und das Bewusstsein erholen können, dürfte das Gleichgewicht leichter zu halten sein. Die meisten Übersäuerungen geschehen aber aufgrund von anhaltenden Konfliktsituationen mit dauerhaften Überforderungen und einseitigen mentalen Belastungen. Diese oftmals schwer zu bewältigenden Einflüsse führen zu einer Verkrampfung im gesamten Körper und seinem Gewebe. Sie benötigen zur Heilung meist eine mentale Situationsveränderung und eine tiefergehende Umstellung in der Art und Weise der Zielrichtung im Leben.

XIV
Degenerative Krankheiten

Die nächste Art von Krankheit, die den Bewegungsapparat beeinträchtigt, ist die degenerative Veränderung, wie beispielsweise die Arthrose oder in einfacherer Hinsicht die brettharte Verspannung in der Muskulatur. Zu den degenerativen Krankheiten können wir auch die in jüngerer Zeit so weit verbreitete Osteoporose zählen. Alle diese Erkrankungen erfordern zu ihrer Heilung eine hohe Zielsetzung, die in Gedanken und Empfindungen herangebildet werden soll. Das Leben neigt sich in unserer Kultur zu tief in die Materie herab. Die Sklerotisierungsprozesse in den Gelenken und im Bindegewebe sind zwar auch häufig eine Folge von vorausgegangenen Entzündungen, sie beschreiben aber in ihrem Gesamtbild einen Verlust an erbauenden Lebenskräften und eine daraus resultierende Neigung zum verhärteten Eingebundensein in die Körperlichkeit. Die Lichtätherkräfte erlöschen, und der Mensch kann sich der überkommenden Schwerekräfte der Materie nicht mehr erwehren. Die Sklerotisierung ist eine Antwort im Körper, die unweigerlich auf den Verlust von lebendigen Lichtätherkräften hindeutet.[2]

Bei der Osteoporose liegt jedoch eine andere Kondition vor, denn die Gelenke verkalken nicht in zunehmendem Maße wie dies bei der Arthrose der Fall ist, sondern die Knochen, vor allem die Substantia spongiosa, die weicheren Anteile des Skelettes, verlieren ihre Festigkeit durch gesteigerten Knochenabbau einerseits und verminderten Aufbau andererseits, und es entsteht eine besondere Disposition zu Frakturen. Obwohl das Bild zu der Arthrose gegenteilig erscheint, besteht im Inneren dennoch auch hier eine Rückzugstendenz der lebenserbauenden, kräftigenden Lichtätherkräfte, und wir sehen auch in der Regel eine Schwächung im Stoffwechsel. Diese Krankheiten benötigen eine besondere Übungsweise, damit die Lichtätherkräfte wieder erneut in den Aufbau und in ihre schützende, kristallbildende Tendenz finden können.

Die Betreffenden stehen mit diesen Störungen einer erhöhten Anforderung des Lebens gegenüber. Eine gesunde Ernährung wirkt in den meisten Fällen sehr heilsam. Insgesamt wird aber die Ernährung zu einer umfassenden Heilung nicht ganz ausreichen. Eine spezifische Änderung der persönlichen Verhältnisse, eine Umstellung im Gedankenleben, besonders in der Art und Weise der Gedankenbildung ist nötig, damit die Kräfte des Hauptes nicht eine intellektuelle Schwere und Blockade auf den Körper produzieren, sondern eine lichte Gedankenleichtigkeit und Gedankenweite geben. Hierzu muss der Übende ein hohes geistiges Ideal in eigenständiger Arbeit und in Hinwendung zu geistigen Quellen entwickeln lernen. Da die Menschen sich zu wenig an geistige Quellen hinwenden, können die Schwerekräfte aus der Materie von ihnen leichter Besitz ergreifen und die erbauenden Lebenskräfte aufzehren. Zu der Heilung dieser Krankheiten, die degenerativer Art sind, sollten wir unbedingt unsere eigenen Grenzen durch ein hohes Ideal der Spiritualität transzendieren lernen. Die Heilung dieser Krankheiten erfordert einen aktiven, in der ganzen Seele gewollten und bewusst gewählten spirituellen Yoga.

Skoliosen, Lordosen und Kyphosen sind meistens durch die Lebensgewohnheiten der ersten drei Lebensjahrsiebte in den Körper eingeprägt. Sie stellen gewisse degenerative Erscheinungsformen dar. Vielleicht mag eine Heilung nur einmal durch eine Änderung der Lebensgewohnheiten entstehen und sich manche Lordose dadurch wieder günstiger ausgleichen. Die Problematik der Wirbelsäulenschwäche, der Verkrümmungen, Versteifungen des Abbaues von gesundem Knorpelgewebe liegt heute überwiegend in jener wohlbekannten Kopfesüberlastung, die sich wie eine zwingende Schwere über die lebensnatürlichen Bewegungen stülpt und zuerst Fehlhaltungen und schließlich einen zunehmenden Abbau verursacht. Unsere Aktivität erscheint im Gedankenleben dadurch zu sehr auf uns selbst oder auf Umstände bezogen, die wir nicht günstig in der Körperlichkeit ausgleichen können. Die Zielorientierung in Gedanken und Empfindungen zu einem hohen Ideal mag sehr weit diese unangenehmen Erscheinungen in der Wirbelsäule heilen. Über längere Zeit sollte aber eine Zielrichtung in der Spiritualität gepflegt werden.

XV

Die Heilwirkungen von Körperübungen mit Gedankeninhalt

Von einem imaginativen und geistigen Standpunkt aus betrachtet, sind es nicht die Körperübungen des Yoga, die eine Heilung, Niveauveränderung oder Konditionsverbesserung im Bewegungsapparat herbeileiten, sondern es sind die neuen Möglichkeiten, die sich durch die Aufmerksamkeit, Begeisterung, Sensitivierung, Erlebensbereicherung und Bewusstseinsverjüngung entwickeln. Das Bewusstsein ist wie die Lampe im Raume des Körpers, die erleuchtend und befeuernd ist und damit erfrischende und erbauende Kräfte für die beständig zur Erschöpfung und Alterung neigende Körperlichkeit liefert. Die *āsana*, die Körperübung des Yoga, ist im wirklichen und korrekten Sinne nicht als eine direkte Übung des Körpers zu verstehen. Sie ist mehr eine Bewusstseins- oder Seelenübung, die ihre Qualität von der gehobenen und von Projektionen freien Aufmerksamkeit nimmt und sich mit einem künstlerischen Sinn durch den sichtbaren physischen Leib ausdrückt. Die Übung ist daher eine unmittelbare mentale und willentliche Disziplinierung und stellt eine zutiefst sensitive Reinigung für das emotionale Gemüt dar. Sie belebt durch diese schöpferische, bewusste Aktivität aus den Gedanken und aus den Wahrnehmungen die Empfindungswelt und eröffnet neue Möglichkeiten der Weite und Hoffnung für das individuelle Sein. Die Heilung der Yogaübung liegt deshalb nicht im Körper, dem grobstofflichen Glied unseres Wesens, sondern in der rechten, erhebenden Aktivierung der Seelenkräfte des Denkens, Fühlens und des Willens, die sich schließlich in ihrem veredelten und lichteren Vermögen durch den Körper ausdrücken.

Nahezu alle Störungen im Bewegungsapparat, vor allem die so häufigen Abnützungen, seien sie nun mehr konstitutionell bedingt oder seien sie mehr entzündlich und degenerativer Natur, wie es bei den rheumatischen Krankheiten und den nachfolgenden arthrotischen Prozessen der Fall ist, benötigen ein Lichtwirken im Gedankenleben. Sie benötigen eine größtmögliche und erhebende Gedankenaktivierung, damit sich die Natur des Denkens mehr von den üblichen Leibanhaftungen befreit und sich schließlich von der Blütenwirkung des schöpferischen Gedankenlichtes eine Umstimmung und spürbare Niveauverbesserung in den Wahrnehmungen und im Befinden psychischerseits und in der Muskulatur und in der Wirbelsäule physischerseits zeigt.

Eine *āsana*-Reihe, verbunden mit einigen Atemübungen, schenkt in der Regel für den Praktizierenden eine gesunde und wachsende Spannkraft in der Wirbelsäule und auch in der Leistungsfähigkeit der Psyche, und dies ganz besonders, wenn die Übungen im Maß und in der Verteilung einen sinnvollen Vollzug erhalten. Mit der Zeit aber bedarf die Körperübung einer gezielten mentalen Auseinandersetzung und einer eigenständigen, über die Gymnastik hinausgehenden, schöpferischen Gedankenbildung. Die *āsana* sollte vielmehr von der gedanklichen Führung und größer werdenden Empfindungskraft des Herzens ein Licht der Verjüngung und der Sympathie gewinnen. Hier erscheint das Lesen in den inspirativen Texten zu Yoga eine wertvolle Hilfe zu sein. Die Texte sollten gelesen und wiederholt betrachtet werden und schließlich in der Praxis eigenständig gedacht und lebendig zur Umsetzung gelangen. Hilfreich ist auch die Betrachtung und forschende Ergründung von Bildern zu den *āsana*, damit durch sie jener verborgene künstlerische Sinn geweckt wird und eine wärmende und befeuernde Freude zur Motivation drängt.

Der Gedanke ist, wenn er in einem objektiven, leibfreien und konkreten Sinn entwickelt ist, wie ein schimmernder Stern, der nicht nur das Auge und das Haupt mit seinem Glanz erhellt, sondern das ganze Nervensystem durchstrahlt und so zu einer lebendigen Spannkraft in der Wirbelsäule beiträgt. Dieses entwickelte oder geförderte Gedankenleben wirkt den massiven Abbauprozessen in den Knochen- und Knorpelgeweben entgegen und bringt die Stoffwechsellage von innen heraus in eine mehr erbauende Leistung. Jener Gedanke aber, der leibgebunden und somit in der Subjektivität der Vitalität eingeschnürt bleibt, wirkt wie das Gewicht eines Rucksackes, das mit der Zeit die gesamte aufgerichtete Statur bedrückt und beschwert. Die Entwicklung des Gedankenlebens durch schöpferische Auseinandersetzung, verbunden mit dem künstlerischen Weg der *yoga-āsana*, ermöglicht eine wahrhaft wertvolle, begleitende Unterstützung zur Therapie von Wirbelsäulenerkrankungen und Degenerationen am Bewegungsapparat.

Eine wichtige Heilsunterstützung der kranken Wirbelsäule und der Gelenke wird durch die Kieselsäure geleistet. Der Kiesel oder – in seiner urbildhaften Form – der Bergkristall wurde in der herkömmlichen Schulmedizin kaum beachtet. Erst in den letzten Jahren erklomm die wissenschaftliche Forschung die Möglichkeit, durch Gaben von Kieselsäure eine Heilung in den kranken Gelenken, in der Wirbelsäule und in der Haut zu vollbringen. Damit sich die Kieselsäure wirklich in den Körper hineingliedern kann, bedarf es der Anstrengung des eigenständigen Denkprozesses. Der wahre, veredelte Gedanke ist wie der Bergkristall, schimmernd und glitzernd. Der Gedanke wird vom Lichte des Kosmos durchstrahlt und erhält dadurch seine wahre Wesensbestimmung aus der Seele. Die Kieselsäure in ihrer Dynamik beschreibt den geheimnisvollen

Lichtstoffwechsel, und dies ist ein Prozess der Selbständigkeit des Denkens, der Fähigkeit und des Mutes, das Denken eigenständig zu wagen.

Eine Heilung durch gezielte Gedanken- und Bewusstseinsbildung wirkt in der Regel nicht unmittelbar und auch nicht wie ein Medikament. Die schöpferische, in Beziehung gehaltene und doch eigenständige Gedankenbildung fördert zuerst die Dynamik des Kieselorganismus. Durch die Entfaltung der Seelenkräfte entsteht eine größere Weite und eine Spannkraft, die der Persönlichkeit auf geschmeidige Weise zur Verfügung steht. Der Bewegungsapparat verjüngt sich durch das organisierende und lichtschaffende Kieselprinzip von innen heraus, und das Bewusstsein fügt sich auf bessere und strukturierende Weise in den Leib hinein. Die Heilung erwacht aus der Seele und den aktiven Seelenkräften von innen und drückt sich durch den Körper aus.

XVI

Das *maṇipūra-cakra* und das rechte Aktivsein

Die dynamische, erbauende und verjüngende Kraft der Wirbelsäule entwickelt sich aus einem geordneten, beseelten und unabhängigen Aktivsein unseres Willens. Das Handeln müsste ökologisch-empathisch in dynamischer und ausgeglichener Weise in die Umwelt gerichtet sein. Es ist dies der Pfad des rechten Handelns, *karma mārga*, der Pfad des Yogawirkens oder der Pfad der Kunst allen Handelns. Die Geschicklichkeit oder die Tüchtigkeit unserer eigenen Aktionskräfte führt zu einer psychischen Ausgeglichenheit, zu Freiheit von den bindenden, phänomenalen Eigenschaften der Psyche und eröffnet schließlich einen größeren Raum für die Spiritualisierung des Lebens. Die Geschicklichkeit des Handelns, *yogaḥ karmasu kauśalam*, wie dies trefflich in der *Bhagavad Gītā* genannt wird (BG, Vers II, 50), ist niemals eine berechnende, egoistische Willensstellung des ängstlichen und kleinlichen Ich-Erlebens, es ist vielmehr eine Willensgrundlage, die auf sozialen, integrativen wie auch praktischen und menschengerechten Beurteilungsmaßstäben gegründet ist und die zu einem selbstbewussten und edlen Wirken in der Welt führt. Der Pfad des *karma mārga* führt zu einem ökologisch-empathischen Gleichgewicht in unserem Willensleben.

Auf den Körper bezogen existiert ein spezifisches Zentrum, das dieses Handeln gewissermaßen in das Leben hineinorganisiert. Es ist das Energiezentrum, das *cakra*[3], auf der Höhe des oberen Bauchraumes, das mit dem Nervengeflecht plexus coeliacus und den Nieren und Nebennierenorganen in Verbindung steht.

Zentrum des ökologisch-empathischen Willenswirkens

Dieses Zentrum wird *maṇipūra-cakra* genannt und ist das organisierende Zentrum aller bewussten Willenstätigkeit. Die aktiven Stoffwechselprozesse, die sich über die oberen Bauchorgane aussteuern und die zur Wärmebildung im gesamten Körper beitragen, erhalten ihre Energie aus diesem Zentrum. Wenn wir den Menschen geistig betrachten, so steht er über dieses Zentrum im oberen Bauchraum mit einzigartig schönen, luftigen und auf subtile Weise wärmebringenden und auch verinnerlichenden Kräften des Kosmos in Verbindung. Über das *maṇipūra-cakra* empfängt der Körper die feinsten Substanzen, die wir dem Planeten der Venus zuordnen. Sie sind Substanzen, die aus dem Kosmos hereinstrahlen und von Schönheit, Anmut, Sympathie und Liebe geprägt sind. Wenn dieses Zentrum in der richtigen kosmischen Einordnung und in einer Fülle von kosmischer Weite entwickelt ist, kann jenes erstrebenswerte und heilsame, ökologisch-empathische Handeln in die Welt finden. Das *maṇipūra-cakra* ist das Zentrum des ökologisch-empathischen Willenswirkens.

Das Zentrum im oberen Abdominalraum empfängt bei guter Ausprägung angenehme Wesen, die einen schützenden, feenartigen und außerordentlich lieblich-sympathischen Charakter tragen. Die Wirbelsäule, die Muskulatur und die peripheren Nerven erhalten aus diesem Raum ihre gesunde Vitalität und die rhythmisch geordnete Dynamik. In der Umgangssprache der Esoterik spricht man gewöhnlich von einem geöffneten Zentrum, von einem offenen *cakra*, das auch bezeichnend sein sollte für die Offenheit des menschlichen Bewusstseins. Da diese Beschreibungen aber noch zu ungenau und zu einseitig sind, müssen wir das Zentrum im gesamten Zusammenhang mit Denk- und Handlungsbezügen, in denen sich der Mensch befindet, erklären. Wenn sich unser Handeln um ein richtig ökologisch-empathisches Gleichgewicht und gleichzeitig um eine spirituelle Zielorientierung bemüht, wenn wir uns in Gedanken und bewussten, aufmerksamen Beobachtungen der Außenwelt hinwenden und uns um jene Eigenschaften des Miterlebens, des Mitfühlens, des Mitleidens und des objektiven, sozialen Teilnehmens an der Außenwelt bemühen und gleichzeitig eine aufrichtige, eigene Stellung im persönlichen Dasein wahren, fördern wir in der Regel das ökologische Gleichgewicht in unseren Willensverhältnissen. Die Wirbelsäule richtet sich in bezeichnender Weise in einer inneren Dynamik und freudigen, unaufdringlichen und anmutigen Ich-Erkraftung auf. Die Wirbelsäule ist der Träger der aufrechten, himmelwärts gerichteten und zugleich organisierenden Ich-Kraft des Menschen. Sie sollte sich nicht zu streng im Leben gebärden und sollte aber auch nicht den Abhängigkeiten, Schwächen und Lasten des weltlichen, leidenschaftlichen und sorgenbeladenen Lebens unterliegen. Die Wirbelsäule benötigt deshalb ein ökologisches, empathisches Aktivsein unseres Wesens, und wir selbst müssen uns zu Recht auf dem *karma-mārga*-Pfad, auf dem Pfad des rechten Wirkens fühlen und bestätigt wissen. Die Wirbelsäule braucht daher die gesunde Einstrahlung der Wesen aus dem kosmischen Venusraum. Um dieses ökologische, empathische Handeln müssen wir uns auf dem gesamten Yogapfad und auch in der Praxis mit Yogaübungen bemühen.

Bei den Yogaübungen erfahren wir den Zusammenhang des *maṇipūra-cakra* zur Wirbelsäule. Dieses *maṇipūra-cakra* bildet die energetische Mitte der Wirbelsäule oder das Zentrum ihres eigenen Gleichgewichtes. Dieses Gleichgewicht ist weniger auf der physiologischen Ebene beschreibbar, denn es handelt sich vielmehr um ein kosmisches Gleichgewicht, ein Gleichgewicht, das wir im Innersten erleben und das in einem Empfinden von irdischer Raumessphäre entsteht. Wir empfinden im Sonnengeflecht, im *maṇipūra-cakra*, den irdischen Sphärenraum oder den Luftkreis und fühlen uns durch diesen sowohl auf der Erde tastend als auch im kosmischen Raum eingegliedert und durchströmt. Die Wirbelsäule erhält aus dem *maṇipūra-cakra* deshalb ihre ökologisch wohlabgestimmte Aufbauspannung, und wir selbst fühlen uns durch diese Spannungseingliederung, die sowohl in dem irdischen als auch in dem atmosphärischen Raum geschieht, mit einem Hauch des Kosmischen beseelt. Die Bewegungen, die wir immer aus der Wirbelsäule und sogar im trefflichsten Sinn aus diesem venusaufgeladenen Zentrum vollbringen, geben uns ein irdisches wie auch kosmisches Selbstwertgefühl und lassen uns mit der Weite des Atems an der Umwelt teilnehmen. Innerhalb dieser Empfindungen, die innerhalb des *maṇipūra-cakra* erwachen wollen, entwickelt sich eine heilsame, verjüngende und erbauende Stoffwechselleistung, die die Wirbelsäule gesund erhält und sie zu einer anmutigen, bescheidenen Aufrichtekraft erhebt. Die Venus bringt mit ihrem Wesen die heilsame Ökologie in die Wirbelsäule.

Die Regulationsmechanismen, die mit dem Sonnengeflechtszentrum zusammenhängen und die eine Verbindung zu den Nieren aufweisen, sind vielfach von dem Mineral des Magnesiums abhängig. Das Magnesium reguliert die feine Impulsübertragung an den Nervenendigungen und wirkt meistens beruhigend auf den gesamten Leib. Es ist das Mineral, das mit dem Astralleib zusammenwirkt. Durch Magnesiumgaben können Überreiztheit und Schlaflosigkeit gemildert werden.

Aus diesen Angaben können wir nun den Übungsweg in seiner Methodik entwerfen. Bei allen Übungen wollen wir nun auf die zentrale Achse und auf das Zentrum im Sonnengeflecht achten. Wir wollen das Zentrum mit verschiedenen Empfindungen erleben und den Zusammenhang zu der Wirbelsäule erfahren. Hierfür sind eine ganze Reihe von Übungen geeignet. Einige wenige sollen im Beispiel nun beschrieben werden.

Das *maṇipūra-cakra*,
das luft-feurige Zentrum für Wirbelsäule und Stoffwechsel

Pflug, *halāsana*

Die umgekehrte Haltung beschreibt das Bild der Verwandlung. Das *maṇipūra-cakra* ist in der Mitte der Wirbelsäule durch die energetische Zentrierung und Spannungsentwicklung gut sichtbar.

Kamel, *uṣṭrāsana*

Das Kamel äußert eine große Offenheit in Brust- und Bauchraum. Bei dieser Stellung, die noch relativ einfach ausführbar ist, entwickelt sich aus dem dritten Zentrum der Spannungsaufbau; in der Endstellung ist die Brustwirbelsäule durchgestreckt, der Kopf fällt locker in den Nacken und die Hände berühren, ohne zu stützen, die Fersen.

Beinstellung im Schulterstand, *eka pāda sarvāṅgāsana*

Bei der Beinstellung im Schulterstand wird das dritte Energie-zentrum in seiner sprießenden, luftigen Dynamik erlebt. Die Stellung ist auch für Anfänger relativ leicht erlernbar.

Liegendes Dreieck, *anantāsana*

Wörtlich bedeutet diese Stellung soviel wie die unendliche Stellung. Der Körper dehnt sich mit den Gliedmaßen nach drei Dimensionen aus. Den Mittelpunkt der Bewegung bildet das *maṇipūra-cakra*.

Die Haut als die irdische Hülle des Menschen

I

Die Haut und die Schönheit des physischen Körpers

Die Aufgaben der Haut, die den physischen Körper wie einen feinen, elastischen Mantel umkleidet, sind für die Physiologie sehr spezifisch ausgerichtet. Sie ist das psychische und physische Äußerungsorgan, durch das der Austausch mit der Außenwelt stattfindet. Sie ist aber weiterhin wie eine anmutige Zierde oder ein herniedergestülptes Kleid, das dem Körper eine unaufdringliche Schönheit verleiht. Diese Schönheit erhält sie aus einem Sinnesschein oder aus einer Widerspiegelung der Elemente der Natur. Die Haut ist wie ein segensvolles Kleid und ist vergleichbar mit dem Wesen der indischen Göttin *Lakṣmī*, die für Wohlstand, Reichtum und Schönheit steht.

Physiologisch gesehen ist die Haut ein sehr widerstandsfähiges und regenerationsfreudiges Organ, das den Körper umkleidet, vor schädlichen Einflüssen schützt und durch ihre rosa Farbe die irdische Inkarnation und Körperlichkeit beschreibt. Wohl erscheint es logisch und wahr, dass wir durch sie die Wärme der Außenwelt aufnehmen und gleichzeitig von innen heraus durch Bewegung oder seelische Regsamkeit die Wärme abgeben. Auf der körperlichen Ebene findet ein Austausch der verschiedenen Elemente wie mit Luft, Wasser und Wärme statt. Auf einer seelischen Ebene ist dieser Austausch aber noch zusätzlich mit einer inneren Regsamkeit und Wechselwirkung wie auch Verwandlung des gesamten Gemütes in Verbindung. Die Wärme strahlt auf unser Gesicht und auf unsere Hände, und wir empfinden die Wärme wie einen Zustrom eines neuen Elementes. Diese Vorgänge, die in mehr oder minderem Maße über die Kontakte der Haut spürbar werden, beschreiben zugleich eine wesenhafte, ständig strömende, reagierende und sich verändernde Wirklichkeit, die mit dem Kosmos und einer unendlichen übersinnlichen Sphäre im Einklang steht. Der physiologische und auch der feinere psychische Austausch, der meist an bestimmten sensitiven Wahrnehmungen über die Haut spürbar wird, besitzt eine höhere Bewusstseinsdimension oder, wie wir es hier in der Sprache benennen, er besitzt eine übersinnliche, wesenhafte Wirklichkeit. Nehmen wir an, wir reichen einander die Hände und spüren die Wärme des anderen durch die Berührung an der Hand. Wir spüren die Wärme, da wir uns im Augenblick der Berührung im anderen gründen und sein Wärmewesen lebendig empfinden. Der Austausch findet auf einer primär seelischen Ebene statt, und von dieser ausgehend wirkt er auf das Bewusstsein, und wieder von diesem Bewusstsein ausgehend entstehen die körperlichen Reaktionen.

Die ponderablen und imponderablen Funktionen, die in der Haut und durch die Haut stattfinden, lassen sich nun in systematischer Weise durch eine weitere Interpretation und imaginative Anschauung ergänzen. Zu dieser nun folgenden Beschreibung der körperlichen Physiologie hilft uns eine Vorstellung mit Hilfe einer bildhaften Ansicht, die den Körper und seine für sich bestehende Wirklichkeit in eine Beziehung zu jener existentiellen Weite des umgebenden Kosmos bringt. Der Körper als Träger und Ausdruck einer zunächst einmal eingeschlossenen und für sich allein stehenden Persönlichkeit besitzt die kompakteste, dichteste und somit sichtbare Natur, die von einem unendlich wesenhaften, lichterfüllten und losen Raum überstrahlt wird. Der Körper ist in der irdischen Sphäre beheimatet und erscheint für das Auge in einer abgeschlossenen Wirklichkeit, die von den kosmischen Licht- und Wärmeeinflüssen unabhängig zu sein scheint. So wie aber in der Haut ein ständiger physiologischer Austausch mit der Umgebung durch die Feuchtigkeit und durch die Atmung stattfindet, die sie innen und außen gleichermaßen durchflutet, sowie auch durch die Sinne im Äther, die die Haut in ihrer feinen Ummantelung mit Schönheit umsäumen, so besteht auch ein beständiger Austausch des Individuums mit dem umliegenden, größeren und universalen Kosmos.

Die Physiologie in ihrer nachweisbaren Funktion ist, wie wir gesagt haben, nur eine direkte Ausdrucksart für das darüber hinausgehende übersinnliche Spannungsverhältnis von größeren und andersartigen geistigen Wesen und Kräften. Dieses höhere Wirkungsfeld aus geistigen Kräften, das wir Kosmos benennen, bedarf einiger sorgfältiger und weiterer Benennungen. Wir meinen damit eine höhere, übersinnliche oder metaphysische Region, die für das Auge unsichtbar ist und doch eine ganz konkrete, reale Dimension mit objektiver Grundlage darstellt. Sie ist die astrale Welt mit ihren ätherischen, feinen Strömen, die sich bildhaft durch den Kosmos, durch die Lebens- und Lichtsinnesprozesse ausdrücken. Die älteren Mystiker und Eingeweihten sahen in der Sternenregion, wie in Sonne und Mond und in den bekannten Planeten, die zu unserem Sonnensystem zählen, nicht nur physische Himmelskörper, sondern geistige Wesen oder Engelshierarchien, die eine Verbindung zur Erde und unserem physischen Dasein besitzen. Diese zunächst für uns noch in der Vorstellung rein angenommene Wirklichkeit öffnet uns aber im Blickfeld die erste Türe, und wir erfahren die Körperlichkeit in einem größeren Licht oder in einem kosmisch übergeordneten

Spannungsfeld. Die höheren Hierarchien sind existente metaphysische Dimensionen oder konkrete Engelskräfte, sie sind Wesen aus dem kosmischen Raum, die wir in einer bildhaften Vorstellung annehmen und durch diese realen Gleichnisse den Blick erweitern für das doch immer zu einem gewissen Grade bleibende rätselhafte Geheimnis der Physiologie.

Die erste geduldige Wegstrecke zur Annäherung zu jener übersinnlichen Erkenntnis, die die Seele und den Geist einschließt, geschieht über bildhafte Vorstellungen, die wir in Gedanken möglichst realitätstreu erschaffen. Durch diese bildhaften Vorstellungen, die in intensiver werdenden Wiederholungen das Bewusstsein erheben sollen, entsteht eine erste identische Ahnung für die größere Beziehung, in die wir mit unserem Leben beständig eingebunden sind. Diese größere Beziehung wird aber für die sinnliche Wahrnehmung immer unsichtbar und wie eine Idee bleiben. Sie lebt in der Realität der gebildeten Gedanken und geschaffenen Empfindungen, die geheimnisvoll unser Bewusstsein umschließen. Der Gedanke ist in seiner Natur geistig und ideenhaft, und die Empfindung ist ein verbindendes, einstmals abgestiegenes kreatives Wesen, das ebenfalls seinen Ursprung in der ideenhaften übersinnlichen Sphäre besitzt. Aus diesem Grunde arbeiten wir zunächst mit diesen abstrakten Gedankenbildungen und erlangen durch die Gedankenbildung eine neue, rationale, gleichnishafte und einigende Vorstellung über die ganzheitliche Wirklichkeit unseres Menschseins.

Die Haut umhüllt die Körperlichkeit, die das Symbol der Erde ist, und so ist die Haut als die Umhüllung des Irdischen selbst ein sehr signifikanter Ausdruck für die Realität der irdisch verdichteten Sphäre. Der Körper ist wahrhaftig das dichtest gewordene Leben, das seinen Ursprung aus einem Sturz oder Fall von geistigen Hierarchien besitzt, die durch ihr eigenes Aufeinandertreffen die Materie erzeugen. Dieses Spannungsverhältnis, das in den übersinnlichen Regionen existiert, kann vielleicht eine etwas vereinfachte Anschauung finden, wenn wir uns eine Glocke vorstellen, an die ein Klöppel anschlägt, der sie zum Tönen bringt. Der Ton ist nach den physikalischen Gesetzen die Äußerung eines Anschlages oder Zusammenstoßens. So ist der Körper und die feste, rohe Materie das Ergebnis eines Sturzes oder Falles, das aus einem Stoß oder einem Zusammenprall von geistigen Kräften resultiert. Der Körper, den wir mit den Augen sehen, entsteht aus einem geistigen Prozess und ist wie ein Klang, der sich verdichtet und somit im Sinnesschein sichtbar wird.

Die Haut verleiht dem Körper seine Schönheit und Zartheit, seine Geschmeidigkeit und Elastizität und sie drückt in einem gesunden und einem reiflichen menschlichen Bewusstsein einen himmlischen Charme aus, gleich wie ein niedergestülptes, lichtvolles und anziehendes Kleid.

Die Haut erlebt der gewöhnliche Bürger des Daseins nicht mehr wirklich als die Hülle der Inkarnation. Zu sehr lenken die äußeren Gefühle der Wahrnehmung von den tieferen Empfindungen ab, denn die Haut macht dem Menschen vielleicht Probleme, wenn sie unrein und blass ist oder Exacerbationen aufweist. Mit den konkreten Gedanken zu dem Körper jedoch lässt sich die Haut als Inkarnationshülle erkennen.

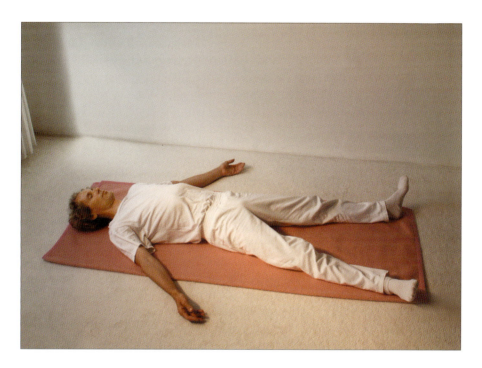

Die Entspannungslage, *śavāsana*

Indem wir mit wachsamen und bewussten Gedanken den Körper und seine Glieder in der ruhenden Rückenlage ablegen, entspannen sich die Muskeln, die Haut und die Nerven. In dieser Lage fühlt der Übende den physischen Leib ganz zugehörig zu der materiellen Welt und er erlebt die Haut als die eingrenzende Hülle dieser Körperlichkeit. Der physische Leib und die Haut gehören zum Ausdruck der irdischen Welt.

II
Die Haut und die vier Elemente

Die Haut macht den Menschen zum Inkarnationsträger. Der Mensch inkarniert in den Leib und bildet die Haut aus. Der Lebensäther ist zentrifugal als Leben tätig, und da er die Tendenz zur intensiveren Inkarnation trägt, bildet er die Grenzschicht, die wir Haut nennen.

Von der Physiologie unterscheiden wir in der Regel zwei verschiedene Zonen der Haut. Dies sind die Cutis und die Subcutis, die Haut selbst als eigentliches Organ und das Unterhautzellgewebe. Wenn wir in einer etwas genaueren Betrachtung drei verschiedene Bereiche unterscheiden, so sind es das Unterhautzellgewebe, dann die Lederhaut und die darüber befindliche feine Region aus sensiblen Tastzellen, den sogenannten Meissner-Tastkörperchen, die die Oberflächensensibilität und die Berührungsempfindung im Allgemeinen vermitteln. Die Oberfläche der Haut wird auch von feinen Hornschüppchen und mehr oder weniger stark ausgeprägten Hornschichten überlagert. Diese stellt die äußerste Schicht dar. Die Medizin bezeichnet sie als Epidermis.

Die Haut ist die schützende Hülle, und sie ist ein physisches Kontaktorgan und ein psychisches Ausdrucksorgan, das alle Ebenen des Daseins und die vier Elemente nach außen verkündet. Wir finden am Beispiel der Haut die vier Elemente wieder, die nach der alten Lehre mit Erde, Wasser, Feuer und Luft benannt sind. Dabei ist die Lederhaut, die eigentliche Cutis, das Organ, das die einhüllende Erde symbolisiert, während das Unterhautzellgewebe mit den verschiedenen Fettpolstern und wässrigen Geweben das Element des bewegten Wassers bezeichnet. Darüber befinden sich die Sinneszellen, die die Empfindung herbeileiten und dem Element der fluktuierenden Luft zuzuordnen sind. Der Luftprozess aber durchwebt die gesamte Haut und dringt von außen nach innen und von innen nach außen durch die gesamten Schichten der Haut hindurch. Schließlich existiert in einer noch viel freieren und weiteren Dimension das Element des Feuers, der Wärme, das ebenfalls von außen nach innen fluktuiert und von innen nach außen strahlt. Die Haut aber ist dem Element der Erde am trefflichsten zuzuordnen. Die Haut ist ein Ausdruck für das körperliche Leben und sie umschließt die Körperlichkeit, sie umschließt das Feste und bezeichnet die Materie. Sie ist ein Sinnbild für die Erde, sowie die Erde ein Sinnbild für das Feste ist.[4]

Wie wirken die Elemente in ihrer geheimnisvollen Funktion zusammen, und wie wirkt die Physiologie durch diese Elemente hindurch? Hier ist es scheinbar sehr auffällig, dass die Erde als das gröbere Element oberhalb des Wassers gelagert ist. Normalerweise unterscheidet man nach der Elementenlehre das Feinstoffliche vom Grobstofflichen und zählt die Elemente nach einer bestimmten Reihenfolge von oben nach unten auf. Das höchste Element ist das Feuer, aus diesem Element entsteht das Licht und die gasförmige Luft. Aus der Luft entsteht schließlich Dampf oder Wasser, und durch Kristallisation entsteht aus dem Wasser schließlich Erde. Die Erde ist das gröbste Element, das wir in unserer Schöpfung vorfinden. Die Erde ist das Endstadium des Geistes und stellt im Sinne der Elementenlehre die am weitesten fortgeschrittene Verdichtung dar. Die Erde entstand einstmals aus dem Feuer, das das Licht hervorbrachte und dieses den Dampf und dieses wieder die feste Materie. Diese Erde, die wir in der Haut elementar vorfinden, bezeichnet ein großartiges Mysterium, in das wir eingebunden sind. Dies ist die Inkarnation, dies ist das In-der-Welt-Sein. Wir sind durch die Inkarnation und schließlich damit durch die abgeschlossene Individualität in einem Körper in ein unsichtbares Geheimnis eingebunden. Die Inkarnation unseres Daseins ist tatsächlich ein rätselhaftes Leben.

Der Weg der Aufschlüsselung zu den rätselhaften Geheimnissen unserer Inkarnation führt uns zur Betrachtung der Ernährungsweise, die uns als Individuum zuteil wird. Wir leben nach den Worten des Evangeliums nicht nur vom Brot oder, in vereinfachter Form, nicht nur von physischer Nahrung allein, wir leben von geistigen und somit von höheren Kräften, die uns unsichtbar zufließen. Wir leben von Göttern und somit von höheren Meridianen des Seins, die uns aus dem Geiste einschließen. Diese Eingebundenheit, die uns aus dem Geiste zuteil wird, ist zu einem gewissen Grad an die Nahrung gebunden, aber sie besteht aus feineren, psychischen Substanzen, die aus einer unwägbaren Dimension entspringen. Die höheren Seinsbedingungen sind für die physische Welt keine konkrete Wirklichkeit, während sie aber für die geistigen Augen ebenso wie die Gesetze der wägbaren Welt eine genaue und nachvollziehbare Wirklichkeit besitzen. Durch die Sinneseindrücke, durch die Wahrnehmungen, durch die Empfindungen und Berührungen mit der Welt nehmen wir ebenfalls Nahrung auf. Es wäre eine sehr einseitige und sehr materialistische Denkweise, wenn wir glauben würden, dass wir allein von nachweisbarer, physischer Nahrungszufuhr und damit von Mineralien, Kohlenhydraten, Eiweißen und Fetten leben würden. Die Nahrung, die uns sichtbar auf orale Weise zuteil wird, ist nur ein kleiner Teil der gesamten Ernährung, die uns schließlich aus dem Kosmos übermittelt wird. Die Sinne und die Sinnesempfindungen, die Berührungen und die Wahrnehmungen, die im Ober- und Unterbewusstsein durch die Tast-, Gesichts- und Empfindungseindrücke in uns zur Aufnahme kommen, ernähren uns in einem sehr hohen und großen Maße.

III
Das Sinnbild der Erde

Die Erde ist dabei jener Ort, an dem sich die Kräfte von unten und oben durchdringen. Die Erde wird in älteren Schriften entweder mit einem Quadrat oder mit dem Zeichen des Kreuzes dargestellt. Das Kreuz ist in eine Waagerechte und in eine Vertikale gegliedert, die sich an einem charakteristischen Punkt berühren oder durchkreuzen. Die Erde ist der Ausdruck für den Berührungspunkt eines Oberen und eines Unteren. Das Mysterium der Erde ist immer ein zweifaches. Dies ist ein eigentümliches Geheimnis, das uns mit der Schöpfung aufgetragen ist. Es ist auf der einen Seite ein unsichtbares und nicht wahrnehmbares Schweigen, eine Stille und eine Ruhe, die überall gegenwärtig übersinnlich und jenseits der Sinne existiert, und es ist gleichzeitig ein unendliches Bewegtsein in tausendfachen Multiplikationen gegenwärtig, das wir Leben und Erscheinung nennen. Diese beiden großen Weltengegensätze, das Schweigen und das Bewegtsein im sichtbaren Leben, beschreiben in ihrer Summe das große Mysterium einer Inkarnation, die in Wirklichkeit eine eingeschlossene Persönlichkeit und für sich abgesonderte Körperlichkeit und ein doch ausgegossenes, unwägbares und unendliches personales Bewusstsein hervorbringt. Dieses Schweigen haben wir vielleicht schon fast als eine Realität vergessen, da es jenseits der greifbaren Wirklichkeit liegt. Die Wirklichkeit lebt in einer integralen Ordnung und sie ist eine Einheit, die sich durch das Element der Erde ausdrückt. In diesem Element und genau in diesem Nadir der Erde durchdringen sich die anderen Elemente in einer spezifischen Anordnung.

Die Sinneseindrücke sind eine Nahrung und sie sind damit notwendig für unsere Bewusstseinsbildung. Unser menschliches Leben zeichnet sich durch diese schöpferische Anlage zur Bewusstseinsbildung und durch die Fähigkeit zur Willensäußerung und freien Gedankenbildung aus. Die physische Nahrung ist gut und notwendig für unser Leben. Die Nahrung im Sinne der schöpferischen Bewusstseinsentfaltung wird uns das eigentliche Leben und Gedeihen in der Seele geben. Deshalb bedarf es einer tiefen Entwicklung von Sensibilität und Wahrnehmung, von Aufnahme und Gestaltungskraft in der Mentalität. Es wird einmal wichtig werden, dass wir jenes schöpferische Geheimnis in uns realisieren: Das eigene Ich, *jīva*, das zugleich auch das Welten-Ich ist, *puruṣa*, ist die tragende Kraft zur Bildung von Gedanken und Vorstellungen, es prophezeit die bewusste Lenkung und Ausrichtung von Empfindungen und erlässt schließlich die bewusste, freie Handlungskraft im Willen. Je nachdem, wie wir unsere Gedanken und Empfindungen bilden, wird sich unsere Daseinsstufe entwickeln. Wir sind zu diesem freien Willen in der Seele geboren und leben nun diesen freien Willen Stufe für Stufe im Lichte der Gesetze des Universums. Das Licht ist sowohl die Quelle aller Nahrung, dieses Licht ist aber auch der Nachlass, das Erbe, das Ergebnis der realisierten Schöpferkraft in den Gedanken, Empfindungen und Handlungen.

Mit diesen Betrachtungen über das Licht, das in der Wirklichkeit eine schöpferische Quelle im Sinnesleben und in den Gedanken darstellt, berühren wir das Gebiet des Bewusstseins. Die schöpferische Gedankenbildung ist durch das Bewusstsein möglich. Das Bewusstsein ist das schöpferische Instrument, das uns durch die Tage des Lernens und Aktivseins begleitet. Dieses Bewusstsein (Astralleib) wird durch die Entwicklung und durch die entsprechende Erziehung und Lernbereitschaft beständig zu neuen Möglichkeiten erweitert. Die Weite des Bewusstseins bestimmt die Weite unserer Möglichkeiten. Die Weite und die Sensibilität des Bewusstseins gibt uns die Möglichkeiten zur freien Willensentfaltung und zur Entwicklung einer tieferen, geistigen Kraft in der Persönlichkeit.

Dieses Bewusstsein (Astralleib) wirkt unmittelbar durch den physischen Körper, und es äußert sich durch die Beschaffenheit, Strahlkraft und durch den Turgor der Haut. Der Träger des physischen Bewusstseins (Astralleib) ist das Nervensystem. Am einfachsten kann die nervliche Empfindlichkeit durch die Dermographie an der Haut abgelesen werden. Empfindliche Menschen werden auf einen Reiz, wie zum Beispiel eine kurze Kratzbewegung, sogleich mit Rötung reagieren, während Personen mit einem stabileren Nervensystem hier noch kaum mit einer Rötung antworten. Durch die Haut äußert sich die Art und Weise, wie unser an das Nervensystem gebundene Bewusstsein ausgerichtet und konditioniert ist. Dieses Bewusstsein, das wie eine Melodie im Nervensystem mit unterschiedlichsten Höhen und Tiefen, Spannungen und Lösungen, Eindrücken und Antworten, sensiblen Empfindungen und Reaktionen spielt, äußert sich immer innerhalb der zwei großen Bewegungen von Empfangen und Abgeben. Wir können uns das Bild unseres Daseins innerhalb der vielen kosmischen Einflüsse vorstellen, die wie ein Nahrungssystem auf uns einstürzen. Diese Sinneseindrücke müssen wir in der leiblichen Innenwelt, das heißt, in der Tiefe des Stoffwechsels verarbeiten. Es mag nun möglich sein, dass die individuelle Anlage uns zu sehr heftigen Reaktionen aus dem Stoffwechsel, wie wir sie in den Allergien kennen, geneigt macht, oder dass wir auf ein Zuviel an Sinneseindrücken, die vielleicht in ungeordneter und ungeeigneter Weise auf uns hereinstürzen, mit Müdigkeit und Antriebsschwäche reagieren. Im ersteren Fall mögen die Reaktionen über die Haut sehr blitzartig und nahezu aggressiv erscheinen, begleitet von einem hohen Turgor und einer Fülle von Blut- und Wärmebewegung, während im zweiten Fall die Reaktion scheinbar recht stumm und ohne größeres Aufsehen abläuft. Die Haut aber äußert auch in dem zweiten Fall eine gewisse Sensibilität und Durchlässigkeit und deutet somit eine Schwäche im gesamten Nervensystem an.

Auf die Pathologie der Haut bezogen bedeuten diese Anlagen charakteristische nervöse Schwächungen, die sich entweder in einer matten, strahlungslosen oder geröteten, unreinen, entzündlichen Spiegelung bemerkbar machen. Die Elemente, die an der Haut wirken, sind in ein Ungleichgewicht geraten und wirken gegenseitig störend. Normalerweise ist der Leib und auch die Haut gesund, wenn man, schematisch gesehen, das Element des Feuers außerhalb des Körpers und übergeordnet oder kosmisch wahrnimmt und ebenso die Lichtwelt der Gedanken zu der übersinnlichen Welt in der kosmischen Wirklichkeit zählt. Erde und Wasser beschreiben die unteren, irdischen und aufbauenden Ebenen, die eine vorwiegende Substantialität bringen und die Versorgung leisten. Dieses Gleichgewicht von oben und unten, das man im Fachausdruck als Äthertrennung bezeichnet, muss beständig durch eine entsprechende Bewusstseinsaktivität hergestellt werden. In dem Zeichen der Krankheit überwiegen entweder die irdischen Kräfte mit ihrer Schwere und zwingen die Feuer- und Lichtdimensionen in den Körper hinein, oder es sind die Feuer- und Lichtdimensionen gegenüber der Körperlichkeit zu schwach. Die Individualität erscheint in diesen Konditionen wie hinabgestürzt in die unbewussten Ebenen des Stoffwechsels, und je nachdem, ob das Erd- oder Wasserelement überwiegt, entstehen überschießende Reaktionen oder die Neigung zu Müdigkeit und Antriebsschwäche.

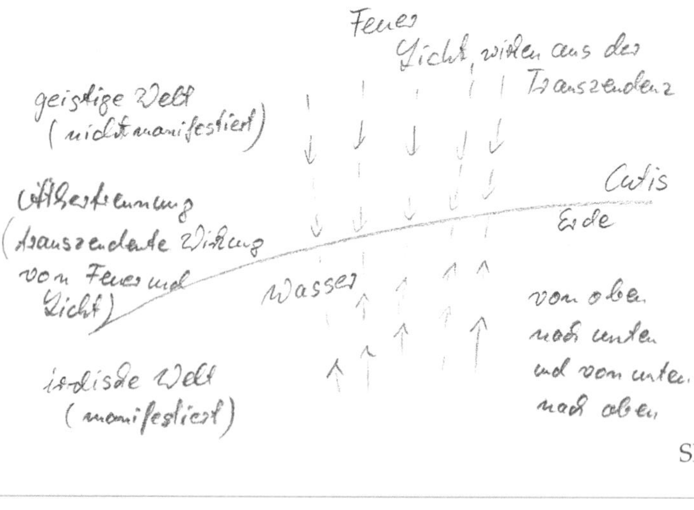

Skizze 5

IV
Nervöse Schwankungen spiegeln sich in der Haut

Allgemein leben wir heute in einer Phase der Entwicklung, in der die Hautkrankheiten, verbunden mit nervösen Schwankungen, immer zahlreicher werden. Dies zeigt sich in den verschiedensten Formen der Allergien oder in der klassischen Neurodermitis, ferner in den vielen Reizerscheinungen, die tagtäglich mit den unphysiologischen und pathologischen Umweltfaktoren der Industriegesellschaft Einfluss auf den Schutzmantel der Haut nehmen. Es gehören die Umwelteinflüsse und die vielen synthetischen Reizstoffe ebenso wie die subjektiven nervlichen Bedingungen zu den Belastungsfaktoren, die unsere Haut irritieren. Aber diese äußeren chemischen oder ungesunden Einwirkungen dürfen wir nicht ausschließlich und zu übergewichtig bewerten. Die entscheidende Heilkraft aus der Seele nimmt unser Bewusstseinsleben ein. Es wird sehr entscheidend, wie wir durch unsere Gedanken und Empfindungen das Verhältnis aus uns selbst zur Umwelt eigenständig bestimmen. Dieses Verhältnis öffnet uns die verschlossene Türe zum Verständnis der geistigen Bedeutung der Haut, und es schenkt uns darüber hinaus Möglichkeiten zur Therapie der vielen verschiedenen Hautkrankheiten.

Die Haut ist der Schutzmantel und befindet sich genau an der Grenze unserer individuellen Natur zur Umwelt. Die Haut ist jenes Organ, das den Kontakt zur Umwelt herstellt. An der Haut treffen sich Kosmos und Materie. Eine feinste Berührung ist ständig vom Licht zur Materie gegeben. So sehen wir an der Haut, wie wir uns als Menschen sowohl bewusst als auch unbewusst in das Umfeld und in den Kosmos hineinstellen. Dies ist durch unser Bewusstsein gegeben, und die Formung des Verhältnisses ist uns schrittweise in der Freiheit des Bewusstseins durch die Individualität möglich.

Die Haut würde als das Schutzorgan des Körpers nicht krank werden. Es sind tatsächlich jene Ströme, die durch die Haut wirken und die wir als die Elemente bezeichnet haben, die in Unordnung gelangen und somit ein krankmachendes Verhältnis in der Haut verursachen. Dieses krankmachende Verhältnis, das wir wohl immer wieder in wechselseitiger Variabilität spüren, äußert sich meist in einer zu starken Durchlässigkeit und somit entweder mit Überreaktionen und heftiger Wärmeabgabe oder mit einem Rückzug nach innen in die Passivität und mit nervlicher Schwäche. Für die Zukunft erscheinen die Wege der Entwicklung zu Harmonie und Ausgeglichenheit im Schwerpunkt einer spirituellen Gestaltungsmöglichkeit zu liegen. Durch eine rein äußerliche Behandlung

Entwicklung des Bewusstseins

mit Salben und Medikamenten oder auch durch entsprechende Alternativformen der Ernährung wird das notwendige Gleichgewicht zwischen Durchlässigkeit und Desensibilität nicht mehr dauerhaft hergestellt werden können. Die spirituellen Wege erfordern eine aktive Gedankenschulung und eine viel weiter gewählte Auseinandersetzung aus der Seele zu den Geheimnissen unseres Daseins. Die Ansätze zu Harmonie und Frieden, zu einer Mitte und einem größeren, stabileren Gleichgewicht geschehen aus den individuellen und somit einzigartigen Werdegängen der Persönlichkeit selbst. Wir müssen in der Zukunft durch die mutige Überwindung konsumierender und passiver Formen des Denkens zur aktiven, schöpferischen Gedankenbildung und verinnerlichten Empfindungsentwicklung hinarbeiten. Wir sind in der Zukunft in uns selbst und durch uns selbst zur Entwicklung aufgefordert.

Durch die Ausgestaltung und Entwicklung des Bewusstseins kann ein heilender Rhythmus im Leben zum Tragen kommen, der schließlich in seiner autonomen Weise die Elemente im innerleiblichen Bezug ordnet. Dieses Bewusstsein ist im beständigen Maße zu entwickeln. Je weiter sich die Empfindungen zu den Mitmenschen ausdehnen und je klarer, rationaler und konkreter die Gedankenbildung nach außen entwickelt wird, je objektiver das Leben im Bewusstsein seine Ausgestaltung findet, um so besser kann die Seele ihre Harmonie finden und können die Elemente im innerleiblichen Bezug eine klare Zuordnung gewinnen. Das Element des Feuers ist wie der Ursprung der Schöpfung, es ist die Wärme und der Beginn, das Feinste von allem Feinen, und dies ist die Individualität. Die Individualität ist nicht eine irdische Errungenschaft, und sie ist nicht das Ergebnis von bestimmten materiellen Abläufen, sie ist vielmehr der ursprüngliche Anfang und sie ist eine rein geistige Dimension, eine höchste Idee, ein einzigartiges Leben, eine unberührte Makellosigkeit, eine vollkommen losgelöste Stille, ein transzendentes und höchst geheimnisvolles Dasein. Diese Individualität oder dieses Wesen des Feuers, das durch das irdische Feuer eine materielle Allegorie findet, durchdringt unser Leben, aber es kommt weder vom Leibe noch von einem erdachten, fernen Himmel. Wir erkennen dieses Leben in der Einzigartigkeit als ein allumfassendes, einigendes Leben und werden dadurch frei. Die Freiheit führt zu Harmonie und Versöhnung mit der Umwelt. Wir erkennen ferner das Gedankenleben nicht als unser eigenes Besitztum. Obwohl wir selbst denken oder zumindest in der Kraft eines Denkprozesses stehen, ist der Gedanke nicht unser Eigentum, er webt und west in seiner Freiheit über uns und in uns. Dieser freie Gedanke ist Licht, und dieses Licht durchdringt uns auf geheimnisvolle Weise. Das Licht aber wird niemals zu unserem Besitztum. Wir gewinnen die Harmonie und Mitte in uns selbst durch die Anerkennung des freien Gedankens im Lichte und schaffen somit ein geordnetes Verhältnis zu unserer

Umwelt. Das Element der Luft, das durch uns wirkt und wie ein feiner Bewusstseinsprozess in der Haut strömt, gewinnt seine harmonische Zuordnung. An der Haut, die das Äußerungsorgan der nervlichen Kondition darstellt, können wir die großen Welten, die namentlich der Kosmos in seiner Universalität oder Totalität darstellt, und die leibliche Begrenzung in ihrer Festigkeit ablesen. Die Haut ist ein Vermittlungsorgan und sie ist das Erdenorgan. Sie ist das Organ, das die individuelle Berührung von oben und unten registriert. Von oben wirkt tatsächlich der Gedanke, der ein Lichtwesen ist, und von unten wirkt der physische Ernährungsstrom diesem Gedanken entgegen. Beide Kräfte, oben und unten, müssen sich harmonisch durchdringen. Das Licht und das Feuer arbeiten vom Geiste geheimnisvoll an der menschlichen Natur, während der versorgende Blut- und Ernährungsstrom von unten herauf mit vitalisierenden Wachstumsbedingungen zur Entwicklung drängt.

V

Die Haut und der Kieselsäureprozess

Mit der Betrachtung der Haut berühren wir nun das ganz wichtige Gebiet des Wesens der Kieselsäure.[5] Die Kieselsäure ist zu einem gewissen Anteil auch in der Luft, die wir einatmen, vorhanden. Die Kieselsäure ist in uns substantiell in feinsten Verteilungen als dynamisierender Stoff wirksam. An der Haut spiegelt sich ein Kieselsäureprozess. Die hervorragende Erkenntnis des Kieselsäureprozesses ist für unsere Zeit und unsere Entwicklung eine äußerste Notwendigkeit geworden. Diesen Kieselsäureprozess können wir am einfachsten dadurch deuten, dass er eine vermittelnde und berührende Funktion aufweist, die sich weder in zu starker Durchlässigkeit noch in zu starker Desensibilität verliert. Die Kieselsäure bewirkt ein Durchlichtetsein durch den Gedanken und ein Lichtsein im Geiste. Sie ist der Ausdruck für das schöpferische Leben, für das selbständige Leben im Lichte des Gedankens. Sie ist der Ausdruck für das webende und lebende Bewusstsein, das sich weit vom Individuum ausgehend ausgestaltet hin zu den Mitmenschen. Diese Kieselsäure entsteht aber nicht allein durch die Zufuhr von Nahrung. Sie bedarf des schöpferischen anregenden Gestaltungsprozesses in der Gedankenbildung und sie bedarf der Hinwendung an ein größeres Ideal, das im sinnvollen Werdegang zur Wirklichkeit erhoben wird.

Wir haben die Haut als das Organ der Erde bezeichnet. Die Lederhaut ist das typische irdische Organ, an dem sich der Berührungspunkt von oben und von unten ereignet. Mit diesem Berührungspunkt ist ein Mysterium verbunden. In

Wirklichkeit sterben wir jeden Tag in unseren alten Mustern oder in unseren Gedankenformen, die wir uns durch die vergangenen Prozesse der Entwicklung eingegliedert haben. Gleichzeitig stehen wir aber jeden Tag durch den Sinnesprozess und durch die Wahrnehmungen, durch neue Gedanken, Lernschritte und Erkenntnisse, die als schöpferische Eigenschaften unserem Bewusstsein eigen sind, neu in das Leben auf. Auferstehung und Tod zeichnen sich jeden Tag in uns selbst. An der Haut findet jener Berührungspunkt statt von oben und von unten. Dieser feinste aller Berührungspunkte ist Licht und Leben selbst. In diesem feinsten Berührungspunkt schimmert das kristallklare Glitzern des Geistes. Wir sind im gesunden Zustand durchlässig für den Kosmos und sind gleichzeitig im individuellen Sein durch die Materie und durch die Anlagen der Materie gegründet. Die Haut ist jener Ort der Berührung, an dem ständig ein Mysterium webt und leuchtet. Für die bewusste Wahrnehmung ist die Kieselsäure, die Silicea, wichtig, da sie die empfindsame Berührung von der Innen- und Außenwelt in ihrem wechselreichen Lichtesströmen und Lichtesfunkeln im Gleichgewicht hält. Die Kieselsäure ermöglicht die Arbeit der bewussten und lenkenden Ich-Wahrnehmungskräfte.

VI

Eine Interpretation aus geistiger Sicht zu den Hautkrankheiten

Die Hautkrankheiten wie Ekzeme, Neurodermitis und allergische Reaktionen wie Urtikaria werden in unserer Zeit immer häufiger. Sehr viele junge Personen und vor allem Kinder und Kleinkinder leiden unter diesen Erscheinungen. Die Therapien für Neurodermitis sind langwierig, aufwendig und nicht immer erfolgreich. Die Hautkrankheiten mögen zwar in den wenigsten Fällen zu einer ernsthaften Bedrohung werden, doch können sie dem Leben die Lebensqualität rauben und eine mehr oder weniger starke Lebensdesintegration verursachen. Dies ist ganz besonders der Fall, wenn eine Neurodermitis sehr stark über den Körper ausgebreitet ist. Aber auch allergische Reaktionen können so intensiv und so beeinträchtigend für das gesamte Befinden werden, dass damit die natürliche Kontaktfreude in der Welt nicht mehr möglich ist.

Die Hautkrankheiten sind ein Ausdruck unserer Zeit und des erwachenden Bewusstseinslebens unserer Gegenwart. Wir sind durch die verschiedenen Bildungsangebote und durch unsere intellektuelle Hochkultur zu einem wahrhaftig hohen und weiten Bewusstsein fähig, das sich auf vielerlei Weise zu spezialisieren und zu detaillieren vermag. Dieses Bewusstsein ist aber in Wirklichkeit nicht weit und in der Tiefe der Persönlichkeit gegründet, sondern es ist mehr sensibel ausgerichtet, spezialisiert und auf einseitigen, intellektuellen oder emotionalen Eindrücken gegründet. Zu diesen hochspezialisierten Bewusstseinsformen, die unsere Kultur prägen, fehlt das lenkende und weisende, übergeordnete Selbstbewusstsein. Das Selbstbewusstsein ist die Ich-Kraft oder die Feuerkraft aus der Persönlichkeit selbst. Sie ist die Kraft und Stärke zur Gedanken- und zur Willensentfaltung. Diese Selbstkraft ist aber in der Situation der Gegenwart bei den meisten Menschen geschwächt, und somit kann durch diese geschwächte Ich-Anlage die weite, hochspezialisierte Bewusstseinsdimension nicht mehr gelenkt werden. Die Ursache, warum diese Ich-Kraft heute so sehr geschwächt ist, liegt in einem Mangel an tiefer Erfahrung und Religion. Wir besitzen ein Selbstbewusstsein, das sich nicht als wirkliches Selbstbewusstsein innerhalb der kosmischen Ordnung und innerhalb des göttlichen Gesetzes eingliedern kann. Dadurch entstehen Disharmonien in den Ebenen des Bewusstseins und der Ich-Kraft. Das Bewusstsein ist wie eine große, mächtige Gewalt geworden, die durch viele intellektuelle und pseudosouveräne Errungenschaften das wirkliche innerste Selbstbewusstsein unseres unsterblichen Wesens erdrückt. Die Hautkrankheiten sind ein Ausdruck für ein inneres, vitales und emotionales Ungleichgewicht, sie sind ein Ausdruck für eine fehlende Gedankenwachheit. Der aufmerksame Arzt kann tatsächlich beobachten, dass das Überhandnehmen von vitalen, emotionalen Bewusstseinsformen bei der sensiblen Umgebung zu Reaktionen führt, die sich an der Haut durch allergische Reaktionen äußern.

Bei der klassischen Form der Allergie wirkt in der Regel immer ein Allergen, ein bestimmter Stoff auslösend. Das kann in Bezug auf die Schleimhäute ganz besonders der Blütenstaub im Frühjahr sein. Die Schleimhäute reagieren sehr schnell bei einem empfindlichen Menschen auf den Frühjahrsflug des Blütenstaubes. Die Schleimhäute sind in Verbindung mit dem Organ der Leber, während die Haut mit der Leber, mit den Nieren und vor allem auch mit dem Lungenorgan in Verbindung steht. Im Allgemeinen ist es aber nicht notwendig, eine ganz genaue organische Zuordnung zu geben, sondern es ist wichtig, das Grundprinzip von innen heraus und vom wesenhaften Detail her zu erfassen. Bei allen Allergien, die durch Allergene nachweisbar oder nicht nachweisbar ausgelöst werden, wirkt auf unser Gemüt eine einhüllende, dämmerhafte, nebulose Kraft, die unser Bewusstsein in rapider Schnelligkeit gefangen nimmt und uns, wenn auch zu einem nur unmerklichen Grade, die klare Bewusstseinsgedankenwachheit raubt. Wir reagieren gegenüber dieser Einwirkung reflektorisch heftig und somit allergisch, wir reagieren überdurchschnittlich abwehrend, wir reagieren mit einem plötzlichen, unbewussten Affekt. Die Allergie ist eine Reaktion, die nicht in der natürlichen Abwehr liegt, sondern die überschießend und außerordentlich heftig, gleichsam wie ein ängstlicher Versuch gegenüber dem Feind oder dem Eindringling stattfindet.

Das Organ, das diese eindämmernde und einhüllende, emotionale Substantialität unbewusst aufnimmt oder aufnehmen würde, ist die Milz. Durch die Milz strömen jene für das Auge unsichtbaren, schläfrig machenden Kreationen in unser leibliches Inneres hinein, auf die der Körper mit dem Immunsystem allergisch reagiert. Es sind dies wahrhaftig schlafbringende, eindämmernde, ins Träumen bringende, ungesehene Emotionalkräfte, die in unserer Welt überall zu finden sind. Sie sind sinnlicher und aufreizender Natur, sie ziehen das Bewusstsein aus der Wachheit in dumpfere und nebulose Sphären hinab. Diese Kreationen reizen die Sinnlichkeit und richten sich an die verborgenen sexuellen Wünsche, sie rauben die klare Wachheit und Sicht in den Sinnen. Sie sind aber nicht ein Allergen, sondern sie sind Kreationen, die auf stoffliche Weise nicht auffindbar sind. Die wirklich auslösende Substantialität zu den Allergien ist eine geistige und somit verborgene Kraft, die unmittelbar auf unseren Bauchraum und über das Organ der Milz in uns hineinwirkt.[6]

Betrachten wir nun einmal den Zusammenhang von diesen dämmerhaften, emotionalen und ungesehenen Kreationen, die in der astralen Sphäre leben, zu den Allergenen, die die Medizin als die Ursache einer Allergie ansieht. Wir wissen von der Schulmedizin, dass ein geringstes Maß an Allergen bereits zu heftiger Reaktion führen kann. Bei einem empfindlichen Menschen beispielsweise, der in einen Raum geht, in dem eine Katze gesessen hat, genügen die Katzenhaare, die ja auf feinste Weise im Raum verteilt sind, dass er allergisch reagiert. Die Reaktion steht nicht in einem sinnvollen Verhältnis zu dem auslösenden Allergen. Ein einziges Härchen kann genügen, dass ein heftiger Hustenanfall oder eine heftige Urtikaria an der Haut entsteht. Das Allergen ist nun aber nicht mit jener geistigen Emotionalsubstanz gleichzusetzen. Das Allergen und die wirkliche Ursache, die durch jene schlafbringenden und reizenden, sinnlichen Kräfte über die Milz hineinströmen, sind deutlich voneinander zu unterscheiden. Die Substantia oder Kreation im Geiste, die den wirklichen Reizzustand bringt, strömt über die Milz und verteilt sich über die Milzstrahlung in den Körper hinein, während das Allergen, das die Medizin als physischen, nachweisbaren Hintergrund annimmt, an der Haut oder an den Schleimhäuten den Berührungspunkt findet. Trotz dieser Unterschiedlichkeit erscheint der Zusammenhang von Allergen und Wesen interessant und lehrreich. Aus diesem Grunde soll dieser Zusammenhang einmal näher geschildert werden.

Jene geistigen Kreationen, die für die allergische Reaktion verantwortlich sind, strömen aus einer astralen Region in die leibliche Innenwelt, in der sie aber von dem körpereigenen Immunsystem als unbrauchbare oder feindliche Kräfte identifiziert werden. Würden diese sinnlich erregenden Kreationen ständig von uns ohne Abwehrreaktion aufgenommen werden, würden sie sich auf unbewusste Weise in uns hineingliedern, so würden wir viel schwerer krank werden, als wenn diese Allergien durch ihre Heftigkeit die Disharmonie zeigen. Die fehlende Reaktionsweise ist die Anergie und bedeutet eine Immunschwäche, die meist auf dem breiten Gebiet des Zellwachstums ein degeneratives Krankheitsgeschehen verursacht. Die Allergie ist in Wirklichkeit ein gewisser Schutz vor einem inneren, seelisch-geistigen Abstieg. Die Allergie darf deshalb nicht nur negativ gewertet werden. Wenn die Medizin nach ihrem derzeitigen Verständnis noch immer die Allergien unterdrückt, so steht damit in den meisten Fällen nichts Förderliches in Verbindung. Sie versucht den Leib oder den Körper gesünder zu machen, das Wohlbefinden zu steigern und vernachlässigt dabei die seelisch-geistige Entwicklung und das Erkraften zu einer reineren und weiteren Persönlichkeit. In der Allergie ist es immer deutlich ersichtlich, dass wir an einer Entwicklungsgrenze zu einem weiteren Neuanfang stehen und ein altes Leben noch nicht loslassen können. Wir ziehen auf unbewusste Weise jene dämmerhaften Kreationen heran, die unser Leben einhüllen und in alten Gefühlsmustern festhalten. Häufig projizieren sich diese emotionalen und vitalen Kräfte durch Erwachsene auf Kinder hinüber, die somit in ihrer überdurchschnittlichen Empfänglichkeit heftige Reaktionen bekommen und mit Hautausschlägen und Ekzemen reagieren. Immer sind es tatsächliche geistige, einhüllende und neblige Mächte, die ganz besonders bei sensiblen Kindern oder Erwachsenen in das leiblich Innere hineinziehen.

VII

Das Allergen als Erinnerungsträger

Welche Rolle nimmt aber hier nun das Allergen, der für den Allergologen nachweisbare Faktor ein? Wir haben gesagt, dass das Allergen nicht das geistige, dämmerhafte, unduldsame Astralwesen ist, sondern dass das Allergen nur ein verwandter oder ein begleitender, stofflicher Aspekt ist. Hier ist es gut, wenn wir zur Erläuterung des Zusammenhangs ein Beispiel herausnehmen. Ein häufiges Allergen ist der Blütenstaub, der ganz besonders mit den Frühjahrsblüten und der ersten Heuernte auftritt. Der Blütenstaub ist eine der Astralität verwandte Substanz. Der Blütenstaub ist aufgeladen mit einer Empfindung. Empfindung lebt in dem Blütenstaub. Dies zeigt die Anziehungskraft der Farbe. Die Farbe symbolisiert regelrecht das astralische Leben, das Licht, die Empfindung, die Sympathie und Anziehung des Stoffes. So lebt in dem Blütenstaubkörnchen ein inneres Empfindungsleben, das in einer Verwandtschaft zu unseren menschlichen Empfindungen steht. Es ist aber interessant, diese Verwandtschaft von den Naturreichen und somit vom Blütenstaub zu unseren eigenen Empfindungen kennenzulernen. Wir sind mit all diesen Stoffen, die wir draußen in der Natur finden, in einer inneren, unbewussten Verbindung. In unseren tiefen Schichten des Untergründigen und Unbewussten lebt das Empfindungsleben, das gleichsam mit dem Blütenstaub eine der Evolution gemäße Verwandtschaft aufweist. Das Allergen wirkt deshalb auf ganz bestimmte Empfindungen anregend. Es wirkt unmittelbar befeuernd, heftig und nahezu aggressiv auf dieses unbewusste Empfindungsleben. Es ist ein materieller Stoff, der eine Empfindung trägt, und diese Empfindung ist gleichsam mit einer Vergangenheit im Austausch. Wir könnten sagen, der Blütenstaub ist wie eine Erinnerung oder eine Information an eine vergangene Erfahrung oder an ein vergangenes Trauma oder an eine vergangene, verdrängte, unerkannt gebliebene Belastungssituation. Er ist wie eine hereinbrechende Erinnerung, die jetzt durch die Empfindungskraft, die im Blütenstaub oder in der Farbe lebt, wieder erneut in das Leben eindringt. Die Vergangenheit lebt in unseren unbewussten Empfindungen. Diese sind wie ein unbewusstes Repertoire, das sich zu einer gediegenen Festigkeit ausgestaltet hat. Wenn nun das Allergen auf sensible Weise eine Reaktion auslöst und die heftige Immunreaktion der Allergie eintritt, so äußert sich wie verborgen eine Angstreaktion aufgrund der über den Körper und das Allergen entflammten, unbemerkten Erinnerung an eine vergangene Erfahrung oder eine vergangene Stufe der Entwicklung, die nun infolge der unverarbeiteten Situation zu stark in das Bewusstsein hineindringt. Das Bewusstsein wird sich in einem falschen Sinne bewusst. In der Allergie ist immer ein Allergen wirksam, das die Information auf das Unbewusste übermittelt. Im Unbewussten liegen diese Empfindungen beheimatet und erwachen schließlich zu einer tatsächlichen Bewusstheit. Dieses Bewusstsein sollte aber nicht erwachen, denn nicht aus dem Unbewussten und Vergangenen schöpfen wir als Menschen, sondern aus dem Neuen oder aus den Möglichkeiten der Ideen und des Geistes. Wenn wir aus dem Unbewussten heraus zu leben beginnen würden und wenn wir plötzlich in unserer inneren Anlage mit allen vergangenen Eindrücken und Erfahrungsbereichen erwachen würden, so würde sich ein unverarbeitetes Erfahrungsgut als Wahrheit und Maßstab in die Gegenwart aufdrängen. Es wäre diese Entwicklung etwa so zu verstehen, wie wenn wir bis zu einem bestimmten Punkt im Leben gewandert wären und von nun an nur noch die Erfahrungen aus dem aufgespeicherten Leben zum Maßstab aller Dinge schaffen würden. Wir würden den Weg des

Geistes und des beständigen Neubeginns durch ein neues Lernen und wiederholtes wie auch schöpferisches Wahrnehmen leugnen. Das Leben ist aber ein unendlicher Fluss, der niemals an einem Punkt stillstehen soll und darf. Wir lernen, um zu leben. Der Geist ist durch den Gedanken getragen und dieser wird zum Maßstab des beständigen Neuanfangs. Wir müssen die seelisch-geistige Entwicklung in jener Ebene verstehen lernen, dass sie immer durch das neue Leben und durch neue Gedanken geleitet ist. Das Unbewusste sollte ruhen, es ist wie ein riesiges Gewässer oder Meer, das beständig in sich den Zustrom benötigt von einem frischen, klaren Gedankenfluss. Durch die Gedankendynamik entsteht die Schutzkraft des Kieselsäuremantels an der Haut.

Die Allergie ist ein Ausdruck und eine Forderung an uns selbst, dass wir in der Evolution der Seele uns nicht jenen dämmerhaften Kräften einer Angst und Mutlosigkeit preisgeben, sondern uns zu einem klareren und größeren Ziel ermahnen. Wir neigen in dieser Kondition dazu, gerade jene dämmerhaften Kreationen heranzuziehen, die uns evolutionsgemäß zurückführen würden. Die dämmerhaften und schläfrigen Kreationen sind nicht das Allergen. Das Allergen gibt nur die Erinnerung oder die Information, die mit unseren unbewussten Empfindungen in Verbindung steht. Mit dieser Information ziehen wir aber in der Nachfolge der weiteren zusammenhängenden Reaktionslage und der psychischen Determinationen diejenigen unduldsamen Wesen heran, die über die Milz aufgenommen werden und die uns schließlich in unserem inneren Dasein mit einer sehr irdisch machenden Macht und Emotion erfüllen. Gegen alte, belastende Erfahrungen wehren wir uns in Wirklichkeit. Das Allergen ist dabei nur der Informationsträger. Wir wehren uns aber nicht gegen das Allergen, sondern gegen Einflüsse, die einmal traumatisierend oder belastend an uns herangetreten sind, die mit Reizen oder Angst belegt sind und die uns in der Entwicklung dumpfer oder verhafteter machen würden. Wir wehren uns gegen eine Situation, die einmal gefährlich gewesen ist. Die Allergie ist deshalb immer ein Versuch der Befreiung, sie ist ein Versuch der Abwehr, der überdurchschnittlich stark und damit pathologisch stattfindet.

VIII

Heilung der Allergie durch konkrete Gedankenbildung

Von diesen Ausgangsbetrachtungen aus fällt es nun sehr leicht, dass wir die Möglichkeiten der Heilung und der Therapie entwickeln. Die Heilung der Allergie ist in der Regel nicht so schwierig, da sie nur eine neue Gedankenorientierung und vor allem eine Entwicklung von Gedankenwachheit und Gedankenführung voraussetzt. Die Allergie ist eine Krankheit, die auf der reaktiven Ebene stattfindet, die in der Regel noch nicht die Tiefe des gesamten Lebens berührt. Die Heilung einer Allergie kann deshalb unter guten Bedingungen innerhalb weniger Tage eintreten. Notwendig zur Heilung ist die Entwicklung einer Gedankendynamik und eines schöpferischen Bewusstseins, das sich der Außenwelt auf objektive Weise hinwendet. Der Kieselorganismus wird als wesentlicher protektiver Stabilisierungsfaktor angeregt. Wir müssen uns, um die Allergie zu heilen, tatsächlich in eine klare Gedankenbeziehung begeben können. Auch der Rhythmus ist hier von sehr großer Wichtigkeit. Das Lernen sollte nicht ein Lernen aus den Gefühlen und den unbewussten Launen des Körpers sein, es sollte unmittelbar mit Anschauung, mit Aufmerksamkeit und einer klaren, konkreten Gedankenbildung in Verbindung stehen. Wir dürfen nicht auf unbewusste und emotionale Weise lernen. Das Lernen ist immer mit dem konkreten Gedanken in Verbindung. All jene emotionalen Kreationen müssen wir unbeachtet lassen. Das heißt konkret gesprochen, dass wir uns nicht um die Allergie und die Reaktionen im Leibe kümmern. Dies mag vielleicht unter Umständen sehr schwierig sein. Besonders schwierig wird die Situation dann, wenn durch die heftigen Immunreaktionen ein unerträglicher und vielleicht sogar gefährlicher Zustand entsteht. Die Lernschritte können dann sicherlich nur über die Zeit und im langsamen Aufbau stattfinden. Wichtig ist es aber, dass wir uns so klar und so deutlich auf die Außenwelt ausrichten und auf gewisse Lernschritte, dass wir uns zunehmend weniger um uns selbst kümmern. Der Circulus vitiosus der Allergie, der eine Reaktion im eigenen Leibe auslöst, sollte durch eine klarere, objektive Außenorientierung seine langsame Auflösung erhalten. Im Allgemeinen erscheint ein gezieltes Studium des Yoga als eine ganz wertvolle Heiltherapie zu den Allergien. Wenn Kinder an Neurodermitis erkrankt sind, ist es wichtig, dass die Eltern, die die tragenden Verbindungspersonen zu den Kindern sind, eine konkrete, aufbauende Bewusstseinsarbeit durchgehen. Auf eine konkrete, aufbauende Bewusstseinsarbeit erfolgt, biochemisch gesprochen, eine Anregung des Silicea-Haushaltes und eine günstigere Aussteuerung im gesamten Mineralhaushalt des Körpers.

IX
Eine Atemübung aus dem Yoga zum Erleben der eigenen Inkarnation

Die klassischen Atemübungen des Yoga heißen *prāṇāyāma*. Sie sind sehr wirkungsvolle, intensive Übungen, die auf die Konzentrationslage, auf die Nerven, auf das Wohlbefinden, auf die vegetativen Geflechte des Bauchraumes und sogar auf das Mineralgleichgewicht des ganzen physischen Systems einwirken. Für unsere Betrachtung des peripheren Kontaktorgans der Haut ist die *prāṇāyāma*-Übung infolge ihrer Einwirkung auf die Konzentration und Willensbildung hervorzuheben. Wer nur wenige Atemzüge in konzentrierter, rhythmischer Folge, wie es bei den klassischen Übungen angeleitet ist, ausführt, bemerkt seine eigene Persönlichkeit im Leib, er erlebt sich innerhalb der Grenze, die der Erdenorganismus und die Haut selbst bilden, er spürt sein eigenes Ich im Innern, er erlebt sich abgeschlossen, gesammelt, als eine Inkarnation im Leib, angekommen im Erdenkleide.

Wer seine eigene Inkarnation im Erdenkörper erleben möchte, der kann für wenige Minuten die rhythmischen Atemübungen wie beispielsweise die *nāḍī śodhana prāṇāyāma*-Übung ausführen (genaue Beschreibung in dem Buch »Harmonie im Atmen«). Bei dieser Atemübung sitzt der Übende aufrecht mit freiem Rücken, führt in der Geste des *viṣṇu mudrā* den Daumen und den Ringfinger mit kleinem Finger zu der Nase und lenkt den Atem rhythmisch: fünf Sekunden einatmen, zwanzig Sekunden anhalten und wieder zehn Sekunden ausatmen. Bei dieser Übung wechselt die Atmung mit jedem Zug die Nasenflügel und sie wird deshalb auch als Wechselatmung bezeichnet. Der Übende achtet auf ein gesammeltes Bewusstsein und auf ein sensitives, wahrnehmendes Fließen des Atemstromes. In der Regel sollte die Übung nicht länger als zehn Minuten erfolgen und nur von jenen Personen praktiziert werden, die in der Psyche stabil sind. Vor dem dreißigsten Lebensjahr sind *prāṇāyāma*-Übungen eher ungünstig, da sie zu intensiv in das physiologische Gleichgewicht des Körpers eingreifen und eine große Stärke in der Persönlichkeit voraussetzen. Zum Erleben der eigenen Inkarnation, der Seele im Körper, in den Grenzen der Haut, zum Erleben des Erden-Ich, können jedoch gerade die *prāṇāyāma*-Übungen hilfreich sein.

Mit dem Erleben der Lokalisationsgrenze, die die Haut bildet, empfinden wir in Wirklichkeit den sogenannten Lebensäther, das ist jene Ätherform, die am tiefsten im Leibesgefüge verankert ist und eine Farbe besitzt wie ein zartes Rosa. Mit der Übung empfindet der Ausführende tatsächlich sich selbst in seinem körperlichen Wesen und erlebt gleichzeitig, wenn auch noch kaum im Bewusstsein wahrgenommen, eine Art Sterbe- und Loslöseprozess. Die Übung des *prāṇāyāma* eröffnet im Inneren, in der unbewussten seelischen Erfahrungsebene, eine Art Heraustreten aus allen üblichen Rhythmen, wie es beispielsweise auch beim Atemrhythmus in seiner Autonomie direkt geschieht, und macht das Erden-Ich in seiner Isoliertheit, seinem lokalen Begrenztsein für die Empfindungswahrnehmung offen. Wir erleben die Haut, den Ort der Inkarnation, die Erde und ahnen das Vergängliche, das in einen ewigen Kreislauf aus dem Unver-

Blick nach außen

Die gedankliche Orientierung zu einem Objekt nach außen, hier zu einer Dreiecksgestik, bewirkt, wenn das Denken eigenständig und unabhängig beurteilend beteiligt ist, eine Verstärkung des Kiesel-Stoffwechsels in der Haut. Der Übende erlebt sein Ich in der Beziehungsaufnahme zu einer objektiven Außenheit.

gänglichen gekommen ist. Mit diesem Erleben der Körperlichkeit nehmen wir die zugehörige feinere Region des Lebensäthers relativ nahe und empfindungsreich wahr.

Zu der Heilung von Hauterkrankungen ist die *prāṇāyāma*-Übung nicht geeignet, denn sie stellt im Allgemeinen einen Gegensatz zu den direkten bewusstseinsorientierten Gedankenbildeübungen dar. Deshalb schwächen diese Übungen eher den Kieselsäurehaushalt, während sie aber das Erleben des Erden-Ich stärken.

Blick nach innen

Im Gegensatz zu der bewussten objektgebundenen Aufmerksamkeit nach außen, sind die prāṇāyāma-Übungen ausgerichtet. Sie führen zu einer Inneneinkehr und energetischen Aufladung der Energiezentren, cakra. Dadurch erlebt der Übende sich selbst in der Abgeschlossenheit des Körpers, er erlebt sich aber nicht in der Beziehungsfähigkeit nach außen.

Das Nervensystem

Die geistige Bedeutung des Nervensystems

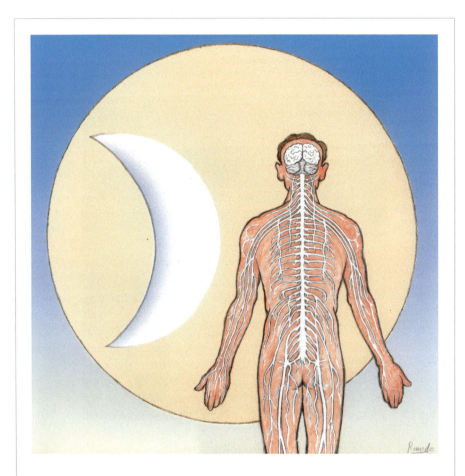

Der Mond in der Sonne

Die Sonne umfasst die Ganzheit des Menschen, der Mond reflektiert das Licht der Sonne. Durch das Erscheinen des Mondes als physischer Himmelskörper entwickelte der Mensch das Nervensystem.

I
Das Nervensystem ist ein Lichtträger

Die Anlage des Nervensystems, die vom Gehirn und Rückenmark ausgehend sich in vielfachen Verzweigungen bis in die Peripherie entwickelt, steht mit dem kosmischen Weltensystem in Verbindung. Die Sterne und auch die Bewegungen der Sterne sind ein Ausdruck für das astralische lichtvolle Wirken, das sich wiederum in den Bewusstseinsprozessen des Leibes spiegelt. Das Nervensystem trägt die sensiblen Strahlungen und Impulse aus einem kosmischen, übergeordneten Planetensystem und so ist es der physische Ausdruck des Astralleibes. Dieser physische Ausdruck des Astralleibes umfasst das Bewusstseinsleben und ermöglicht die Bewusstseinsvorgänge. Das Bewusstsein mit all seinen differenzierten Gliedern ist in Wirklichkeit eine kosmische, sonnenfreudige, sich immerfort bewegende, ausdehnende und entwickelnde Lichtradiation. Der Astralleib ist aber nicht die Quelle des Lichtes, so wie das Bewusstsein nicht der erste und primäre Ort eines Geistes ist. Der Astralleib ist die tragende Einheit und hochorganisierte und hochspezialisierte Verdichtung einer geistigen Empfindsamkeit oder auch eines Werkprozesses von unendlich fluktuierenden Empfindungen, die in den Weltengang zur Entwicklung der Menschheit hineingegangen sind.

Wir unterscheiden nach der wissenschaftlichen Medizin zwei verschiedene Arten von Nervenbahnen, das sind die afferenten und die efferenten Bahnen. Die efferenten Bahnen führen vom Gehirn hinaus und ermöglichen nach der wissenschaftlichen Definition die motorische Bewegung, die Kraft zur Umsetzung und Handlung, während die afferenten Bahnen oder sensiblen Nervenfasern so dargestellt werden, dass sie die Reize von der Peripherie zum Gehirn zurückführen. Sie ermöglichen die Aufnahme von bestimmten Reizen und Einflüssen und im Wesentlichen die Wahrnehmung. Diese Einteilung von zwei verschiedenen Nervenarten ist in den Augen einer geistigen Betrachtung nicht ganz richtig, denn sie ist mehr nur eine erdachte Theorie, die keine Grundlage in einer tieferen Wirklichkeitserkenntnis und Wirklichkeitserklärung besitzt. Das Nervensystem besitzt nur sensitive Nerven, die unter einer unendlichen Vielzahl von differenzierten Funktionen geistige Prozesse tragen und vermitteln. Diese sensitiven Nerven, die vielseitige Funktionen vermitteln, wollen wir einmal etwas genauer in die Aufmerksamkeit nehmen und sie mit einer integralen Sicht mit dem kosmischen Weltensystem in Verbindung bringen.[7]

Durch diese integrale Betrachtung des kosmischen Weltensystems auf der einen Seite und des mikrokosmischen Organ- oder Leibsystems unseres irdischen

Seins auf der anderen Seite erfahren wir zunehmend eine innerste Logik und eine tiefe Weisheit, die uns allen aus einer größeren Schaffenskraft, die wir in der letzten oder ursprünglichen Konsequenz Gott nennen, inneliegt. Das Nervensystem ist ein Lichtträger, es vermittelt Licht, strahlt Licht aus oder reflektiert Licht und ist selbst aus einem kalten Licht, das jedoch ohne Feuer ist, gewoben. Über unsere Nerven sprüht und funkelt der kosmische Stoff des Lichtes, es wirkt und webt die Empfindsamkeit des Kosmos. Das Licht im Individuum ermöglicht die Wahrnehmung und inspiriert die drängende Aktivität wie eine freudige Bewegung des Kosmos, eine Begehrlichkeit nach Ausdehnung, nach Fortschritt, eine Sehnsucht nach empfindungsreicher Erfüllung, es ist die sensitive Fortsetzung aller Beweglichkeit und Unendlichkeit, aller Grenzenlosigkeit. Das Licht schenkt den Drang nach Aktivität und entspringt aus der Aktivität.

Wir erleben mit der inneren Aufmerksamkeit zum Wesen des Lichtes unsere Glieder und unsere Organe dann nicht nur als reine mechanisch funktionierende materielle Anlagen, sondern als weise Ergebnisse eines kosmischen, sich immer aktiv vervielfältigenden und Ausdruck verschaffenden Wirkungsfeldes. Wir empfinden die Körperlichkeit wacher und reichhaltiger, als eine vom Geist ausgehende und vom Kosmos des Lichtes aus geschaffene Wirklichkeit, in der eine dynamische Lebendigkeit eines treibenden Stromes, gleich eines sich senkenden, fühlenden, empfindlichen und verdichtenden Lichtes, beständig leuchtet und webt und sich in dem niedergelassenen Raume immerfort ausdehnen und weiten will.

Die heute nach der Medizin sogenannten motorischen Nerven sind für unsere Bewegung, für unsere Sprache und allgemein für unsere Handlungskraft eine Voraussetzung. Durch die Anlage der motorischen Nerven, die in Wirklichkeit ebenso sensible Nerven sind, wie wir bereits erwähnt haben – sie sind jene Nerven, die nach der Definition von Gehirn und Rückenmark zur Peripherie streben und uns in die Aktivität des Tages hineinführen – ist uns die Handlungskraft möglich. Wir können scheinbar die Bewegungen ausführen wie Gehen, Heben und Senken, Anziehen und Abstoßen, Springen und vieles mehr. Aber werden wir uns einmal des so sehr künstlerisch anmutigen Phänomens der Bewegung bewusst und stellen wir uns einmal die Frage, was die Bewegung in sich selbst offenbart. Diese Bewegungen, die von kleinen bis zu größeren Radien reichen, offenbaren nicht nur eine rein physische, vom Körper ausgehende Reaktionsdynamik oder eine von innen gewählte physische Willensäußerung, sie sind ein Ausdruck für die Bewegungen der Gestirne und schließlich sogar für den begehrenden Ausdehnungsdrang des Lichtes selbst. Sie sind ein Ausdruck für das lebendige Spiel der Planeten und des aktiven Dranges des Lichtes.

Sie sind das im Leib angekommene, das im Körper manifestierte Licht. Die Nerven tragen die freien kosmischen Empfindungen in den physischen und begrenzenden Leib hinein. So wie sich die Planeten beständig in einem Bewegtsein und in einer Lichtesfülle, Lichtesfreude und Lichtesreflektion befinden, bewegt und äußert sich auf zarte Weise unser menschliches Wesen mit den Gliedern und leiblichen Anlagen. Die Bewegung ist in Wirklichkeit immer ein Ausdruck eines kosmischen, planetarischen Lichtdrängens. In dieses vielfältige Spiel von feinsten Kräften sind die sogenannten motorischen Nerven eingebunden. Sie tragen aber, und das ist der Unterschied, den wir hier zur anschaulichen Definition nehmen, den planetarischen Einfluss durch ihre sensible Empfangsbereitschaft von oben oder vom Geist ausgehend nach unten in die Manifestation oder Leiblichkeit hinein.

II

Die Bewegung ist ein hoher und höchster Willensausdruck des Kosmos

Aber diese erweiterte und neue Interpretation über die Nerven beschreibt nur einmal den großen makrokosmischen Aspekt aller Bewegung und aller Aktivität, und es gilt noch zu klären, wie die wirkliche innere Funktion der Nervenanlage ist, die eine notwendige Voraussetzung zu jeder Motorik darstellt. Die Bewegung ist in einer größeren Wirklichkeit gesehen nicht allein von innen nach außen oder vom Zentralnervensystem über die Peripherie zum Muskel gesteuert, sondern sie ist eine eigene geistige Dimension, die eine höchste Wirklichkeit darstellt. Die Bewegung ist wie das eigene Begehren des Geistes, der durch sich selbst existiert und über die Wahrnehmungsorgane der Nerven zu einer realen Äußerung über die Körperlichkeit wird. Die Bewegung ist aber nun an die Grenze des physischen Körpers gebunden und erlebt sich daher individuell. Sie erlebt sich selbst durch die Natur der Materie als eine eigene Begehrlichkeit. So ist das unbegrenzte Licht, das die menschliche Gestalt von einem reinen, höheren geistigen Ort empfängt, so weit man dies bildhaft als einen Ort benennen darf, ein begrenzendes geworden. Aber in der Wahrheit ist das Licht Freude, Unendlichkeit und unbegrenzte Weite in der Aktivität.

Wären die motorischen Nerven die tatsächlichen Funktionsträger oder Handlungsvollzieher, so wie es derzeitig die Medizin glaubt, so wären wir als Menschen ein von der ursprünglichen und höheren Seinsquelle getrenntes Geschöpf, das tatsächlich ein für sich abgespaltenes eigenes Ich besitzt. Diese sich

Empfangen der Bewegung

in jedem Augenblick des Daseins äußernde Bewegung ist ein hoher und höchster Willensausdruck des übergeordneten Kosmos, der uns zugänglich ist, da wir die Nervenanlage und die sensiblen Fähigkeiten zum Empfangen besitzen. Wir empfangen die Bewegung und drücken auf der Grundlage unseres eigenen Selbstbewusstseins, Verstehens und Wahrnehmens diese Bewegung nach außen hin aus. Wir atmen beispielsweise, da wir die Luft des Raumes empfangen, und niemand wird bestreiten, dass die Luft innen und außen in gleichem Maße zu der Luftsphäre der Erde gehört. Wir bewegen uns, da wir die hohen, in der Wärme des Kosmos existenten Empfindungen empfangen. Die Bewegung wird deshalb in der geistigen Wirklichkeit zu einer Antwort auf das in sich bestehende Geheimnis des makrokosmischen Willens, das ist jene Freiheit und jene Leichtigkeit einer unendlichen Vielheit und Offenbarung, von Melodie und Rhythmus getragen und in einen Hauch der engelhaften Liebe gekleidet.

Weite Dehnung, *pāda hastāsana*

In dieser vorbereitenden Phase der Stellung wird der gesamte Ausdruck der Bewegung empfindsamer, hingebungsvoller und leichter, wenn der Übende das Nervensystem im Licht des kosmischen Seins frei und sensibel erleben lernt und das Bewusstsein mehr für die Gedanken und Empfindungen von konkreten, geistig entwickelten Gedankeninhalten offen ist.

Der Yogaübende, der dieses hohe Geheimnis des Willens und der Bewegung, das im Licht, im inneren universalen Wesen des Lichtes gegeben ist, erschauen, wahrnehmen und erleben lernt, fixiert sich nicht mehr an jene von der Wissenschaft durch den Intellekt geprägte Vorstellung von den motorischen Nerven, und veredelt nun seine Übungspraxis mit den verschiedenen āsana durch eine größere Freiheit, Zwanglosigkeit und natürlicher Weite und Offenheit. Die Unterscheidung, die die Wissenschaft trifft, ist sicherlich berechtigt und sie weist mehr hin auf die beiden großen polaren Gegensätze, die wir in der detaillierten Betrachtung von Empfangen und Aussenden annehmen. Mit der tieferen imaginativen Betrachtung aber lösen sich diese konstatierten Gegensätze auf, und es bleibt nur eine Sinngabe in einer einheitlichen Universalität, die in unserem eigenen Wesen mit der inneren, übersinnlichen Planetensphäre gegeben ist.

Weite Dehnung, *pāda hastāsana*

In dieser Stellung ist der Körper sehr weit ausgedehnt und dem Boden angeglichen. Bei der sensiblen, sanften Ausführung der Bewegung entsteht das Gefühl des Hingebens, Spürens, Einfühlens, das mehr aus den sensiblen Nerven getragen ist. Nicht aus der klassischen vitalen, willensstarken Motorik heraus beugt sich der Rumpf in die Stellung, sondern aus dem langsamen, sensitiven Wahrnehmen und Loslassen.

Für die Praxis und für das Erleben einer zwangfreien Bewegung sollten diese Gedanken zur Verinnerlichung kommen und die Yogaübung mit einem sensitiven Ausdruck veredeln. Ganz besonders kann dieser Ausdruck beim kosmischen Gebet im Sinne eines weiten und lichtvollen Empfindens lebendig zur Darstellung gelangen. Aber in allen Übungen, gleich ob sie mehr meditativen, beschaulichen oder aktiven und spannkräftigen Charakter besitzen, kann sich die feine Stimmung eines sogenannten »kosmischen Fühlens«, das durch die Imagination über die Nerven entwickelt wird, ausdrücken. Jene Menschen, die das Geheimnis um die Nerven und den Zusammenhang zum Lichte fühlen lernen, gewinnen eine natürliche Offenheit für die Außenwelt und steigern ihr sensitives Wahrnehmen und Empfinden. Sie erleben ihren Willen auf freiere Weise und erfahren ihr eigenes Ich, ihr personales Sein in einer unendlichen Ausdehnung und Unabhängigkeit vom Körper.

III

Die Kontrolle des Ich steigert die Wahrnehmungssensitivität

Nun wollen wir die Fähigkeit der Wahrnehmung, die den Nerven eigen ist, näher betrachten. Die Wahrnehmungsfähigkeit der Haut beispielsweise liegt nach wissenschaftlicher Forschung in den Meissnerschen Tastzellen und somit wird sie an der Peripherie gedeutet. Von diesen Wahrnehmungsorganen fließt die nervöse Übermittlung in das Zentrum des Gehirns und wird schließlich im Bewusstsein erfahren. Diese klassische Deutung der sensiblen Nervenbahnen führt nun charakteristisch von einer Außenwelt in eine Innenwelt, also gerade umgekehrt wie von der Medizin die motorischen Nerven ihre Definition erhalten. Wir werden aber sehen, dass die sensiblen Bahnen ebenso wie die erstgenannten an ein Gesetz der Umkehrung geknüpft sind und sich der Bewusstseinsprozess der Wahrnehmung mehr von innen nach außen oder in einem Entgleiten des Bewusstseins im Sinne des Gedankens oder einer Empfindung äußert. Von der geistigen Anschauung gewinnen wir hier tatsächlich ein tiefes reales Bildnis, das sich für das Empfindungsleben der Seele weitend und erbauend auswirkt. Die Frage, welche Bedeutung in der sensiblen Wahrnehmung liegt und wie sie sich in der Wirklichkeit der Seele anfühlt, erscheint hier wegweisend. Diese Wirklichkeit der Seele steht in einem gewissen umgekehrten Verhältnis zu jener Wirklichkeit, die der Verstand und die herkömmliche Logik übermitteln. Der Verstand muss hier die Wahrnehmung tatsächlich missdeuten und sie von einem Äußeren beginnend, das sich über die Nerven empfangend fortsetzt und schließlich in das Bewusstsein einmündet, beschreiben. Von der Imagination aus betrachtet, die das seelische Wesen und das seelische Reagieren einschließt, geschieht aber ein sehr feiner und ganz anders gelagerter Ablauf, der sich nahezu wie ein immerfort existierendes Verströmen von innen nach außen zeigt. Die Wahrnehmung tritt geistig gesehen ein, indem das Bewusstsein im Moment einer sinnlichen Berührung mit einem Objekt der Außenwelt, sei es ganz im Erleben einer optischen Beobachtung oder sei es durch eine unmittelbare physische Kontaktaufnahme, den leiblichen Körper, seinen fixen Ankerungsgrund, verlässt und in den weiten Raum hinausgleitet. Mit jeder Wahrnehmung verlässt das Bewusstsein seinen fixen Standpunkt und gleitet hinüber zu dem Objekt der Wahrnehmung. Die Augen sehen beispielsweise einen Baum, und das Bewusstsein tastet in Sekundenschnelle über die Farben und Formationen des Baumes hinweg. Das Bewusstsein ist deshalb während der Wahrnehmung nicht im Gehirn, sondern bei dem Objekt der Betrachtung. Bei jeder Art der Wahrnehmung strömen verschiedene bewusste oder auch unbewusste Gedanken und Gefühle, die das physische Trägersystem der Nerven beleben und beanspruchen. Das reine Empfangen von Bewusstseinseindrücken findet ganz besonders dann seinen beruhigenden und weitenden Ausdruck, wenn wir aus uns selbst eine gewisse Gedankenklarheit und Empfindungsruhe gegenüber der Außenwelt und ihren Objekten entwickeln. Für die reine Wahrnehmung müssen wir zu einem gewissen Grade in ein körperliches und organisches Schweigen kommen, damit wir die wirklichen Gedanken und Empfindungen und mit diesen eine lichte Aufmerksamkeit entwickeln können. Die Wahrnehmung ist in diesem Sinne, ähnlich wie die Bewegung, mit einer seelischen Regung verbunden und ist wie eine hohe und edle Empfindungsfähigkeit der Persönlichkeit.

Mit diesen Erkenntnissen aus der Imagination öffnen wir unser Empfindungsleben für sehr weite, aus den Körperabgrenzungen befreiende Perspektiven, die wir schließlich auf dem therapeutischen Wege der Medizin und Psychotherapie nützen können, und die wir im Yoga, der ein künstlerisch-geistiger Weg ist, auf ästhetische und erkenntnisbildende Weise umsetzen lernen.

Betrachten wir dieses großartige Bild der Bewegungen auf der einen Seite, die aus der inneren Empfindsamkeit des Lichtes entsteht und eine innere Sinnesbildung und einen tiefen, universalen Wirklichkeitssinn voraussetzt, und betrachten wir weiterhin die Wahrnehmungen, die berührende, sensitive Fähigkeit des Lichtes, die eine Gedankenbildung und Empfindungsentwicklung voraussetzen, so finden wir eine viel tiefere Erklärung über die vielen Störungen, die von der einfachen Nervosität beginnend bis hin zu schweren Degenerationen im Nervensystem eintreten können.

Nicht die Sinne und die Sinnesfreuden, die Eindrücke der Natur oder die Wahrnehmungen, die wir durch sensitive Empfindungen erleben, sind jene Kräfte, die uns irritieren und beispielsweise eine Meditation erschweren. Die früheren asketischen Wege und auch verschiedene Wege des Zen und des Yoga leugnen manchmal aus einem Missverstehen die Bedeutung der Sinnesfreude und Sinneswahrnehmung. Um das Nervensystem gesund zu erhalten, benötigen wir aktive körperliche Tätigkeiten und aktive Bemühungen um Kontakte mit weltlichen Objekten. Wir wollen die Augen nicht verschließen und uns zu weit in die innere, abgeschlossene Welt der subjektiven Identität versenken, sondern auf gezielte Weise unsere Wahrnehmungsfähigkeit und bewusste, empfindsame Erkenntnisforschung an die Erscheinungsformen der Welt ausrichten. Die Eindrücke und Wahrnehmungen, die Gedanken und die Gefühle müssen wir aber gezielt lenken und kontrollieren. Wir wollen sie in einem sinnvollen Maße und in einer sinngemäßen Zielrichtung zu den Erscheinungsformen der Welt lenken. Bei jenen Objekten, zu denen unsere Aufmerksamkeit in Gedanken und Gefühlen hinausgleitet, befindet sich unsere Seele. Wie oft wandert sie ziellos in den Schaufenstern und Sensationen in der Fernsehsendung und in müßigen Gesprächen mit neugierigem Inhalt umher? Wie viele Kräfte verströmen sich täglich durch die unkontrollierte und haltlose Bewegung der Sinne? Je besser wir unser Nervensystem kontrollieren lernen, indem wir die Wahrnehmung und Aufmerksamkeit auf bestimmte Vorgänge der Welt richten und uns in Gedanken und Bewusstseinserkenntnissen aktiv schulen, um so mehr geben wir dem unendlichen, fluktuierenden und wandernden Strömen unseres Astralleibes eine gezielte Richtung. Bei jenen Orten, bei jenen Personen und bei jenen Vorgängen, auf die wir unsere Aufmerksamkeit und unser Interesse ausrichten, lebt unser eigenes Licht. Wir geben es in die Welt und beleben die Welt mit Inhalt und Empfindsamkeit, und dort, wo unser Licht lebt, gebiert sich unsere Seele.

Dieses Verständnis über das Nervensystem und über die Wahrnehmungsfähigkeit kann uns die rechte Kontrolle über die Sinnesprozesse ermöglichen und kann unser personales Wesen in seiner Inkarnation und Inkarnationskraft, das heißt in seiner Fähigkeit, in dem Körper und in der Welt gediegen und fest zu stehen, stabilisieren. Eine zu große Offenheit und Sensitivität lässt sich durch die Kontrolle der Aufmerksamkeit und Entwicklung der Seele in die Richtung von gezielten Gedanken und Gefühlen und Wahrnehmungen in der Welt heilsam ordnen. Auf dieser Grundlage findet das Nervensystem eine heilsame Ruhe.

IV
Die geistige Bedeutung von Nervenschädigungen

Weiterhin können wir innerhalb dieser geistigen Analogieerkenntnisse eine Erklärung für die Bedeutung des Rhythmus und die Vorteile eines rhythmischen, geordneten Lebens finden. Rhythmische Prozesse wirken ganz besonders heilsam auf das Nervensystem, denn der Rhythmus ist ein Ausdruck der Planetenbewegung und ein Ausdruck einer genau koordinierten astralen Ordnung, die sich über das Nervensystem hinein in unser Wesen äußert. Es ist möglich, dass der Körper durch bestimmte traumatische oder degenerative Einflüsse oder auch durch entzündliche Tendenzen eine Art Lähmung und somit eine Sensibilitätsbeeinträchtigung im Nervensystem erlebt. Hier scheint es, dass der natürliche Rhythmus, der im Nervenleben vorgegeben ist, zu einem entschiedenen Abriss kommt. Die Lähmung oder die Beeinträchtigung der Wahrnehmung ist immer ein schwerwiegendes pathologisches Phänomen eines Herausfallens des Nervensystems aus der Gesamtheit. Das Bewusstsein entgleitet aus seiner Heimat des Körpers und kann diesen nicht mehr ergreifen. Wenn der Nerv oder die entsprechenden Nervenbahnen in der Funktion ausfallen, so scheint es, dass der ganze menschliche Körper in eine Disharmonie und eine Isolation gerät. Die großen Steuerungsrhythmen des makrokosmischen Himmels treten nicht mehr in die Verbindung mit dem mikrokosmischen Leibe. Eine Barriere oder ein Hindernis scheint sich in den natürlichen Rhythmus zu stellen. Mit der Schädigung von Nerven kann der Astralleib oder das Bewusstsein nicht mehr den Leib ergreifen, und so wird diesem Astralleib eine Pause oder eine Art Ruhe in seiner geistigen Heimat gewährt. Darin liegt die geistige Bedeutung von Nervenschädigungen. Das Bewusstsein zieht sich selbst aus dem Ort seiner Verausgabung, und das ist die Ebene des Körperlichen und die Ebene des irdischen Seins, zurück.

Eine Sensibilitätsbeeinträchtigung hat deshalb immer auch eine Beeinträchtigung im motorischen System zur Folge, da es, wie wir erwähnt haben, nicht mehr möglich ist, an jener Universalität eines höheren Seins über die Empfindungsfähigkeit des Lichtes teilzunehmen. Es ist, als ob der größere Wille gewichen ist, und als ob die größere Führung oder die natürliche Form der rhythmischen, übergeordneten und natürlichen Wahrnehmung versagen. Dadurch fallen bestimmte Teile des Körpers aus dem Zusammenhang und versinnbildlichen eine Art Tod im Körper. Die Wahrnehmung weicht aus den Gliedern, oder im entsprechenden Falle, wenn die Seh- oder die Gehörnerven geschädigt werden, aus den Sinnesorganen. Diese Art Tod der Wahrnehmung und Sensibilität führt aber in häufigen Fällen noch nicht zu einem tatsächlichen Sterben des Körpers, denn dieser kann durch die Blutversorgung vielleicht noch viele Jahre weiterexistieren. Ein Beispiel hierfür ist die Querschnittslähmung. Wenn eine Lähmung im Körper oder in bestimmten Gliedern oder Sinnesorganen eintritt, wird das Leben und die natürliche, sonnenfreudige Integration des Bewusstseins aus einer höheren Fügung des Schicksals gewissermaßen beschnitten, und es ist uns somit eine Art Entsagung oder zumindest eine gewisse Ruhe für dieses irdische Leben auferlegt. Diese Ruhe im Körper oder in den Sinnesorganen kann aber für die seelisch-geistige Entwicklung eine neue vorbereitende Phase mit reiferen und edleren Möglichkeiten einleiten.

V
Sensitivitätssteigerung des Astralleibes

Diese einleitenden Betrachtungen führten uns schließlich zu einer weiteren detaillierten Anschauung über die großen makrokosmischen Verhältnisse, die jede für sich selbst eine seelische und übergeordnete Entität darstellen und gleichzeitig eine geistige Einheit bilden. Die sensiblen Nerven sind die Träger des Bewusstseins, die einerseits auf ein Empfangen und damit auf die Funktion der Aufnahme und Eingliederung von Fremdeinflüssen in das leibliche Innere ausgerichtet sind, und andererseits aber die wichtige Bedeutung der Wahrnehmung erfüllen und die Fähigkeit zu einer nach außen zielgerichteten Bewegung ermöglichen. Die Nerven empfangen das Bewegungsleben und alle ähnlichen Willensäußerungen und ermöglichen somit die feine Kunst eines unendlichen Auf und Nieders in den Gliedern. Die Nerven sind, wie wir erwähnt haben, Lichtorgane, durch die der Lichtäther des Kosmos reflektierend leuchtet. Sie sind edle Organe, die unser Leben für die Schönheit und Sympathie der Welt öffnen und bewusst erfahrbar machen. Durch sie erfahren wir die Sinnesfreude allen kosmischen und weltlichen Seins, und alle Reize und Eindrücke, die uns selbst erheben und Erfahrungen geben und uns mit einer fühlbaren Empfindungssubstantialität durchdringen.

Beachten wir nun einen gewöhnlich seelisch-geistigen Entwicklungsweg, den ein Mensch durch sein Leben absolviert. Alles Leben ist an Erweiterungen innerhalb der Erfahrungswerte gebunden, an Bildungsentwicklung und an Ausgestaltung von Fähigkeiten, Weisheit und Wissen. Diese fortschrittliche und notwendige Evolution, die sich am Einzelnen wie im Kollektiven der Menschheit zeigt, führt zu einer beständigen Bewusstseinserweiterung und somit zu einer Ausdehnung des Astralleibes am jeweiligen Individuum. Innerhalb eines Lebens sollte sich der sogenannte Astralleib oder der Bewusstseinsleib nicht verengen und ängstlich an den Leib anklammern, er sollte sich vielmehr erweitern und zu einem umfassenden, universalen seelischen Werkinstrument entwickeln. Eine ganz besondere Weitung in dem Astralleib entsteht durch eine geistige Meditationsentwicklung. Je mehr jemand Einblicke und Erfahrungen über die höheren Welten, über die Engelhierarchien und schöpferischen Daseinsstufen, die nicht nur das physische Leben, sondern auch das nachtodliche Leben einschließen, gewinnt und je mehr jemand einen liebevollen, universal-altruistischen Charakter in seiner Seele erbaut, der alle Geschöpfe beachtet und die hohen Prinzipien der kosmischen Gesetze berücksichtigt, desto mehr weitet sich sein Astralleib. Im universal-altruistischen Dienst, in der grenzüberschreitenden Hingabefähigkeit und in der übersinnlichen Erkenntnisforschung öffnet sich der Astralleib zu seiner wahren Weite und dehnt sich auf die Universalität der verschiedenen Welten aus. Jede Entwicklung, die Fortschritte verlangt, muss deshalb mit einer Ausdehnung des Astralleibes gleichermaßen vonstatten gehen.

Durch die fortschreitende seelisch-geistige Entwicklung erwachen neue Erkenntnisse und neue Wahrnehmungen, die sich auch in einem gesteigerten Bewusstsein und ausgedehnteren Bewusstsein verkünden. Diese gesteigerten Dimensionen des Bewusstseins werden mehr und mehr in der Umwelt durch ein Hinausgleiten jener sensitiven Empfindungen aus dem eigenen Inneren und durch ein nachfolgendes Empfangen nach innen eingegliedert und werden somit ein Teil unseres bewussten und unbewussten Seins. Aus diesem Grunde besitzen Menschen, die hohe Erkenntnisse entwickelt haben und zu einem universal-altruistischen Leben fähig sind, einen weiteren Astralleib als jene Menschen, die in ihrem Dasein sich nur den Konventionen und vorgegebenen Suggestionen der Welt hingeben. Je weiter aber das Bewusstsein und somit der Astralleib wird, desto größer ist die Gefahr, dass dieser Astralleib von den eigenen Kräften der Führung und der Steuerung des Selbst nicht mehr unter Kontrolle gehalten werden kann. Das weit gewordene Nervensystem ist wie eine ausgedehnte, breite Fläche, die eine übergroße Empfangsbereitschaft bietet und über die Sinnesorgane überall aus dem Makrokosmos oder zumindest aus der Umwelt die Reize empfängt und sie schließlich auch verarbeiten muss. Mit den weit gewordenen Nervenbahnen entwickelt sich eine lichte Persönlichkeit, die aber durch diese sensitive Ausdehnung in einem erhöhten psychischen Spannungsfeld leben muss. Aus diesem Grunde verstehen wir, dass das Leben durch die seelisch-geistige Entwicklung nicht immer nur leichter wird, sondern auch schwierigere Verhältnisse schafft. Die natürliche Robustheit des vitalen, unbewussten und unbedachten Lebens weicht einem bewussten und sensibleren Dasein. Dieses sensiblere Dasein bedarf deshalb eines wachsenden Mutes zur Selbstkontrolle und Meisterschaft über die alltäglichen, konfliktreichen Bedingungen.

Beinstellung: Ausdruck von sensibler und reiner Sinnesfreude

Beinstellung, *utthita hasta eka pādāsana*

Nicht der Körper mit seiner Schwereneigung drängt sich in der Expression auf, sondern mehr das freie, bewusstere Spiel der Konzentration und die Wahrnehmung der Sinnesbedeutung drückt sich aus. Für die Übungsweise ist die Ausdrucksform, in der sich das psychisch-physische Geschehen zeigt, wichtiger als die technische Perfektion. Hier ist eine sehr fortgeschrittene āsana abgebildet. Sie könnte auch in leichteren Variationen ausgeführt werden. Je nach der Bewusstseinsentwicklung des Einzelnen äußert sich eine mehr freiere Sinnesfreude in der āsana oder eine im Gegensatz dazu stehende Verhaftung der Sinne, eine Art gebundene Sinnlichkeit. Hier im Bild äußert sich eine sehr sensible und reine Sinnesfreude.

VI
Die Weitung des Astralleibes bedarf eines rhythmischen, geordneten Lebens

Im Allgemeinen bietet unsere Zeit überdurchschnittlich hohe Anforderungen an das Nervensystem, da die computergesteuerten Lebensverhältnisse, die kommunikativen Systeme und vor allem die intellektuelle Überlastung wie eine beständige unnatürliche, einseitige Belastung und Ausdehnung wirken. Die Nervosität dürfte die am weitest verbreitete allgemeine Krankheit der Zeit sein, die bis zur nervlichen Erschöpfung viele Gesichter bietet und von unserer gegenwärtigen Lebensweise eine sinnvolle Lebensgestaltung fordert. Wir dürfen uns nicht zu einseitig überfordern, sondern wir müssen uns auf richtige Weise für das Leben interessieren und uns selbst fordern. Ein geistiger Entwicklungsweg, der die Beziehungsfähigkeit zu den verschiedensten Bereichen des Lebens intensiviert und ästhetische Gefühle fördert, kann die nervösen Bedingungen der Zeit heilsam begleiten.

Ganz besonders heilsam auf das Nervensystem wirken sich rhythmische Lebensgewohnheiten aus. Es ist günstig, nach vorgegebenen Tages- und Wochenplänen das Leben zu ordnen und beispielsweise immer zur gleichen Zeit aufzustehen und zur gleichen Zeit die Bettruhe einzuhalten. Überlastungen durch langes Fernsehen oder Sensationen können niemals das Nervensystem stärken. Sie führen zu Trägheit in der Seele und stellen für den Menschen nicht eine wirkliche Anforderung im Sinne einer entwicklungsfreudigen seelischen Regsamkeit dar. Ganz besonders schwerwiegend wirkt sich auf das Nervensystem jede Form der Ausschweifung, Genusssucht und sexuelle Abenteuerlust aus. Alles lüsternhafte, begehrende Ausschweifen wie auch alles unkontrollierte Reden und Plaudern sind geistig gesehen wie ein unangenehmer, falsch erhitzter Wind, die den Nerven Unruhe bereiten und die wahre Empfindungsliebe des inneren Verstehens und inneren Anteilnehmens am Leben verhindern. Wir müssen im Leben zur Heilung des Nervensystems nach Aufgaben suchen, die uns stärkend durch ihre Anforderung begleiten und die uns im Leben auf richtige Weise in einen universalen Weltenzusammenhang führen. Einseitige Anforderungen, unzusammenhängende Gedanken- und Handlungsinitiativen und beständige Überforderungen sind für das Nervensystem eine unnötige Belastung, die möglichst früh erkannt und ausgeschaltet werden sollten. Ganz besonders aber ist auch auf die psychologischen Verhältnisse in unserem Dasein kritisch hinzuweisen. Wenn wir beispielsweise aus Schuldgefühlen oder falschen Zugeständnissen Handlungen beginnen, so wirken sich diese auf das

Nervensystem schwächend aus. Eine gesunde Handlung mit einer objektiven, klaren Zielrichtung, die in Übereinstimmung mit unserer Seele und in einer konstruktiven Bezugsrichtung zum sozialen weltlichen oder geistigen Leben steht, ist als natürliche Anforderung immer wieder neu innerhalb der Lebensplanung zu wählen. Die natürlichen Anforderungen und Aufgaben, die wir uns setzen, können das Nervensystem weiten und zugleich stärken. Wir dürfen aber nicht aus fremder Autorität unser Innenleben zu sehr belasten, sondern wir müssen mit eigenen Entscheidungen und mit eigener Weisheitssuche das Leben steuern.

Das Nervensystem benötigt physische Nahrungsstoffe wie Lecithin, Vitamin B, Zucker und verschiedene Mineralien wie Phosphor und Calcium. Die Ernährungsvorgänge für dieses zarte Lichtsystem entstehen einmal durch diesen physischen Nahrungsstrom von Seiten des Stoffwechsels und zum Weiteren durch die Sinnesreize und Sinneseindrücke von außen. Wenn wir diese Ernährungsseite sorgfältig betrachten, stellen wir fest, dass dieses hochorganisierte System der Nerven nicht durch belastende Eindrücke und verschlackende Nahrung verunreinigt werden darf. Bei den Nervenkrankheiten, insbesondere bei der Nervosität, liegt immer eine Entgleisung von feinsten Stoffwechselprozessen vor, die sich mit kaum nachweisbaren Schlackenbildungen im Nervensystem festsetzen. Beide Bereiche, die Sinnesseite wie auch die Ernährungslage, wirken hier in einem komplementären Verhältnis zusammen.

VII

Planeten und Nerven

Wir wollen nun in der fortsetzenden geistigen Kosmologie den Zusammenhang des Nervensystems mit den verschiedenen inneren Organen klären. In einer ganzheitlichen Betrachtung bilden diese Zusammenhänge eine realistische Möglichkeit zur Bildung einer Anschauung, wie und welche Planetenprozesse und geistigen Substanzen durch die Nerven und ihr ausstrahlendes Bewusstsein wirken.

Das Zusammenwirken in einer Einheit von Stoffwechselvorgängen, Sinneseindrücken und Bewusstseinsprozessen liegt in der Ebene des ewig schaffenden, geistigen Seins und findet seine Erklärung durch die planetarischen Beziehungen, die in einer sich ergänzenden, integralen Logik ein kosmologisches Ordnungssystem darstellen.

Das Nervensystem ist innerhalb des gesamten Körpers nach der Schulmedizin ein eigenes Funktionssystem, das in der Regel im Krankheitsfalle mit Medikamenten, die spezifisch auch nur auf dieses System ausgerichtet sind, behandelt wird. Es ist aber diese schulmedizinische Betrachtung zu sehr auf die reine Gehirnanlage und auf das periphere und autonome System der Nerven begrenzt, und es wird heute noch zu wenig der Gesamtzusammenhang zu den inneren Organen des Stoffwechsels und zu den übrigen Funktionssystemen gesehen. So wie eine menschliche Hand nicht ohne die zugehörigen Gefäße, Gewebe und Nerven funktionstüchtig sein könnte und ohne Leibzusammenhang existieren könnte, so ist auch das Nervensystem in einem gesamten Leibe und sogar innerhalb eines gesamten Kosmos wirksam. Gerade über das Nervensystem erleben wir unser eigenes Dasein als ein bewusstes Sein und wir erleben die Mitmenschen, die Umwelt, die Empfindungen von Hitze und Kälte, von Sympathie und Antipathie, von Liebe und Hass, wir erleben uns selbst im Inneren und die Welt in ihrem Dasein. Durch unser ganzes Wesen wirken in rhythmischer Anordnung die bekannten sieben Planeten, die die Astrologie zu ihren Berechnungen verwendet. Die sieben Planeten die namentlich der Mond, der Merkur, die Venus, die Sonne, der Mars, der Jupiter und der Saturn sind, wirken beständig durch unseren feinstofflichen und grobstofflichen Leib.

Je weiter aber nun die Nerven durch Bewusstseinserweiterung sensibilisiert und somit in der Empfangsbereitschaft gesteigert sind, um so mehr ist es notwendig, eine ganz klare Führung in das Leben hineinzulegen. Die Anlagen, die wir Menschen in das Leben durch die kosmische Konstellation mitbringen, sind individuell verschieden. Die Temperamente, die ebenfalls nahe der Wesensanlage liegen, äußern sich gleichermaßen verschieden. Bei manchen sind mehr die marshaften Fähigkeiten ausgeprägt, und sie leben wagemutiger, kämpferischer mit geschwungener Rede und Offensive. Und andere besitzen die Anlage der Venus, und diese leben weiblicher, kontemplativer, zurückhaltender und mit introvertierter Sinnesrichtung. Bei jedem Menschen entwickelt sich eine Grundkonstellation zu einer spezifischen bestehenden Anlage mit charakteristischer Physiognomie und ausgeprägten Verhaltensweisen. Ohne diese individuellen Unterschiede im gesamten Menschsein würde unser Leben der Gefahr verfallen, in eine Stereotypie, Monotonie oder Entwicklungsstagnation zu kommen. So gibt es Menschen, die überragende Fähigkeiten auf einem bestimmten Fachgebiet besitzen, und auf anderen keine Fähigkeiten und auch keine Interessen vorweisen. In der Kreativität, in der Mentalität und in der Empfindsamkeit sind wir Menschen sehr unterschiedlich angelegt. Höhen und Tiefen, geniale Anlagen und Dumpfheit, Empfindungsreichtum und Empfindungsleere, Bewusstheit und Unbedachtheit kennzeichnen nahezu eine jede Persönlichkeit. Die

Polaritäten beschreiben das Leben selbst, sie geben oder befeuern die Entwicklung und sie eröffnen schließlich die sonnenfreudige Lebendigkeit einer Suche nach Einheit, Vereinigung und Harmonie. In diesen polaren Gegensätzen sucht ein individuell einzigartiges Feuer oder ein Geheimnis sich sein unendlich fortschreitendes Dasein selbst.

VIII

Das begehrliche, aktive Prinzip im Astralleib

Die Zahl Sieben ist die Zahl des Kosmos und die Zahl des universalen, sich beständig wiederholenden Rhythmus. Der Rhythmus wirkt durch die Spiele des Nervensystems, die sich in einem meist unbewussten Willens- und Bewegungsleben und einem meist bewussteren Wahrnehmen und einer bewussteren Gedankentätigkeit äußern, und er wirkt mit Hilfe der siebenfachen Einwirkung der Planeten. An einem Tage gleiten diese sieben Planeten in einer unterschiedlichen Intensität und Fülle durch die gesamte Anlage des Leibes. Das Nervensystem ist nur der physische Träger, der den Rhythmus von oben oder vom makrokosmischen Strahlungsfeld empfängt.

Einmal sind es mehr die unteren drei Planeten und einmal sind es mehr die oberen drei Planeten, die im unendlichen Atemprozess oder unendlichen Bewegungsprozess des Leibes wirken. Sie wirken einmal unten und sie wirken einmal oben und durchdringen sich in ihrer Mitte, dem Herzen, und wollen einen natürlichen und harmonischen Ausgleich schaffen. Die Planeten wirken jeden Tag auf unterschiedlichste Weise, sie wirken durch ein ganzes Leben hindurch und erschaffen die verschiedensten Verhältnisse, die zu einer wachsenden Kreativität beitragen und die das Leben schließlich zu einem regelrechten Kampf oder Daseinsringen machen. Nehmen wir hierzu ein praktisches Beispiel, wie das ganze Leben im Hinblick auf das Nervensystem und seine übersinnlichen Wirkungsmechanismen ein ständig wachsendes oder sich veränderndes Bewusstsein aufbaut. Die sogenannten Gefühle sind reale geistige Kräfte oder, wie wir sie mit einem Ausdruck benennen, sie sind Kreationen, die in den verschiedensten und vielseitigsten Wirkungen in der Leiblichkeit oder, besser sogar, um diese wie eine Sphäre leben. Ein Gefühl der Trauer, der Hoffnungslosigkeit, des depressiven Verzagtseins existiert beispielsweise wie eine düstere, besetzende, graue Ummantelung, die ihre Wirkung aus ihrer eigenen Kreation in die Leiblichkeit hineinverlegt. Wer immer in einer traurigen, hoffnungslosen, verzagten Atmosphäre mit grauen, pessimistischen, melancholischen Menschen leben muss, wird von dieser Stimmung langsam besetzt und nimmt allzuleicht die beschwerende Traurigkeit in sich hinein. Die verhüllende Kreation der Traurigkeit findet den Weg in das Bewusstsein und erschafft in der Leiblichkeit ihren eigenen Selbstausdruck. Man könnte diesen Vorgang sich wohl am besten vorstellen, wenn man von einem dynamischen Begriff des Bewusstseins ausgeht, das niemals auf einem gleichen Niveau bleiben möchte, sondern ständig in einem Ablösen von Altem und Neubeginnen mit Neuem arbeitet. Deshalb geschieht der Vorgang eines Übernehmens von Gefühlen ganz automatisch und selbstverständlich, denn das Bewusstsein schwingt und lebt sich in die Sphäre der umliegenden Wesen, Kreationen und Eindrücke hinein und ernährt sich von diesen beständig neu entgegentretenden Bezugsverhältnissen. Diese vielen unterschiedlichen Eindrücke schwingen ganz ungesehen innerhalb des astralen Lichtes der Planeten, denn sie sind ein Ausdruck von Licht und sie geben Rhythmus und sie führen einen unendlichen Neubeginn des Daseins, eine wachsende Zukunft und beständige Veränderung herbei. Sie erschaffen das großartige Spiel der Bewusstheit im Einatmen und Ausatmen und im Loslassen und in der Neuwerdung von jenen Mächten und Wesen, die in ihrem Ursprung übersinnlicher Natur sind. Durch das Nervensystem erfahren wir im Bewusstsein die wesenhafte oder lebendige Umgebung, wir spüren die Atmosphäre oder vielleicht sogar die Gedanken von anderen wie Pessimismus und Optimismus und nehmen auf natürliche Weise an den Gefühlen, die sie erzeugen, teil. Tatsächlich fühlen wir geistige Wesen, Kreationen und Mächte, wenn wir mit anderen Menschen, mit Stimmungen oder Launen zusammentreffen.

Das Nervensystem arbeitet nach dem Gesetz der Aktivität, das sich aus einer unentwickelten, unfähigen und instinktiven Heredität langsam zu einem brauchbaren, funktionstüchtigen, bewussteren, lichten und edlen Instrument entwickelt. Zur gesunden Entwicklung des Nervensystems ist ein aktives Lernen und Handeln wichtig. So wie der individuelle Astralleib immer gegenwärtig ist, und so wie die Sterne in einem unendlichen Lichtweben um uns wirken, sind fortwährend Kreationen, Mächte und Wesen in einer Bewegtheit im menschlichen Dasein anwesend. Wir sind in jeder Minute und sogar in jedem Augenblick zu einer aktiven Äußerung durch die Seinsbedingungen des Körpers genötigt. Der Körper und seine vielseitigen Energien können niemals zu einer vollständigen Ruhe gelangen. Gleichzeitig sind wir aber auch ein Wesen, das von einer immerwährenden Sensibilität, einer Wahrnehmung und einem Empfangen begleitet ist, auf die wir in keiner Minute gänzlich verzichten könnten. Wo liegt hier der gesunde Ausgleich oder wo liegt hier die Einheit der scheinbaren Gegensätzlichkeit? Indem wir als ein bewusstes Wesen in die Welt gestellt sind, müssen wir das unendliche Spiel von Sympathien und Antipathien, von Gutem und

Bösem, von Gefühlen der Geborgenheit und Gefühlen der Heimatlosigkeit bei uns ertragen, da wir ein Teil des astralischen Daseins der Weltenschöfpung sind.

Die Frage nach der Ordnung des Astralleibes und nach dem gesunden Ausgleich, den wir zwischen den Polaritäten suchen, beantwortet sich leichter, wenn wir uns eine Vorstellung über eine gesunde Aktivität und somit auch eine Vorstellung über eine gesunde Wahrnehmung und über die konkrete Gedanken-

Halbmond, *āñjaneyāsana*

Der Astralleib wirkt wesentlich durch das dritte und fünfte Energiezentrum.
Bei der Stellung des Halbmondes, āñjaneyāsana, sind diese beiden Zentren spürbar,
denn es ist die aufbauende Spannung in der Wirbelsäule, maṇipūra-cakra, mit der
entspannten Hals- und Schulterregion, viśuddha-cakra, aufeinander abgestimmt.

und Gefühlsbildung aneignen. Die labile, träge oder übergeschäftige und falsch gewählte Aktivität bedarf im Aufstieg zu einer gesunden geistigen Entwicklung einer gezielten schöpferischen und möglichst natürlichen Aktivität. Wir wissen, dass wir manchmal nervlich durch Reizüberflutung überlastet sind; wir wissen aber auch, dass wir erschöpfen, wenn wir uns körperlich in einer Bewegung über längere Zeit hinweg verausgaben. Der Astralleib kann zu einem Strom der reißenden Gier werden, denn er ist aus dem Begierdenstoff selbst gewoben und er ist fähig, uns wie ein übermächtiges Gefühlsinstrument im eigenen Selbst gefangen zu nehmen.

Durch das Nervensystem wirkt ein sensibles, empfindsames, aber auch begehrendes Licht, das sich unabhängig von den Einteilungen in afferente und efferente Bahnen durch unser Leben und unsere Gedanken bemerkbar macht. Diese begehrenden Lichtkräfte äußern sich scheinbar wie ein Hinausgleiten und ein Hineingliedern oder in einer ständigen fluktuierenden Bewegung, die einmal zu intensiv und ergreifend und somit schmerzlich und verkrampfend sein kann, und schließlich ein anderes Mal zu labil, träge und somit gestaltlos wirken kann. Der Astralleib besitzt sein Zentrum in der Nierenorganisation und gewinnt über das *maṇipūra-cakra*, das in einer Verbindung mit dem *viśuddha-cakra* steht, seine wichtigsten Ausstrahlungen.

IX

Der Zusammenhang von Stoffwechsel, Planeten und Nerven

Für die Klärung der Zusammenhänge von Planeten, Stoffwechsel und Nervensystem ist es günstig, die primäre Kraft in den Organen zu sehen, denn diese sind die unbewussten Willenskräfte mit einer urbildhaften Kapazität, die eine planetarische Kraft in sich tragen und auf das Nervensystem einwirken. In der Leber tragen wir beispielsweise den Jupiter, in den Nieren die Venus, in der Lunge den Merkur und in dem Herzen die Sonne.

Weiterhin darf die Welt die physiologisch oben liegt, in unserer Analogiebetrachtung tatsächlich auch als die bewusste und als die sogenannte Oberwelt bezeichnet werden. Die Region des Stoffwechsels aber ist die untergründige, unbewusste Welt des Willens. Sie ist der Erebos, die Unterwelt, in der die willentliche Substanz der Triebkraft beheimatet ist. Bei einem gesunden Menschen und einem harmonischen Gleichgewicht von Leib und Seele sollte das

Unten tatsächlich im Untergründigen bleiben und das Oben sich zunehmend der Bewusstseinsentwicklung öffnen.

Wenn wir durch nervöse Einflüsse, durch Traumen, durch einseitige Lebensweise oder beständige Überforderung das Nervensystem erschöpfen, besteht die Gefahr, dass sich das vegetative Nervensystem, das wie ein Zwischenglied zwischen den oberen und unteren Körperpolen eingeschaltet ist, ebenfalls erschöpft und in seinen autonomen Steuerungen auseinanderfällt. Das Resultat aus der Erschöpfung ist schließlich ein Erwachen von den mächtigen Triebkräften der Organe, die in das Bewusstsein hineinstrahlen und das Nervensystem in einem circulus vitiosus mit Unruhe oder Störeinflüssen beeinträchtigen. Die unkontrollierten Zornesausbrüche und Tobsuchtsanfälle sind in der Regel auf ein Erwachen des unteren Menschen zurückzuführen. Das Nervensystem nimmt dann die Impulse aus den willentlichen Triebkräften auf und leitet sie in einer mehr oder weniger gegebenen Bewusstheit nach außen weiter.

Viele Variationen von einem Übergreifen des unteren Menschen auf den oberen sind in den menschlichen Stimmungen wie auch in der Pathologie gegeben. In einer relativen Differenzierung ist es möglich, die ersten vier Hauptorgane, die Leber, die Nieren, das Herz und die Lunge den empfangenden und hinausgleitenden Impulsen des Nervensystems zuzuordnen. Die Lunge nimmt dabei häufig die Rolle ein von der Sensibilitätsbestimmung. Sie ist auch das Organ, das in den meisten Fällen für Allergien verantwortlich ist. Die Leber zeigt sehr oft in ihrer Beschaffenheit die Art und Weise der Motorik. Wenn die Leber durch depressive Einflusskräfte geschwächt ist, so fehlt in der Regel die schöpferische Gedankenbildung und es schwächt sich auch die natürliche Motorik des gesamten Bewegungslebens. In der Depression sind wir tatsächlich eingeschnürt und träge. Die Leber zieht das Temperament in ein phlegmatisches, wohlbehagliches und passives Befinden. Das Herz dagegen, das vorwiegend mehr für die hysterische Komponente verantwortlich ist, zeigt sich, wenn es durch den planetarischen Einfluss sehr stark durchstrahlt wird, in einer mehr überschießenden Motorik. Diese überschießende Motorik kann zu einer ausschweifenden und unbrauchbaren, für das Leben fremden Gedankenbildung werden. Die Gedanken gleiten in utopische oder, wie wir sagen, in emotionale Wahnvorstellungen. Sie können eine Manie signalisieren. Die Nieren, die geheimnisvoll in der unteren Körperregion ruhen, bewirken manchmal Hypochondrie, eine übersteigerte Angst vor Krankheit, oder ein anderes Mal eine Desensibilität, wenn sie in ihrer astralen Funktion geschwächt sind. Die Nieren können das in ihnen liegende sanguinische Temperament sowohl in eine Art manisch übersteigerte Ängstlichkeit vor Krankheit und allerlei überzogenen Gefühlen füh-

Drei weitere Organe und das Sein-müssen-in-der-Erde

ren, und auf der anderen Seite wieder in eine Art Gefangenschaft ziehen und das Bewusstsein auf den Leib wie fixiert festhalten. Die Desensibilität ist dann ein Ausdruck einer zu starken Subjektivität, einer beginnenden Spaltung im Seelenleben und sie äußert sich meist als ein organisches Eingekerkertsein.

Es handelt sich bei diesen Zuordnungen um feine Strahlkräfte, die das ganze Leben mit ihrer wesenhaften Dynamik begleiten. Aus diesem Grunde dürfen wir die herkömmlichen Messinstrumente nicht zum Messen der feineren Strahlkräfte der Organe benützen. Die Strahlkräfte der Organe sind von der planetarischen Wirkung abhängig, und sie beschreiben mehr eine innere, geistige und doch tatsächlich nachempfindbare, wirksame Dimension in der psychischen Ausdrucksart. Wenn beispielsweise der Planet, den wir Venus benennen, durch die Nieren zu wenig strahlt, so entwickelt sich eine Desensibilität. Diese Desensibilität äußert sich meist in einer starren, rigiden und unnahbaren oder zumindest sehr subjektiven Haltung.

So haben wir an der Zahl vier Hauptorgane, die entsprechend vier verschiedenen Impulsen zuzuordnen sind. Wir haben Hypersensibilität und Desensibilität, was der Achse von Lunge und Nieren entspricht, und wir haben fehlende Motorik und überschießende Motorik, die der zweiten Achse, der Leber und dem Herz naheliegen. Diese Kreuzesform, die sich dadurch bildet, tragen wir als die innere Seite einer tiefen irdischen Anlage in uns. Mit den vier Hauptorganen tragen wir das lebensergreifende und lebensfestigende Kreuz, das Ausdruck für die irdische Welt ist, in uns selbst.

Nun kommen aber noch drei weitere große Organe zu der siebenfachen planetarischen Ordnung in der mysteriösen Physiologie hinzu. Diese drei weiteren Organe besitzen eine andere Funktion. Sie sind ein Ausdruck für die physische Welt und für das In-der-Welt-Sein. Diese physische Welt zeigt sich in der Gehirn- und Rückenmarksbildung. Das Gehirn ist das entwicklungsgeschichtlich älteste Organ unseres Menschseins. In ihm findet sich der erste Ausdruck zur physischen Anlage. Das Gehirn ist tatsächlich der erste Abdruck einer Körperlichkeit. Nicht durch die Nerven, sondern genau genommen durch das Gehirn, das mit seiner weißen Gehirnsubstanz wie ein großer Reflektionsapparat wirkt und gerade durch diese reflektierende Tätigkeit den unmittelbaren Strom des Lichtes unterbricht, entsteht die bewusste Wahrnehmung und das Bewusstsein für die irdische Welt. Das Gehirn wirkt hier reflektierend wie der Mond auf das Sonnenlicht. Der Mond ist durch seine Funktion für die Wahrnehmungen, die wir als bewusst bezeichnen, verantwortlich. Er besitzt sein Trägerorgan in der Gehirnanlage. Das zweite Organ, das ebenfalls die körperliche Welt beschreibt, ist die Galle. In der Gallenflüssigkeit, die in einen Kreislauf mit der Leber eingebunden ist, zeigt sich die irdische Integration und auch Inkarnation. Sie ist zwar nicht wie die Blutflüssigkeit als tatsächliche Ich-Kraft zu verstehen, die Gallenflüssigkeit bildet mehr den Ausdruck eines In-der-Welt-Seins und eines Integriertseins in den Energien der Welt. Ein weiteres geheimnisvolles Organ ist die Milz. Die Milz symbolisiert durch ihre verborgene Anlage im Bauchraum eine Empfangsstation für Kräfte, die geradewegs irdischen Charakter haben. Durch sie nimmt der Einzelne intensive irdische Energien auf, die ihm schließlich zu einer Welt in der irdischen Materie werden. Die Milz hält das Individuum in der Materie fest. So haben wir in den erstgenannten vier eiweißbildenden Organen ein Bewegtsein des Nervensystems durch das Leben hindurch, das sich äußert in dem Kreuz von Sensibilität und Desensibilität, von fehlender Motorik und überschießender Motorik. Wir haben aber weiterhin mit den drei folgenden Organen ein Sein-Müssen in der Erde, das gerade durch Gehirn, Galle und Milz seinen Ausdruck findet.

Diese Aufzählung in Kürze beschreibt das Wirken der sieben Hauptplaneten durch das Lichtsystem der Nerven. Mit diesen sieben Hauptplaneten sind große und großartige Entwicklungsvorgänge einer seelisch-geistigen Bestimmung verbunden. Das Nervensystem trägt diese Entwicklungseinflüsse aus dem Kosmos über die Ernährungsvorgänge, die in den Organen ihren Ausdruck finden, in die Welt des Bewusstseins hinein.

Diese Einteilungen und Zuordnungen können für den Therapeuten hilfreich sein, da er sich ein Bild über die Mängel und Defizite, Schwächen und Minderanlagen schaffen und somit auf diese durch geeignete Maßnahmen und unterstützende Medikamente förderlich einwirken kann. Oft überwiegen bestimmte Organimpulse und bringen im Nervensystem Überdehnungen und Hyperreaktionen hervor, die sehr schwer behandelbar sind. Wenn ein Therapeut jene Impulse, die zu schwach angelegt sind, unterstützend fördert, entwickelt er ein natürlicheres Gleichgewicht und trägt auf ganz einfache Weise zu der Heilung des gesamten Systems bei.

Die Organe selbst sind wie die Planeten, die in den Leib hinabgesenkt wurden. Sie sind aber nicht der positive Aspekt des planetarischen Prozesses, sondern bildhaft gesehen der negative, der materiell gewordene irdische Teil eines kosmischen, entwicklungsfreudigen und ausdehnenden Liebeswerkes. Das Negative sollte immer im Untergründigen bleiben, und das positive Liebeswerk, das heißt, der eigentliche Prozess der Entwicklung belebt die Geisteshaltung. Jedes Organ möchte in einen Zusammenhang und in einer Eingebundenheit mit

Organe und Gemeinschaftsbildung

harmonischen Funktionen im Körper bleiben. Das Liebeswerk der astralen Strahlungen ist die Gemeinschaftsbildung und die integrative Bewusstheit des menschlichen Geistlebens. Wenn die Organe zu einseitig oder schwach funktionieren, so wollen sich Kräfte des menschlichen Daseins zu einer speziellen

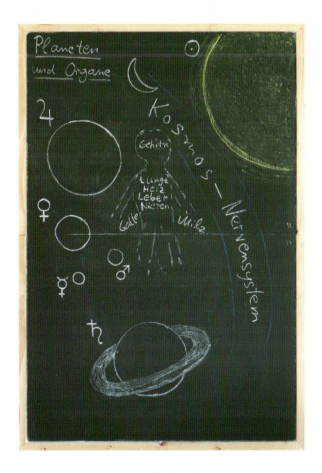

Tafelbild 4

*Die sieben Hauptplaneten in Beziehung
zu den inneren Organen.*

Gemeinschaftsbildung entwickeln. Aus allen Spaltungsprozessen, einseitigen Organdispositionen, die wir auf die negative Wirkung der Planetenprozesse zurückführen, möchte sich die positive Wirkung des Liebeswerkes in einer Verbindung, Verbindlichkeit, Liebe und Gemeinschaftsfreude entfalten. Die Organe sind tatsächlich der negative Raum der Planeten, während der positive Raum der Planeten die Gemeinschaft und Kreativität des menschlichen Miteinanders darstellt. Die Erkenntnis über den positiven und negativen Raum der Planetenwirkungen kann zu größeren und noch weiteren Therapiekonzepten führen.

X

Die Nacht und das Geheimnis zur Regeneration des Nervensystems

Je nachdem, wie diese sieben Organe in ihren Strukturen gelagert sind, wird das Nervensystem von Energie und Bewegtheit erfüllt. Das Nervensystem ist der Ausdruck des Bewusstseins, und der Ausdruck des Bewusstseins ist ein Ausdruck des astralischen Lebens. Wir leben in Wirklichkeit durch das Nervensystem einen himmlischen Abdruck auf der Erde. Wir sind vom Bewusstsein nicht nur physische Bürger, sondern wir sind in Wirklichkeit geistige Bürger. Wie sehr wir in Wirklichkeit als Menschen, durch das Bewusstsein geformt, nicht ganz in die irdische Materie gehören, sondern mit unseren Gedanken, Empfindungen und auch Willenshandlungen zur außerirdischen oder kosmischen Welt gehören, zeigt sich im Schlaf. Der Schlaf ist für die Regeneration des Nervensystems notwendig. Jedesmal, wenn unser Körper und unsere Psyche von Erschöpfung gekennzeichnet sind, müssen wir die Ruhephase der Nacht aufsuchen, um Erholung und einen lebensspendenden Neubeginn in uns herzustellen. Der Schlaf ist das heilsamste Mittel, das es für das Nervensystem gibt.

Hier könnten wir aber die Frage schon stellen, warum der Schlaf für das Nervensystem so heilsam ist. Diese Frage beantwortet sich aus einer geistigen Forschungsarbeit, wenn wir die verschiedenen Wesensglieder oder die verschiedenen Wesensebenen unseres Menschseins genauer lokalisieren. Während des Tages ist unsere Bewusstheit mit dem Körper immer in einer mehr oder weniger strengen Verbindung. Sie mag vielleicht auf unbewusste Weise mit dem Körper in Verbindung stehen, aber sie ist in jedem Falle in einer sicheren Verbindung mit der Physiologie unseres Daseins. Die Aktivitätsleistungen des Tages erfordern von uns eine Wachheit in den Sinnesvorgängen und sie erfordern eine beständige Gedanken- und Willenstätigkeit. Diese Gedanken- und Willenstätigkeit raubt unserer Nervensubstanz oder unserer ätherischen Lebenssubstanz, die sich auf verschiedenen Gebieten ausdrückt, einen tatsächlichen Aufbau. Während des Tages sind wir immer in einer Verausgabung begriffen. Selbst im entspannten Zustande ist die Verausgabung oder die Leistung unseres Wesens so ausgerüstet, dass wir auf langsame Weise zu einem Erschöpftsein neigen. Der Schlaf bewirkt hier die Regeneration und er bewirkt die Neuaufladung mit Ätherkräften.

Im Schlaf ist das Bewusstsein außerhalb des Körpers. Im Schlafe denken wir nicht und wir arbeiten nicht mit unserem Willen. Während des Traumes, wenn aus dem Untergründigen die verschiedenen Eindrücke im halbbewussten Zustand hochsteigen, ist noch nicht die vollendete Regeneration gewährleistet. Im Tiefschlaf aber zeigt sich eine tatsächliche Erholung in der Nervensubstanz und eine Loslösung in der Physiologie. Die Physiologie und das Bewusstsein wirken nicht mehr zusammen. Aus diesem Grunde kann sich die gesamte Organ- und Nervenwelt erholen. Hier stellt sich aber die Frage, wo sich nun das Bewusstsein als eigenes Wesensglied oder als eine größere psychische Anlage im Schlafe befindet, wenn es nicht mehr an das Gehirn und an das Nervensystem gebunden ist. Wo liegt die Heimat des Bewusstseins? Wohin geht das Bewusstsein während der Nachtphase?

Wir haben schon in einem einleitenden Kapitel darüber gesprochen, dass die Heimat des Bewusstseins in der astralen Welt liegt. Dort, wo die Sterne blitzen und blinken, dort scheint sich das Bewusstsein aufzuhalten. Aber dieser Ort des Bewusstseins in der Sternenwelt ist nur ein symbolischer oder bildhafter Ausdruck für das Gedanken- und Empfindungsleben unseres Daseins. Wir können uns dieses Dasein nicht auf eine räumliche Weise unmittelbar in einer Trennung von Himmel und Erde vorstellen. In Wirklichkeit sind die Sterne, so wie wir sie sehen am Firmament, große Wesensmächte, große Kapazitäten, große Stationen, in denen sich unser Bewusstsein aufhält. Die räumliche Begrenzung, die wir während des Tages wahrnehmen, ist dabei weniger von Bedeutung. In der Wirklichkeit unserer Lebensintegration während des Tages (und der Nacht) ist diese Phase des Bewusstseins eine unmittelbare geistige Daseinsstufe und sie bedeutet somit eine eigene Lebenshierarchie. Diese eigene Lebenshierarchie gewinnt ihre nahezu unabhängige Gestalt im Tiefschlaf.

Im Tiefschlaf arbeiten die Gedanken auf vom Leibe unabhängige Weise. Sie befinden sich dort, wo ihr Zielpunkt liegt. Die Nacht ist die eigentliche Phase des Gebens. In der Nacht geben wir unserer Umwelt und unseren Mitmenschen

Die Nacht als Phase des Gebens

unsere Kraft ab. Das Bewusstsein, das das Instrument unseres Individuums darstellt, ist das gebende Organ oder das gebende Werkzeug. Dieses gebende Werkzeug ist gebildet aus den verschiedensten Wesenskräften, die sich im Sinne von Gedanken, Empfindung und Willensenergie äußern. Wir könnten auch hier von Wesen, Kreationen und Mächten sprechen, die dem Denken, dem Fühlen und dem Willen entsprechen. Durch diese Kräfte geben wir anderen Menschen einen Teil von uns selbst. Oder sagen wir es in anderen Worten: Durch unser Denken, durch unser Fühlen und unseren Willen, die aus Wesen, aus Kreationen und aus Mächten gebildet sind, tragen wir in die Schöpfung auf persönliche und unpersönliche Weise tatsächliche Substanzen hinein. Wir liefern ein tragendes und wirkendes Material für unsere irdische und geistige Welt. Geben im Sinne der Seele findet hier den Ausdruck. Es ist das Geben aus unseren eigenen Seelenkräften. Während des Tages sind wir vielleicht in einem sichtbaren Ausgerichtetsein zur Welt, während der Nacht aber sind wir in einem unsichtbaren und seelisch getragenen Ausgerichtetsein zu unserer gesamten Umwelt. In der Nacht findet das Geben statt. Hier sind wir in unserer Bezugswelt nahezu wie frei. So ist die Nacht die Phase der Gabe, während der Tag die Phase der Verausgabung darstellt. Wir sollten aus diesem Grunde den Yoga niemals als einen Versuch verstehen, auf den Schlaf zu verzichten. Schlafen und Wachen gehören in einem sinnvollen Maße zusammen. Der Tag ist der schöpferische Teil, der aktive und bewusste Teil unseres Wesens, während die Nacht der unbewusste und der ruhende Teil unseres Wesens ist, in dem die Gabe unseres eigenen Daseins stattfindet.

Hier stellt sich aber eine weitere Frage, die auf ganz natürliche Weise zur Erklärung des Sachverhaltes beiträgt. Wie können wir in der Nacht geben, wenn wir in Untätigkeit mit unserem Leibe ruhen? Wie ist es möglich, dass die Gedanken, Empfindungen und Willensimpulse nach außen gebend wirken, während doch der Körper als das hauptsächliche irdische Instrument im Schlaf ruht? Diese Frage erscheint im Moment der ersten Begutachtung eine äußerst schwierige Angelegenheit zu sein. In der Wirklichkeit des Tatbestandes verhält es sich aber nicht so schwierig, wie es zu sein scheint. In der Nacht ist das physische Instrument des Körpers in einer Ruhephase und somit in einem Vorstadium des Todes. Das Gedankenleben hat in der Nacht keine Begrenzung. In der Nacht wirkt das Wesenhafte des Gedankens und das Kreative der Empfindung und das Machtvolle des Willens. In der Nacht kann dem Gedanken keine äußere Grenze gesetzt werden. Der Körper liegt als das hauptsächliche Instrument des irdischen Lebens danieder. Dadurch gibt es keine Bindung des Gedankens, des Gefühls oder des Willens. Der Gedanke ist in Wirklichkeit nur während des Tages an einen Raum gebunden, während der Nacht aber ist er räumlich unendlich, er ist weit, er wirkt gar nicht in die räumliche Dimension. Er ist ein geistiges Wesen und wirkt als ein geistiges Wesen. Durch dieses Wirkungsfeld des Geistes kann der Zielpunkt unmittelbar in der Nacht erreicht werden. Geben ist der Sinn des Gedankens und findet somit im Wirkungsfeld der Nacht statt. Unsere guten, unsere ehrfürchtigen, unsere liebenden Gedanken, unsere wertschätzenden und tugendhaften Vorstellungen gewinnen in der Nacht den eigentlichen, weiten Raum. Sie werden zu tragenden Kräften und schreiben sich hinein in die Weltenschöpfung. Sie gewinnen in der Nacht ein weitaus größeres Strahlungsfeld als sie am Tage überhaupt durch unseren gebundenen Gedankensinn erhalten könnten. Durch dieses tragende, unbegrenzte und weit gewordene Wirkungsfeld der Nacht erreichen die Gedanken wie auch die Empfindungen und Willensimpulse ihren Zielpunkt. Unsere Mitmenschen spüren auf unbewusste Weise die Gedanken, die wir aussenden. Der Gedanke wird dort sein, wo er hingewendet ist. Er wird unsere Mitmenschen berühren. Hier finden wir ein unendlich weites Einheitsfeld vor, das durch unsere Sinne webt und lebt und das sich in seiner eigenen Intelligenz und in seiner eigenen Korrektheit ausgestaltet.

Alle lustvollen, begierigen und nehmenden Handlungen während des Tages führen zu einer Belastung des Nervensystems in der Nacht, sie führen zu einer Schwächung des ganzen individuellen Seins. Je mehr wir eigennützige Gedanken ohne objektive Anteilnahme an der Welt und an ihren Erfordernissen pflegen, um so mehr rauben wir uns schließlich die großartigen Chancen der seelischen inneren Beziehung und wir rauben uns somit das Integriertsein in der Welt und das Einswerden mit der Schöpfung. Eine aktive Gedankenarbeit und eine aktive Empfindungsleistung wie auch schöpferische Willensentfaltung ist immer mit unangenehmen Spannungszuständen, mit Arbeit, Konfrontation und Opferleistung in Verbindung. Sie erfordert ein Tragen von Kräften, vielleicht von Ungerechtigkeiten, und sie erfordert vor allem eine große Wachheit und Aufmerksamkeit und eine größere Bereitschaft zur objektiven Gedankenbildung.

Je mehr wir aber gewillt sind, das Leben in einem schöpferischen Sinne auszugestalten und die Welt in ihrem Sein zu erkennen, in ihrer Einheit und Heiligkeit zu lieben und sie in uns als einen mysteriösen Teil zu entdecken, um so mehr werden wir schließlich in der Nacht zu einem gebenden Leben oder zu einer gebenden Gabe fähig. In gleichem Maße wie die aktive Ausdauer in Spannung und Einsatz bewahrt bleibt, fließen der Außenwelt oder der Umgebung Kräfte zu, die sie in der Nacht durchgeistigen. Die Nacht ist der Ort der Vergeistigung, während der Tag der Ort der Beschäftigung und der Ort der Auseinandersetzung ist. Hier lebt das Leben Tag und Nacht in einem beständigen, intelligenten und weisen Spiel der Einheit. Das, was wir am Tage verursachen, wird uns zum Gericht in der Nacht, und das, was wir am Tage leisten und in Achtung unserem Herrn, dem Schöpfer darbringen, das wird uns in der Nacht zur unendlichen Weite und Gabe. Wir tragen hier das große, gewählte Geheimnis in uns. Das Nervensystem ist hier der Träger unseres Bewusstseins. Dieses Bewusstsein ist das Instrument zum irdischen Leben. Um dieses Bewusstsein, zu Gabe und zu Schöpferkraft, sind wir allezeit bemüht.

XI
Die geistige Bedeutung des vegetativen Nervensystems

Das autonome Nervensystem beinhaltet in den Ganglien eine Aufspeicherung aller vergangenen Eindrücke und Erfahrungen und stellt gewissermaßen den Raum des Unbewussten dar. Die Ganglien sind wie große, aus vielen Windungen bestehende Zentren, die in sich eine Art animalische Natur besitzen, in denen Impulse eines vergangenen Lebens beziehungsweise auch eines bekannten, gegenwärtig noch hereinwirkenden, aber doch zur Vergangenheit zählenden Lebens gehören. Diese Ganglien sind noch von der weißen Gehirnsubstanz oder von der weißen Nervensubstanz getragen. In ihnen findet die Umschaltung auf die grauen Fasern statt, die schließlich die Impulse zur Peripherie oder zu den funktionstragenden Organen weiterleiten. Die Zentren oder Ganglien sind Knotengeflechte, die über den ganzen Körper verteilt sind. Sie liegen sehr zentriert im Bereich des Bauchraumes, nahe an der Aorta, wie der Plexus coeliacus, oder im unteren Bauchraum und Kreuzbeinbereich, wie der Plexus mesentericus superior, der Plexus mesentericus inferior und der Plexus hypogastricus. Nach oben im Thorakalraum oder auch am Hals finden sich noch verschiedene andere. Diese Nervengeflechte liegen in der ätherischen Anlage und tragen die alten Erinnerungen und Erfahrungen in ihrer unmittelbaren Speicherkapazität. Aus diesen Windungen und Nervengeflechten strömen schließlich, entsprechend der Entwicklung und entsprechend der Notwendigkeit, die unbewussten Nervenimpulse hinein in die Organe und bringen dort eine ganz spezifisch gewählte Funktionskraft hervor. Die Funktionen sind aber immer autonom und bleiben somit dem Tagesbewusstsein verborgen.

Es gibt verschiedene neuzeitliche Therapieansätze, bei denen man die Nervengeflechte durch Massage bearbeitet, um bestimmte Bewusstseinsimpulse, beispielsweise Erinnerungen von einem vergangenen Leben, in das Tagesbewusstsein hochzuführen. Auch im Yoga kennt man verschiedene Techniken, mit denen man einen gezielten Einfluss auf diese Nervengeflechte ausübt. Wenn auch der Einfluss von Yoga mit *prāṇāyāma* und bestimmten *mudrā* oder *bandha* auf diese Nervengeflechte etwas anders ist als die direkte Massage und Behandlung, so ist dennoch eine relativ ähnliche Wirkung damit verbunden. Diese Wirkung liegt in der Bewusstwerdung von tieferen Erfahrungen, die bereits in uns lokal aufgespeichert sind und nun unmittelbar über den Körper freigesetzt werden. Sie werden aber nicht über das erschauende, identifizierende und erkennende wie auch reif gemachte Bewusstsein erhalten. Durch diese Bewusstwerdung aus den körperlichen, vegetativen Zentren können über das so sich öffnende Vegetativum hellsichtige und somit übersinnliche Erfahrungen oder psychologische verdrängte Erinnerungen aufsteigen. Viele mystische Erfahrungen beruhen auf einem Hineinsteigen und Versenken in die leibinneren Dimensionen, die in der organischen und vegetativen Welt ruhen. Die Hellsichtigkeit aus den sensitivierten vegetativen Zentren nennt man in der Regel Somnabulenz. Die Mystik ist deshalb ein nicht gefahrloser Pfad der Spiritualität, da er meist gar nicht so sehr das Bewusstsein als Instrument benützt, sondern die schweigende Versenkung und das Hineinleben in ein noch nicht definierbares und tatsächlich konkretisierbares Inneres. Aber auch falsch gewählte Bußübungen sowie Verzicht und Entsagung innerhalb der natürlichen Lebensbedingungen führen sehr häufig zu einem zu weit sich öffnenden und damit zu einem belastenden und ungünstigen Auseinanderfallen des vegetativen Systems, das durch seine überdurchschnittliche sensible Überladung nun nicht mehr so leicht das Gleichgewicht zwischen den ganz untergründigen Stoffwechselfunktionen der Organe und den bewussten Impulsen des zentralen Nervensystems aufrechterhalten kann. Das vegetative Nervensystem muss das Gleichgewicht zwischen dem oberen und dem unteren Pol, zwischen dem bewussten Gedanken und dem untergründigen Willen aufrechterhalten.[8]

Von unserem Standpunkt der Yogaschulung, die immer mit einer Entwicklung von imaginativen Gedanken, reineren Empfindungen und reineren Handlungsweisen einhergeht, sind die Techniken von *prāṇāyāma*, die ganz gezielt auf das Erwachen von Energien, die mehr im Leibe aufgespeichert sind, abzielen, nicht anzuraten. Durch die starke Bewusstseinsarbeit über den Leib und über die Aktivierung der Knotengeflechte können unter Umständen unbekannte Potentiale der Psyche zu einseitig und unreif erwachen, die das Bewusstsein mit der Zeit übertönen und somit zu einer nervlichen Belastung führen. Aus diesen Gründen werden diese Nervengeflechte im Yoga, wie er hier gelehrt wird, nicht unmittelbar mit Hilfe des Atems oder anderen den Yogatechniken verwandten Methoden bearbeitet. Das Unbewusste wird sogar ganz bewusst in der *āsana*-Praxis in Ruhe gelassen. Die Betonung liegt mehr in der freien Atemschulung, die eher auf ein achtsames und vom Körper unabhängiges Denken abzielt, damit ein weites Bewusstsein für die Dimensionen des kosmischen Raumes entsteht. Je mehr der Atem frei zugelassen wird und je mehr eine Beobachtungskraft aus den Sinnen und aus der Gedankenbildung eintritt, um so leichter kann die kosmische Dimension, die im Atem lebt, erahnt werden. Würden wir zu früh in leibinnere Erfahrungen hineinsteigen oder die Nervengeflechte aktivieren, so würden wir damit diesen aktiven Erfahrungsschritt der Reife des Bewusstseins zu wenig erleben und eventuell die Strahlkräfte aus dem Leibe im überdurchschnittlichen Maße betonen. Damit wäre das Bewusstsein stärker an den Leib fixiert und der kosmischen Wirklichkeit beraubt.

XII
Die Öffnung des Unbewussten

Stellen wir uns einmal das Ereignis vor, dass aus einem leibinneliegenden Bewusstsein plötzlich eine Erfahrung in das Tagesbewusstsein freigesetzt wird, das aus einem früheren Leben stammt. Stellen wir uns vor, es würde ein intensiver Bewusstseinsprozess durch mystische Versenkung aus den vegetativen Nervengeflechten auflodern und unser Gedankenleben mit einer vergangenen oder im Unbewussten ruhenden Erfahrung erleuchten. Dieses Erleuchtungs- oder Lichterlebnis könnte eventuell intensiv beglückend sein und wäre vielleicht mit einem Verjüngungserlebnis gleich einem Hereinbrechen eines Frühlingsimpulses, der unser ganzes Leben verwandelt, spürbar. Die Erfahrung steigt aber mehr aus dem Unbewussten über den Körper in das Bewusstsein hinein. Wir würden uns eines Teiles unseres Lebens bewusst werden, dessen wir uns unter normalen Umständen nicht bewusst werden könnten. Die Frage stellt sich, ob das Bewusstsein tatsächlich reif ist, diese Erfahrung produktiv zu verarbeiten. Aufgrund dieser Erfahrung, die eventuell durch den Atem, eine Technik oder eine besondere kontemplative Meditation erreichbar ist, kann eine aufgespeicherte urbildliche Kraft wieder neu in unser Dasein eindringen. Die Schwierigkeiten, die aber nun mit dieser Erfahrung entstehen, sind in der Regel dann um so größer, wenn das Bewusstsein als der Träger und Werkmeister unseres Denkens, Fühlens und Willens nicht selbständig geschult wird. Diese Erfahrungen sind dann noch nicht aus der reifen, übergeordneten, beobachtenden, unabhängigen und weiten Gedankenführung entwickelt, und sie schenken uns sogleich eine intensive subjektive Veränderung der gegebenen Umstände. Wir sind bei den meisten mystischen Erfahrungen, die auf Versenkung und einer unmittelbaren gefühlsgemäßen Tiefenkontemplation beruhen, auf einem Teilerwachen

Schildkröte: Zurückziehen der Sinne

der *kuṇḍalinī śakti*, wie wir diese Kraft im Yoga benennen, ausgerichtet und sind aber meist noch nicht in jener Unterscheidung gegründet, die uns in die beobachtende Warte erhebt, in der die Erfahrung frei von einer Identifizierung mit ihren strahlungsintensiven Eindrücken erwacht.

Schildkröte, *kūrmāsana*

Diese fortgeschrittene Stellung beschreibt im Yoga sinnbildlich pratyāhāra, das Zurückziehen der Sinne von der Außenwelt. Wie die Schildkröte die Glieder von außen nach innen in ihren Panzer einzieht, so zieht der Yogin die Sinne von der Außenwelt hinweg und kehrt sich nach innen. Der Rückzug nach innen soll jedoch nicht ein Eintauchen in die unbewussten Regionen des Leibes darstellen; wahres pratyāhāra bedeutet vielmehr von den Bindungen, die am Leibe haften, von den Emotionen, die das Gemüt plagen und von den irritierenden Gedankenausschweifungen sich zurückzuziehen und das Bewusstsein wachsam und konzentriert auf einen gezielten Gedanken zu richten. Der Übende taucht dann nicht fälschlicherweise in das leiblich Untergründige hinab, sondern erhebt sich sogar mit der Konzentration über das Unbewusste.

Für die Erfahrungen, die wir aus dem Yoga anstreben, sind das Bewusstsein und die Aktivität aus dem individuellen Gedankenvermögen entscheidend. Diejenige Erfahrung, die sich selbst über die Resonanz des Körpers durch die Weite und Unabhängigkeit erhebt und durch das Geheimnis desjenigen möglich wird, das wir als das absolute, unwandelbare und unmanifestierte sowie auch außerhalb der Erfahrung liegende Selbst benennen, führt in eine vollkommen objektive Beobachtung, die an einen Zeugenstandpunkt erinnert. Die Erfahrung erfolgt aus der mentalen Gedankenebene in der Beobachtung. Dies entspricht *śānte sākṣini cinmaye*, was so viel heißt wie »ein Friede in der Beobachtung in der Saat des Gedankens«. Wir schulen die Aktivkraft des Denkens, bis der Gedanke selbst im Licht leuchtet und die subtile Erfahrung der Erkenntnis übermittelt. Diese Bewusstseinsaktivität bewirkt immer eine gewisse Reueerfahrung und somit ein Zurückweichen der unbewussten Lebensimpulse. Das Unbewusste oder alle aufgespeicherten Erfahrungen, alle vergangenen Erinnerungen und Eindrücke, die uns im Leibe innewohnen, weichen somit dieser neuer Gedankenebene oder diesem neuen Gedankenlicht. Die Erfahrung wird auf freie und körperunabhängige Weise erlebt. Dieses körperunabhängige Erleben tritt aber in diesem detaillierten, freien und reinen Maße nicht hervor, wenn mystische Erlebnisse zu früh einsetzen oder die vegetativen Nervengeflechte durch bestimmte Übungen, Massagetechniken oder eine Atemintensivierung stimuliert werden. Aus diesem Grunde ist unbedingte Vorsicht anzuraten, wenn man psychophysische oder spezielle stimulative Techniken benützt, die aus dem Körper oder aus den vegetativen Geflechten die aufgespeicherten Erfahrungen freisetzen.

Der Yoga, der weniger gefahrvoll erscheint, wird vor allem von der Weite der Bewusstseinsaktivität bestimmt. Je weiter das Gedankenleben intensiviert wird und je reiner die Empfindungen in der Beziehung zur Außenwelt oder zu den objektiven Tatbeständen ausgerichtet werden, um so klarer und reiner können sich die spirituellen Erfahrungen ausgestalten. Das Innere und das Äußere schließen sich günstiger zusammen, und es zeigt sich ein besseres Gleichgewicht zwischen Stoffwechsel und Nervenimpulsen. Diese neuen Erfahrungen, die so durch das schöpferische Bewusstsein getragen sind, integrieren oder verbinden sich mit den alten Erfahrungen und geben dem vegetativen Leben ein Gleichgewicht. In ihnen lebt immer eine gewisse eigene freie Selbstkraft oder, anders ausgedrückt, eine persönliche, übergeordnete, über den Leib hinausragende Kraft, die ungebunden, frei und somit in jeder Form souverän wirkt.

XIII
Der Fortschritt in der Seele erfolgt aus dem Neubeginn des Bewusstseins

In der Wirklichkeit unseres Daseins schöpfen wir nicht aus unserem Organleben oder aus den aufgespeicherten, bisherigen Erfahrungen, wir leben mehr aus dem Zustrom des Lichtes, aus dem Zustrom der Gedanken- und Empfindungskraft, die durch das Bewusstsein weit gemacht ist und die immer eine kosmische, reine und freie Komponente trägt. Das vegetative Nervensystem benötigt in diesem Sinne eine neue Steuerung. Es benötigt einen kraftvollen Impuls von Seiten des Bewusstseins, der sich schließlich in das Innerleibliche harmonisch fortsetzt und die vegetativen Nerven mit einer feinen und reinen ätherischen Substanz durchlichtet. Dieser Neubeginn zeigt sich im Bilde einer feinen, subtilen körperlichen Strahlkraft. So lange nur das Vegetativum aus den freigesetzten Impulsen strahlt und gewisse übersinnliche Eindrücke vermittelt, lebt noch ein Schmerz oder ein unangenehmes Gefühl, das bei genauerem Blicke an Verhaftung und Depression oder sogar auch Spaltung erinnert. Je mehr aber die Erfahrung aus der Weite und aus dem erhobenen und kreativen Gedankenraum stammt und sich auch mit einer neuen Strömung in den Leib hinein verdichtet und somit durch den Leib wieder auf subtile Weise strahlt, um so mehr entsteht ein befreiendes Gefühl und es entwickelt sich damit das angenehme projektionsfreie Strahlungsfeld des konkreten Gedankens. Zu diesem projektionsfreien und damit leibfreien Strahlungsfeld sollten wir in der geistigen Schulung hinarbeiten. Das Vegetativum hat in diesem Sinne eine sehr tiefe und bedeutende Funktion. Wir müssen das vegetative Nervensystem immer von dem oberen Pol aus heilen und es auch durch ein angenehmes körperliches Arbeiten, durch ein sinnvolles Bewegungsleben oder durch ein gewisses Maß an Sport im guten Gleichgewicht erhalten. Wir dürfen nicht aus den unbewussten Eindrücken und unbewussten Steuerungsmechanismen leben, sollten mystische Versenkungen meiden und weiterhin dürfen wir uns durch Ängste nicht zu weit in die Grübelei des eigenen Innenlebens manövrieren. Wir dürfen uns den Leibprojektionen aus den Organen und aus den Nervengeflechten, die sich meist in Form von Ängsten oder Grübeleien oder auch anderen emotional gebundenen Reaktionen äußern, nicht blindlings überlassen, sondern wir müssen beständig jene größere Weite und Aktivität, jenes aufgerichtete Rückgrat und freie Schauen im Gedanken entwickeln, damit wir in der Persönlichkeit harmonisch gegründet werden. Das Vegetativum mit seinen Erfahrungsschätzen und ausgleichenden Wirkungsrichtungen sollte nicht zu durchlässig bis zu dem Bewusstsein hinaufwirken, sondern es sollte ruhig und natürlich das Gleichgewicht zwischen Oben und Unten aufrechterhalten.

Sympathikus und Parasympathikus

Das vegetative Nervensystem arbeitet nach Sympathikus und Parasympathikus. Es vermittelt den Organen durch die Ganglien die verschiedensten Eindrücke, die wiederum auf das Bewusstsein zurückstrahlen. Es ist ein ganz natürlicher Vorgang, dass diese verschiedenen vegetativen Funktionen zu ungunsten des einen oder anderen entgleisen. In mancherlei Hinsicht wird der sympathische Nervenstrang überwiegen, und es wird damit der Aktivitätsdrang und die Nervosität steigen, und in mancherlei Hinsicht werden die parasympathischen Nerven überwiegen, und so wird in besonderem Maß die Ruhe, die Erholung und Regeneration betont. Die ungleichen Gewichte innerhalb dieses vegetativen Steuerungsrhythmus sind zu einem gewissen Grade natürlich. Das Gleichgewicht lässt sich aber in der Regel nicht allein dadurch herstellen, dass man die Kehrseite pflegt, indem man zur Aktivität mehr die Ruhe hinzunimmt und in der Ruhephase mehr die Aktivität betont. Viel mehr ist die Aktivität im Sinne des aktiven Gedankenlebens und im Sinne der Bewusstseinsentwicklung von einer ganz besonderen Wichtigkeit. Dies lässt sich vor allem innerhalb der geistigen Schulung betonen, wenn der Aspirant das sechste Energiezentrum (*ājñā-cakra*), für Jüngere auch das vierte Zentrum (*anāhata-cakra*), entfaltet. Für die Zukunft werden ganz viele Menschen ein geordnetes, aktives, selbstkritisches und nach außen hin unterscheidendes, erkennendes Leben führen müssen, da sie durch die vegetativen Nerven entweder zu der noch relativ harmlosen vegetativen Dystonie tendieren oder zu diversen Entzündungen und somit zu unangenehmen körperlichen Beschwerden neigen, da entweder die sympathischen oder die parasympathischen Nerven zu stark mit ihren Steuerungsrhythmen in das Organleben eingreifen.

XIV

Die chronische Sympathikotonie, die anhaltende Unruhe

Eine häufige Erscheinung unserer Zeit, die jedoch ganz unabhängig von spirituellen und esoterischen Techniken auftritt, ist die anhaltende Sympathikotonie, die chronische Überreizung des Sympathikus mit seinen Adrenalin- und Noradrenalinausschüttungen. Die Erholungsphase, die durch den Parasympathikus eintreten müsste, kann durch die einseitige Reizung, die sehr viel aus dem Unterbewussten kommt, nicht mehr ein Gleichgewicht herstellen. Aus dem Untergrund des Unbewussten steigt eine undefinierbare Angst empor und bewirkt durch anhaltende Unruhe, die meist mit Schlaflosigkeit verbunden ist, eine Erschöpfung. Die Medizin verordnet bei diesem sehr häufigen Krankheitsbild sedierende Medikamente oder Psychopharmaka, die die im Leib aufwallenden Ängste unterdrücken. Tatsächlich bestehen aber bei diesem Krankheitsbild, sofern es noch nicht in eine schwerere Form, wie beispielsweise in eine Psychose mit irrationalen Bewusstseinsentgleisungen übergegangen ist, fast immer große unbewusste Abwehrmechanismen gegen andere Personen, gegen bestimmte unduldbare Verhältnisse oder gegen unbekannte Feindschaften. Über den Weg der vegetativen Steuerung nehmen diese Personen aber die feindseligen Impulse anderer auf und reagieren mit Angst. Jene, die einem sogenannten Mobbing oder anderen Machenschaften ausgeliefert sind, spüren im Inneren ein Aufwallen und stetig reizendes Syndrom, sie können nicht mehr gut schlafen, sind nervlich überspannt und geraten leichter aus ihrer Mitte. Aber es können auch tatsächlich falsche Lebensumstände und Lebensorientierungen vorliegen, die auf unbewusste Weise so sehr eine aus dem Unbewussten aufsteigende Angst signalisieren, dass die regenerationskräftigen parasympathischen Nerven in ihrer Gleichgewichtsfunktion versagen. In allen Fällen einer länger andauernden Sympathikusreizung muss eine psychologische Klärung der Umstände stattfinden und eine eventuelle Distanzierung von bestimmten feindseligen Personen oder nicht tolerierbaren Verhältnissen erfolgen. Das vegetative Nervensystem darf nicht durch unbewusste Mächte, die wie Magie wirken können und psychologisch erklärbar sind, beladen sein.

Wir müssen für jede Yogaaktivität, die ebenfalls eine persönliche Klärungsarbeit der unbewussten Verhältnisse erfordert, in der Zukunft unser Bewusstsein aktiv benützen lernen und es somit instrumental zum Leben, zur Außenwelt und zu den inneren Umständen mit ihrer interaktiven Wirklichkeit ausrichten. Das Bewusstsein gibt uns die überschauende Weite und die Hoffnung zu einer Auflösung von verwickelnden Umständen, die sich in dem Unbewussten festgelegt haben, und es gibt uns auf diese Weise die zunehmende Möglichkeit zur Entwicklung einer Ordnung und einer Harmonie. Im Bewusstsein liegen die meist noch ungenützten Perspektiven zu einer Freiheit und Freude, zu einer festigenden Leichtigkeit und zur inneren Klärungsarbeit der unbewusst vorhandenen gebundenen Strukturen. Indem wir ein Lernen in Selbstkritik und in einer guten Beobachtung zu den tatsächlichen psychologischen und kollektiven Umständen für das Leben entwickeln, wird das vegetative Nervensystem zunehmend neu geordnet und es wird zu einem besseren harmonischen Eingreifen in die Organwelt gebracht. Die Klärungsprozesse, die das Vegetativum ordnen, sind manchmal leichter und manchmal schwieriger und nur unter großem Zeitaufwand zu bewältigen.

XV

Nach der persönlichen Klärung erfolgen
bewusste Ziele für die Zukunft

Nachdem eine psychologische Klärung der inneren Umstände und der äußeren umgebenden Verhältnisse erfolgt ist, sollte die Aufmerksamkeit auf eine gesunde Lebenszielorientierung und Aufgabenübernahme ausgerichtet sein. Dabei liegt die zu findende Aktivität nicht in einer blindlings gewählten vitalen Geschäftigkeit, sondern in einer wohlüberlegten Initiative zum Leben, die dem Auftrag der Seele oder dem Wunsch der Seele gerecht wird. Der sogenannte Lebensauftrag, der sich erst langsam im Laufe der Jahre und im Laufe einer spirituellen Schulung entwickelt, ist immer ein verborgenes Geheimnis. Wir werden in der Zukunft – und das betrifft sehr viele Personen – eine gezieltere und reinere Handlungsweise entwickeln müssen, die in Einheit mit dem kosmischen oder göttlichen Willen steht und die unser Selbstbewusstsein auf die rechte Weise fördert. So wird es sein, dass wir Aktivitäten leisten müssen, die außerhalb unserer eigenen Innenwelt und unserer bekannten Erfahrungen liegen, und dass wir oftmals Lernschritte bewältigen müssen, die wir glauben nicht bewältigen zu können. Gerade aber diejenige Aktivität, die zu neuen Erfahrungen, unbekannten Erlebnissen und weiten Beziehungsgrundlagen führt, heilt unser Vegetativum. Deshalb wird der Ausspruch wahr, den viele Eingeweihte gewusst hatten: Wer sich selbst finden möchte, muss von sich selbst, von seiner Leiblichkeit hinwegblicken und die Weite im Anderen oder die Weite im Kosmos wahrnehmen. Er muss nach getaner Selbstbeobachtung und kritischer Prüfung seiner Verhaltensweisen diese auch gleichzeitig in seiner Umgebung bemerken. Eventuell muss er sogar eine Distanzierung von unmoralischen, nicht tragfähigen Mustern der Psyche vornehmen oder sich von bestimmten Personen abwenden, damit eine freie, produktive Zeit und ein Raum entstehen und er nun den Gedanken lesen lernt, der objektiv und konkret in der Schöpfung als kosmische Entität lebt.

Durch diese gezielte Aktivität heilen sich viele Entzündungsprozesse und die so weit verbreitete vegetative Dystonie, die auf einem zu starken Eingreifen des Vegetativums in den Organbereich beruht. Das Bewusstsein, das wir als unbewusst oder als unterbewusst bezeichnen und das unseren aufgespeicherten Erinnerungen und Erfahrungen entspricht, sollte nicht durch Yoga und durch mystische Versenkungserlebnisse hervorgelockt, sondern durch eine gezielte, objektivierende psychologische Erkenntnisarbeit geordnet werden. Nach dieser ersten objektivierenden Arbeit an uns selbst, können wir uns schließlich gezielt und rhythmisch neuen Aspekten, neuen Erfahrungsebenen und weiteren Dimensionen des Kosmos oder des Seins öffnen. Wir sollten dann in Maßen, mit Vernunft und doch mit kontinuierlicher Zielstrebigkeit gezielt nach den Prinzipien von Rhythmus und Wiederholung unsere Gedanken-, Empfindungs- und Willenskraft entwickeln lernen.

Die klassische Nervenkrankheit – die Psychose

XVI

Psychische und physische Zusammenhänge, biographische und karmische Ursachen

Eine Heilung von einer Psychose erfordert weitaus mehr als die Gaben von Psychopharmaka und klinische Betreuungen. Eine umfassende, integrative, psychoanalytische, sozial orientierte pädagogische und medizinische Arbeit mit umfassenden professionellen Kenntnissen kann diesem so schwer fassbaren Krankheitsbild produktiv begegnen. Wir können endogene Psychosen, die seit der Jugend tief im Leib verwurzelt sind, und reaktive Psychosen, die mehr als vorübergehende Antwort auf Konfliktsituationen entstehen, unterscheiden. Der Heilsverlauf ist bei der zweiten Gruppe relativ günstig, während er bei der ersten Gruppe meist sehr schwierig zu erzielen ist.

Die Psychose ist in der Regel durch einen inneren Spaltungsprozess gekennzeichnet, der sich sowohl in der leiblichen, körperlichen Anlage als auch in der psychischen Verfasstheit des Patienten widerspiegelt. Eine Psychose kann sehr unterschiedliche Bilder und Erscheinungsformen wie auch verschiedene Verlaufsformen annehmen. In der Regel ist aber bei allen psychotischen Verlaufsformen das Realitätsbewusstsein des Patienten beeinträchtigt oder sogar vollkommen gestört. Halluzinationen und Wahnideen, katatone Reaktionen mit übermächtigen und überschießenden Handlungsformen oder ein vollkommenes Versiegen der Wachheit und Anteilnahme am Leben sind bei den psychotischen Prozessen im Allgemeinen wahrnehmbar. Der Patient selbst ist sich aber nur bedingt oder gar nicht seines eigenen Prozesses bewusst. Er glaubt mehr an die Richtigkeit seiner Wirklichkeit und übersieht die Beziehungsaufnahme zu der Außenheit. Er erlebt sich nicht mehr im Spiegel seiner Umwelt und in den gegenseitigen sozialen Aktionen.

Die Störungen im Gehirn, so eigenartig wie es sich in der Gesamtheit des Leibes verhält, beruhen meistens auf unbekannten Stoffwechselschwankungen in den mittleren oder tiefer liegenden Organen wie Leber, Milz, Nieren, Lunge oder Herz. Wie Rudolf Steiner in seinem medizinischen Kurs ausdrückte, sollte man bei der Behandlung von Nervenkrankheiten den Stoffwechsel, der nicht im Kopf sondern im mittleren und unteren Rumpf des Körpers lokalisiert ist, betrachten, da diese organische Region dem Nervensystem polar gegenüberliegt und es entscheidend beeinflusst. Die chronischen Stoffwechselungleichgewichte oder heftigen Einseitigkeiten, die sich in der veränderten Bildung der Eiweißsubstanz äußern, verändern die Wahrnehmungsverhältnisse des inneren Wesens und schließen den Menschen in eine unnatürliche Empfindungswelt der Subjektivität ein. Die Psychose oder die sogenannte »Geisteskrankheit«, die Krankheit, die über das Nervensystem ihren Ausdruck erhält, ist durch die Einschnürung in die eigene Körperlichkeit, in die Sphäre der subjektiven Wahrnehmung gekennzeichnet. Der Mensch fühlt sich über das Nervensystem in seinem eigenen Stoffwechsel gefangen, er ist wie imprisioniert in die Welt des Organischen. Die Sphäre des Körperlichen dominiert die Bewusstseinswahrnehmung und die Psyche. Es ist der Eiweißstoffwechsel, der in einem oder mehreren Organen gestört ist. Ein Organ wie Lunge, Herz, Nieren oder Leber ist in seiner eigenen Eiweißstruktur geschwächt, oder es sind die Organe in ihrer Plastizität und ihrer Struktur allgemein zuwenig ausgestaltet, so dass sie eine unkontrollierte und ungenügende Ordnung im Gesamtstoffwechsel geben. Wir können bildhaft die Organanlage wie eine große Kraftquelle bezeichnen, die auf den ganzen Körper strahlend von innen nach außen wirkt und das Nervensystem versorgend unterstützt. Ist sie zu wenig durchgestaltet, sind die Organe in ihrer Entwicklung bildhaft gesehen wie unreif geblieben, fügen sie sich trotz ihrer bestehenden Funktion nicht wirklich harmonisch in den Stoffwechsel, in den Hormonhaushalt und in das organisierende und bewusstseinslenkende Nervensystem hinein. Der Körper fällt deshalb, wie die somatischen Bilder einer Psychose es oft signalisieren, in ein unzugehöriges Stoffwechsel-Gliedmaßen-System und ein abgespaltenes, einseitig wahrnehmendes Nerven-Sinnes-System. Die Hüfte, der Rumpf, die Beine sind nicht mehr harmonisch und zusammenwirkend mit dem oberen Kopfmenschen verbunden. Die Integrität ist in der äußeren körperlichen Sphäre meist mehr oder weniger deutlich gestört. In allen psychotischen Verlaufsformen nehmen wir deshalb eine eigenartige Magie der körperlichen Dominanz wahr, die unruhig oder tatsächlich wie gespalten anmutet. Das natürliche Seelen- und Beziehungswesen weicht unter diesen entweder dominanten oder verzerrenden Ausstrahlungen des körperlichen, einschnürenden Bewusstseins zurück.

Die Ursache für eine genuine Psychose liegt in einem früheren Leben begründet. Rudolf Steiner nannte die Folge von drei Inkarnationen und sprach von einer bestehenden Interesselosigkeit mit fehlender Hingabe zum Leben und fehlender Hingabe zur geistigen Entwicklung, die sich schließlich in einem nächsten Leben zu Lügenhaftigkeit weiterentwickelt und die auf dieser Grundlage wieder für ein nächstes Leben zu einer degenerativen Organanlage prädestiniert. Die Organe des Bauchraumes gestalten sich in ihrer Eiweißstruktur nicht mehr richtig plastisch aus und bewahren eine eigenwillige Schwäche. Das Nervensystem, das für alle Organe übergeordnet ist und doch aus den Stoffwechselorganen ernährt wird, ist der Werkbildner, der Gestalter unseres ganzen Leibes, und dieses Nervensystem muss auch alle inneren Organe wie Leber, Milz, Nieren, Lunge und Herz bis hinein in ihre urbildhafte Kraftanlage durchgestalten und in einer harmonischen Steuerung kontrollieren. Das Nervensystem unterliegt in der Psychose aber einer Schwächung und deshalb kann es den eigenen Leib nicht mehr bis hinein in seine tiefste Region ergreifen. Meistens sind auch erhebliche Erschöpfungsphasen zu bestimmten Zeiten des Lebens, oftmals schon in frühkindlicher Erziehungsauffälligkeit, erkennbar. Das Nervensystem kann mit den zugehörigen Stoffwechselorganen nicht mehr harmonisch zusammenwirken.

Ganz häufig lassen sich schwere traumatische Einflüsse in der Kindheit in der Anamnese eruieren. Das Elternhaus war beispielsweise schwierig, die Beziehung zwischen den Eltern konfliktbeladen und relativ häufig sind sexuelle Missbräuche oder starke einseitige Bindungsmuster psychologisch erkennbar. In der Jugendphase äußern sich die ersten sichtbaren Rückzugstendenzen, der Jugendliche will nicht wie die anderen am Leben teilnehmen oder kann sich mit seinen Freunden nicht selbständig arrangieren und mutig das aufkommende Beziehungsinteresse zum anderen Geschlecht formen. Das innere Gefühlsleben ist tatsächlich bei den schizothymen Verhältnissen eingeschränkt oder unterentwickelt.

Wie wirken seelische Traumen in den Kindheitsphasen? Das Kind wird mit Erfahrungen der Gewalt, des Missbrauches, des aufreibenden Konfliktes, mit einer Trennung der Elternteile, mit Tod oder mit Angstprojektionen überfordert, und die junge heranreifende Seele möchte die Verhältnisse, die es erlebt, nicht mehr ertragen. Die junge Seele ist erschüttert, wie es beispielsweise bei Inzest unweigerlich eintreten muss, und beginnt aus dem Leib zu fliehen, sie will exkarnieren. Die Fluchttendenz der Seele äußert sich in der innerleiblichen Situation, im Verhältnis des Nervensystems zum Stoffwechsel, die beide nun nicht mehr natürlich zusammenfinden. Das bildende Gefüge des Nervensystems durchdringt entweder ein oder mehrere Organe nicht mehr ausreichend mit einer plastischen Gestaltungskraft, und so zeichnet sich bis hinein in die Tiefe der Genetik eine schwere Disharmonie ab. Die Ursache für diese Disharmonie zwischen dem oberen und unteren Pol, die meist gepaart ist mit einer Erschöpfung des vegetativen Nervensystems, liegt psychologisch gesehen in den unverarbeiteten und schweren Kindheitstraumen. Zu diesen Kindheitstraumen können intellektuelle Überforderungen und eine einseitig überladene Erziehung hinzukommen.

Da jede schwerere schizophrene Psychose einen karmischen Ursprung hat, das heißt, wie Rudolf Steiner es bezeichnete, einen Ursprung in einem früheren Leben besitzt, können die einzelnen psychoanalytischen Verfahren nicht ausreichend eine Heilung herbeiführen. Rudolf Steiner sprach von fehlender Hingabe und Lügenhaftigkeit. Bei der Betrachtung verschiedener schizophrener Verlaufsformen zeigt sich folgender Zusammenhang: In einem früheren Leben erfolgte eine erhebliche Unterlassung gegenüber geistigen Pflichten, und deshalb entwickelten jene Menschen ein für sich abgespaltenes, inhumanes Gewissen. Die Lüge, die Rudolf Steiner erwähnt, ist nicht nur ein äußeres, einmaliges Lügen oder Nicht-die-Wahrheit-Sprechen, sondern es ist eine viel größere wahrheitsverneinende, wahrheitsverleumdende, manchmal sogar wahrheitsbekämpfende Grundhaltung in der Seele sichtbar, die sich ein eigenes Gewissen durch eine vitale, materialistische Lebensrechtfertigung sucht. Jene Menschen hatten die geistigen Möglichkeiten und Chancen, die sie angeboten erhielten, nicht nur ungenützt zurückgewiesen, sondern sie sogar verleumdet und negativ angeschwärzt. Aus diesen inneren Zurückweisungen anderen gegenüber suchen sie sich dann im nächsten Leben gerade jene Verhältnisse auf, die traumatischer Natur sind und die für sie auf dem ganzen weiteren Lebensweg ein Ungleichgewicht zwischen Stoffwechsel und Nervensystem ergeben. Dieses sensible Ungleichgewicht im Nervensystem, die leicht verletzbare Empfindungswelt der Seele und das schnelle Abgleiten des Bewusstseins in den Rückzug des Subjektiven müssen die Betroffenen nun im Leben durch eine sehr genau kontrollierte Ausrichtung zum sozialen Alltag, zu sich selbst und zu allen kommunikativen und personalen Begegnungsformen durch eine nicht überfordernde und nicht entgleisende Haltung kompensieren.

Der so Betroffene hatte die geistige Pflicht, die Entwicklung eines inneren, seelischen Fortschrittes vielleicht geleugnet oder, was auch manchmal der Fall ist, er war zu sehr auf irrtümlichen, magisch orientierten Wegen, wie spiritistische Rituale es sind, gewandelt, oder er hatte sich mit Hilfe von anderen eine Macht in der Welt angeeignet und war den inneren Bedürfnissen der Seele untreu, und so erlebte er im nachtodlichen Leben eine Abspaltung von einem universalen Selbst, von dem großen inneren schöpferischen Geist der Allentwicklung. Diese Abspaltung tritt nun in diesem Leben tatsächlich als eine organische Krankheit an das Tageslicht, damit auf eine viel bewusstere Weise nicht nur für den Betroffenen, sondern auch für die gesamte betreuende, soziale Umgebung eine größere Möglichkeit der bewussteren Verbindung und Verantwortung entstehen kann. Gerade die psychiatrischen Krankheiten ermahnen uns in ihrer Betreuung zu einem intensiveren Hinschauen auf die universale geistige Entwicklung und auf die Verantwortung, die wir gegenüber dem gesamten Leben besitzen. Der Materialismus ist die größte Macht, die alle geistige Wahrheit verleugnen muss, damit er für sich selbst existieren kann. Deshalb bringt unsere Zeit, die intellektualistisch und materialistisch ist und trotzdem eine große, gewalttätige Triebfülle wirksam macht, die Krankheitsbilder von schizoiden, neurotischen und schließlich psychotischen Bildern hervor. Das Gesetz des *karma*, das nicht nur auf einen einzelnen Menschen beschränkt ist, sondern sogar ein Welten-*karma* über dem einzelnen Menschen ausdrückt, besagt, dass wir genau die bemessene Frucht unserer vergangenen Taten und Handlungen ernten werden. Der Körper in seinen Organen und Funktionssystemen ist eine Frucht aus dem vergangenen Leben. Er ist aus dem Fehlgehen und ethischen Entgleisen von Einzelnen wie auch von kollektivem Verhalten krank geworden. Wenn wir die karmische Ursache bei einer Krankheit zumindest als eine weiterführende und erklärende Idee mitberücksichtigen, so ist es günstig, wenn wir immer die kollektive Bedeutung eines Einzelschicksals berücksichtigen. Das Schicksal eines Menschen erweckt unser Interesse zu einer steigenden sozialen, ethischen und spirituellen Sicht.[9]

XVII

Die Therapie von Psychosen aus integrativer Sicht

Die Therapie einer Psychose erfordert auf der einen Seite eine umfassende, ansprechende, rhythmische Stärkung des gesamten Nervensystems und auf der anderen Seite eine Ausschaltung aller negativen Einwirkungen, die zu einer isolierten Organdisposition beitragen. Die Stärkung des Nervensystems sollte durch eine gesunde Aktivierung des möglichen schöpferischen Potentials erfolgen. Dabei dürfen wir das Nervensystem selbst durch Einseitigkeiten oder extreme Bezugsrichtungen nicht überfordern. Das Ich, das eigene Selbst, die Kraft zur Entscheidungsfindung und Entscheidungsführung muss aus den individuellen Bedingungen sorgfältig und in sensibler Abstimmung gefunden werden. Die Heilung einer schizophrenen Krise bedarf eines langsamen und sinnvollen

In-Beziehung-Treten zu verschiedenen Lebensbereichen

Kopf-Knie-Stellung, *paścimottānāsana*

*Bei Nervenkrankheiten ist eine Übung grundsätzlich nur dann
sinnvoll, wenn sie der Ausführende in einer klaren Bewusstheit und
gesunden Beurteilung gegenüber sich selbst ausführen kann.*

In-Beziehung-Tretens zu dem sozialen Leben, zu Interessensgebieten und schließlich zu einer geistigen Quelle. Dieses gesamte In-Beziehung-Treten zu den verschiedenen Lebensbereichen und schließlich auch zu einer gewissen aufsteigenden Entwicklung der Seele sollte möglichst unter einer professionellen Anleitung bleiben, damit sich der Patient nicht in Halluzinationen, Wahnvorstellungen oder irrationale Vorstellungen hineinbegeben kann und die Umgebung, die neuen Verhältnisse oder die zu pflegenden Grundsätze der Entwicklung nicht in einem Selbstanspruch innerhalb seiner Subjektivität erlebt. Es ist aber günstig, wenn die gesamte Entwicklung nicht nur in das materielle und konventionell vorgegebene Leben hineinführt, sondern eine ansprechende, belebende, eventuell künstlerische oder einfache spirituelle Forderung enthält. Der Therapeut muss den Patienten über längere Zeit begleiten und ihn auf langsame, systematische Weise in der objektiven Kontaktfreudigkeit und Beziehungsaufnahme

imaginativer Wirklichkeitssinn

Bogen, *dhanurāsana*

Der Bogen vereint die beiden Körperhälften von unten und oben, da die Spannung aus der Mitte zentrifugal aufbauend in beide Richtungen fließt. Die aufbauende Stoffwechselleistung aus den Nieren wird durch diese Stellung gefördert.

zu einer bestehenden Lebenssinngestaltung mit einem gewissen imaginativen Wirklichkeitssinn stärken. Der imaginative Wirklichkeitssinn ist nicht ganz gemäß dem intellektualistischen Auffassungsvermögen des heutigen Daseins, denn der imaginative Wirklichkeitssinn liegt in der Empfindungswelt unseres Gemütes verborgen und beschreibt eine erste Form der seelischen Integralität. Der äußere, rein intellektualistische, logische Plan des Lebens sollte deshalb noch nicht verneint werden, jedoch sollte er nicht als der Maßstab für alles Lernen und fortschrittliche Erfolgsarbeiten sein. Wir wollen mit der Therapie eine natürliche Empfindungsfülle und ein zusammenhängendes Denken mit einer sensiblen Nähe zu der Natur des Äußeren und Natur des eigenen Daseins ausprägen. Auf langsame Weise, unter bedachtsamer Führung eines Therapeuten sollten Imaginationen, das heißt empfindungsreiche Wahrheiten, die in der Schöpfung existieren, als Lern- und Studienstoff das Nervensystem zum Erkraften führen.

Aufgabe des Therapeuten

Nehmen wir ein Beispiel. In der Therapie muss der Therapeut eventuell seinen Klienten auf recht geduldige Weise wie in einer Art Heilerziehungspflege betreuen und ihm eine Objektbeziehung, das heißt, eine aktive, anschauliche und interessenvolle Beziehung zu einer Sache ermöglichen. Durch diese Objektbeziehung fördert der Therapeut in dem Klienten ein natürliches Einschwingen des Nervensystems und stärkt ihn damit im Selbstwertgefühl. Bei allen Patienten ist auf untergründige, unsichtbare Weise das Selbstbewusstsein gebrochen und ängstliche bis irreale Gedanken und Gefühle bestimmen die Handlungen. Der Therapeut muss sich deshalb wie eine Mutter oder wie ein Vater um seinen Klienten annehmen und wie im ersten Lebensjahrsiebt nur einmal mit Hilfe von nachahmender Tätigkeit in ihm Interesse wecken und ihn durch vorbildliches Schaffen zu einem objektiven Betrachten motivieren. Würde der Therapeut oder Betreuer zu viele Erwartungen oder direkte Forderungen an den Klienten stellen, so kann es unter Umständen erneut zu übermächtigen Ängsten entweder mit Rückzug, steigender Nervosität oder mit katatonem Verhalten kommen. Gleichzeitig aber ist eine gute Führungskraft unumgänglich, damit der Patient nicht mit seinen eigenen Mustern und Introjektionen zu »spielen« beginnt.

Bei allen Nervenkrankheiten mit psychotischem Verlauf sind Meditationen und alle Formen von meditativen Körperübungen kontraindiziert. Das Bewusstsein sollte auf viel einfachere Weise auf lebensnahe und leicht erfassbare Interessensgebiete gelenkt werden. Dennoch aber sind körperliche Betätigung und auch einige wenige und unter Anleitung gezielt ausgeführte Übungen sinnvoll. Jene Übungen, die sich harmonisierend auf den Stoffwechsel und stabilisierend auf das Gleichgewicht des Nervensystems ausrichten, sind die Kopf-Knie-Stellung, *paścimottānāsana*, und der Bogen, *dhanurāsana*. Beide Übungen wirken auf die Spannkraft der Wirbelsäule und auf die Nieren und fördern von dieser Region ausgehend die Harmonie zwischen oben und unten. Grundsätzlich aber ist die Ausführung von einer Übung nur dann angezeigt, wenn der Patient im Bewusstsein stabil ist und er sie als rein physiologische Körperübung erfassen kann.

Das Atemsystem

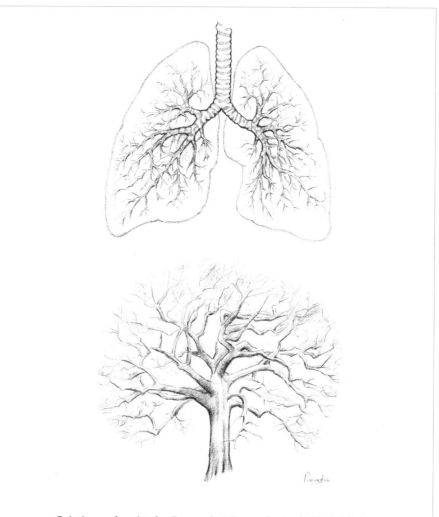

*Geistig gesehen ist der Baum ein Wesen, das in die Erde blickt.
Der Bronchialbaum ist wie ein Gleichnis vom Baum, und die Bronchialäste
wirken tatsächlich wie in den Menschen hineinversenkt. Bei allen Krankheiten
der Atemwege und der Lunge ist es heilsam, Spaziergänge in Wäldern zu
unternehmen. Bäume wirken heilsam auf die Lunge.*

I
Der unbewusste Spannungszustand in der Lunge

Das zentrale Organ des Atemsystems ist die Lunge. Sehr bezeichnenderweise benennen wir die beiden Lungenhälften als Flügel, denn sie erinnern das Gemüt an ein lichtes und luftiges, nach innen gestülptes Wesen, das sich in ständig rhythmischen Bewegungen zwischen Inspiration und Expiration verändert. Mit einigen wenigen Bildern und Beschreibungen lässt sich eine erste Vorstellung über die kosmische Anlage des Atemorgans erbauen, das mit seinen Bronchialästen wie ein nach unten gekehrter Baum mit vielen Ästen und feinen Verzweigungen eingegliedert ist.

Für die Betrachtung des Atemsystems und die Entwicklung einer tieferen geistigen Ansicht mögen die wissenschaftlich detaillierten Angaben der Lehrbücher eine erste Grundlage geben, die wir am besten zur Kenntnis nehmen und sie schließlich mit weiteren Beobachtungen und Fragen ergänzen. Wir streifen die verschiedenen Aussagen über den Bau und die Funktion und lernen das normale gesunde Verhältnis im Gegensatz zu den pathologischen Abweichungen kennen. Von allen inneren Organen dürfte die Lunge den größten Raum im Körper beanspruchen. Die Medialseite liegt dem Herzbeutel und den großen Gefäßen wie Aorta und Lungenschlagader auf. Die Spitzen der Lungen ragen knapp über die Schlüsselbeine empor und die Basis liegt dem Zwerchfell, jener Muskelsehnenplatte auf, die die Grenze zum Bauchraum markiert.

Eine auffällige Eigenheit der Lunge ist die beständige Bestrebung, die das Organ nach einem Rückzug besitzt. Diese Eigenheit sehen wir an der Tatsache, dass die Lunge bei Öffnung des Brustraumes zusammenfällt. Durch die Pleura, die aus zwei glatten Häuten besteht, die durch einen mit wenig Flüssigkeit gefüllten Spalt aneinanderliegen, ist die Lunge in ihrem Raum ausgespannt und kann somit ihrer Eigentendenz nach Rückzug nicht folgen. Bei einer genaueren Beobachtung bemerken wir in einer subjektiven Erfahrung, wie diese Spannung in uns besteht und wie wir durch die verschiedenen Rezeptoren und die Nervenäste des Vagus, die den Sauerstoffmangel ankündigen und es dem Atemzentrum im verlängerten Mark ankündigen, zur Einatmung gezwungen sind. Mit dieser Einatmung sind wir aber auch zum Leben und zur Inkarnation geführt. Das Inkarniertsein der Seele ist aber immer ein Spannungszustand, dem wir täglich schon allein durch die Körperlichkeit ausgesetzt sind. Am Abend lässt diese Spannung nach, und das Bewusstsein gleitet schließlich nach einer Ausatmung, noch bevor die nächste Einatmung beginnt, in den Schlaf hinüber.

Die Pleura und die freie Atmung

Die Pleura, die mit ihren beiden glatten Häuten den Lungenraum umspannt, ist ein sehr wichtiger Bestandteil, der für ein ganzheitliches Verständnis der Atmungsorgane eine nähere Betrachtung verdient. In der Pleura existiert ein Unterdruck, und die wenige Flüssigkeit, die sich zwischen der viszeralen und parietalen Schicht befindet, lässt nur eine gegeneinander gerichtete Verschiebung, aber keine Ablösung der Blätter zu. Die Pleura zieht die Lunge an ihre Seiten, hält sie zunehmend in einer sehr stabilen Spannung und hebt die Einatmung über die zentripetale Belastung hinweg, so dass die Lunge vollkommen leicht und schwerelos bleibt. Die Lunge ist nach der älteren Lehre das Erdenorgan, das aber nicht nach den mechanischen Gesetzen wie ein Blasebalg funktioniert, sondern mehr nach einer rhythmischen Bewegung, die ähnlich einem Öffnen und Schließen ist. Diese Vorstellung, dass die Lunge nicht mechanisch wie ein Blasebalg funktioniert, sondern aus der Bewegung der Atemmuskulatur, die ein Öffnen und Schließen bewirkt, führt zu einer lichteren und freieren Art des Denkens. Den Unterschied eines mehr gebundenen Atems zu einem ersten freieren Empfinden während der Einatmung kann eine einfache Übung zeigen:

In einer stehenden Position hebe man die Arme langsam seitlich am Kopf empor und fülle bewusst willentlich und mit etwas Druck die Lungen mit der Einatmung auf. Mit dieser willentlichen Einatmung entsteht in der Regel ein Empfinden, das man vergleichen kann mit der Betätigung eines Blasebalgs. Die Lungen werden gleichsam benützt und mit Luft aufgepumpt. Die Atmung ist geführt und kräftig. Ganz anders ist die Empfindung, wenn man die Arme langsam nach oben steigen lässt und dabei die Atmung wie von selbst und von einem inneren Impuls ausgehend in den Lungenraum hineinströmen lässt. Diese Atmung ist qualitativ feiner, weicher und wie ein innerer Hauch, der sich von selbst in die Offenheit des physischen Raumes zieht.

Wäre die Anlage der Pleura, die die Lunge an die Flanken spannt, nicht gegeben, so müsste wohl in der Evolution die Lunge blasebalgähnlich geworden sein, und sie würde mechanisch unser Leben mit Sauerstoff versorgen. Die Atmung wäre dann nicht an ein inneres Öffnen und Schließen als Ausdruck einer inneren Bewegung und inneren Kontaktaufnahme zur Umwelt gebunden, sondern sie wäre wie ein mechanisch determinierter Vorgang, der ganz dem Ich-Willen unterliegen würde und durch den wir eine vitale Macht gewinnen könnten.

Diese Gedanken über das Atemsystem, das unser Leben aus einer kosmischen Weite ernährt, sind für die Praxis von Yoga sehr wichtig, da gerade auf dem Gebiet des *prāṇāyāma* der Atem zu sehr zur Vitalisierung aus einem Ich-Willen benutzt wird und die Gedanken des *prāṇa* (Energie) mit Aufladungen in den Vordergrund rücken. Die stärkste Atemübung heißt *bastrika* (Blasebalgatmung) und wird oft sehr mechanisch benützt. In den folgenden Betrachtungen sollte mehr das Beziehungsfeld über den Atem in das Licht rücken, und von diesem ausgehend sollen Atemübungen zur spirituellen und heilgemäßen Ausführung eine genauere Bedeutung erhalten.

II
Das Atemsystem als Ernährungssystem

So sehen wir, wie jene Gesetze, die wir auf dem irdischen Plan durch die wissenschaftliche Methode ergründen, eine Ebene der Realität beschreiben, die für unser soziales und gesellschaftliches Leben wichtig ist. Sie geben aber noch keine Erklärung und Einsicht in das inneliegende geistige Grundgesetz der Schöpfung, das in der gesamten Logik und verborgenen Intelligenz nach jenen Maßstäben errichtet ist, die dem Gedanken in seiner unmanifestierten, unberührten und sinnlich freien Bewegung entsprechen. Wenn wir die ersten Erfahrungen einer geistigen Einsicht erlernen, stoßen wir auf die grundlegende gültige Unterscheidung einer irdischen, zunächst sinnesauffälligen Gesetzmäßigkeit, die in einem doch anderen Klang oder zumindest in subtilen Empfindungen tatsächlich etwas widersprüchlich zu einer geistigen, verborgenen, gedanklichen Realität liegt. Obwohl diese imaginativen, höheren Dimensionen des Bewusstseins verborgen und immanent in den irdischen Ausdrucksformen leben, so beschreiben sie, wenn sie gelesen werden, von ihrer Empfindung und ihrer innersten Aussage her eine andere Wirklichkeit als die der gegenwärtigen wissenschaftlichen Forschung.

Vielleicht können wir anhand von einem kleinen Beispiel diesen großen und weitreichenden Unterschied zwischen irdischer Erscheinungswelt und geistiger Logik verstehen. Wenn wir eine Blume am Morgen betrachten und ihr Farbenspiel auf uns wirken lassen, bemerken wir ganz deutlich, dass die Farbe sensitiv glänzend und schimmernd zu uns spricht. Die Farbe glitzert uns entgegen. Am Abend, wenn das sich neigende Sonnenlicht auf die Blüten fällt, so sprechen nicht mehr die Blumen direkt zu uns, sondern die Blumen nehmen das Licht in ihre Mitte hinein. Das Glitzern und Leuchten fehlt am Abend, das wir am Morgen noch so deutlich wahrnehmen konnten. Die Farbe wirkt deshalb ganz anders auf unser innerstes Empfinden. Das morgendliche Licht und das abendliche Licht sind ausschlaggebend für das Spiel der Farben. So fein wie dieser

Die Imagination ist das gedankliche Gesetz

Unterschied im Spiel der Farben erscheint, äußert sich auch der Gedanke, der in der imaginativ-geistigen Betrachtungsweise ganz anders seine Richtung verkündet als er sie durch die wissenschaftlich-analytische Forschung nimmt.

Die Imagination ist die erste Stufe eines geistigen Wahrnehmens oder eines inneren, empfindsamen, bildlichen Erfassens der Wirklichkeit. Diese Wirklichkeit lebt in der Seele des Gedankens und erstrahlt im Lichte des frei werdenden Geistes. Die Imagination ist das gedankliche Gesetz, das unserer Welt zugrunde liegt und unsere Welt mit einer feinen Melodie gleich einer mathematischen Logik durchdringt, während dasjenige, was wir im Sinnesschein lesen, nur eine Äußerung einer wesenhaften, wohlgeordneten, reflektierenden und wie durch eine unsichtbare Substanz gebrochenen Widerspiegelung ist. Das gedankliche Gesetz aber ist von der gesamten Aussage anders als die sinnenfällige und widerscheinende Äußerung, die wir mit dem Verstande und mit dem äußeren analysierenden Wahrnehmen ergründen können. Aus diesem Grunde beginnen wir die geistige Schulung mit einem Studium von Imaginationen und schaffen uns durch die Imaginationen reifliche Vorstellungen über die irdische, erscheinende Welt, die sich damit als größere Gesetzmäßigkeit hinein in die gesamten Erscheinungsformen verkünden soll. Wir trainieren unser Gedächtnis und unsere innerste Wahrnehmung, wir trainieren die Gedanken und die Empfindungen, damit wir durch diese erhobenen und weit geschaffenen Eindrücke die Erscheinungsformen deuten lernen.[10]

Von diesen Gesetzen ausgehend erscheint der gesamte Körper anders, er wird in einer anderen Zuordnung definiert und charakterisiert. Die einzelnen Organsysteme erhalten einen neuen Hintergrund, eine neue Interpretation und eine viel weiter gefasste Aussage, die mit den verschiedenen Bewegungen des Makrokosmos näher übereinstimmen. Hierzu sei aber um der Ausführlichkeit willen betont, dass es verschiedene Ansätze gibt, wie die Imaginationen zur Darstellung kommen können. Es gibt tatsächlich so viele Imaginationen und Schritte zu der Ergründung des Gesetzes im Gedanken wie es Gedanken gibt. Unendlich vielseitig kann der Weg zur Entwicklung einer Anschauung über das eine und immer gegenwärtige reale und wesensfreie Gesetz unseres Lebens sein. Die Aufmerksamkeit richtet sich nicht nur im Sinnesschein und in analytischen Definitionen an ein Objekt der Betrachtung, sondern sie schließt in der Erinnerung mit verschiedenen Überlegungen und Beobachtungen jene Dimension ein, die wir als Seele benennen, und beginnt schließlich aus dieser ganzheitlichen und weiteren Wirklichkeitsbetrachtung gleich wie in einer Dreieckskonstellation das Umfeld oder Objekt zu offenbaren. Dieses Selbst ist im Urgrunde der Wirklichkeit der Gedanke. Der Körper erscheint innerhalb dieser ganzheitlichen, imaginativen

Der Atemprozess steuert die Eiweißverdauung

Betrachtung in einer neuen und weiteren Perspektive. Das Nervensystem ist im Lichte der Imagination das reflektierende Sonnensystem, durch das sich das Bewusstseinsleben ausdrückt, während das Verdauungssystem das Kommunikationssystem ist. Durch dieses Kommunikationssystem nehmen wir in der Wirklichkeit die vielen feinstofflichen Schwingungen, die unbewusst und frei im Kosmos leben, in uns hinein. Der Bewegungsapparat ist der Träger des Atems, der eine kosmische Melodie innerhalb der vielen Äußerungen, Gesten und Spiele der Gliedmaßen widerspiegelt. Das Herz mit dem zirkulierenden Kreislauf ist ein Ausdruck für das Inkarniertsein der Seele und gibt durch seine verschiedenen Äußerungen die Tiefe des Inkarniertseins an. Die Lunge, das nun folgende Organ, das im Mittelpunkt des Atemsystems liegt, ist das Ernährungsorgan, das das Niveau und die Kondition unserer Körperlichkeit und Muskulatur erbaut.[11]

Von diesem Standpunkt der Imagination ausgehend besitzt die Lunge eine zentrale Funktion für den Eiweißstoffwechsel und für die Ernährung der gesamten Körperlichkeit. Wir atmen in einem ununterbrochenen Fluss vom Anfang bis zum Ende unseres Lebens. Durch diesen Atem ernähren wir uns in einer beständigen, erbauenden Dynamik. An den Atem ist der Eiweißstoffwechsel gebunden, der unsere Muskulatur und unser Blut erbaut. Wir sind mit unserer Körperlichkeit aus dem Eiweiß geschaffen, und das Eiweiß ist der Urstoff des Lebens, der uns selbst zu einem einzigartigen und isolierten, von anderen unabhängigen Leben macht. Wie der Atemprozess an die Eiweißdynamik und Eiweißverdauung, an die Nahrungszufuhr oder Ernährung mit dem Eiweiß gebunden ist, können wir anhand einer Vorstellung leichter erahnen. Wir wissen, dass wir den Sauerstoff zum Leben benötigen und den Sauerstoff in uns durch die Lunge aufnehmen, ihn an das Blut weiterleiten, und von dort wird er schließlich in die Zellen und in die verschiedenen Funktionsgebiete getragen. Weiterhin wissen wir, dass mit dem Atemleben immerfort Kohlensäure ausgeschieden wird und Sauerstoff verbraucht wird. Wir sind somit ein gewisses Gegenbild zu der Pflanze, die den Sauerstoff abgibt und die Kohlensäure in sich verwertet. Der Sauerstoff gilt in der Regel als der wichtigste Träger des physischen Atems. Wir benötigen aber auch einen noch anderen Stoff für unser gesamtes inneres Gleichgewicht, für unser Leben und vor allen Dingen für die Dynamik des Eiweißaufbaus. Das ist der Stickstoff. Den Stickstoff atmen wir zu einer ziemlich hohen Prozentzahl mit jedem Atemzug ein und atmen ihn wieder aus. Wie das Verhältnis von Einatmung und Ausatmung ist, könnte vielleicht mit ganz feinen Messungen untersucht werden. Für unsere Betrachtung ist dies aber nun nicht so sehr wichtig, dass wir genau ein substantielles Verhältnis in den Stickstoffanteilen herausfinden, sondern für unsere Betrachtung ist es vor allen Dingen wichtig, wie der Stickstoff mit dem Eiweißaufbau zusammenhängt.

Die Muskulatur als Ausdruck der Atemqualität

Das Eiweiß ist ein Ausdruck für ein isoliertes Empfinden, für eine erste unbewusste Anlage einer Individualität. Wir leben selbst in unserer Körperlichkeit und in unserer unbewussten Empfindungswelt, die ganz aus Eiweißstrukturen geschaffen ist. Die Natur des Eiweißes ist Leben, aber es ist ein Leben, das sich aus dem Zusammenhang der Gesamtheit heraussondert. Im Fühlen, im Empfinden, in unbewussten Regungen unserer Leiblichkeit findet diese erste Isolierung und damit dieses erste Selbstwerden statt. Träger dieses Selbstwerdens ist das Eiweiß, das eine Urdynamik des Lebens in sich führt. Durch die Atmung ist ein beständiges Bewegungselement in uns tätig. Die Atmung ist ein unendlich sich immer wiederholender, fließender, kosmischer Vorgang, der uns bewegt und uns erschafft. In dieses Bewegungsleben sind wir rhythmisch eingebunden und erschaffen ein Empfindungsleben, das sich in einer Isolation zu der übrigen Welt ausdrückt. Die Atmung, die uns bis hinein in die Tiefen der Zellen ergreift und führt, uns bewegt und erfüllt, gibt uns selbst einen Ausdruck für ein Willens- und Triebleben, für eine beginnende und eine unbewusste Individualität. In diesem Empfinden, in dem das Eiweiß gegründet ist, reicht die Kraft des Atems heran, und es ist der Stickstoff das bewegende Wesen und gleichzeitig auch das lenkende Empfinden aus einem Kosmos, der uns zu dieser genau gewählten Leiblichkeit führt. Das Atmen ist deshalb die wichtigste Nahrungsquelle, die wir täglich in uns durch eine kosmische Bewegung aufnehmen. An den Atemprozess ist das ganze eiweißdynamische Sein unserer Körperlichkeit gebunden.

In der Betrachtung der Körperlichkeit sehen wir, wie der Atemprozess durch uns hindurch stattfindet und uns in der Gestalt schafft. Hierzu ist es sehr wichtig, dass wir vor allen Dingen die Muskulatur und die Konsistenz wie auch die Plastik der Muskulatur betrachten. Indem wir die Muskulatur betrachten und uns einen intuitiven Eindruck über die Dynamik dieser Äußerung verschaffen, sehen wir das innere Verhältnis und die innere Beziehung, die wir im Bewusstsein zum Atemleben einnehmen. Es ist beispielsweise möglich, dass die Muskulatur mehr plastisch, kraftvoll und stabil ausgeformt erscheint. Sie ist in der typischen Weise sehr rundlich und modelliert, gleichsam wie bei älteren Werken von Michelangelo, der noch die Gestalt des Körpers in einer kraftvollen Rundung und Plastik herausbrachte. Es ist aber auch, wenn wir den Aufbau und die Beschaffenheit der Muskulatur weiterhin betrachten, sehr leicht möglich – und sicherlich ist das häufiger in unserer Zeit –, dass die Muskulatur mehr flach erscheint, mehr asthenisch oder leptosom. Sie erscheint nicht richtig plastiziert und durchgeformt, und die Körperlichkeit ist mehr in einem flachen Wuchs begriffen, sie neigt mehr zu einer relativ deutlich sichtbaren Schwäche. Die Muskulatur gibt einen Aufschluss über das Atmen, und sie gibt einen Aufschluss über die Funktionsweise der Lunge in ihrer Eiweißbildekraft. Je nachdem, wie wir uns aus dem Kosmos ernähren, wie wir denken und fühlen und wie wir unsere Beziehungen schaffen, so atmen wir und so erschaffen wir unsere Körperlichkeit. Die Betrachtung der Muskulatur gibt deshalb einen Aufschluss über den inneliegenden Atemprozess, der in einer wichtigen geistigen Wirklichkeit ein eiweißbildender Prozess ist und der an das Stickstoffelement der bewegenden Luft gebunden ist. In diesem Stickstoffelement erhalten wir unsere individuelle Kondition des Körpers, die ein sichtbarer Ausdruck einer individuellen Persönlichkeit ist.

Schiefe Ebene, *pūrvottānāsana*

Die Schiefe Ebene ist eine den Atemapparat wie auch die gesamte Rumpf- und Rückenmuskulatur kräftigende Übung. Indem aber die Bewegung nicht mit dem Atem kombiniert wird und indem bewusste Gedanken zur Betrachtung und zur Erkenntnisbildung in dieser Übungsweise wichtiger gewertet werden als die gesundheitliche vitale Körperformung, entstehen mit der Übungsentwicklung sehr angenehme, leichte und ästhetische Formen des körperlichen Ausdrucks. Die Schiefe Ebene ist für alle Altersstufen relativ leicht erlernbar. Sie sollte in der Zeitdauer möglichst spannkräftig für eine halbe bis zu einer Minute gehalten werden.

III

Der Atem und die Entwicklung des Seelenlebens

Der Atem ist eine namenlose Wirklichkeit und eine hohe und höchste Energiequelle, die unser Leben von einer unmanifestierten Warte ausgehend leitet. Es ist sehr wichtig, dass wir uns in einem Bewusstsein bewegen zu jener außerirdischen Kraftquelle des Atems, die wir selbst nicht zu lenken und leiten vermögen, sondern die uns führt und durch das Leben begleitet und uns die Lebenskraft schenkt. Der Atem ist Seele, und er ist mit dem Wort *ātmā*, das übersetzt »Seele« oder »höchste Seele« bedeutet, verwandt. Auch die Sanskritsprache drückt das Atmen in ihrer eigenen rhythmischen Struktur aus. Sehr viele kurze und lange »a«, die ein Ausdruck des Hauchens – verbunden oftmals mit dem »h« – sind, beschreiben die kosmische Dimension und die Wirklichkeit des Atems, der ein ursprüngliches Bewusstsein und eine ursprüngliche Seele darstellt. Es ist für unsere erste Erkenntnis wichtig, dass wir jene Unterscheidung treffen über die Herkunft und über die weise, höhere Natur dieses Atems, der uns bewegt. Nicht wir oder die Lunge bringen den Atem hervor, der Atem bewegt uns und bewegt unser Seelenleben.

Wir haben schon den Zusammenhang von der Lunge zu der Muskulatur und zur Ernährung oder zum Aufbau der Körperlichkeit genannt. Dieser Zusammenhang war in einstmaligen Zeiten sehr bekannt. Wenn wir die verschiedenen Motive aus der Antike oder aus der Renaissance beispielsweise von Leonardo da Vinci betrachten, fällt uns die übertriebene Vision der plastizierten, stark entwickelten Skulptur und der vor allem in der Malerei hervorgehobenen Körperlichkeit auf. Die Körper werden muskulös, rund und von einer grazilen Plastik dargestellt. Diese Entwicklungsrichtung in der Kunst zeigt ein sehr materialistisches Element an, das den Atem, das Pneuma Hagion, oder das Unverwesbare, in die Körperlichkeit überträgt und die Körperlichkeit als einen Ausdruck einer Urbildekraft und Urleiblichkeit betont. In diesen Formen, die so sehr mit plastischer Muskulatur umwölbt sind, fühlte der damalige Bürger ein Ideal, er fühlte die kosmische Urkraft der Götter in einer manifestierten Auswirkung und Ausgestaltung. Aber es begann auch mit dieser Zeit ein sehr materialistisches Denken einzusetzen, und ein überbetontes, körperliches und irdisches Ideal, das sich von den kosmischen Wahrheiten langsam entfernte, prägte die zukünftige menschliche Grundstimmung in der Seele.

Für unsere erkenntnispraktische Ausrichtung und Anschauung im Yoga ist der Zusammenhang von Atmen und Körperlichkeit sowie von Atmen und Denken wichtig. Der Atem ist das Luftelement, und das Luftelement ist das kosmische Wesen, und es ist das astrale Wesen, und es ist das große makrokosmische Bewusstsein. Es ist zunächst noch das apersonale makrokosmische Bewusstsein, zu dem wir eine persönliche Beziehungsgrundlage entwickeln, wenn wir den Atem gegenüber uns selbst wie einen kosmischen Bürger empfinden.

Mit dem Atem nehmen wir die unendliche Nahrung und Fülle des Kosmos in uns auf. Mit dem Atem stehen wir mit unseren Mitmenschen und mit der gesamten Schöpfung in einer immerwährenden Verbindung. Der Atem beginnt mit einem ersten Hauch mit der Geburt und endet mit dem letzten Seufzer mit dem Tod. Der Atem lenkt unsere Leiblichkeit und erfüllt unser Empfindungswesen, unser Empfindungsleben. Im konventionellen Dasein wird der Atem sehr wenig beachtet und der Zusammenhang des Denkens, des Willens und des Empfindungslebens mit dem Atem kaum registriert. In der folgenden Betrachtung wird uns nun der feinere Zusammenhang von Denken und Fühlen, das immer in einer Ausrichtung zum Atem steht, interessieren. In dieser Beziehungsebene unserer Seelenkonstitution zu der unendlichen Natur des Atems besteht ein ganz tiefes Wesensgesetz, das wir im Yoga kennenlernen sollten, und das in der Heiltherapie eine ganz wichtige Rolle einnimmt. Der Atem verfügt, wenn er in diesem kosmischen Sinne verstanden wird, über eine universale Macht und Heilungsmöglichkeit.

IV
Die polare Dimension des Atems

Der Atem ist mit dem Element der Luft identisch. In einer mehr schematischen und undifferenzierten Einteilung können wir uns mit dem Element der Luft auf zweierlei Weise in Verbindung bringen. Wir können die Luft stärker ergreifen, uns mit ihr intensiver verbinden, oder wir können uns mehr von ihr lösen und dadurch in einem mehr flacheren Atem unser Empfindungsleben entwickeln. Auf die Willensentfaltung und auf die weitere Beziehung, die wir zur Materie entwickeln, sowohl zu uns selbst, zu unseren Mitmenschen als auch zu den gegenständlichen Bereichen der Schöpfung, entsteht dabei eine bestimmte Grundschwingung und Grundkonstituierung. Im ersten Fall, wenn wir uns sehr stark mit dem Element der Luft verbinden, entwickeln wir auch eine intensivere Bindung von unserem Denken an den Körper und wir greifen durch unser unbewusstes Willensleben auch sehr tief in das Wesen der Materie hinein, während wir im zweiten Fall, wenn wir uns mehr mit flacherem Atem bewegen und uns allgemein vorsichtiger, zurückhaltender, beobachtender oder weniger teilnehmend ausrichten, können wir auch nicht so intensiv in die Materie hineingreifen. In der ersteren Kondition entsteht in der Regel eine tiefere Inkarnation der Seele in die Materie und eine Neigung zu einem irdischen Ich-Anspruch und materialistischen Denken. Bei der zweiten Kondition überwiegt die Exkarnation, und es können die Eigenschaften von Erdenferne, Träumerei, Selbstaufgabe, Zurückgezogenheit und Einsamkeit in uns entstehen. Beide Konditionen führen aber nicht zu einem wirklichen Altruismus und zu einem integralen Bewusstseinsverhältnis zur Welt. Die erste Kondition ist meist mit einem sehr undifferenzierten, affektvollen und gröberen Ausdruck verbunden, die zweite Kondition ist meistens mit einer Übersensibilität oder einer Neigung zur Selbstaufgabe, zu Intellektualismus oder Schwäche einhergehend.

Für die Betrachtung des Seelenlebens erscheinen nun beide Konditionen in einem relativen und unbewussten Gleichgewicht. Das eine Mal ist vielleicht das Hineingehen in die Materie besonders betont, was sich beispielsweise bei sportlichen Leistungen und körperlichen Aktivitäten vermehrt ausdrückt. Das andere Mal ist die nervliche Anspannung und Gedankenarbeit größer, und diese drückt sich mehr in einem feineren, oberflächlicheren Atem aus, der sich im gesamten exkarnierend auswirkt. Mit dem Atem inkarnieren wir uns selbst hinein in die Materie oder wir exkarnieren mit unserem Gedankenleben mehr heraus aus der materiellen Schöpfung. Die Inkarnation und die Exkarnation oder das tiefe Binden und das feine Abweichen sind zwei große polare Gegenspieler, die in wechselseitigen Auswirkungen unser Leben beherrschen. Mit beiden Konditionen entwickelt sich die Seele nur sehr wechselseitig in einem beständigen Auf und Nieder von Ansprüchen und Schwierigkeiten, Hoffnungen und Verzagtheiten, Triumphgefühlen und leidlichen Enttäuschungen weiter. Die beiden Konditionen befinden sich noch in der Dualität.

Es gibt im Yoga sehr viele verschiedene Arten von Atemübungen, von einfachen atemgymnastischen Übungen bis hin zu *prāṇāyāma*-Übungen, die einen hohen Anspruch und eine hohe Bewusstheit voraussetzen. Mit Hilfe der Atemübungen sollte in der Regel nicht nur eine Vitalisierung erzielt werden, sondern es sollte eine intensivere Zentrierung der Energien, des *prāṇa*, zur vorbereitenden Erfahrung von Konzentration und Meditation erfolgen. Die *prāṇāyāma*-Übungen sind bereits ein Teil einer spirituellen Lebenspraxis. Die gezielten rhythmischen und geführten Übungen mit dem Atem sind deshalb für ein therapeutisches Vorgehen meistens sehr ungeeignet, da sie eine Einflusskraft auf die vegetativen Nervenzentren ausüben und dort eine vollkommen andere Energetisierung und Einwirkung von psychisch schwer greifbaren Auflösungsvorgängen bringen.

Das Sonnengebet,
sūrya namaskara

10

11

12

9

8

7

Das Sonnengebet ist für Anfänger und für alle Altersstufen leicht erlernbar. In einer abwechselnden Dehnung der Rücken- und Brustpartien öffnet sich der Übende für die kommende Atembewegung.

Bei diesem 12-teiligen Übungszyklus können Sie den Zusammenhang von Atem und Bewegung unmittelbar erleben. Alle Bewegungsformen sind wie der kommende und gehende Atem. Bewegung ist fortgesetzte Atemtätigkeit.

1

2

3

Ein Zyklus, der in der Bewegung das Wechselspiel des Atems offenbart.

Atmen Sie mit der ersten Bewegung aus und mit der nächsten, dem Rückwärtsbeugen, ein. Der Rhythmus des Atmens wird beibehalten, nur in der Bewegung Nr. 5 wird der Atem angehalten. Mit jeder einzelnen Bewegung wird dabei der Körper flexibler und mit der Zeit gelingt es dem Übenden im Rhythmus der Bewegungen und des Atems die Nähe zu sich selbst und zu dem Boden der Erde zu fühlen.

4

6

5

163

Atemgymnastische Übungen, die weniger intensiv sind als die klassischen *prāṇāyāma*-Übungen, erweisen sich aber in den meisten Fällen einer Krankheit oder einer psychischen Krise als sehr wertvoll. Die natürliche, tiefe Durchatmung mit entsprechender Entspannung ist eine der leichtesten Übungen, die selbst im Krankenbett noch ausgeführt werden kann. Aber auch sehr viele leichte Körperübungen, die in Verbindung mit einer lebhaften Durchatmung praktiziert werden, mögen in vielen Fällen die Regeneration und die Aufbauleistung nach überstandenen Krankheiten, fieberhaften Infekten und nach Krisenzuständen unterstützen. Diese Übungen haben einen begleitenden und helfenden Charakter und sind immer ohne größere Nebenwirkungen und Schädigungen praktizierbar.

V

Die freie, dritte Dimension des Atems

Die intensivere Heilkraft, die im Atem lebt, darf aber nicht aus dem Atem und seiner materiellen, luftigen Substanz verstanden werden. Die Luft ist nur ein Ausdruck für eine feinere Materie, und es ist die Luft das bewegende Element in unserer Körperlichkeit. Es ist die Luft aber ein Element, es ist nicht die Geistigkeit selbst. Diese Unterscheidung sollten wir als Yogaübende treffen, und dies ganz besonders dann, wenn wir in einer therapeutischen Funktion arbeiten. Die Heilkraft im Atem entsteht durch die Erkenntnisbildung und durch die innere empfindsame und einfühlsame Hinwendung an den Atem. Der Atem ist ein hoher Herr, ein kosmischer Bürger, eine Urkraft des Lebens. Der Atem ist die apersonale Gestalt einer Seele, die uns lenkt und leitet. An diese apersonale Gestalt der Seele ist die gesamte Gedankenebene und auch die Empfindungsebene gekoppelt. Durch diese ineinandergeschichtete Verkoppelung atmen wir unbewusst, und selbst dann, wenn wir bewusst atmen und verschiedene Erfahrungen im Spüren des Atems schaffen, bleibt im Atemverhältnis zum Denken noch immer eine latente Bindung. Wir sind an das Atemleben und an die kosmischen Weisungen dieses Atems intensiv gebunden, und somit sind wir unweigerlich in einer Abhängigkeit mit kosmischen, ungesehenen und größeren Kräften, die uns bestimmen und unser Selbst wie auch Selbstbewusstsein leiten. In der Fülle des Yoga wollen wir aber nicht eine fremde Determination aus unbewussten Höhen über uns ergehen lassen. Das Ziel des Yoga ist die Freiheit im Selbst und die Freiheit von dualistischen Bindungen, die in der Sympathie und in der Antipathie, in der Einatmung und in der Ausatmung leben. Zu dieser Freiheit benötigen wir eine Freiheit im Denken von den Steuerungsrhythmen des Atems. Der freie Atem ist der reine kosmische Atem, und die Erfahrung über diese kosmisch leitende Weltenmacht befreit unser Denken aus der Dualität oder projektiven Leibabhängigkeit. Wir erfahren den Atem und lassen ihn in seinem Rhythmus über uns und durch uns geschehen. Für diese Erfahrung ist ein längeres Schulungskonzept und eine umfassende Auseinandersetzung nötig, und sie kann hier nur einmal in einer ersten Andeutung ihre Skizze erhalten.

Fassen wir das bisher Gesagte über die drei Ebenen, in denen sich der Atem bewegt, zusammen. Die erste Ebene beruht auf einer starken Bindung und Vitalisierung, die mit Hilfe des Atems geschieht und die uns zu einem verstärkten Eiweißaufbau und dadurch zu einer verstärkten und intensivierten Dynamik in der Körperlichkeit verhilft. Sie ist sehr typisch für das materialistische Wesen der Gegenwart, für ein Denken, das an den Körper und an die Materie gebunden ist. Es liegt aber in der Bindung dieser Art keine wirkliche Stärke in der Seele und im Geiste vor. Die vitale Kraft ist lediglich auf den Willen innerhalb der Materie ausgerichtet.

Die zweite Ebene, in der sich der Atem bewegen kann, die polar dieser ersten entgegengesetzt ist, geschieht durch eine flachere Atemführung oder, anders ausgedrückt, durch eine subtile Zurückhaltung oder Passivität in der Seele. Diese benützt den Atem weniger zum Schaffen und zum Arbeiten, sondern behält ihn mehr bei sich zum eigenen Bewahren der Stimmungen und Gefühle und stellt eine gewisse Rückzugstendenz in der Seele sicher. Der Atem aber bleibt hier ebenfalls in einer unbewussten Bindung, und somit stehen wir noch nicht in der Kraft einer freien Willensentfaltung und integrativen Selbstgestaltung hinein in die Welt. Manchmal kann diese Kondition zu einem altruistischen Leben beitragen. Die Gefahr einer Schwäche kann jedoch durch die Exkarnation, in der sich die Seele mit der zu flachen Atembewegung befindet, entstehen.

Erst in der dritten Ebene, dann, wenn wir den Atem als einen kosmischen Bürger erschauen und unser Gedankenleben in einer Unabhängigkeit dazu identifizieren, erkennen wir die innerste Freiheit unserer Individualität und unseres einzigartigen Gnadenwesens in der Seele und im Willen. Unsere Seele erfährt sich gleichzeitig mit dieser Erkenntnis als eine von Gott stammende ewige Seele, als ein Selbst, als ein einzigartiges Leben und Sein, das niemals innerhalb der Gesetze dieser Welt geboren ist. Aus dieser Kondition ist die freie Schaffenskraft und integrative Ausrichtung zur Welt wie auch zum Kosmos und Geist gegeben.

Diese dritte Ebene wollen wir mehr und mehr in der Betrachtung des Yoga entwickeln. Wir wollen dann nicht mehr nur mit Hilfe von Atemübungen uns in eine erdachte, gefühlvolle Sphäre des Erlebens hineinatmen oder nur die Energie des *prāṇa* für den vitalen Vorteil benützen, sondern wir wollen in der dritten und freien Ebene den Atem als den umgebenden sphärischen Luftkreis erkennen und in Unabhängigkeit dazu den Gedanken in der Gedankenlichteswelt erschauen. Obwohl wir die beiden ersten Konditionen, die des materialistischen, gebundenen Prinzips, des Vitalprinzips mit dem Atem und das ihm polar gegenüberliegende passive Prinzip der Weltenzurückhaltung zu einem gewissen Grade bejahen und durchleben müssen, bemühen wir uns innerhalb der Übungen und Meditationen um eine zunehmende Objektivierung all jener Kräfte, die uns mit einem spezifischen Luftkreis führen und uns im Atem autonom leiten. In dieser Erkenntnismühe, Bewusstseinsausrichtung zum Wesen und Objekt des Atems und zu der unterschiedlichen Bedeutung des umgebenden Luftkreises, erfahren wir die aufwachende und bereits gegebene Einzigartigkeit der Freiheit, die uns immer schon gegeben war im Selbst und durch das Selbst.

VI

Einige einfache Übungen zur Atemunterstützung

Die Atemtherapie kann bei den verschiedensten Krankheiten eine wertvolle heilende Bereicherung und Hilfe bieten. Sie wurde bisher auf verschiedenen Wegen entwickelt und konnte auch sehr förderliche Beiträge bei den verschiedensten Krankheiten zur Aktivierung des Stoffwechsels oder zur Entspannung des Nervensystems geben. Diese nun folgenden wenigen Beispiele mögen einen kleinen Eindruck und Einblick in psychophysische Zusammenhänge vermitteln und die innere Seite eines Beziehungsfeldes, das zwischen Atem und Denken besteht, aufzeigen. Die Heilung, Entspannung, Vitalisierung oder Harmonisierung sowie auch eine erste schöpferische Gedankenbildung können mit Hilfe von Vorstellungen, Bildern und entsprechend leichten oder auch spannkräftigen Übungen eine Unterstützung finden. Die Atemtherapie, wie sie hier begleitend zu anderen Therapien verstanden wird, arbeitet weniger mit einer sehr gymnastischen und vitalen Methode, sondern mehr mit Bildern, Vorstellungen und mit einer entsprechend konzentrierten Ausrichtung auf bestimmte Regionen, die geschwächt oder mangelhaft durchströmt sind. Die Übungen sind in der Regel nach einem System und einem Inhalt aufgebaut, die jene Empfindungen zu dem *cakra* schenken, das im Erleben erfahren werden soll. Es sollen jene Energiezentren zur Entwicklung kommen, die noch nicht entwickelt wurden.

Die Entwicklung des 6. Zentrums bei einer Depression

Durch diese Art der Therapie entwickelt der Suchende verschiedenste neue Empfindungen, und er gewinnt einen Eindruck über eine Wirklichkeit, die ihm bislang zu wenig in das Bewusstsein rückte oder ihm noch völlig verschlossen war. Die Atemarbeit ist immer mit einer Empfindungsentwicklung verbunden.

Ein kleines Beispiel zur Unterstützung durch Atemübungen bei einer pathologischen Tendenz sei anhand der Depression aufgezeigt.[12] Aus einer kurzen Skizze kann schließlich eine erste Vorstellung über das Wesen der Depression entstehen und weiterhin eine Idee zu der Möglichkeit einer Atemanwendung mit Aktivierung eines *cakra* erwachen. Innerhalb der Depression besteht ein Grundton des Jammerns und Seufzens, und es zeigt sich sehr deutlich, wie die Atmung in allen Bereichen, sowohl Einatmung, Atempausen und Ausatmung, gestört ist. Die natürliche rhythmische Ordnung des normalerweise unbewusst fließenden Atems gerät aus den Steuerungen, und es entsteht ein Bewusstsein an einer falschen Stelle. Dieses Bewusstsein stürzt zu tief in das Leibliche hinab, das der Depressive schließlich auch in einer überdurchschnittlichen Empfindlichkeit oder zumindest in einer vegetativen starken Aufnahmefähigkeit bemerkt. Der Atemrhythmus ist wahrhaftig zu tief in die leibliche Bewusstheit abgeglitten, und die natürliche kosmische Weite des Atems geht verloren. Mit dieser kosmischen Weite, die die tragende Kraft und die im konventionellen Leben noch unbewusst führende und lenkende, weisende Macht darstellt, ist auch das Gedankenleben in Verbindung. Mit dem gestörten Atemrhythmus entwickelt sich ein enges, fixiertes, grübelndes und sorgenbeladenes Denken, das in Wirklichkeit ganz im Leibe wurzelt und sich aus dem Leibe selbst hilflos ausgeliefert und gefangen sieht. Vielleicht könnten wir auch sagen, es ist primär der Gedankenprozess, der hinabgestürzt ist in den Leib und den Atem dadurch aus der kosmischen Weite nimmt. Welche Faktoren aber an der ersten Stelle stehen, ist einerlei; das Wesentliche der Krankheit ist doch deutlich ersichtlich. Wir sind mit unserem Atem im Leibe gefangen. Deshalb ist bei der Therapie einer Depression eine Atemanwendung nötig, die den Atem hebt, ihn aus den Gedanken heraus weitet und ihn in eine größere natürliche Freiheit, beginnend aus dem Zentrum des Hauptesbewusstseins, hineingliedert. Die Übung des Drehsitzes, *matsyendrāsana*, schenkt eine Andeutung von dieser grundsätzlichen Freiheit des Handelns, der Übersicht des sechsten Zentrums und der formenden Bewegung von oben nach unten in den Leib. Der Atemprozess muss in einem größeren Rhythmus des gesamten kosmischen Daseins eine Eingliederung erfahren. Dies geschieht nun nicht direkt durch die Atemübung, sondern durch die Entwicklung des sechsten Energiezentrums, das im Haupte lokalisiert ist und durch das Denken und durch die Weite des gedanklichen Wahrnehmens gekennzeichnet ist. Dieses sechste Zentrum, die wache Gedankenentwicklung

Die Gedankenentwicklung ist ein regelrechtes Studium

und die weite Vorstellung innerhalb der erschaffenen Gedanken mögen hier einen ersten Grundstein in der Therapie einnehmen. Diese Gedankenentwicklung entsteht nicht allein durch eine Atemübung, sondern sie entsteht durch ein rechtes Studium und ein entsprechendes mentales, rhythmisch geordnetes Training. In der Heiltherapie findet dasjenige seine Anwendung, was wir als Stu-

Vorbereitung zum Drehsitz

Bei der Stellung des Drehsitzes entsteht im Körper eine spezifische Form, die aus der Vorstellungskraft des Hauptes geformt wird. Diese vorbereitende Variation von ardha matsyendrāsana, dem halben Drehsitz, können Anfänger ausführen. Sie ist eine Übung, die den Atem in der Sensibilität und Tiefe und in der freien Verfügung erfahren lässt.

dium der Imaginationen zu den *āsana* bewerten. Die Imaginationen sind kosmische Bilder und sind aus Gedanken entwickelt, die geistigen Ursprungs sind. Sie heben das in die Tiefe hinabgestürzte Verhältnis des Bewusstseins auf und bringen eine Neuorientierung und einen Neubeginn in das Dasein des Depressiven, der so notwendig eine Energetisierung über das Haupt benötigt.

Halber Drehsitz, *ardha matsyendrāsana*

Der halbe Drehsitz beschreibt eine zur Ruhe gekommene Form. Die Heilkraft dieser Stellung liegt in der Erfahrung des Hauptes, das sich über der Form mit der wachen Übersicht und konkreten Gedankenkraft auf freie, unabhängige Weise erlebt. Der Übende kann während der Ausführung die Erfahrung finden, dass der Atem tatsächlich von dem Denken auf sensible Weise unabhängig wird.

Sanfte Yogaübungen sind bei Bronchitis empfehlenswert

Ein anderes Krankheitsbild, das über die Bewusstwerdung der mittleren *cakra* geheilt wird, soll in aller Kürze eine Beachtung erhalten. Bei einer akuten und chronischen Bronchitis, die eine typische entzündliche Erkrankung darstellt, sollte der Atem nur durch sehr sanfte Übungen eine Begleitung erhalten. Meist überwiegt eine zu starke Vitalisierung im Atem, die die Eiweißbildung zu einem Übergreifen führt, wodurch Stoffwechselschlacken in erhöhtem Maße anfallen. Wer sehr sorgfältig, beobachtend in der mentalen Ausrichtung, exakt die Bewegungen einer *āsana* übt, den Atem weich und innerlich lässt, beruhigt über das Bewegungsleben die entzündlichen, überschießenden Reaktionen. Bei den häufigen Erscheinungen der überschießenden Entzündung in dem Bronchial- und

Fisch, *matsyāsana*

Der Fisch wirkt auf die Durchatmung des Brustraumes, er erhebt das Lungenorgan, aktiviert das fünfte Energiezentrum, viśuddha-cakra, und kann innerhalb eines Übungsrahmens depressive Stimmungen heilsam beeinflussen. Nach der Ausformung des Drehsitzes schließt sich eventuell diese Stellung sinngemäß an. Die Atmung fließt weniger in den tiefen Bauchraum, sondern in den Brustraum und in die Lungenspitzen.

Laryngialraum, die in jedem Alter auftreten, ist des Weiteren auf die Eiweißverdauung zu achten. Sowohl ein Zuviel als auch ein Zuwenig an Eiweiß ist sehr ungünstig. Durch geeignete Bittermittel und eine Meidung von reizenden, zuckersüßen Stoffen sowie von Südfrüchten und Obstsäften kann leichter eine Heilung einsetzen.

Dreieck, *trikoṇāsana*

*Die Grundstellung des Dreiecks, die für Anfänger leicht
erlernbar ist, ist eine der wertvollsten physiologischen Atemübungen, da
sie die Flankenatmung belebt und Störungen im Stoffwechsel auflöst.
Die Flankenatmung ist bei den meisten Menschen zu wenig entwickelt.
Aus der Seitenperspektive ist die Bewegung, wie sie exakt in der geraden
Linie gehalten wird, sichtbar.*

Das Bewusstwerden der mittleren *cakra* mit Hilfe von einer Aufmerksamkeit und sanften Lenkung des Atems oder mit Hilfe von sehr sorgfältig ausgeführten Bewegungen und einer freien Atemintensivierung, bei der noch nicht spezielle Rhythmen und Anhaltephasen, wie es bei *prāṇāyāma* geschieht, praktiziert werden, sind therapeutisch außerordentlich wertvoll. In der Dreieckstellung beispielsweise erlebt der Übende die Flankenatmung und das *cakra* am Sonnengeflecht. Er fühlt Weite, Belebung und eine regenerative Durchströmung in diesem mittleren Körperteilabschnitt. Aber es gibt noch viele weitere *āsana*, die durch ihre spezielle Dynamik, verbunden mit einer lebendigen, aber freien, bewussten und sanften Intensität des Atmens die mittleren Energiezentren beleben und auf einfache und harmonische Weise ansprechen. Je mehr sich der Übende mit den Imaginationen und Bildern zu den einzelnen Stellungen auseinandersetzt, desto mehr belebt er auf aktivere und direktere Weise die einzelnen Zentren.

VII
Vier Dimensionen in einem Atemzug

Eine relativ spezielle Atemübung, die allgemein zur Entspannung wie auch zur sanften Vitalisierung dienen kann, soll hier noch einmal eine Skizze erhalten:

Nehmen Sie die Rückenlage ein. Werden Sie sich der Flanken in der Region nahe oberhalb der Taille bewusst und atmen Sie in einem sanften Hauch in diese Region ein. Der untere Teil des Brustkorbes mit den sogenannten fliegenden Rippen dehnt sich aus und erfüllt die Taille. Atmen Sie schließlich im gleichen Zug in die Fortsetzung von den Flanken weiter ein in die Tiefe des Bauchraumes, so dass Sie das Gefühl erhalten, der Atem erfüllt und berührt den Beckenboden. Nun atmen Sie aber noch weiter im gleichen Zuge ein und lenken die Aufmerksamkeit hinauf zu den Schlüsselbeinen und beginnen dort den Brustkorb zu füllen. Die obersten Rippen heben sich geringfügig an. Schließlich führen Sie den Atem gedanklich und bewusst direkt in die Mitte des Brustkorbes in die Herzregion und beenden somit die große Einatmung. Die Ausatmung erfolgt entspannt, weich und natürlich.

Bei dieser großen Einatemphase in die vier Teilregionen Flanken, Bauch, Lungenspitzen und Herz erleben Sie in einer spezifisch gewählten Abfolge die einzelnen Teilregionen des Rumpfes. Die *cakra* sind nach der Reihe vom dritten beginnend zum zweiten, schließlich zum fünften und am Ende zum vierten auf

Seitliches Dreieck hat eine kräftigende Wirkung

Seitliches Dreieck, *pārśva trikoṇāsana*

Das gebeugte seitliche Dreieck, das gegenüber der Grundstellung eine gewisse Schwierigkeitssteigerung bringt, fördert die Bewegungsdynamik im gesamten Körper und zentriert die Atmung im zweiten Energiezentrum, svādiṣṭhāna-cakra. Diese Stellung wirkt allgemein kräftigend.

Atemübung in der Reihenfolge der Energiezentren 3, 2, 5 und 4

sanfte Weise mit der Atemlenkung angesprochen. Sie können die Übung mit etwa zehn bis fünfzehn Atemzügen im Liegen ausführen, daraufhin kurz entspannen und wieder in natürlicher Tätigkeit den Tag fortsetzen. Der Vorteil dieser Übung ist neben dem Bewusstwerdeprozess des Atems, der die verschiedenen Teilbereiche des Rumpfes erobert, eine natürliche Anregung der aufbauenden Stoffwechselkräfte von der Mitte ausgehend und harmonisch über den Körper verströmend. Die Reihenfolge ist bewusst nicht von oben nach unten, wie beispielsweise vom Brustkorb zum Bauchraum oder vom Bauch zum Brustkorb gewählt, sondern von der Mitte, dem dritten Zentrum ausgehend, von dem Zentrum der Weite zu dem Zentrum der Tiefe, und von diesem ausgehend zu dem Zentrum der Sensibilität, denn die Schlüsselbeine deuten auf Sensibilität, und schließlich in der letzten Stufe in die Ruhe des Herzens aufgebaut. Mit dieser Reihenfolge richtet sich in der Folge des Übens die Wirbelsäule günstiger in einer sensitiven, getragenen und stabilen Haltung auf.

In der Weite erlebt der Übende das Wesen der Luft und die Ausdehnung seiner persönlichen Möglichkeiten in die Zukunft, mit der Tiefe erlebt er die eigene Körperlichkeit und das Ergreifen dieser durch den Willen. In der Schlüsselbeinatmung, die der Sensibilität entspricht, offenbart sich das seelische Wesen des Berührtseins mit der Außenwelt, das feine Empfinden des Anderen, des Neuen, des Unbekannten. Im Herzen, der Atmung der Innerlichkeit und des Zentriertseins, erlebt der Übende schließlich sein eigenes personales Sein, seinen Mittelpunkt in der Welt und im Wesen des Leibes.

Es gibt noch zahlreiche andere Übungen, die mit Hilfe von Vorstellungen oder mit Bewegungen des Körpers erfolgen und therapeutisch nutzbar sind. Die Atemübungen sind immer zu einem gewissen Grade auch Bewusstseinsübungen. Bei allen Übungen sollte aber nicht das utilitaristische Prinzip des Nehmens überwiegen, sondern es sollten Erkenntnisprozesse, Beobachtungen und objektivierende Wahrnehmungen zum Wesen des Atems und zum Verstehen des umliegenden kosmischen Luftkreises entstehen. (Weitere Anregungen finden sich in dem Buch: »Harmonie im Atmen«.)

Vier Atemregionen

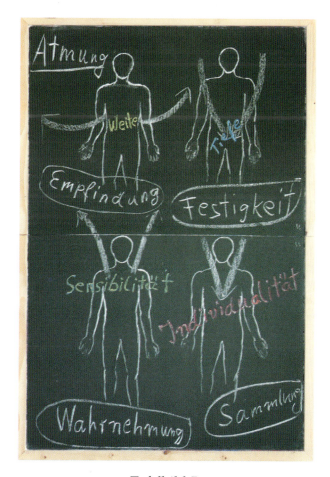

Tafelbild 5

Der Therapeut kann durch sanfte Gesten nahe am Körper die Bewegung der Atmung in die verschiedenen Regionen andeuten. Hierzu muss er den Patienten nicht berühren.

1. *Flankenatmung (Weite)*   2. *Tiefenatmung (Tiefe)*
3. *Schlüsselbeinatmung (Sensibilität)*   4. *Mittenatmung (Individualität)*

Das Zirkulationssystem

I

Die Bewegung des Blutes

Beobachten wir zuerst die physiologisch sichtbaren und nachweisbaren Tatsachen über die Bahn des Blutes durch den Kreislauf. Ein Erwachsener besitzt etwa fünf bis sieben Liter Blut. Dieses zirkuliert beständig in den Organen und Gefäßen. Es strömt vom linken Herzen über die Aorta in die Halsschlagadern, in die Schlüsselbeinarterien und über die Bauchschlagader in die Beine. Von den größeren Schlagadern fließt es in die kleineren Zweige, die Arterien und Arteriolen, und schließlich in die Kapillargebiete, die sehr feine Haargefäße sind. Das arterielle Blut des großen Körperkreislaufes ist sauerstoffreich. Nachdem es durch die feinen Kapillaren geströmt ist, nimmt es Kohlensäure auf und fließt über die Venen zurück zum rechten Herzen. Über das rechte Herz gelangt es in die Lungenarterie und in die Lunge, in der es die Kohlensäure abgibt und den Sauerstoff aufnimmt. Das frisch versorgte Blut kommt aus der Lunge in das linke Herz, und dort beginnt der Kreislauf von neuem.

Auf diese mehr wissenschaftliche Betrachtung des zirkulierenden Blutes darf eine erste imaginative Tatsache mit einer erweiternden Interpretation und Beschreibung über die verborgenen und immanenten Dimensionen dieses Kreislauflebens erfolgen. Das kohlensäurereichhaltige Blut, das mehr von bläulicher Farbe ist, fließt über die Venen des Körperkreislaufes zurück zum Herzen. Dieses sauerstoffarme Blut, das in den Kapillaren ausstrahlt, ist nach der übertragenen Bedeutung ein Ausdruck für das tötende und erstickende Leben. Nach der Einmündung in das rechte Herz verlässt dieses mit der tötenden Kohlensäure beladene Blut die rechte Herzkammer und fließt über die Lungenarterie in die Lungenalveolen, wo es mit dem Atemvorgang zusammentrifft. Hier an diesem Ort des Austausches nimmt das Blut den Lebenscharakter des Sauerstoffes auf und fließt zurück über die Lungenvene in das linke Herz, von dem aus es schließlich über die Arterien und Arteriolen in die Kapillargebiete einmündet.

II
Das Herz als Inkarnationsorgan

Das Herz ist das Inkarnationsorgan, das Organ, das das Ich im Leibe aufnimmt und verankert. Die Inkarnation, die Eingliederung einer Seele in den Leib, bedeutet Leben, Bewusstsein und Selbstsein. Das Herz ist der Ausdruck für Leben und für das Selbstsein. Gleichzeitig ist aber auch durch die Kohlensäure die Exkarnation und das Erlöschen des Lebens gegeben. Im Kreislaufleben äußern sich die Vorgänge der Inkarnation und der Exkarnation einer Seele in der Form von Tod und Leben, von Kohlensäure- und Sauerstoffwirkungen, und das Herz ist der Ort der Einheit und Physis für diese gegebene, im rhythmischen Wechsel pulsierende Wirklichkeit.

Von der geistigen Imagination ausgehend arbeitet in diesem Zirkulationssystem eine rhythmische Polarität, die sich zwischen Lebenskräften und Todeskräften ein individuelles Gleichgewicht sucht. In den tiefsten Schichten, dort, wo der Sauerstoff über das Blut in das Gewebe hineingedrückt wird und die Kohlensäure auf das Blut überstrahlt und überladet, existiert die Region des tiefsten Innersten und gleichzeitig die Sphäre des Todes. In diesem Kohlensäureaustausch lebt die Begegnung in einem tiefsten Unterbewusstsein mit uns selbst, und deshalb existiert in dieser innersten Schicht des Körpers der Keim des geistigen Lebens. Dort aber, wo die Sauerstoffaufnahme und die Kohlensäureabgabe stattfindet, an jenem Berührungspunkt in der Lunge, webt das wache und für uns sympathische Zeichen des Lebens, das wie ein unwägbarer, sensitiver Stoß erscheint und im Keime bereits das sterbliche und irdische Leben verkündet.

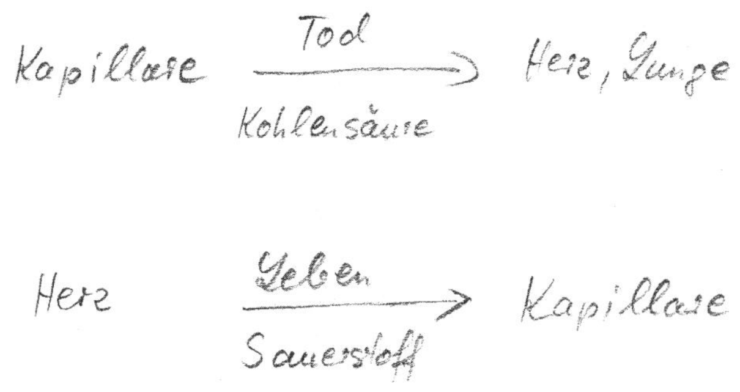

Kapillare —— Tod ——> Herz, Lunge
Kohlensäure

Herz —— Leben ——> Kapillare
Sauerstoff

Skizze 6

Von diesem Standpunkt der Imagination beschreibt das Kreislaufleben ein ständiges Pulsieren von jenen beiden großen Mächten, die in Tod und Leben und im Inneren und Äußeren ihren Ausdruck nehmen. So erscheint der Kreislauf wie ein unendlich schwingendes Pendel, das zwei große Gegensätze vereint, und er symbolisiert ein kosmisches Geschehen in einer innewohnenden Einheit des Geistes.

Das Herz hat anatomisch betrachtet zwei verschiedene Hälften, die mit einer Scheidewand voneinander getrennt sind. Die linke Kammer versorgt den großen, lebensfreudigen Körperkreislauf, die rechte Kammer den von Todeskräften beladenen Lungenkreislauf. Zu diesen beiden Herzhälften kommt jeweils ein Vorhof. So ist das Herz insgesamt vierteilig, und es ist dies ein Ausdruck für die irdische Welt. Zwei von den vier Herzklappen befinden sich an den Vorhöfen. Sie sind während der Systole geschlossen, damit das Blut nicht in die Vorhöfe und in das venöse System zurückströmt. Während der Diastole sind die Klappen an den Hauptausgängen des Herzens geschlossen, damit das Blut aus den Arterien nicht zurück in das Herz fließt. Diese Klappen arbeiten nach jener rhythmischen Dynamik und Mechanik, die ihnen durch das Niveau in den Kapillargebieten gewiesen wird. Das Herz ist das Inkarnationsorgan, und es ist Leben und gleichzeitig ist es von jener immer zugehörigen Dimension des Todes, jener anderen Seite des Lebens, heimgesucht.

Im rechten Herzen drückt sich unbewusst der Seelenanteil der tendenziell mehr marsbezogenen Eigenschaften aus. Wir streben nach der Einatmung und Sauerstofffülle des Blutes, nach der arteriellen roten Farbe, da in der Seele der Drang nach Aktivität und Eroberung, nach Taten, Männlichkeit und Weltensieg besteht. Der Körperkreislauf, der dagegen vom linken Herzen ausströmt, besitzt in sich das verborgene Gefühl des Venushaften, das ist das Gefühl nach Hingabe, nach Weiblichkeit, nach dem Du. Das Blut möchte aus dem linken Herzen venös werden und sich mit diesem Gefühl der Hingabebereitschaft aufladen. Aus dem rechten Herzen möchte es jedoch den Tatendurst erfüllen und den Gegenpol zur Venus, den marshaften Wettkampf erfahren. Diese beiden Planeten regieren das Herz in den beiden Kammern. Sie sind der polare Ausdruck des Astralleibes. In der größeren Weisheit jedoch ist es die Sonne, die eine Freiheit im Blute und in den angelegten polaren Rhythmen des Astralkreises eröffnet. Das Herz bildet das Zentrum der weisheitsvollen Einflüsse verschiedener Planeten und Gegensätze. Es schenkt in der Entwicklung und Ausgeglichenheit einen erhöhten Lebenssinn mit sonnenhaftem Frieden. Die Sonne umwandert die unendliche Sphäre und tritt mehr vom inneren Pol der Erde über die Füße in den Menschen hinein. Die Sonne erfüllt den Menschen von unten oder von der Erde ausgehend bis hinein in die Zellen. Hierin liegt ein verborgenes Christusmysterium. »Der mit mir das Brot isst, hat seine Ferse gegen mich aufgehoben.« (Joh 13,18)

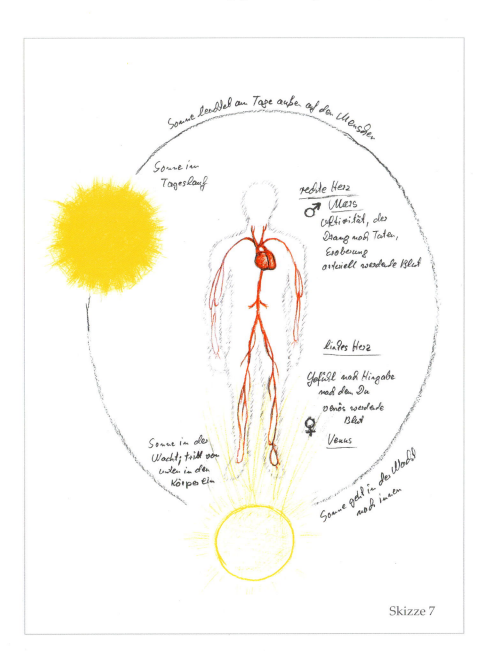

Skizze 7

III
Der vitalisierende und der asketische Ansatz von Übungen

Nach dieser vergleichenden anatomisch-physiologischen Skizze ergeben sich einige verschiedene Zweige, wie mit Meditationen und *āsana*, sowie mit allen anderen Arten von Übungen umgegangen werden kann. Die Betrachtung der physiologischen Gesetze durch imaginative Einsichten führt zu der Entwicklung eines koordinierten und systematischen Übungsansatzes, der die Seele auf geeignete positive und integrale Weise fördern kann.

Es gibt eine mehr körperliche, inkarnierende, das vorgegebene vitale Element betonende Übungspraxis, bei der die materielle und direkte Ausrichtung auf die Gesundheit das Ziel bestimmt, dann gibt es eine mehr asketisch orientierte Meditations- und Übungsweise mit einer Neigung zu Weltenrückzug und einer Verneinung der körperlichen Bedingungen, und schließlich gibt es eine ganz andere, davon unterschiedene lösende und auf die Stärkung der Seele bezogene Übungspraxis, die weder besonders vitale noch asketische Merkmale aufweist. Diese drei Übungsformen sind in ihren reinen Ausprägungen meist nicht offensichtlich vorzufinden, jedoch bestimmen bestimmte Ideale und Neigungen die Richtung des Praktizierens. Jede Meditations- und Körperübungspraxis lenkt ihre Schwerpunkte auf eine bestimmte Form des Ideals.

Die erste vorzugsweise körperliche Praxis wird im Westen die wohl geläufigste und am leichtesten zugängliche sein, die für viele Menschen heiltherapeutisch und lebensqualitativ unterstützend gemacht wurde. Die *yoga-āsana*, besonders bei einer Ausführung mit Spannkraft und Dynamik, belebt das Zirkulationssystem und die Sauerstoffaufnahme sowohl im Kontaktpunkt in der Lunge als auch im Gewebe. Die spannkräftigen Übungen bewirken eine zunehmende Durchatmung bis hinein in die tiefsten leiblichen Schichten, denn durch die Einsatzfreude, Gewebestimulierung und beweglicher werdende Atmung dringt die Sauerstoffzufuhr weitaus mehr in die inneren Regionen hinein und treibt die schlackenbildende und ertötende Kohlensäure in das Endgebiet zur Ausatmung in die Lunge und Haut. Diese lebensbringende, reinigende, entstauende und vitalisierende Übungspraxis erhält durch verschiedene spannkräftige, sinnvoll aneinandergeordnete und vielseitig die differenzierte Muskulatur ansprechende Abfolge von Übungen, verbunden mit einer beweglich lebendigen Atmung, eine besondere Unterstützung. Ebenso finden die venösen Gefäße an den Beinen, die oftmals durch einseitige, stehende Beanspruchung überlastet sind, einen recht

Schulterstand: Umkehrstellungen entlasten den Kreislauf

guten Nutzen aus den Umkehrstellungen wie Schulterstand und Kopfstand, bei denen scheinbar das Blut leichter den Weg zurück zum Herzen findet. Es ist in jedem Falle mehr der allgemein kräftigende und befreiende, an den Sauerstoff gebundene Atemprozess in Verbindung mit der Gewebestimulierung, der Stauungen in den Beinen und in dem Gewebe auflösen kann und dadurch zu einer besseren Gesamtharmonie in der nachfolgenden Durchströmung beiträgt.

Schulterstand, *sarvāṅgāsana*

Der Schulterstand ist eine Übung, die zur Innerlichkeit und zur Zentrierung der Energien im Herzen führt. Sie wirkt entlastend auf den Kreislauf und fördert sanfte Empfindungen einer introvertierten Bewusstseinshaltung.

Der neue Yogawille als dritte Übungsform

Diese Art und Weise des Übens darf aber noch nicht als eine spirituell orientierte Yogapraxis verstanden werden, denn sie betrifft in dieser mehr gymnastisch anmutenden Art noch viel mehr den Körper und seine Vitalisierung. Sie bietet den in unserer Konsumgesellschaft und materialistisch orientierten Kultur häufigsten Verständnisansatz zu Yoga, da dieser mit den Gedanken an die sichtbare Lebensenergie, *prāṇa*, gebunden ist und auch sehr schnelle Erfolge und Vorteile für die Gesundheit schafft.

Polar zu dieser mehr materiell-körperlich geprägten Übungsweise stehen die Wege der Entsagung, des Fastens, des Rückzuges, der Strenge und Kasteiung des Fleisches, der harten Befolgung gesetzlicher Vorschriften und Gebote, die Disziplinierung des Körpers und Zügelung des vitalen Triebgefühls und schließlich sogar die Opferbereitschaft bis hin zur Aufgabe von der natürlichen Gesundheit des Körpers. Diese Formen, die heute im Yoga seltener geworden sind, zeigen sich tendenziell lebensverneinend und schwächen das allgemeine vitale Blut des Lebens, das mit den Trieben beladen ist. Indem sich die Frische des sanguinischen Temperamentes, des lebensfreudigen Hingeneigtseins zur Welt dämpft, erhofft sich der Yogapraktizierende einen inneren Fortschritt in der Seele und eine Reinheit im Dasein zu Gott.

IV

Der neue Yogawille

Die aber ganz anders hier angeratene, mehr lösende und zugleich aktivierende Art der Yogapraxis ist nicht auf die Steigerung des Wohlgefühls im Körper oder auf die Reduzierung des triebhaften Verlangens vordergründig ausgerichtet, sie sucht viel mehr einen unmittelbaren Bezugsansatz zu der Seele, zu der gesteigerten inneren Erlebenskraft und zu einer Stärkung der Seelenkräfte des Denkens, Fühlens und des Willens. Durch diese Orientierung zu dem Geheimnis der Seele nimmt die Übungsweise einen gewissen Gegensatz an zu der mehr vital orientierten Ausrichtung des westlichen Yogaverständnisses sowie auch zu den mehr östlichen asketischen Yoga- und Meditationstechniken.

In der Regel betonen wir aber eine Übungsweise nach den ersten Erfolgsaspekten und bewerten sie dann als sehr positiv, wenn das Wohlbefinden und die Gesundheit des Körpers besser werden. Diese Betrachtung nimmt den Ausgang in der Einatemphase oder im Lebenselement des Sauerstoffs, der der eigentliche Träger eines kräftigen und vitalen Lebens ist. Die andere Art des Yoga, die asketische Form, beginnt aber am wenigsten mit einer Vitalitätssteigerung, sondern sie beginnt in ihrem initiatorischen Ansatz, wenn wir vergleichsweise in der bisherigen Betrachtung bleiben, in jener Region, die den innersten Schichten des Gewebes entspricht, dort, wo der kapillare Austausch und die Kohlensäureabgabe an das Blut stattfindet. Wir haben bereits die wichtige mysteriöse Tatsache erwähnt, dass in dieser Berührung der inneren Atmung die Begegnung mit dem Selbst stattfindet, mit jenem einzigartigen Mysterium, das sich niemals in einer Steigerung des Lebenselementes, sondern vielmehr im Tode ausdrückt und das mit der Kohlensäure als dem ertötenden Stoff bis in das Herz und die Lunge sich fortsetzend weiterströmt. Nun aber leben wir nicht in Einseitigkeiten, und es entsteht in der Fortsetzung der Kohlensäurewirkung der entledigende Vorgang und die einsetzende lebensfrische Sauerstoffzufuhr in der Lunge. Dieser Sauerstoff verhindert ein Ersticken und hält die Organe in der vitalen Kraft und Gesundheit. Deshalb sind diese beiden Ansätze, der vitale wie auch der asketische, polare Disziplinen, die zu ihrer harmonischen Vereinigung und Mitte eines neuen, größeren und führenden Selbst bedürfen.

Nehmen wir aber nun einmal die Vorstellung an, dass wir diesen Vorgang des Todes, der in uns als ein Gegenspieler zum Atemversorgungsvorgang stattfindet, bewusst spüren und identifizieren würden, so würden wir wohl in der augenblicklichen Erkenntnis so sehr überrascht und überwältigt sein und die Einatmung verweigern. Wir würden uns in der Überraschung durch die Begegnung mit dem bisherigen Selbst, das eine rein geistige, unmanifestierte Dimension, die bereits in uns existiert, darstellt, gegenüber der Einatmung weigern. Die Realität dieses Mysteriums und verborgenen Tatbestandes müsste überwältigend auf uns wirken und uns von der beständigen Drangsal nach Einatmung und Leben erlösen. Das Erlebnis würde uns zu jener vergangenen Realität eines Selbstseins in uns führen und uns die Nichtigkeit eines Lebenswillens zeigen, der in unserer Kultur durch eine starke Lebenssehnsucht und Lebensbestätigung verankert ist. Da aber diese direkten, augenblicklichen Erkenntnisse einer vollkommenen Exkarnation nicht eintreten und auch nicht in das Bewusstsein rücken dürfen, und sie wohl, wenn sie auf zu harte Weise durch Askese erzwungen werden würden, nicht förderlich sein könnten, gründet sich die neue Yogapraxis auf anderen Grundsätzen und sorgfältig gewählten Methoden, bei denen das Ich-Selbst in der Form von Erkenntnis und Hingabe neu in das Leben hineingesteuert wird.

Erfahrungen über das tatsächliche Wirken der anderen Seite des Lebens, jener der Kohlensäurewirkung, der Substanzen, die tötend wirken und ausgeatmet werden müssen, erfährt der Schüler in einer leisen Andeutung, wenn er sich in

Unterscheidungsschulung fördert ein erstes integrales Bewusstsein

einer Übung mit dem Körper, beispielsweise in der Kopf-Knie-Stellung oder dem Drehsitz oder auch in einer rückwärtsbeugenden *āsana*, einer vollständigen Bewegungslosigkeit und schweigenden Stille mit gleichzeitig gehaltener wacher, beobachtender Übersicht hingeben kann. Die Wahrnehmung und Gedankenkraft verweilt wie ein Zeuge gegenüber dem ruhenden Körper, nur der Atem bewegt sich im autonomen Rhythmus. Die Finger, die Glieder, sogar die Sinne wie die Augen, der Blick und die Wahrnehmungen halten inne, verharren in sekundenlanger Bewegungslosigkeit, gleichsam wie eine grazile, flackerlose Feuerflamme, die ohne Luftstörung in einer zeitenlosen Stille des Raumes brennt. Wir können diese Form der Beobachtung, die einen hohen Grad der Ruhe und eine große Wachheit im Bewusstsein voraussetzt, als das stille Feuer bezeichnen, denn es ist der Körper wie ein Instrument des Feuers, der aber so ruhig ist wie eine Flamme im stillen Raum. Jene sensitiven Mächte, die man früher als regelrechte Triebkräfte identifizierte und die an den Kreislauf mit dem strömenden Blut gebunden sind, geraten für wenige Erfahrungsmomente in eine Loslösung. Der Augenblick des bewussten Schweigens in der *āsana* führt zu einer Art inneren Erinnerung an das Geheimnis des Todes. Mit der Ruhe des Körpers schweigt für Sekunden auch die Unruhe des Triebes. Der Übende benötigt für diese Erfahrung jedoch eine gute Konzentration und eine wache, gelöste Übersicht über seinen eigenen Körper und seine Gefühle.

So wie Übungen zur Steigerung des Wohlbefindens im Yogaunterricht heute natürlich sind, können auch jene intensiven Konzentrationsübungen des Schweigens zu einem gewissen Grade eine Berechtigung gewinnen. Es ist aber für den neuen Yogawillen, der eine dringliche Notwendigkeit für unsere Zukunft darstellt, wichtig, dass der Schüler, bevor er mit sehr vielen Körperübungen und verschiedenen Methoden praktiziert, eine erste Unterscheidungsschulung über das Ziel des Yoga ausprägt. In dieser unterscheidenden Bewusstseinsentwicklung lernt er die verschiedenen Ausdrucksformen am Körper lesen und identifizieren. Eine Übungspraxis, die den Atem benützt, um das vitale Element und die Gesundheit zu steigern, äußert sich anders und vielleicht auch im Berührtsein schmerzlicher als vergleichsweise eine Übungspraxis, die durch Aufopferung, Weltenverneinung und eine unberührte, reine Lebensreformierung motiviert ist.

Die Unterscheidungskriterien, die über die Gedanken und Empfindungen erwachen, fördern ein erstes integrales Bewusstsein, das den Schüler schließlich über die polaren Gegensätze erhebt und ihn sicherer in der Persönlichkeit gründet. Diese Yogapraxis, die in einem freieren Atemraum und mit wachen, ruhigen Beobachtungen beginnt, erscheint am einfachsten all jene Widersprüchlichkeiten

Skorpion: Stellung der Konzentration und Reinheit

Skorpion, *vṛścikāsana*

Jede Übung des Yoga besitzt eine ihrem Wesen entsprechende besondere Dimension des Bewusstseins. Schwierige Stellungen besitzen meist eine anspruchsvollere, höhere Dimension als leichtere. Im Skorpion muss der Übende die Balance halten und zugleich die Bewegung führen. Hier im Bild senken sich die Beine in die Richtung des Kopfes, um dann in die Radstellung, cakrāsana, überzugehen. Die Konzentration, die hierfür erforderlich ist, wirkt wie ein stilles Feuer, das ohne ein Flackern brennt. Es ist diese Konzentrationsentwicklung mit der Entwicklung von Reinheit in den Gedanken und den Empfindungen verbunden. Wir können innerhalb der Ausführung von einer Reinigung von den begehrenden, vitalen Bedrängnissen des Blutes sprechen.

und polaren Gegensätze von Vitalisierung auf der einen Seite und Askese auf der anderen in das Licht einer Synthese zu einen. Wenn alle Übungen unter den ästhetischen Zielpunkten eines künstlerischen Ausdrucks und einer Sinngebung ihre Ausführung erhalten, ist ebenfalls die polare Entwicklung leichter in eine Mitte zu steuern. Das Ziel liegt nicht mehr in der Steigerung des körperlichen Wohlseins oder in einer psychophysischen Verbesserung, sondern in der Nachahmung und Nachrealisation von großen und hohen Gedanken, die aus den Ebenen der Weisheit und des Wissens geoffenbart sind und das Herz zu einer neuen Inkarnation, die über die herkömmlichen Polaritäten hinausgleitet, führen. Diese Übungspraxis erfordert aber eine sehr umfassende und sorgfältige Auseinandersetzung, und sie erfordert eine bewusst gewählte Zurückhaltung gegenüber jenem normalerweise üblichen schnellen, vitalen Gewinn in der Körpererfahrung. Vor allem erfordert der Yoga eine hohe Zielsetzung und ein reines geistiges Ideal, das jedoch weder in eine einseitige Askese einmündet, noch den sterblichen Aspekt des Lebens überbetont oder zumindest diesen nicht als die einzige Wirklichkeit wertet, sondern vielmehr die Weite und den Edelmut jener Werte betont, die sowohl im Irdischen eine himmlische Reinheit symbolisieren und im geistigen oder jenseitigen Dasein ein Bestehen haben. Diese Yogapraxis eines neuen Willens ist nicht so kompliziert und unnatürlich gewählt, wie sie vielleicht auf den ersten Blick erscheinen mag, sie betont nur größere Werte als die Gesundheit des Körpers und die Steigerung der Lebensenergie. Sie sucht Ideale, die sie für ein Gesundsein in der Seele für die Vorbereitung einer ganzheitlichen Synthese erstrebenswert hält.

So kann eine Übungsweise sowohl das Lebenselement, das der körperlichen Stärkung entspricht, fördern, sie kann aber auch Askese und Weltenrückzug betonen und sie kann in einem dritten, neuen und vereinigenden Willensgefüge auch die Ausrichtung zur Seele und die Stärkung der Seelenkräfte betonen und das Hinausgehen des Bewusstseins bis hinein in die jenseitigen Welten unterstützen. Die Herzensanlage bildet hier die physische innere Region von jenen verschiedenen großen Kräftespielen, die sich in Weltenbejahung und Weltenverneinung, Lebens- und Todeskräften, von Inkarnation und Exkarnation ein Gleichgewicht suchen.

Lotus: Stellung der Zentrierung des Gedankenlebens

Lotus, *padmāsana*

Indem wir zu jeder Übung bestimmte Empfindungen entwickeln und uns selbst und die Verhältnisse der Welt, des Kosmos und des Geistes studieren, die Erfahrungen integrieren, steigert sich die Kraft der Seele zur Aufnahme von Liebe und Hingabe. Der Lotus wird beispielsweise von vielen Anthroposophen als Meditationshaltung abgelehnt. Es ist jedoch die äußere Körperhaltung nicht entscheidend, auf dem Boden sitzend mit den Fußsohlen nach oben, oder auf einem Stuhl mit den Fußsohlen nach unten, vielmehr ist es bedeutungsvoll, welche eigene Auseinandersetzung wir zur Materie pflegen, zu uns selbst, zum Leben und zu den Wirklichkeiten der Schöpfung. Der Lotus wirkt sammelnd, zentrierend auf das Gedankenleben und bietet sich als Meditationshaltung je nach Können und in freier Wahl an.

V

Wo liegt der Mittelpunkt des Kreislaufes?

Diese Frage erscheint für eine kosmologische und imaginative Betrachtung außerordentlich wichtig, da sie eine tiefe Empfindungsfrage darstellt und mit ihren Definitionen und Rückschlüssen die Empfindungsbildung für die weitere Zukunft sehr wegweisend lenkt. Die Antwort, die sich in den medizinischen Lehrbüchern findet und die definitiv das Herz in den Mittelpunkt des Kreislaufes stellt, von dem die Blutzirkulation wie aus einem Pumpsystem beginnt, belädt unsere Empfindungswelt mit einer sehr auffälligen Enge, da wir uns mit dem Herzorgan zu sehr in eine physische Selbstbehauptung und Anthropozentrik rücken. Mit dieser wie auch mit vielen anderen wissenschaftlich-medizinischen Definitionen schließen wir die kosmische und die in weiterer Hinsicht existierende ewige Bedeutung unseres Menschseins aus und beengen den Raum eines schöpferischen Erfassens der gegebenen Wirklichkeit, in der wir schließlich das seelische und geistige Sein von der körperlichen Erscheinung vollkommen trennen müssen.

Das Bild, das der Wirklichkeit des Kreislaufes unter Einbezug einer höheren seelisch-geistigen Dimension nahekommt, kann vielleicht jenes von einem Strombett sein, von einem Fluss mit vielen Verzweigungen, der mit vielen Ästen in ein unendliches Meer einmündet. Das Kapillargebiet scheint das Endgebiet des Kreislaufes zu sein, doch es ist in Wirklichkeit der Anfang, da in diesem Endgebiet die Auflösung in eine scheinbar neue Dimension, in eine Art Einheit oder Verbindung mit dem Gewebe und schließlich mit den Zellen übergeht. In dieser Region der Einheit und Verbindung beginnt die lebensenergetisierende, erhaltende und weise Seelenkraft, die wie in einer aufsteigenden oder erwachenden, schöpferischen Wärme über die Venolen und Venen mit Hilfe des Blutes zum rechten Herzen strömt. Der Mittelpunkt des Kreislaufes liegt nach dieser imaginativen Sicht in der weisen, sonnenhaften oder gnostisch geheimnisvollen Ebene des Äthers, der am deutlichsten in der Kapillare, dort, wo das Strombett des Blutes in die Auflösung und in die Verbindung und auch in die Neuformung übergeht, seinen Ansatzpunkt nimmt. Dort, in dieser Region, trifft sich der Kosmos am meisten mit dem physischen Leben. Das Herz könnte vielmehr als ein Ende des Kreislaufes gedeutet werden, denn es ist der irdische Muskel und unterliegt den von außen kommenden und weisenden Rezeptoren.[13] In den Kapillaren, den kleinsten und entferntesten Gebieten, dort, wo die Materie scheinbar ganz aufgelöst erscheint wie in einem Meer zu einer Einheit verschmolzen, nimmt die inneliegende, ätherische Energie ihren physischen Weg und lässt das Blut nach der Mitte oder zum Herzen zirkulieren.

Wenn wir von diesen Betrachtungen ausgehen, bereichern wir unser Empfindungsleben und wir entfalten jene wertvolle Aufmerksamkeit, die uns schließlich zu einem gedanklich-schöpferischen Ausblick auf das Wesen der Körperlichkeit innerhalb der gesamten kosmischen Ordnung öffnet.

So liegt der Beginn des Kreislaufs im Geist der Sonne, findet seinen ersten Einzug in den Körper über die Kapillaren und endet schließlich im Herzmittelpunkt, der den Ort der physischen Wirklichkeit repräsentiert.

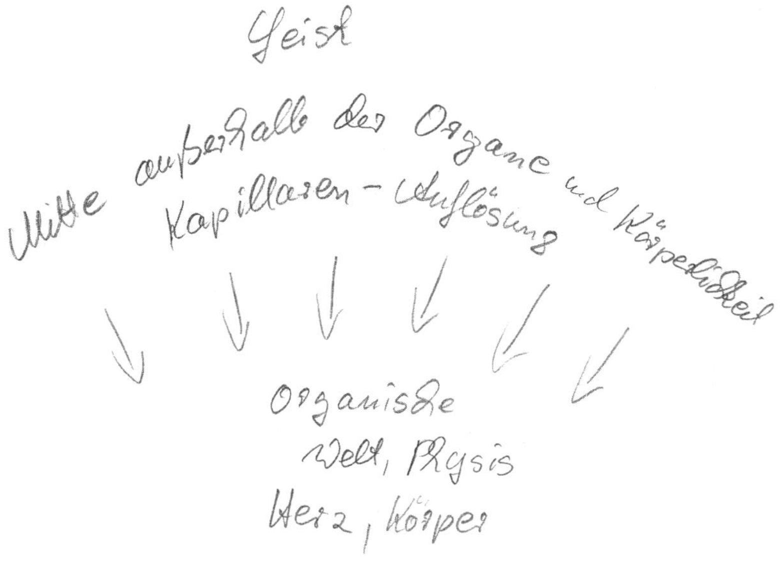

Geist

Mitte außerhalb der Organe und Körperlichkeit
Kapillaren – Auflösung

↓ ↓ ↓ ↓ ↓

Organische
Welt, Physis
Herz, Körper

Skizze 8

VI
Die Bedeutung von Rhythmus

Betrachten wir das Wesen von dem Weltenphänomen Rhythmus nun einmal von einem imaginativen Standpunkt und bilden wir uns eine tiefere Vorstellung und ein erstes Erkenntniswissen zu der Natur dieser einzigartigen Erscheinung. Rhythmus ist eine höhere Weltenkraft, eine Seinsexistenz und Dimension einer ätherischen Intelligenz. Rhythmus ist eine aus dem Kosmos fließende und ausströmende, einzigartige Erscheinung, eine phänomenale herrschende Dimension, die in sich selbst eine Größe und tragende Kraft im Leben ausdrückt. Es ist von einer beschaulichen Überlegung ausgehend eine tiefe Wahrheit, dass es keinen kranken Rhythmus und auch kein krankes Herz gibt.[14] Die Krankheiten, die am Herzen stattfinden und als Tachykardie oder auch vielleicht als ein AV-Block (vollkommenes Blockieren des Reizleitungssystems) bekannt sind, entstehen aus geistiger Sicht nicht primär aus dem Herzen oder aus der reinen Physiologie und Materie, sondern aus einem Ungleichgewicht und einer Disharmonie von psychisch wägbaren oder auch psychisch unwägbaren Einflüssen und manifestieren sich schließlich in einer pathologischen Erscheinung, die entweder direkt am Herzen oder an der Funktionsleistung des Herzens ablesbar ist.

Das pathologische Geschehen am Kreislauf ist von der inneren, verborgenen Seite her durch eine rein auf den Körper bezogene Forschung, die die Grundprinzipien eines seelischen Daseins und höherer Wesenskräfte außer Acht lässt, nicht verständlich. Wir müssen uns die Mühe auferlegen, das Wort »Rhythmus« im weiteren Verlauf zu untersuchen, denn wie auch die Atmung unterliegt das gesamte Zirkulationsleben den Gesetzen eines höheren oder übergeordneten geistigen Zentrums. Diese übergeordnete Dimension, die wir Rhythmus benennen und die ein hohes, weises Bewusstsein beschreibt, ist identisch mit unserem verborgenen seelischen Dasein. Dieses seelische Dasein erschafft in uns die Möglichkeit zu einem frei verfügbaren Willen und öffnet uns im Geiste zum Menschsein oder Selbstsein und Selbstbewusstsein. Dieses seelische Sein, das an höhere Gesetze gebunden ist, bildet den Mittelpunkt für die Erfahrung der Individualität. Das Herz ist dabei ein Organ, das im physischen Körper ein Zentrum und einen Mittelpunkt darstellt und ein geistiges Dasein und somit ein irdisch gewordenes Selbst symbolisiert.

Das Herz ist das Organ des Sammelpunktes einer seelischen und geistigen Mitte, und es darf wie eine Waage gesehen werden, die ein Gleichgewicht herstellt oder zumindest um ein Gleichgewicht bemüht ist. Es empfängt über das Reizleitungssystem, das neben einigen anderen Rezeptoren wie eine Antenne zum Kosmos wirkt, die verschiedenen auslösenden Impulse zur Schlagfolge. Das Herz reagiert in der Frequenz in der Regel auf die verschiedensten psychischen Einflüsse, und es reagiert entsprechend nach der seelischen Grundstimmung, die unser Leben leitet und begleitet.[15] Eine unnatürliche Tachykardie oder Pulsbeschleunigung entsteht, wie wir wissen, auf Hast, Unruhe, Anstrengung, bei Fieber, Überfunktionen der Drüsen und im Allgemeinen dann, wenn Ängste und vegetative Reizüberflutungen durch eine Sympathikusbetonung vorherrschen. Die Pulsverlangsamung oder Bradykardie tritt ein, wenn der Parasympathikus in seiner Steuerung überwiegt und Ruhe, Regeneration, Entspannung und Schlaf eintreten. Auch auf eine Schilddrüsenunterfunktion oder bei Hepatitis, wie die medizinische Analyse bestätigt, verlangsamt sich der Puls. Das Herz nimmt diese Frequenz an, die über das Reizleitungssystem durch Rezeptoren und Einflüsse von außen herankommt. Es ist das Herz auch dasjenige Organ, das dem vierten Energiezentrum, *anāhata-cakra*, entspricht, und genau das mittlere Zentrum zwischen drei oberen und drei unteren Zentren einnimmt. Dieses mittlere Zentrum ist ausgleichend zwischen den elementaren, aufbauenden Impulsen der unteren Körperseite zu den sensitiven, abbauenden, oberen Zentren tätig. Der physische Herzmuskel sollte aber nicht als das eigentliche und primäre Geistorgan seine Definition erhalten, denn für diesen physischen Herzmuskel gelten, wie Rudolf Steiner bereits ausgesagt hat, die physischen und mechanischen Gesetze. In diese inneren physischen Kammern, in denen sich das Blut des Kreislaufes sammelt und wieder zur Peripherie hinausströmt, will ein Licht aus dem Geiste hineinströmen und sich durch die Radiation nach außen zentrifugal verströmen. Dieses Licht will und kann aber nicht aus der physischen Materie kommen, sondern aus einer Seele und aus einem geistigen Urgrund, das die physische Materie einmal ergreifen und durchdringen wird.

Dieses Herz, das die Weisen der alten Zeit immer als Schatz und Zentrum betrachteten, empfängt somit über den Blutstrom und über die verschiedenen Fasern wie die Purkinjeschen Fasern die vielen Impulse und Einflüsse, die wir in der Umgangssprache mehr als psychische Kräfte benennen, die aber in der Wirklichkeit über die Psyche hinausreichen und eine imponderabile Dimension umfassen. Die gesamte rhythmische Aussteuerung spiegelt ein individuelles Zirkulieren wider, das ein Ausdruck einer inneren Seelenverfassung ist. So ist dieser Ort in der Mitte des Brustraumes der zentrale Sitz der gewordenen Feuerflamme der Individualität, die immerfort ein Licht aufnimmt, das dem Geiste Gottes entspricht, und es ist der vermittelnde, harmonisierende und rhythmische Bereich unserer Körperlichkeit. Das Herz empfängt alle Ungleichgewichte, die entweder sichtbar oder unsichtbar und damit mehr grobstofflich oder mehr feinstofflich unsere Persönlichkeit betreffen. Alle Schwankungen, Defizite in der Entfaltung, Störungen in der Psyche, Ängste und Belastungen, Emotionen und Überanstrengungen nervlicher und körperlicherseits drücken sich in der Rhythmik und in der Wärmeleistung des Herzens aus. Im erbauenden Sinne aber strahlen über den Kreislauf mit der Wärme des Blutes alle hohen Gedanken, veredelten Gefühle, verwirklichten Ideale und schöpferischen, gestaltenden und ästhetischen Leistungen direkt aus unserer eigenen, verinnerlichten Geistmitte nach außen.

Die Betrachtung des Herzens, die rhythmischen Bewegungen im Kreislauf und die natürliche Ausstrahlung, die man in der Regel an den seelischen Regungen und an der Wärme des persönlichen Wesensverhaltens spürt, sind für einen Therapeuten sehr wichtige erste Schritte, die eine Therapie einleiten. In allen Krankheiten darf das Herz als der primäre Ort und primäre Ansatzpunkt gelten, denn von diesem Ort ausgehend entwickelt sich die Persönlichkeit und dasjenige, was wir als seelische und geistige Mitte benennen. In allen Yogakursen darf ebenfalls das Herz als jener Ort einer inneren Mitte und als eine Innerlichkeit, die der Seele entspricht, seine Berechtigung und Betrachtung erhalten. Yogaübungen sollten in ihrer Summe harmonisierend und ausgleichend wirken und das Herz im Zentrum einer Empfindungssensibilität stärkend ansprechen.

In einer praktischen Anleitung kann für den Yogalehrer der folgende Hinweis eine Hilfe zur Orientierung geben: Das Herz ist mit seinem Energiezentrum, *anāhata-cakra,* der Ort des persönlichen Glückes und Friedens, der Ausgeglichenheit und Zufriedenheit. In der gegenwärtigen Zeit und Kultur, in der die Ängste und Besorgnisse um die eigene Identität und Sicherheit zu treibenden emotionalen und verwirrenden Forderungen wachsen, scheinen die Wege zu dieser einfachen, friedvollen Einigung im Wesen vollständig verschlossen zu sein. Der Therapeut sollte auf die Herzensregion achten und entsprechend dieses Zentrums seine Therapie, seinen Unterricht oder seine Unterweisungen beginnen. Übungen, die unmittelbar auf das Gleichgewicht des Herzens wirken, sind beispielsweise der Baum, *tāḍāsana,* in Verbindung mit dem Andreaskreuz oder alle anderen Gleichgewichtsübungen. Sie sprechen die Mitte, die frei von Polaritäten ist, durch ihre zentrierte energetische Ausrichtung an.

Das rhythmische, heilsame Erleben ist aber am meisten gewährleistet, wenn der Übende eine klare Aufmerksamkeitsbildung mit geordneten Denkprozessen, objektiven Beurteilungen und inniglichen Empfindungen, gepaart mit inhaltsreichen Bewusstseinsformen, schult. In praktischer Hinsicht gilt die einfache

Regel, dass jede wirkliche Therapie, jeder wirkliche Yogaunterricht – und sei es nur eine Entspannungsanleitung – von einer zumindest geringfügig selbstaktiven Anteilnahme mit bewussten Denk- und Empfindungsprozessen ausgeht. Die selbstentschiedene, aktive Führung des Denkens und der Aufmerksamkeit,

Baum, *tāḍāsana*

Diese Stellung mit abgewinkeltem Bein, die ebenfalls noch in leichteren Variationen zu entwickeln ist, gibt durch ihre Gleichgewichtslage eine angenehme Einkehr in die Herzmitte.

die bewusste Anteilnahme der Sinne an der Außenwelt und die geordnete, in Analogie gehaltene Kontemplation führt zu einer ersten Ruhe und Einkehr in die friedvolle Region des Herzzentrums. Wir dürfen sagen, dass die harmonische Orientierung der Sinne und der Gedanken, das heißt im Allgemeinen die Kopf- und Gedankenkraft, in ihrer rhythmischen Ordnung das Herz friedvoll belebt. Bei einer Entspannungsübung wird deshalb der Klient oder Schüler auf sanfte Weise zum eigenen Beobachten und zur Gedankenvorstellung angeregt. Der Lehrer spricht, während der Schüler am Boden ruht, die verschiedenen Glieder des Körpers an und lenkt die Aufmerksamkeit des Schülers, ohne in eine blumige Rede zu verfallen, auf eine konkrete Reihenfolge, beispielsweise von den Füßen beginnend Glied für Glied nach oben bis hin zum Gesicht. Während der Ansage kann er bildhafte Vorstellungen über das Aussehen oder über den Hintergrund eines Körpergliedes anregen. Das zusammenhängende und auch bildhaft gemachte Denken wirkt entspannend, beruhigend und lösend. Auf diese Weise geschieht eine erste, sanfte Anregung im Bewusstsein, die den konsumierenden oder autosuggestiven Techniken gegenübersteht und eine erste beginnende, schöpferische Andeutung bringt. Diese Übungen, die im Yoga in unterschiedlicher Schwierigkeit benützt werden, heißen Seelen- oder Bewusstseinsübungen und regen die Gedanken- und Empfindungsentwicklung an.

Ein anderes Beispiel zur Bewusstseinsanregung: Man beobachte ein gegenständliches Objekt wie beispielsweise die menschliche Hand und bilde sich darüber eine erste Vorstellung. Zuerst lenkt man den Blick auf die Größe, auf die Farbe, dann auf das Verhältnis der Finger zum Handteller, schließlich auf das Verhältnis der Finger zueinander und weiterhin auf die Stellung des Daumens. Sind der Zeigefinger und der Ringfinger gleich lang? Ist die Hand rund, konisch oder eckig? Die Betrachtung kann von einem Gedanken zum nächsten in einer ruhigen Kontemplation und Überlegung gleiten. Schließlich kann man die Frage stellen, wie die Hand eventuell mit dem Kosmos in Verbindung steht. Durch diese gedankliche Aufmerksamkeit, durch ruhige, sinnvolle Fragestellungen und zusammenhängende Überlegungen entsteht eine erste Selbstaktivität und genauere Beobachtung, und diese führen zu einem anregenden, aktiven Denken, das sich, wenn es ohne Abschweifungen durchgehalten wird, zu einer natürlichen Ruhe weitet. Das Denken wird auf diese Weise von Emotionen und anderen Einflüssen des Gemütes freier, und es kann sich auf dieser Grundlage ein heilsamer, innerleiblicher Rhythmus entwickeln.

Die Übungen können vielseitig sein. Man beobachte eine Situation und rekonstruiere einige Zeit später diese vergangenen Eindrücke aus der Erinnerung. Oder man beobachte die Stimmungen des Morgens und vergleiche sie mit den

Andreaskreuz: Empfindung des Herzens

Stimmungen des Abends. Die beginnende Aufmerksamkeit und gedankliche Bewusstheit sollte durch den Therapeuten eine Anregung erhalten. Diese hilft zur Entwicklung des vierten Zentrums auf Herzhöhe, das die Mitte zur inneren Entwicklung der Persönlichkeit und des kreativen religiösen Bewusstseins darstellt.

Andreaskreuz

Das Andreaskreuz, eine typische Ruhestellung, die weniger im Yoga bekannt ist, kann die vorbereitende Empfindung des Herzens, die durch den Baum entstanden ist, ergänzen.

VII

Die Veränderung des Herzens mit der spirituellen Entwicklung

Das Herz besteht aus quergestreifter Skelettmuskulatur, die willkürlich steuerbar ist, und aus glatter Muskulatur, die unwillkürlich gesteuert wird. Die quergestreifte Skelettmuskulatur darf in eine Analogie mit dem zerebrospinalen Nervensystem gebracht werden, während die glatte Muskulatur nahe mit dem vegetativen Nervensystem verwandt ist. Mit der spirituellen Entwicklung im Sinne des Selbstwerdens, der Selbstbeschaulichkeit und der Selbstrealisation verändert sich das Organ des Herzens in ein dem Willen unterworfenes Sinnesorgan. Die bisher überwiegend vegetative Steuerung verwandelt sich in eine willentliche, den bewussten Nervenimpulsen unterworfene Sinnestätigkeit. Es sollte aber der Schüler auf dem Pfad des Yoga nicht dem Irrtum verfallen und glauben, dass jener, der seinen Herzschlag und die feinen Kontraktionen in den Arterien kontrollieren und steuern lernt, das Herz verwirklicht hätte. Mit der Selbstwerdung und Selbstverwirklichung entwickelt sich ein ganz neues, integrales und schöpferisches Denken, das immer mit sehr feinen Sinneswahrnehmungen und inneren Eindrücken, die dem Herzensfühlen entsprechen, in Verbindung steht. Das Herz eines Schülers ändert sich durch die geleistete Arbeit, indem es mehr und mehr die quergestreifte Skelettmuskulatur eingliedert und so wie ein Sinnesorgan in der Richtung einer freien Sinnestätigkeit nutzbar wird.

Ein Schüler, der bisher nur in einer passiven Hingabe die Spiritualität in Form von Energie, die ihn zu ersten Erfahrungen leitet, empfangen hat, unterliegt noch ganz den vegetativen Einflüssen in seinem Herzensorgan, und er ist deshalb noch nicht in einer wirklichen Reife im Leben gegründet. Es ist ein tiefes Gesetz, dass ein passives Empfangen der Spiritualität nicht zu einer Verwandlung im Körper führen kann. Das eigenständige Ringen in mutiger Forschungsarbeit, hoffnungsvollem Glauben, unermüdlichem Eifer mit oftmaligem Überschreiten des scheinbar Menschenmöglichen führt zu einer stärkeren Einlagerung von quergestreifter Skelettmuskulatur als ein Ausdruck für das eigenständige, schöpferische Arbeiten. Das Herz verwandelt sich aus der vegetativen Funktion zu einem bewussten und willentlich steuerbaren Sinnesorgan.[16]

VIII

Die Heilung durch rhythmische Einflüsse

Im Yoga und innerhalb verschiedener geistiger Schulungsrichtungen nimmt die rhythmische Ordnung und Strukturierung des Tages eine wichtige Bedeutung ein. Diese natürlichen rhythmischen Einordnungen können auch für eine Heiltherapie von großem Nutzen sein. Im Yoga pflegt der Schüler eine Besinnungspause möglichst immer zur gleichen Stunde und widmet sich in anhaltenden rhythmischen Studien seinen verschiedenen Aufgaben. Durch diese rhythmischen Einordnungen und Strukturierungen ordnet sich das Nervensystem, das der feinstoffliche Träger für das Bewusstsein ist. Mit der Ordnung des Nervensystems entsteht eine Stärkung des Gedächtnisses. Das Gedächtnis ist ein Ausdruck für die Lebenskraft, für jene nahezu heilige Dimension unseres innersten Wesens und Seins. Durch einen gesunden Rhythmus während des Tages und während des Arbeitens sammeln sich diese Lebenskräfte und zentrieren sich zu einer gesunden, ansteigenden, erbauenden Kraft, die sowohl dem Immunsystem und damit der ganzen Körperabwehr positiv zugute kommen als auch im Allgemeinen eine gesunde Fähigkeit schenken, das Leben in jenen Bereichen sinnenfreudig und angenehm entgegennehmen zu können. Die Ordnung im Nervensystem bewirkt eine natürliche Kontaktbereitschaft und eine entspannte Sphäre im Sprechen wie auch im Empfangen von Einflüssen über die Sinne. Das Nervensystem kann sich innerhalb dieser rhythmischen Ordnung regenerieren, und somit kann das Bewusstsein in der gesamten Schwingung erholsam aufatmen. All jene Krankheiten, die auf vegetativen Disharmonien, Reizzuständen, Unruhe, Belastungen und ersten Überforderungen beruhen, heilen sich in der Regel durch diese rhythmische Einordnung des Tages.

Bei schwereren Herzkrankheiten und chronischen Erschöpfungszuständen, die zum Versagen des gesamten natürlichen Immunsystems führen und auch das Kreislaufleben belasten, ist ein weiterer Schritt zur Heilung notwendig. Diesen so sehr wichtigen Schritt zur Heilung, den viele Menschen heute in unserer Zeit benötigen, können wir am besten skizzieren, wenn wir noch einmal von einer ganz anderen Warte das Wort »Rhythmus« und seine tiefe Verwandtschaft zur Seele und auch Seelenentwicklung skizzieren.

Die Natur beispielsweise lebt und pulsiert in einem kosmischen Seinsrhythmus. Sie ist getragen von einer höchsten und weisen Intelligenz und fügt sich in diese weise Intelligenz ohne Ausnahme harmonisch hinein. Die Pflanzen und Blumen auf den Feldern wachsen im Frühjahr, blühen im Sommer und welken im Herbst.

Sie ruhen verborgen mit ihrer Saat in der Erde während der Winterszeit und beginnen mit den ersten Sonnenstrahlen sich erneut in der Erde zu regen. Ein unendlicher Rhythmus webt und lebt vom Schlafen zum Keimen, vom Keimen zum Sprießen, vom Sprießen zum Blühen, vom Blühen zum Welken und vom Welken zum Sterben. Hier in diesen gesamten Naturerscheinungen scheint es keinen kranken Rhythmus zu geben. Vielleicht könnten wir diese Gesundheit in allen Rhythmen und diese weise und hohe, souveräne Intelligenz, die innerhalb aller Wachstumsbedingungen und Erscheinungsweisen der Natur lebt, darin begründen, dass das Selbst, jene einzigartige, bewusste Macht des Willens, in einer Individualität noch fehlt. Die Natur webt im Lichte einer einzigartigen Mitte oder größeren, übergeordneten Dimension, die vielleicht als Licht und Wärme oder, noch größer, als eine einzigartige Weisheitsdimension zu bezeichnen ist. Sie besitzt keine Versuchung und keine Trennung und kann deshalb noch nicht in eine Disharmonie geraten. Sie kann noch nicht aus dem Rhythmus fallen. Diese Betrachtung wäre eine erste Erklärung über das Wesen von Rhythmus, der in sich selbst eine übergeordnete, lichtvolle, souveräne und einzigartige Seinsquelle darstellt.

Wir können aber als menschliche Kreaturen durch unsere Begabungen und unser eigenes Selbstbewusstsein nicht mehr auf jene pflanzliche und selbstlose Stufe des Daseins zurückkehren, denn es würde für uns ein Aufgeben der Einzigartigkeit im Willen und im Gedanken darstellen. Deshalb ist für uns das Problem größer, und wir müssen nach weiteren Lösungen suchen, wie der Rhythmus in seiner heilenden Kraft durch uns hineingreifen und hineinwirken kann. Für die weitere Erklärung soll noch einmal das Beispiel der Pflanzenwelt dienen. Der Rhythmus innerhalb der Pflanzenwelt ist durch den mysteriösen und immanenten Todesgedanken gegeben. Der Tod lebt, wie wir wissen, als eine Realität in der Erde. Er lebt als ein Opfer in nicht sichtbarer und doch existentieller Weise in allen Partikeln und allen Atomen enthalten. Die Pflanze wächst im Frühjahr und trägt in ihren Samen und in ihrem Erbe diesen verborgenen Todesgedanken. Sie kann nicht unendlich wachsen, sie ist zum Sterben verurteilt. Sie ist an einen Kreislauf eines immerwährenden Kommens und immerwährenden Gehens gebunden. Der Tod, den die Pflanzenwesenheit in ihrer Mitte trägt, ist der Ursprung ihres eigenen Rhythmus. Die Pflanze keimt im Frühjahr und sprießt über den Sommer hinweg mit ihrer Blütenpracht nach oben als ein Ausdruck für eine höchste und weise Intelligenz, die eine Seinsintelligenz in der Einzigartigkeit eines kosmisch ewigen Willens ist. Die Pflanze ist der Ausdruck einer ewigen Weisheit und eines ewigen Harmoniespiels des Lebens, das in sich selbst Tod und Werden ist.

IX
Rhythmus und Heilung aus der Seele

Mit der Betrachtung der Pflanzenwelt und der verschiedenen weisen Naturspiele entsteht leichter der Bezug zu jenem Weltenphänomen in uns selbst, das wir als Seele und weise führende Intelligenz des Geistes bezeichnen. Die Seele aber lebt im Verborgenen und sie ist eine feinstoffliche Seinsexistenz, die in der Regel noch gar nicht ganz geboren ist. In dieser weisen Intelligenz des Geistes lebt der innere Rhythmus, der uns im Kreislaufsystem gesundend beeinflussen kann.

Es ist jene Hülle, die man in Sanskrit als *vijñānamaya-kośa* bezeichnet und die die Ebene der heiligen Gnosis darstellt. Es ist die Intelligenzebene eines innersten, schöpferischen Willens oder es ist die Ebene des Lichtes selbst, das uns von innen heraus weise durch das Leben begleitet. Die Heilungen von verschiedenen Krankheiten, wie beispielsweise schwere Herzkrankheiten und schwere Erschöpfungszustände, bedürfen eines Zuganges zu dieser Ebene, die verborgen in uns und verborgen in der gesamten Schöpfung lebt und eine Seele, eine innere Gnosis darstellt. Wie aber geschieht der Zugang zu dieser Ebene?

An das Blut und an die Zirkulation sind, wie bereits erwähnt, Wesenskräfte gebunden, die der Erlösung bedürfen. Aus den Bedrängnissen des Blutes, das in uns durch die Adern pulsiert, strömt eine Begierde nach außen aus. In unseren Blutrhythmen lebt eine Begierdekraft, eine feurige und machtvolle Versuchung, die uns vor der größeren kosmischen und ewigen Welt abschirmen möchte und die vor allem ein isoliertes, trennendes und begrenztes Bewusstsein im Gedächtnis und in der Wahrnehmung widerspiegelt. Diese Wesen, die uns stolz und begehrend machen, bedürfen einer Erlösung oder, besser ausgedrückt, sie bedürfen eines Zurückweichens. Diese Wesen, die an den Kreislauf und an unser Blutsystem gebunden sind und auch das Herz gefangen halten, sollen nicht die Macht und Führung erhalten. Die Kräfte, die an das Blutsystem gebunden sind, sind die typischen begehrenden Mächte oder Versuchungskräfte.

Die Heilungen, die durch die Rhythmisierung, durch die Seele und eine größere ätherische Dimension eintreten, sind immer mit einem geistigen Neubeginn und einer Ablösung von alten und vergangenen Strukturen in Verbindung. Wir erleben auf dem Heilsweg in vielleicht wiederholten Schritten die Todesprozesse unseres begehrenden Lebenswillens und öffnen uns meist nur mühsam durch diese Loslösung den Dimensionen der Seele im Äther. Diese Heilungen sehen bildhaft sehr eindrucksvoll, schön und anziehend aus. Man kann diese Bilder der Heilungen am besten erkennen, wenn man auf die verschiedenen künstlerischen Offenbarungen und Ausdrucksformen achtet. Die Seele oder ätherische Dimension der weisen Intelligenz aus *vijñānamaya-kośa*, aus der Ebene der Gnosis, beginnt vielleicht nach langen Krisenzuständen und Krankheiten offen zu werden, und es treten schöne und große Veränderungen in der Ausstrahlung ein. Die Worte, die dann der Betreffende spricht, sind von einer Anziehung, Liebe und Sympathie begleitet. Sie leben und sie fühlen sich immer elegant und geschmeidig an. Ganz besonders deutlich erscheint diese Geschmeidigkeit und Sympathie beim Singen von Liedern. Hier erscheint wahrhaftig die Bedeutung von Rhythmus in der unmittelbaren Selbstoffenbarung seines eigenen, souveränen Wesens. Ein rhythmisches Singen ist schwer beschreibbar, denn es ist immer ein kindliches Singen, ein reines Singen und gleichzeitig ein getragenes Singen. Die Melodien erscheinen wie himmlische Melodien, und der Gesang ist von Liebe, Schönheit und Anziehung erfüllt. Das Singen erscheint auch in der Konzentration souverän und einzigartig, es erscheint, selbst wenn das gesangliche Vermögen des Sängers nicht perfekt ist, wie perfekt oder wie getragen in der Konzentration einer kosmischen Sphäre. Sobald ein Singen in dieser Stilform eintritt, weicht das projektive, wesenhafte Gebäude des Blutes und seiner gesamten Ausströmungen zurück. Die Seele oder die weise Intelligenz der gnostischen Ebene beginnt in ihrer souveränen Führung und überstrahlt das gesamte physische und psychische Wesen des Menschseins. Wir sehen förmlich ein ätherisches Licht an diesem Menschen und gleichzeitig sehen wir eine Reinheit, die nicht vom Körper und von seinen Bedingungen ausstrahlt, sondern durch die Seele und durch ihre weise Führung gegeben ist.

Der Weg zu dieser Heilung mag für die konventionellen Verhältnisse unseres Daseins sehr schwierig sein. Der Weg zu der Heilung unseres Kreislauflebens und zur Entwicklung eines einzigartigen, tragenden Rhythmus ist dennoch aber möglich, wenn wir uns hohe und höchste Ideale setzen und in Gedanken und in ersten Bemühungen diese Ideale verwirklichen. Wir müssen selbst einen Aufstieg zu höheren Wirklichkeitsformen aus dem tiefsten Innersten wünschen und mit Disziplin oder auch geduldiger Wiederholung auf dem Weg avancieren. Der Weg führt uns immer zu einer stärkeren eigenen Willensbildung und zugleich auch von uns selbst hinweg zu einer tieferen geistigen neuen Mitte, die wir selbst zunächst nicht sind. Wir übergeben oder überantworten unser Leben in aktiver und schöpferischer Weise einem größeren und persönlichen Ideal und bewahren gleichzeitig eine für uns selbst verbindliche individuelle Standposition. Der Rhythmus, der sich in uns entfaltet, geschieht durch eine Seele, aber sie geschieht nicht, wie wir meinen könnten, durch unsere eigene, bisher geformte Seele allein. In uns sind bereits die Saaten von hohen Idealen eingedrungen und warten auf ihre Verwirklichung. Diese Saaten der Liebe bestimmen uns viel mehr von innen als wir das mit einem äußeren Blick erkennen könnten.

Der Rhythmus des Lebens hängt deshalb nicht von uns selbst ab, sondern von den geistigen Welten, von den Seelenreichen der Verstorbenen, und er hängt auch im ganz besonderen Maße von jenen Menschen ab, die sehr tief in ihr Inneres die Christusliebe in ihrer universalen Profundität aufgenommen haben. Denn es ist wahr, dass Christus der Herr des Kosmos und der Herr aller Rhythmen ist. Wenn es Menschen mit so großartigem Charakter gibt, die die Christusliebe in ihrem Inneren aufgenommen haben, beginnen diese den Rhythmus für andere indirekt zu lenken. Jene, die in der Liebe des Christus eingeweiht und geboren sind, und das sind in der Regel nur immer wenige Menschen, rhythmisieren indirekt die geistige Entwicklung von anderen Menschen. Sie fördern auf mysteriöse Weise das Schicksal von vielen anderen und spenden ein geheimes Feuer der schöpferischen Entfaltung zu einer größeren, umfassenden Nächstenliebe.

Es ist eine tiefe Wahrheit, dass die politische Entwicklung vorwiegend durch einflussreiche, machtvolle, begütete Menschen gelenkt wird. Den Gang der wirtschaftlichen und äußeren sozialen wie auch gesellschaftlichen Strukturen steuern deshalb nicht unbedingt geistvolle Menschen, sondern in erster Linie jene, die Geld und Macht besitzen. Die Rhythmen in der Seele aber, die viel geheimnisvoller, verborgener und oftmals wie widersprüchlich, unvorstellbar, schicksalshaft, leidvoll oder ungerecht erscheinen, steuern jene Menschen, die die Saat einer Christusliebe weitergeben. Sie sind die menschlichen inneren Lenker in der Gnosis, die die Seelen anderer zu tieferer Weisheit und Liebe führen. Die Liebe ist jene Feuerkraft, die in ihren Flammen die Herzen ergreift und diese trotz Phasen der Dunkelheit nicht mehr loslassen wird.

Wenn wir diese Bedeutung des Liebesfeuers, das in der Welt ist, erkennen, sehen wir den tiefen Sinn, der in der Verehrung zu einem heiligen oder hochinitiierten Leben liegt. Je mehr ein heiliges oder von geistig-göttlicher Liebe durchdrungenes Leben in uns zur geistigen Mitte wird, je mehr wir in diesem Feuer des, wie es Śri Aurobindo ausgedrückt hat, »supramentalen Bewusstseins«, das uns als Ideal vor den Augen schimmert, zu leben beginnen und je mehr wir es im Gedächtnis behalten, um so mehr gewinnt unser Dasein jene feine, ätherische, tragende Seelendimension. Wir bedürfen aber selbst eines Standortes und müssen aus uns heraus das große Ideal in der Realisation erwünschen und erhoffen. Die Heilung führt uns durch ein schöpferisches, aktives Bemühtsein und durch ein durchaus sehr ehrgeiziges, lebendiges Streben aus unserer eigenen Mitte heraus zu jenem neuen und anderen Leben. Dieses neue Leben oder höhere Ideal, das in einer persönlichen Gestalt vor unseren Augen schimmert, soll zu der tragenden und bleibenden Wirklichkeit werden und es soll unser Selbst, unser Angesicht und unser Bewusstsein beleuchten und mit Feuer reinigen. Es ist tatsächlich nicht unser gebundenes und bisheriges Seelensein, sondern die neue Seele oder dieses geistige Leben, das uns rhythmisiert und uns sicher durch die verschiedenen Bedingungen und Anforderungen des Daseins leitet. Dieser Rhythmus, den wir aufnehmen und verinnerlichen und der aus den höheren Seinsbedingungen stammt, bringt die Heilung für unser Kreislaufleben und unser Nervensystem.[17]

X
Der Herzinfarkt

Eine der häufigsten Todesursachen und auch ein sehr häufiges Krankheitsbild in unserer Zeit ist der Myokardinfarkt. Diese schwere, lebensbedrohliche Krankheit beruht auf einer Mangeldurchblutung des Herzmuskels, der sehr sensibel reagiert und somit auf die mangelnde Blutversorgung mit einem Gewebetod antwortet. Der Herzinfarkt äußert meist eine akute Verlaufsform. Diese akute Verlaufsform kann zu heftigen Schmerzen, Todesangst, Erstickungsgefühl und schließlich auch zum Tod führen. Die Krankheit, so akut wie sie in den meisten Fällen verläuft, ist aber schon durch eine längere Vorgeschichte gekennzeichnet. Der Herzinfarkt ist deshalb mehr das Ende eines Prozesses und nicht, wie man vielleicht meinen könnte, ein Anfang einer Krankheit. Meistens liegen nachweisbare Überforderungen über längere Zeit dem Herzinfarkt zugrunde. Diese Überforderungen, die vom Nervensystem ausgehen und eine strenge, starre Struktur zeichnen, das Blut übersäuern und schließlich im Herzmuskel, vor allem im linken Ventrikel, eine Minderdurchblutung und Übersäuerung bewirken, sind ein Ausdruck dafür, dass das ganze Leben von fremden Kräften dirigiert wird. Diese fremden Kräfte, die wie eine große Macht oder wie eine Gewalt über das physische System stürzen, lassen den Atem nicht mehr frei fließen, und die Zirkulation bricht bis zu einem gewissen Grad aus der Harmonie. Mit dem Herzinfarkt liegt das ganze Leben danieder. Das Krankheitsbild stellt einen tiefen Fall der eigenen Substanzkraft dar, die unter den Fremdeinflüssen zerbricht. Fremde Kräfte oder krankmachende, nervliche Einflüsse dirigieren die Persönlichkeit. Das innere Selbstbewusstsein und die innere Führung, die natürlich aus einer selbstverständlichen Mitte das Leben leitet, kann nicht mehr aufrechterhalten werden. Es sind immer heftige Überforderungen, die oft jene Personen, die eine Opferbereitschaft, ein Pflichtbewusstsein und ein ehrgeiziges Lebensgefühl besitzen, betrifft. Der vollkommene Zusammenbruch in der Durchblutung des Herzens und in der tragenden und natürlichen, übergeordneten Sichtweise, die normalerweise durch die Persönlichkeit gegeben ist, bezeichnet tatsächlich ein todesähnliches Geschehen. Der Tod beginnt sich im Herzen und damit in der ganzen Persönlichkeit zu verströmen. Der Tod scheint für das irdische Auge wahrhaftig eine Dramatik darzustellen, während er aber im Gegensatz zu dieser irdischen Sichtweise vom Geiste aus betrachtet dennoch einen tiefen Sinn und vor allem eine weise Führung besagt. Diese weise Führung oder göttliche Vorsehung, die auch in einer so schweren Krankheit liegt wie es der Herzinfarkt ist, soll einmal ganz kurz eine Skizze erhalten.

Unser Leben ist aus dem Geiste getragen und bewegt sich in einem seelischen, ständig variierenden Sein. Dieses ständig variierende Sein in der Seele oder im Bewusstsein drückt sich durch den Körper aus. Der Körper aber ist die letzte Station des Lebens, die dichteste Form des Geistes. Er ist das materielle Endglied aus einem Prozess, der aus dem unmanifestierten oder einzigartigen Geiste beginnt. In diesem Körper findet das Symptom des Infarktes, das auf einer Ischämie, auf einer Mangeldurchblutung beruht, statt. Im Herzen ziehen sich die Lebenskräfte zurück, die Ätherkräfte weichen. Dies sieht man deutlich durch die Mangeldurchblutung im Myokard, im Muskelgewebe des Herzens. Fast immer ist der linke Ventrikel betroffen, da dieser linke Ventrikel mehr ein Ausdruck für den Körperkreislauf ist und auch ein Ausdruck für das irdische Herz. Wenn dieser Muskel zu wenig durchblutet ist, dann weicht die Wärme, denn das Blut ist Träger der Wärme. Es weicht aber auch das Leben und die ganze natürliche chemische Vermittelung, die in diesem Durchblutungsprozess stattfindet. Das Herz verliert seine natürliche Form und seine natürliche Farbe. Es wird grau und schwarz. Licht, Wärme, Leben und die Durchströmung weichen. Die Lebenskräfte ziehen sich aus dem Organ zurück, und das Organ beginnt sein Gewebe einzubüßen. Es stirbt. Das Symptom von heftigen Schmerzen, Angst und Enge ist bei solch einem Mangeldurchblutungsprozess und Gewebeverlust fast immer deutlich spürbar. Dieser heftige Schmerz ist ein Ausdruck für ein stärker aufflammendes Bewusstseinsleben, für einen erwachenden, irrationalen Abbau, der bislang vielleicht gerade durch diese körperlichen Aspekte nicht in diesem umfassenden oder intensiven Maße zum Tragen gekommen ist. Es ist auch der Schmerz ein Ausdruck für das Loslösen des Bewusstseins von seinem leiblichen Träger. Der Körper oder das Organ beginnen zu sterben, während das Bewusstsein intensiver zu erwachen beginnt. Dieses

Erwachen des Bewusstseins und der trennende Aspekt, der sich vollzieht gegenüber dem Leibe, ist von geistiger Warte aus leicht zu verstehen. Es ist der Körper, der sterben muss, und es ist das Organ, das geraubt wird, damit die Seele und der Geist Leben und mehr Berechtigung gewinnen. Während dieser Körper in seinem Organ zurücktritt, wird ein neuer Raum für das Bewusstsein und den Geist eröffnet. Von der geistigen Warte aus ist ein solch dramatischer Einbruch, in dem Gewebe zerstört wird, das Herz ergraut und stirbt, dennoch ein positiver und notwendiger Vorgang. Es wäre leichter zu verstehen, wenn wir es aus einer umgekehrten Sicht schildern. Was wäre, wenn das Organ bedingungslos dominieren könnte und es sich über die Dimensionen des Bewusstseins und sogar über den Geist hinwegsetzen könnte? Der Körper wäre zu einem Leben fähig, das in sich den Geist zurückdrängen und ausschließen würde. Das Ziel des Lebens ist aber die geistige Vollkommenheit, die sich durch das Bewusstsein ausdrücken soll. Damit diese geistige Vollkommenheit und das Ewige und Einzigartige nicht durch eine zu starke Vitalität oder durch einen beginnenden Irrtum oder einen beginnenden Machtanspruch von Seiten der Erde übertönt wird, muss das Organ seine Lebenskraft einbüßen.

Der Herzinfarkt beginnt nicht im Herzmuskel selbst, sondern er beginnt im Blut, das einer beständigen Übersäuerung ausgesetzt ist. Die Übersäuerung ist immer ein Ausdruck einer nervlichen Überforderung. Sie ist auch der Ausdruck eines Ungleichgewichtes. Die Medizin stellt in der Regel immer eine Stenokardie und damit eine Minderdurchblutung in den Herzkranzgefäßen fest. Die Stenokardie ist aber nicht als einzige Ursache wirksam. In der Regel zeichnet sich eine Arteriosklerose, die die Kranzgefäße im Alter zunehmend verengt. Diese Kranzgefäße können dann durch eine Thrombose oder einfach durch ein zu dickflüssiges Blut völlig undurchlässig werden. Dadurch wird in der Regel der Herzinfarkt medizinisch erklärt. Die häufigste Ursache ist aber eine Übersäuerung und damit eine Krampfsituation, die sich in diesen Gefäßbereichen zusätzlich zu der Verengung der Gefäße ereignet. Es ist sogar möglich, dass die Gefäße in einer Elastizität und guten Durchlässigkeit konditioniert sind und sich dennoch durch die Übersäuerung Krämpfe zeigen, so dass sich eine Minderdurchblutung und somit eine Ischämie im Myokard zeigt. Die Übersäuerung ist dabei wie ein kaltes oder ein krankes Blut, das das Gewebe nicht mehr richtig versorgen kann. Dieses kalte Blut zeigt sich auch in einer Erkaltung des Gewebes. Die Kälte bewirkt nun wiederum eine Zusammenziehung und somit eine Verengung. Sie bewirkt aber auch eine Verkrampfung und ein Entgleisen der natürlichen Durchströmung. Die Kälte ist ein Ausdruck von fehlendem Leben. Sie ist ein Todeszeichen. Sie ist ein Zeichen, dass die Materie den Platz des Lebens einnehmen möchte, denn die Materie ist von Natur aus kalt. Sie ist nicht von Leben erfüllt. Das Blut dagegen mit seiner Wärme erfüllt das Leben. Ein gesundes Blut ist immer ein Ausdruck von Lebendigkeit, von wirklicher Frische, von Kraft und somit von Empfindung.

XI
Vorbeugung und Therapie des Herzinfarktes

Von diesen Gedanken ausgehend lässt sich nun leichter von unserem Standpunkt des Yoga aus die Therapie des Herzinfarktes oder, besser, die Vorbeugung zu dieser dramatischen Krankheitssituation schildern. Damit dieser hereinbrechenden Kondition möglichst die Grundlage geraubt wird, ist es selbstverständlich, dass man auf Überforderungen rechtzeitig Erholung, Ruhe und Entspannung gewährt. Die Überforderungen werden vor allen Dingen dann dramatisch, wenn sie über längere Zeit hinweg bestehen und das Leben durch ihre ständige Kontraktion in eine fremde Richtung dirigieren. Vom Standpunkt des Yoga sind hier Besinnungspausen, Entspannungsphasen und auch körperliche Aktivphasen sehr sinnvoll angezeigt. Der körperliche Ausgleich, der heute in unserer Kultur meist zu wenig oder auch auf zu einseitige Weise seine Umsetzung findet, ist gerade eine der besten Maßnahmen zur Vorbeugung gegen diese zeitbedingte Krankheit. Auch die Ausschaltung der Risikofaktoren, insbesondere des Nikotinabusus und der fetthaltigen Kost, ist ein sehr wichtiges Kriterium. Gerade auf die Fettzufuhr sollte besonders geachtet werden. Wir haben zweierlei Arten von Fetten. Das sind die gesättigten Fettsäuren und die ungesättigten Fettsäuren. Die ersten belasten in der Regel den Organismus und rauben mit der Zeit die natürliche Feuerkraft oder die natürliche Wärmekraft. Sie schirmen den Menschen zunehmend von der kosmischen, höheren Dimension des Geistes ab, während die zweiten, die ungesättigten Fettsäuren sehr heilsam wirken, die Gefäße elastisch erhalten und eine natürliche Wärmebildung oder Hitzeentwicklung im Blute fördern. Ganz besonders ist aber auf die Zufuhr von Kalium und Magnesium zu achten. Diese beiden Mineralien benötigt der Herzmuskel. Sie sind zur Durchlichtung und zur Aufrechterhaltung des Basengleichgewichtes notwendig. Die Durchlichtung geschieht durch Magnesium, aber sie geschieht auch durch andere Mineralien. Erwähnenswert ist aber die Bewusstseinsarbeit, denn diese ist notwendig, da sie beständig im eigenen Wesen geschieht, denn das Herz ist ein Empfangsorgan und wird auf diesem Weg zum Empfindungsorgan und es muss lichtempfängliches Empfindungsorgan bleiben.

Als Akutmaßnahme sollte man auf eine tiefe Atmung achten

Nun können wir aber auch einmal den Fall ansprechen, was man tun kann, wenn der akute Herzinfarkt eintritt oder wenn man glaubt, dass ein Infarkt eintreten könnte. Es ist ganz besonders die Krampfsituation, die sich im Brustbereich zunehmend mit mehr oder weniger heftigen Attacken entwickelt, ein deutliches Zeichen, das unbedingt einen Alarmruf darstellt. Eine sofortige klinische Versorgung ist hier notwendig. Vom Standpunkt des Yoga kann man aber eine natürliche Beruhigung einleiten, indem man auf die Atmung und besonders auf die tiefe Atmung achtet. Die Atmung neigt in dieser Situation zu Heftigkeit, Spannung und Verkrampfung. Oftmals ist ein Ringen nach Luft spürbar. Hier kann aber der Helfer darauf achten, dass sich die Krampfsituation durch die Angst und durch die ständig wachsende Spannung nicht weiter in der Heftigkeit steigert. Je besser eine Durchatmung möglich ist und damit im gewissen Maß ein beobachtendes Gefühl eintritt, um so mehr nimmt man das Eingreifen des fremden oder krankmachenden Impulses hinweg. Bis zum Eintreffen der klinischen Versorgung sollte ganz besonders auf diese feine, tiefe und klar geführte Atemlenkung geachtet werden.

Diese bisher geschilderten mehr technischen Möglichkeiten, die zur Therapie zur Verfügung stehen, sollen nun noch eine weitere Ergänzung durch ein mehr übergeordnetes Yogakonzept erhalten. Meditation ist das bewusste Herausgehen aus den üblichen Gedankengängen und Spannungen des Gemütes. Der Yoga ist immer durch Selbstbeschauung und Selbstbesinnung gekennzeichnet. Er ist durch stille Unabhängigkeit und eine fein gewählte Distanzierung gegenüber den herkömmlichen Mustern gekennzeichnet. Somit ist gerade in diesen Entspannungspausen, Besinnungspausen oder in den Meditationsphasen, oder wie man es auch immer nennen möchte, eine ganz andere Regenerierung möglich, als wenn man innerhalb des täglichen strapaziösen Geschehens seine Kräfte beständig verausgaben muss. Es ist heute in unserer hastigen Zeit und in unserer nervenbelastenden Kultur die Besinnungspause ein wichtiges Mittel, das uns in der Persönlichkeit und auch in der Gesundheit stabilisiert. Die Besinnungspause ist das Gegenteil zur beständigen Geschäftigkeit und nervösen Unruhe. Wir neigen durch diese Geschäftigkeiten und diese ständigen Strapazen und Nerveneinflüsse zu einem vollständigen Versinken in der Materie. Die Herzkrankheit ist ein Ausdruck für das Versinken in der materiellen Welt. Sie ist eine Ausdruck des Materialismus. Sie kann auch bei Personen eintreten, die sich auf den Gebieten der Seelsorge oder sogar der Spiritualität sehr viel unter Aufopferung für seine Mitmenschen hingeben. Aber alle Aufopferung und alle Hingabe, so vortrefflich sie auch sein mögen, benötigen zu ihrer Krönung immer wieder die rechtzeitige Unabhängigkeit und rechtzeitige Distanzierung. Hingabe darf nicht zu einem Versinken in der Materie führen. Und die Erledigung der Pflicht darf nicht zu einem Persönlichkeitsverlust oder zu einem Sich-Aufgeben gegenüber den rein weltlichen Forderungen werden. Die Besinnungspause sollte im Idealfall ein Licht des Geistes schenken und sollte die Persönlichkeit mit den höheren Zielen verbinden. Wahre Selbstbesinnung und wahre Selbstbeschauung führen zu Unabhängigkeit gegenüber den vielen Forderungen, Zwängen und Belastungen der Welt. Die Pflicht kann somit leichter ihren Vollzug erhalten, wenn das Herz oder der Geist, das Leben und die Einzigartigkeit unserer Person von der Welt frei sind. In dieser Freiheit der geistigen Menschwerdung liegt, ganz allgemein gesprochen, die größte Möglichkeit der Vorbeugung gegenüber diesen lauernden Zeitkrankheiten.

Pflug, *halāsana*

Welche Bedeutung liegt in den Worten »Körperverhaftung« und »Körperfreiheit«?
Die Betrachtung der Ausdrucksformen einer āsana kann Ahnungen und Eindrücke
entstehen lassen, ob eine Freiheit im Üben oder eine physische Verhaftung vorherrscht.
Nicht das körperliche Wesen, sondern die Empfindungsfreude des Bewusstseins
strahlt bei jenen Übungen entgegen, die in Hinwendung zu den
Imaginationen praktiziert werden.

Das Hormonsystem

Die Drüsen in Beziehung zu den *cakra*

I
Der Einfluss ätherischer Kräfte
auf Hormone, Drüsen und *cakra*

Das Hormonsystem oder innersekretorische System steuert durch die Ausschüttung von Hormonen wie ein übergeordnetes Gesetz den gesamten Organismus und seine verschiedenen Funktionen, und es ist durch hochspezialisierte Regelkreisfunktionen um Harmonie und Ausgleich bemüht. Dieses Drüsensystem, das ein eigenes Funktionssystem darstellt und von den Schweißdrüsen der Haut abzugrenzen ist, ist wie ein Gesetz und Gesetzesführer, und so ist das Hormonsystem eine weise Regulation von dem, was wir in Sanskrit als *karma*, das Gesetz von Handlung, Arbeit, Ursache und Wirkung benennen. Die Hormondrüsen schütten ihr Sekret direkt in das Blut aus und steuern auf diese Weise den in uns angelegten und wirkenden Ich-Willen, denn das Blut ist Träger des Ich-Willens. Das Hormonsystem arbeitet nach vegetativen Steuerungsrhythmen und bleibt im Unbewussten des körperlichen Systems.

Diese vegetativen und damit unbewussten Steuerungsmechanismen stehen einmal mit unserer Vergangenheit und weiterhin mit all denjenigen Kräften oder verstorbenen Seelen in Verbindung, die wir während des Daseins auf unbewusste und ungesehene Weise anziehen. Hormone sind sehr spezifische Stoffe, die zum Teil wichtigste Stoffwechselfunktionen im Körper aufrechterhalten. Im Falle einer Krankheit findet eine geheimnisvolle Anziehung auf ungesehene und unbemerkte Weise von einer Kraft, die im Äther existiert und die wir als elementare seelische Kraft darstellen können, statt, die das leibliche Gleichgewicht in eine Disharmonie und in ein Schwanken bringt und in den Organen oder im Gewebe die Krankheit verursacht. Das Gesetz des *karma* arbeitet in einer weisen Steuerung nach geheimnisvollen Anziehungsmechanismen, die aus einem ätherischen Urgrund entspringen und sich in den physischen Leib hineinarbeiten.

Während des ganzen Lebens umgeben uns ätherische Kräfte aus der Atmosphäre. Sie sind nicht das reine, funkelnde Licht der Schöpfung, sie sind mehr die Stimmung, die Laune, die Eigenart oder elementarische Aufladung des Lichtes. Diese von Geistsubstanzen erfüllte Lichtsphäre umgibt uns jeden Tag, nach Art der Jahreszeit wechselnd, nach dem Land, nach der Gesellschaftsstruktur variierend, und wir nehmen mit unserem eigenen Ätherleib an dieser Sphäre oder Stimmung des Lichtes unbewusst teil.

In diesen Wirkungsmechanismus einer ätherischen Steuerung und einer mehr oder minder bewussten Anziehung von unsichtbaren, seelisch elementaren oder jenseitig liegenden Substantialitäten, die den Geistsubstanzen der Elemente Feuer, Erde, Luft und Wasser entsprechen, sind die endokrinen Drüsen hineingegliedert. Diese Elemente beschreiben die Viergliedrigkeit des Äthers, der die Lebenssphäre der Erde, der Pflanzen, der Tiere und des Menschen umgibt. Die Elemente existieren in ihrer grobstofflichen Ausprägung wie auch in ihren feinstofflichen Gestaltungsimpulsen, und sie sind wie ein großes, schaffendes Weltentribunal, das in unentwegtem, genau koordiniertem Arbeitsfleiß die sichtbare Welt erschafft, belebt und mit regsamer Stimmung erfüllt.

Die indirekten Empfangsstationen für diese ätherischen, jenseitigen Substantialitäten oder Elementargeister,[18] die in einem übergeordneten oder mehr verinnerlichten, sogenannten Himmel existieren, sind die klassischen *cakra* oder Energiezentren, die sogenannten Lotusblumen des feinstofflichen Leibes. Über diese Blütenzentren ernährt sich das psychische und physische Dasein. Die sinnliche, sichtbare Wirklichkeit erhält über die übersinnliche, feinstoffliche Ätherregion ihren Zustrom. Jene Energie, die in den *cakra* fließt, liegt immer mit der geheimnisvollen Welt der elementaren Geistigkeit, die abgeschiedene Seelen hinterlassen haben, der Ahnen und ihrem geistig-ätherischen Erbe, in einer konkreten Verbindung. Ein Studium der *cakra*, der einzelnen Energiezonen des Körpers, der Farb-Licht-Nuancen oder Ausstrahlungen hilft zur Erkenntnisbildung der übersinnlichen Welten und ihren Ausströmungen, die hineinfließen in die irdischen Geschehnisse.

II

Die Zuordnung der Drüsen zu den *cakra*

Für unsere Betrachtung erscheint die materielle Aufzählung der verschiedenen Drüsen und ihrer zugehörigen Hormone nicht vordergründig, da wir diese den Tabellen der Lehrbücher entnehmen können. Wir wollen das Drüsensystem in einem Gesamtzusammenhang mit einer höheren übersinnlichen Ebene deuten und die einzelnen Drüsen den verschiedenen Nervengeflechten des Vegetativums und schließlich den einzelnen *cakra* zuordnen. Die Zuordnung von Organen und Drüsen zu den feinstofflichen Energiezentren, die in dem sogenannten Ätherleib wie Blütenräder angeordnet sind, kann aber von unterschiedlichen Ideen und Imaginationen ausgehen, und so können bei den Zuordnungen Abweichungen entstehen. Es gibt beispielsweise in manchen älteren Schriften die genannte Zuordnung der Bauchspeicheldrüse zum Element des Feuers, und in anderen Schriften wiederum finden wir sie zugehörig zum Element der Luft. So wird die Bauchspeicheldrüse einmal dem vierten Zentrum und dann wieder dem dritten Zentrum zugeordnet. Aber auch die Bezeichnungen über die Elemente differieren ganz besonders auf die Bezugsrichtung vom dritten und vierten Zentrum. In den anthroposophischen Lehrsystemen finden wir das Herz unter dem Zeichen des Feuers und die Nieren unter dem Zeichen der Luft. In den östlichen Schriften dagegen entdecken wir das Herz mit dem Element der Luft und die etwas darunter gelagerte Region des dritten Zentrums, die mit den Nieren identisch ist, mit dem Element des Feuers. Die Widersprüchlichkeiten, die hier vor dem Auge erscheinen und scheinbar eine Verwirrung bringen, lösen sich auf, wenn wir uns gewahr werden, dass in den Lehren durch die Ansätze der Imagination verschiedene Gedankenvorstellungen zugrunde liegen und die Begriffsbezeichnungen mit anderen Empfindungen und damit auch mit anderen Wahrnehmungen ausgestattet sind. Beide Zuordnungen sind richtig, denn sie nehmen den Ausgang von einer realen Imagination. Wir dürfen uns durch Zuordnungen nicht zu sehr auf ein allgemeingültiges Schema fixieren und sollten uns an Unterschieden, die in verschiedenen Wegen an den Tag treten, nicht zu sehr stören. Eine einheitliche, exakte und für jede Form der Interpretation gültige Tabellarisierung und Systematisierung kann es in der so sehr differenzierten und vielseitigen Erscheinungswelt wohl niemals geben. Der wohlgewollte und geforderte Schematismus ist bezeichnend für jene ausschließende, definierende Versuchung des Verstandes, der alle lebendig bewegten Verhältnisse unter eine Kontrolle bringen möchte und ein allgemeingültiges, fixes und letzten Endes absolutes System in der Welt und über die Welt entdecken möchte. Mit den Zuordnungen von den Energiezentren zu den einzelnen Organen und Drüsen sollten wir uns deshalb nicht auf einen Schematismus fixieren, sondern sie nur einmal als eine Information zum weiteren Gedankenaufbau und zur Bildung erster, geordneter Vorstellungen nehmen.

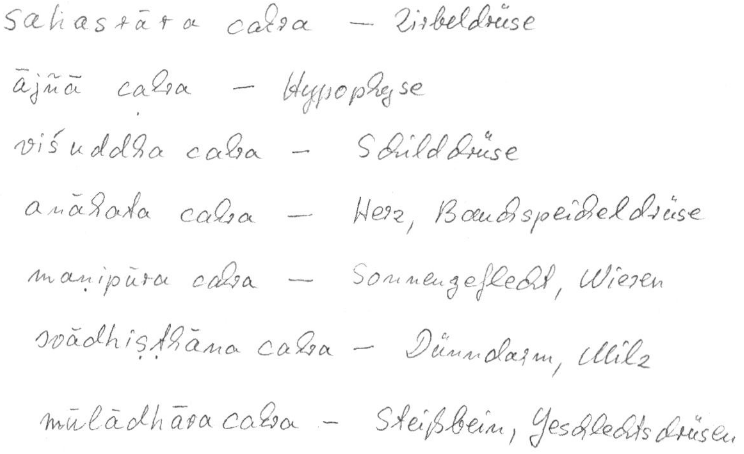

> sahastāra cakra — Zirbeldrüse
> ājñā cakra — Hypophyse
> viśuddha cakra — Schilddrüse
> anāhata cakra — Herz, Bauchspeicheldrüse
> manipūra cakra — Sonnengeflecht, Nieren
> svādhiṣṭhāna cakra — Dünndarm, Milz
> mūlādhāra cakra — Steißbein, Geschlechtsdrüsen

Skizze 9

III

Das Hormonsystem arbeitet nach einem im Äther angelegten Steuerungsrhythmus

Das Hormonsystem arbeitet nach jenen höheren Gesetzen, die von einem größeren und höheren und weise im Äther angelegten Steuerungsrhythmus ausgehen. Es ist für die wissenschaftliche Analyse möglich, jene Regelkreise und auslösenden Faktoren, die in diesem System wirken, zu ergründen und zu benennen. Weiterhin gibt es bereits ein recht gut nachweisbares Wissen über die sogenannten Stressfaktoren, die beispielsweise das Nebennierenmark zu erhöhter Noradrenalinausschüttung treiben und die Cortisolproduktion in der Nebennierenrinde zu einem stärkeren Eingreifen in den Stoffwechsel motivieren. Die psychischen Einflüsse gelten hier als reale treibende und auslösende Faktoren, die das Hormonsystem stimulieren und zu erhöhten Leistungen herausfordern können. Die größere Bedeutung aber, die mit der Hormonausschüttung und mit den entsprechenden Stoffwechselreaktionen entsteht, bleibt dennoch eine Frage, die wir noch weiter durch die Imagination und aus dem Geiste beantworten wollen.

Die Herausarbeitung von jenem Gebiet, das eine unwägbare und damit geistige Bewusstseinsdimension und -realität besitzt, die in Beziehung zu jener nachweisbaren Realitätsebene liegt, die innerhalb der materiellen, stofflichen Welt durch die wissenschaftliche Methode überprüfbar ist, erscheint hier so erwähnenswert, da wir erst dadurch die Aufmerksamkeit auf Inhalte lenken, die für das Leben bedeutungsvoll sind und mit ihrer einigenden Logik die somatischen Ebenen aller konventionellen Forschungen überschreiten. So ergeben sich eine ganze Zahl von Beispielen mit verschiedensten Fragen nach den Prinzipien und Gesetzen, die aus einem höheren Seinsurgrund den physischen oder auch psychischen Reaktionen zugrunde liegen. Ein kleines Beispiel kann hier die Frage zu dem allen Ärzten so wohlbekannten und doch recht geheimnisvollen Phänomen des Fiebers sein. Die Fieberreaktionen kennen wir, und die auslösenden Faktoren benennt die wissenschaftliche Analyse mit dem Eindringen von Fremdkeimen in den Organismus, die eine Abwehrreaktion hervorrufen. Aber wir kennen noch nicht wirklich die Dimension des Fiebers in seinem Ursprungsort selbst, denn diese Dimension oder dieses ursprünglich entflammende Wärmesymptom entsteht nicht primär durch Regelmechanismen, sondern durch ein Hereinwirken eines geistigen, höheren, sehr geheimnisvollen, unwägbaren und außerirdischen Rufes. Das Fieber war in alten Zeiten noch sehr gefürchtet, und vielleicht wissen wir noch aus kindlichen Fiebererfahrungen das Phänomen des Phantasierens, das bei hohen Temperaturen eintritt und die Seele in eine andere Region entrückt. Das Fieber ist wahrhaftig ein Ruf des Außerirdischen und tritt in das Leben wie von oben herab oder aus dem Geiste herein. Ganz ähnlich erscheint die Bezugsrichtung zu den hormonellen Steuerungsrhythmen, die zwar durch die verschiedenen Stressfaktoren oder allgemein durch Ängste und notwendige Impulse ihre Einleitung erhalten, aber doch ursächlich noch eine höhere Bedeutung aufweisen. So wenig wie der an die Sinnessphäre gebundene Verstand das Urphänomen des Fiebers deuten kann und somit eigentlich nur die auslösenden Faktoren sammelnd und ergänzend wie beispielsweise Infektion, Immunreaktion, Verengung der Arterien, Schüttelfrost, Anstieg der Lymphozyten und Anstieg der Blutsenkungsgeschwindigkeit aufzählen kann, ebenso wenig kann durch die bloße Forschung nach Stoffen im Blute und durch eine Aufzählung von verschiedenen Stressfaktoren, Ängsten und Erbfaktoren das höhere innere Gesetz eines aus dem Jenseitigen bestehenden oder eintretenden und in das Blut ausstrahlenden Wirkungsbereiches seine Erklärung erhalten. Das Hormonsystem selbst ruht in einer ätherischen Zugehörigkeit und einer lebendig in der Stimmung des Umkreises gehaltenen Weisheit oder lebensnah eingebundenen, für sich selbst wirkenden, intelligenten, bemessenen Integrität, in einer Art geheimnisvollen, ausgeflossenen Fülle, durch die es seine eigene, spezifische, auf das Individuum abgestimmte Führung, beginnend über die vielen verschiedenen Regelkreise und Rezeptoren, auf den Körper aussteuert.

Dieses innersekretorische Hormonsystem ist um ein Gleichgewicht bemüht, das es aber im Falle einer pathologischen Abweichung entweder mit einem Hormondefizit oder mit einer Überproduktion von Hormonen in einer Drüse beantwortet. Eine Vorstellung über das weisheitsvolle Zusammenwirken der verborgenen ätherischen Fülle mit den körperlichen Erscheinungsweisen kann der folgende, sehr einfach gewählte Vergleich geben. Nehmen wir einmal an, dass wir eine Sprache nur sehr ungenügend lernen und sodann im entsprechenden Ausland eine Arbeit im Telefondienst aufnehmen. Die Arbeit wird uns weit mehr strapaziöse Anforderung geben, da wir durch die mangelhafte Ausbildung der Sprache zu erhöhten konzentrierten Leistungen herausgefordert sind. Die nervliche Erschöpfung wird sicherlich größer sein, als wenn wir die Sprache schon fließend sprechen könnten. Ebenso wie dieser einfache Vergleich schildert, verhält es sich in unseren inneren Steuerungsrhythmen der Hormonproduktion und Hormonausschüttung. Ganz besonders intensiv werden die Nebennierenrindenhormone durch Stressfaktoren herausgefordert und das für die Abwehr so wichtige Cortisol bis hin zur Erschöpfung abgebaut. Die Ursache liegt äußerlich gesehen in einem nervlichen Ungleichgewicht, in einer steigenden Angst oder in einem einseitigen Intellektualismus, aber dies ist nur der äußere Faktor und noch nicht der wirkliche Hintergrund. Die Ursache liegt von einer tieferen Warte aus betrachtet in einem ätherischen Defizit, das vielleicht schon in unserem Erbe vorliegt oder das in einer mangelhaften inneren Stabilität und Persönlichkeitsentwicklung wurzelt oder auch gesellschaftsbedingt gar nicht mehr entwickelt ist und das nun über jenen geheimnisvollen Steuerungsrhythmus zu einer Insuffizienz oder gesteigerten Funktion führt.

Nehmen wir ein weiteres sehr einfaches Gleichnis zur Erklärung des weisen Wirkungsfeldes von übersinnlichen Kräften, die über das Hormonsystem wirken, zu Hilfe. Ein Haus, das in den Wänden und im Dache Lücken und Risse aufweist, kann die innere Heizwärme nicht mehr zufriedenstellend bewahren. Die Warmhaltung des Hauses benötigt weitaus mehr Heizmaterial als im stabilen und intakten Zustand. Weiterhin dringt aber durch die Risse und Lücken der Regen in das Hausinnere und bewirkt eine zunehmende Ungemütlichkeit. Der Regen ist ein unerwünschter fremder Gast, der im idealen Falle außerhalb des Hauses bleiben sollte. Ebenso wie dieses Beispiel beschreibt, sollten gewisse elementare Kräfte oder jenseitige Wesensmächte nicht in die Region des Leibes hineindringen können, denn sie bewirken bei ihrem Übermaß ein Ungleichgewicht, stören die natürlichen Bedingungen und verursachen eine Krankheit.

IV
Entwicklungsdefizite prädestinieren für Fremdeinflüsse

So wie jedes Vorliegen einer Schwäche in der Entwicklung zu zunehmenden Schwankungen und einer Schwächung im Immunsystem führt, so wirkt ein Defizit in der Entwicklung der Seele prädestinierend für eine besondere Empfängnis von fremden, unerwünschten Einflüssen. Diese Einflüsse sind in der Regel auf das Hormonsystem bezogen und sind innerhalb der wägbaren Bereiche von Bakterien oder Viren nicht messbar, sondern sie bleiben häufig in der unsichtbaren Einflusssphäre einer geistigen Dimension und steuern auf genau gewählte Weise die Drüsensekretion. Bei einer Schilddrüsenüberfunktion finden wir deshalb keinen Virus oder anderen Erreger, den wir als Fremdeinfluss diagnostizieren könnten. Dennoch ist dieser Fremdeinfluss durch eine elementarische Überladung mit bestimmten geistig-ätherischen Substantialitäten, mit erdverbundenen Wesen gegeben und eine Schwäche im Herzen und im Bereich des Sonnengeflechtes nachweisbar. Durch diese hinzukommenden und unwägbaren geistigen Einflüsse, die aber immer eine Antwort auf ein Defizit in der Entwicklung sind, entstehen Hyperfunktionen oder auch Insuffizienzen.

Das Hormonsystem reagiert dadurch mit einem weiteren Versagen einer Drüse, wie es beim Diabetes mellitus der Fall ist, oder mit einer Überfunktion, wie es beispielsweise bei Angstzuständen ist, die das Nebennierenmark in der Hormonproduktion mit Katecholaminen überstrapazieren. Bei Angstzuständen oder auch bei der Schilddrüsenüberfunktion sind selbst für den Laien schon nahezu jene unruhigen, sinnlichtreibenden und nervösen Wesen, die durch Anziehung als Antwort auf das Hormonungleichgewicht entstehen, sichtbar. Viele Überforderungen und Ungleichgewichte entstehen, ähnlich wie das angeführte Beispiel beschreibt, aufgrund einer mangelnden Stabilität, aufgrund von psychischen Krisenzuständen, Expositionen in der Gesellschaft oder allgemeiner physischer Bedingungen, die auf den verschiedenen Lern- und Arbeitsgebieten schließlich zu einer Stresssituation anwachsen.

Wir finden in unserer Kultur sehr viele hormonelle Krankheitssymptome oder zumindest sehr viele Erschöpfungserscheinungen, die ein Ausdruck für ein Schwächerwerden des inneren Menschseins und der inneren Haltung, sowohl in der physischen als auch in der psychischen Struktur zeigen. Eine Hormontherapie sollte jedoch so weit wie möglich vermieden werden, denn sie setzt nicht an der Ursache der Krankheit und Störung an, sondern bringt ein weiteres Hinwegtäuschen über die eigentlich notwendigen Aktivitäten mit sich und führt in den wenigsten Fällen zur Heilung. Wir sind bei der Hormontherapie genötigt, auf tierische oder künstliche Substanzen zurückzugreifen und leugnen damit weiterhin unser schöpferisches Leben und Entwicklungsvermögen. Substitutionen sind bei Insuffizienzen von Drüsen zwar notwendig und müssen nicht immer größere psychische Probleme eröffnen, wenn jedoch keine dringliche Notwendigkeit vorliegt, so sollte eine Therapie mit anderen Maßnahmen versucht werden.

V
Stärkung des Ätherleibes durch Bewusstseinsschulung

Für die Ordnung des Lebensgleichgewichtes, das sich im Drüsensystem ausdrückt, müssen wir für die Zukunft bei den weiteren Forschungen das höhere Wesensgesetz der sogenannten *karma*-Lehre, das Gesetz von Ursache und Wirkung, das weisend und wegweisend über unserem Leben waltet, näher berücksichtigen lernen. Diese Wege dorthin mögen heute vielfach als Phantasterei gelten und auf Widerstreit stoßen, und sie werden sicherlich gerade jetzt in der Hochblüte der materialistischen Forschung nur ganz langsam als eine tatsächlich mögliche Form zur Heilung eine Berücksichtigung gewinnen. Diese tatsächlich noch weit in der Zukunft erdachten Wege in der Medizin bedürfen der schöpferischen Mitarbeit des Patienten und sie verlangen eine Forschungsarbeit von Seiten des Therapeuten, die vom Umfange und Aufwand wohl auch mit dem Maße gleichzusetzen ist, wie sie derzeitig in Tierversuchen und Erprobung von neuen Medikamenten investiert wird. Würden die neuen Forschungswege entgegen einer wissenschaftlichen Methode zu schnell in eine Alternativbewegung oder in eine einseitige esoterische Neuorientierung gleiten, so würde wohl dieses außerordentlich schwierige Gebiet, das hier mit ersten Gedanken skizziert ist, in eine Phantasterei hineingleiten müssen.

Für einen Yogalehrer, Therapeuten oder auch Yogaübenden sind die Möglichkeiten zu Heilungen im Hormonsystem nur dann sehr positiv und erfolgversprechend, wenn mit der Übungspraxis eine sehr umfassende Bewusstseinsschulung und erbauende Zielrichtung zu einem persönlich reiferen, reineren und freieren Leben erfolgt. Die *cakra* können durch eine bewusste Tätigkeit aus der eigenen Entscheidungskraft der Seele entwickelt werden, und es können mit Hilfe des Bewusstseins neue stabilisierende Substantialitäten im Ätherleib von oben, das heißt von dem höheren Tätigsein des Menschen, erfolgen. Die Bewusstseinsarbeit benötigt aber eine sehr langwierige und mutige Entwicklung eines geistigen Ideals.

Kopfstand: eine beruhigende und zugleich anregende Stellung

Kopfstand, śirṣāsana

Der Kopfstand schafft als klassische Yogastellung eine Zentrierung im Haupte. Es ist die Stellung, die durch die vertikale Linie gekennzeichnet ist und ein intensives Form- und Gedankengefühl vermittelt. Allgemein wirkt der Kopfstand anregend auf die Hypophyse. Die Stellung selbst wirkt sich festigend auf das Gewebe, auf die Wirbelsäule und auch auf das Nervensystem aus. Eine beruhigende wie auch eine anregende Wirkung sind nach der Ausführung spürbar.

Variation: Gleichnis für das Ausströmen der Gedankenkräfte

Kopfstand mit Beinvariation

Da der Kopfstand mit einem sehr intensiven Erleben des eigenen Körpers und des eigenen persönlichen Selbstseins und der Haupteskräfte verbunden ist, bietet sich die Beinvariation an, denn diese ist wie ein Gleichnis für das Ausströmen der Gedanken- und Bewusstseinskräfte. Wie die Gliedmaßen wechselseitig aus der vertikalen Himmelsrichtung in den Raum und auf den Boden streben, so entflammen die Gedanken aus dem Himmelsraum, organisiert durch das Haupt (6. Zentrum) hinein in die Tatenwerkzeuge der Gliedmaßen und berühren von oben herein den Boden der Erde.

Die einzelnen *āsana* wirken auf die Drüsen, wie beispielsweise der Kopfstand auf die Hypophyse, der Schulterstand auf die Schilddrüse und die entsprechenden vorwärtsbeugenden Dehnübungen wie die Kopf-Knie-Stellung auf die Bauchspeicheldrüse. Diese mechanische Wirkung, die in der Regel mit einer gewissen *prāṇa*-Energie parallel geht, kann aber das Drüsensystem noch nicht in der Tiefe seiner Bedeutung erreichen, und deshalb dürfen wir den einzelnen körperbezogenen Wirkungsbereichen keine zu große Bedeutung beimessen. Für die Heilung von Störungen wie Unterfunktionen und Überfunktionen sowie der verschiedenen Erschöpfungszustände, die ebenfalls durch Insuffizienzzeichen am Drüsensystem ihren Ausdruck finden, ist jene wachsende Bewusstseinsentwicklung, die wir vom Astralleib und Ich aus beginnen müssen und die sich dann automatisch auf die Stärkung und Ordnung des Ätherleibes auswirkt, nötig.

Die Entwicklung des sechsten Zentrums

VI

Die tiefere Bedeutung des vierten und sechsten Zentrums für die Persönlichkeitsentwicklung

Wir haben anfangs darüber gesprochen, wie die *cakra*, die Energiezentren, mit den innersekretorischen Drüsen in Verbindung stehen und wie sie zum Äthergefüge gehören und von diesem ausgehend eine Vermittlungstätigkeit auf autonome Weise von den äußeren Elementenschwingungen und Elementenstimmungen zum Inneren geben. Wenn wir nun in der folgenden Ausführung einige Heilungsmöglichkeiten, die mit diesen Aktivierungen der *cakra* zusammenhängen, besprechen, so ist es sehr wichtig, das sechste Energiezentrum in das Licht der Betrachtung zu rücken. Dieses sechste Zentrum ist, wie sein lokaler Sitz bereits andeutet, über den anderen Zentren erhaben und ist deshalb frei von allen Elementen. Das sechste Zentrum gehorcht der individuellen Kraft des Menschen und kann bei positiver Entwicklung den Ätherleib dirigieren.

Die verschiedenen Energiezentren besitzen eine sehr wesentliche Bedeutung für die heranreifende Seele. Das vierte Zentrum beschreibt in seiner ausgleichenden Mittelstellung und Vermittlertendenz den Sitz der Seele oder den Sitz der Ich-Kraft. Das vierte Zentrum besitzt beispielsweise neben der Mittlerrolle und ausgleichenden Tendenz die Bedeutung von Religion und religiösem Fühlen. Die-

Das vierte Zentrum ist bedeutsam für religiöses Fühlen

ses religiöse Fühlen ist ganz nahe mit der Wärme und Wärmeentwicklung unseres Wesens verbunden und es gehorcht deshalb dem Element des Feuers. Hier im Herzen entwickeln wir die natürliche Feuerkraft zum Leben, und diese Feuerkraft zum Leben ist wiederum die tragende Säule zur produktiven Entwicklung eines spirituellen Weges. Im Herzen lebt deshalb ein ursprüngliches, anfänglich weites Prinzip der Liebe, das wir für das Leben als innerste Kraft und Substanz benötigen. Im Herzen lebt unser Schatz.

Im Herzen zeigen sich die Weichen, die wir selbst für das Leben einstellen können. Die richtige Form der Selbstkritik, die erbauend und produktiv für unser Leben entsteht, entwickeln wir mit dem religiösen Fühlen zu den geistigen Welten. Wir können uns erst dann in richtiger Weise selbst korrigieren und kritisieren und uns konstruktiv in Beziehung zu anderen bringen, wenn wir Werte im Leben entwickeln, die über die sterblichen, rein irdischen sozialen Gesetze hinausreichen. Ein religiöses Fühlen, das im Herzen lokalisiert ist, benetzt unsere Gefühle mit einem feinen Tau der spirituellen höheren Welten. Wir fühlen die Liebe und die Weisheit der höheren Hierarchien und können aus diesem perzeptiven Selbstgefühl uns im eigenen Verhalten, in unserer eigenen Stellung und in unseren eigenen Ansichten konstruktiv korrigieren. Grübeleien, Schuldgefühle, Schuldverpflichtungen gegenüber den Normen unserer Gesellschaft, die häufig zu ungesunden selbstkritischen Forderungen werden, sind durch ein entwickeltes Herz und entwickeltes religiöses Empfinden zu überwinden. Die Selbstkritik kann durch ein entwickeltes Herz zu einer konstruktiven und progressiven Aktivität werden.

In der Anlage ist das sechste Zentrum, das mit der Hypophyse im Haupte lokalisiert ist, anders. Die Hypophyse ist ein sehr kleines Organ von einer sehr wichtigen und hervorragenden Stellung für das ganze Drüsensystem. Die Steuerung fast aller Hormondrüsen geschieht aus dem mittleren Kopfbereich, von dem aus die Botenstoffe in den ganzen Körper gelangen und von dem aus schließlich die eigentlichen Funktionen bestimmt werden. In psychischer Hinsicht hat dieses Zentrum eine Bedeutung für die Gedankenkraft, für die Bildekraft des Gedankens, für die Weite des Gedankens und allgemein für die Schöpferkraft des Bewusstseins. Wenn wir den Sanskritnamen nehmen, *ājñā-cakra*, so wird uns durch diesen Namen die eigentliche innere Bedeutung nahegeführt. *Ājñā-cakra* heißt »die oberste Befehlsstelle«, das Zentrum, das eine Autorität oder Befehlsgewalt besitzt. Indem wir uns dieses Zentrum mit der weiten Gedankenbildung und mit der innersten Steuerung des Bewusstseins vorstellen, verstehen wir den Zusammenhang leichter, der für jede Heilung notwendig ist.

VII
Heilkraft durch schöpferische Gedankenentwicklung

Für jede Heilung ist eine schöpferische Gedankenarbeit notwendig. Für eine wirkliche Verwandlung des Lebens, die in der Heilung stattfindet oder die für die Heilung Voraussetzung ist, müssen Gedanken über die Triebsphäre und über die vitalen Kräfte des Leibes hinaus zur Entfaltung kommen. Für die Entfaltung des sechsten Zentrums und für die schöpferische Gedankenbildung ist die innere Unabhängigkeit des eigenen Denkens von althergebrachten Mustern nötig. Diese Unabhängigkeit im mentalen Bewusstsein entspricht dem fünften Energiezentrum am Kehlkopf, das bezeichnenderweise die Kraft zur Loslösung vom Alten und die Möglichkeit zum Neubeginn in der Gegenwart des Gedankens beinhaltet. Dieses Energiezentrum wird *viśuddha-cakra* genannt und ist wie ein Torbogen, den wir gegenüber uns selbst und unseren aufgespeicherten, althergebrachten, erworbenen und anerzogenen Vorstellungen jeden Tag neu passieren müssen. Wir dürfen nicht von den leiblichen Emotionen, von den bloßen Begierden des Leibes gefangen werden. Wir müssen größere Ideale und eine klarere Aufmerksamkeit zu höheren Ebenen des Seins entwickeln, damit wir in der Seele gesund werden. Die Gedankenarbeit in ihrer schöpferischen, weiten, idealen und reinen Entfaltung bringt eine neue Atmosphäre in das ganze Leben. In dieser neuen seelischen Atmosphäre kann die Heilung stattfinden. Sehr nahe ist diese schöpferische Arbeit mit dem Herzen verwandt. Die Zentren wirken zusammen: das Herz mit der innersten, religiösen Ausrichtung, mit der produktiven und aktiven Selbst- und Fremdbeurteilung, mit dem ausgleichenden Frieden zur Welt, mit dem innersten, feinfühligen Bereitsein Höheres anzunehmen, und die Kehlkopf- und Kopfesorganisation, die aus dem Gedankenlicht entspringt, die schließlich das Leben trägt, verwandelt und mit vielen neuen Melodien, ja, mit geistigen Geheimnissen, mit kosmischen Himmelslichtern bereichert.

VIII
Das sechste Zentrum und der Lebensauftrag

Dieses Zentrum im Haupte ist bezeichnenderweise ein Ausdruck für den Sitz der Seelenkraft, und gleichzeitig damit beschreibt die Lotusblume mit ihren zwei Blättern den innersten Auftrag unseres Menschseins. Hier im Haupte, in dieser kleinen, winzigen Drüse, die die verschiedensten Hormone auf den Körper aussendet, liegt ein geheimnisvoller Auftrag, den wir als Lebensauftrag bezeichnen können, begründet. Hier liegt er in der physischen Welt beheimatet. Aus diesen wenigen Angaben ist es leicht einzusehen, dass dieses Zentrum eine sehr klare und gewissenhafte Entfaltung erfordert. Der Lebensauftrag mag vielleicht ein großes Geheimnis, ein ersehntes Mysterium für unser verstandesgemäßes Erfassen darstellen, aber er ist in seinem innersten Sinn schon tief in das werdende Wesen eingraviert und wartet dort, so weit man es vom Körper aus bezeichnen kann, auf seine Entfaltung. Die Hypophyse, das kleine Organ, das nur ein halbes Gramm wiegt, nimmt aus dem Gehirn die verschiedensten Ströme auf; das ist physiologisch in der Medizin auch bekannt, indem die empirische Forschung die Hypophyse mit dem Hypothalamus in Verbindung bringt. Der Hypothalamus ist aber wiederum mit den verschiedenen Hälften des gesamten Großhirns und der Gehirnorganisation im Allgemeinen in Verbindung. Wir dürfen aber nicht dem Fehler verfallen, dass wir diese Hypophyse als rein physisches Organ sehen, in dem sich diese Kräfte wie in einem Potential aufgespeichert befinden. Die Hypophyse webt im kosmischen Zusammenhang, so wie unsere gesamte Gehirnorganisation und unser Nervensystem mit den vielen Strömungen aus dem astralen Kosmos zusammenhängen. Ein Organ ist nach dem Sinnesempfinden zunächst einmal ein physisches Organ, so fein und unscheinbar es vielleicht auch sein mag, es ist aber nach der übersinnlichen Erkenntnis ein äußerster und wägbarer Ausdruck für einen himmlischen Klang, der aus dem Ringen der geistigen Hierarchien im Jenseitigen entsteht, die ihr erhabenes Reich von aller Unreinheit reinigen wollen. Die irdische Organwelt ist das Ergebnis eines himmlischen Sieges der höheren Engelshierarchien über die bindenden Mächte der Schwere.

IX

Die Bedeutung des siebten Zentrums und die Frage nach der göttlichen Transzendenz

Damit wir den verborgenen Sinn dieser Hypophyse und ihren Zusammenhang zum sechsten Energiezentrum verstehen, und damit wir weiterhin den Sinn der weiten Gedankenbildung und übergeordneten Sicht, die sich darin zeigt oder zeigen soll, erfassen, ist es günstig, wenn wir auf die noch viel mysteriösere Bedeutung hinweisen, die durch das siebte Zentrum in uns hineinkommt. Das siebte Energiezentrum ist ganz der Transzendenz und der unendlichen Weite geweiht. Es wird repräsentiert durch die Epiphyse im hinteren Haupt. Diese Drüse ist jedoch dem Verkalkungsprozess unterworfen und besitzt für das spätere

Leben physiologisch kaum mehr nennenswerte Bedeutungen. Mit Beginn der Pubertät setzen die Verkalkungsvorgänge in dieser Drüse ein und heben die ohnehin relativ unbekannte Funktion in ihr auf. Das siebte Zentrum ist aus diesen Gründen mehr außerhalb des Körpers und besitzt in seiner einzigartigen geistigen Wirklichkeit kein wirklich klar in der Funktion stehendes und zugeordnetes Organ.

Die Hypophyse ist jedoch mit seinem Energiezentrum unmittelbar in der Kopfesmitte wirksam und strahlt von diesem ausgehend ein Licht auf das irdische Leben aus. Das sechste *cakra* wirkt auf das Leben außerordentlich stabilisierend, es gibt der Individualität und der Seele den rechten Halt im Leibe, es ermöglicht das schöpferische, dynamische Aktivsein mit dem Gedankensinn. Das siebte Zentrum, das sich mit der Epiphyse und ihrer Verkalkungstendenz weitgehend aus dem Funktionsgebäude des Körpers verflüchtigt, offenbart den Willen des göttlichen Seins. Dieser Wille des göttlichen Seins steht gewissermaßen dem leiblichen Wollen polar gegenüber. In der Hypophyse sollte aber dieser Wille aufgenommen, gemäß der Individualität weiterentwickelt und schließlich mit Gedanken auf das Leben reproduziert werden.

Würden wir einmal, ganz einfach gesagt, annehmen, dass unser Leben auf sechs Energiezentren beschränkt wäre, und würden wir somit diese unendliche Weite, die in keiner Weise zu ermessen ist und die man am treffendsten mit der göttlichen Wirklichkeit bezeichnet, nun vollständig wegdenken, würde man diese Ebene als eine nicht erfahrbare Wirklichkeit und somit auch nicht existierende Realitätsebene bezeichnen, so wäre unser Leben damit verurteilt, dass wir immer tiefer in die Materie hineinsinken müssten. So lange wir uns nur auf die sechs Energiezentren, die eine nachweisbare und sehr leicht verständliche organische Zuordnung besitzen, beschränken, müssen wir tatsächlich jenes heilige Mysterium, das wir Gott nennen und das eine ewige Verwandlung, ein ewiges Werden, ein ewiges Sein im Geiste darstellt, aus unserem Dasein ausschließen. Wir wären nur auf den Körper und auf ein bestimmtes begrenztes Seelenleben bezogen. Durch die Existenz der göttlichen Transzendenz des siebten Zentrums, das als geistiges Selbst oder als ein ewig hereinwirkendes, unmanifestiertes und doch klar gegebenes, höheres, ideales Imaginationsleben existiert, erhält unser Leben eine Form der Bewegung und eine Entwicklung innerhalb einer Wirklichkeit, die immer mit Geheimnissen und mit vielen undenkbaren und unsichtbaren Merkmalen eingebunden ist.

Nun läge es aber unserem Verstand sehr nahe, zu glauben, dass diese Welt, die der Transzendenz und einem unsichtbaren und undenkbaren Geiste entspricht, nicht wirklich eine realistische Form annehmen kann. Es liegt damit die Versuchung eines rein materiellen Gedankenlebens und eines nur einseitigen wissenschaftlichen Forschens näher als wirklich religiöses und metaphysisches Denken. Jener unsichtbare, transzendente Seinsgrund, der in keinster Weise nachweisbar und in keinster Form ein ponderables Gleichgewicht in uns erhält, ist immer ein höchstes Fragezeichen gewesen. In der Wirklichkeit unseres Seins leben wir aber viel mehr aus diesem transzendenten Urgrund, den wir nicht sehen. Wir leben viel mehr in einer unbewussten Himmelsregion, die ein Mysterium ist, und nur ein ganz geringfügiger Teil, den wir tatsächlich mit den Augen sehen, mit den Sinnesorganen wahrnehmen und mit unseren Gedankenkräften erfassen können, ist uns als ein Teilausschnitt oder eine Teilrealität vor dieser großen Wirklichkeit gegeben. Wir leben, um es ganz praktisch auszusprechen, mehr aus dem siebten Zentrum und nicht so sehr ausschließlich nur aus den sechs Energiezentren, die an die Organe gebunden sind. Unser Leben bestimmt sich aus einer geistigen Wirklichkeit, aus einer übergeordneten, freien Dimension eines noch unerfassbaren hohen und höchsten Bewusstseins, das wir als Individualität in unserer Gedankenwelt damit nur zu einem geringen Grad erahnen und somit, wenigstens ist es so in unseren allgemein gegenwärtigen Denkschemata und in unseren religiösen Formulierungen begründet, als eine ganz jenseitige Wirklichkeit annehmen können. Die Wirklichkeit, die wir Gott oder geistige Transzendenz nennen, ist ein zunächst nur einmal erdachtes Ideal oder eine Form der Hoffnung und des Trostes. Sie wird aber zu einer wirklichen Erfahrung und sie wird sogar ein Teil unserer individuellen Natur, wenn wir an der Ausprägung des sechsten Zentrums bewusst arbeiten und von diesem ausgehend eine Beziehung zu der Transzendenz der geistigen Welten setzen.

X
Durch die Hinwendung und eigenständige Auseinandersetzung mit spirituellen Quellen aktivieren wir für den Äther der Welt ein Licht

Für Heilzwecke, für den Yoga, der heilsam durch seine Formgestaltungen, seine inneren Prinzipien und seine weiten Möglichkeiten in das Leben hineingreift, ist es deshalb ein ganz wichtiger Grundsatz, dass der Klient wie auch der Therapeut sich in der Auswahl von Schriften mehr um spirituelle, reine Quellenschriften bemühen. Es wird hier an dieser Stelle sehr leicht verständlich, wenn wir den Zusammenhang vom sechsten und siebten Zentrum anführen. Das sechste Zentrum ist noch an das Organ und damit an die Hypophyse und an ihre hormonelle Aussteuerung gebunden. Das siebte Zentrum aber ist nicht mehr an die Organwelt gebunden, es steuert auf freie Weise, oder es bringt eine reine Wirklichkeit, ein lebendiges Fließen, ein immerwährendes Bewegungs- und Atemleben im Sinne größerer, unsichtbarer Kräfte in die Körperlichkeit hinein. Das siebte Zentrum ist deshalb der große Führer, der über der Autorität des sechsten Zentrums steht. Die oberste Befehlsgewalt im *ājñā-cakra* ist aber die individuelle Mitte der Seele, die sich eigenständig und mit Hilfe des Gedankenvermögens, mit Hilfe von Konzentration und Beurteilungskraft in die Natur des gesamten schöpferischen Seins hineinbringt und dieses Sein in seiner unendlichen Vielfalt rückwirkend zu dem irdischen, kollektiven und auch eigenen Leben gestaltend belebt.

Je mehr wir nun in jenen Schriften, die eine spirituelle Energie, eine transzendente Wirklichkeit oder eine wahrhaftige, gelebte, veranschaulichte und erzählte Erfahrung in sich tragen, lesen und über das Gelesene nachsinnen, die Gedanken eigenständig denken und eigenständig ausgestalten, um so mehr ernähren wir uns in der Wirklichkeit des Seins aus den transzendenten Ebenen des siebten Zentrums. Wir ernähren uns und den Äther der Welt aus dem siebten Zentrum und prägen diese Möglichkeiten und feinen Offenbarungen in die gesamte Welt hinein. Durch das Lesen und Hinwenden an spirituelle Quellen, durch das eigenständige Erfassen der Gedanken und Inhalte, durch das konzentrierte Denken dieser Inhalte und durch die Mühe der realen Aufnahme zur Synthese können wir jene wohl für unsere Zeit größte Gefahr des Materialismus und der Verhärtungstendenzen innerhalb der Materie besser verhindern. Wir nehmen eine göttliche Substanz zu uns, die uns durch den eigenen individualisierenden und vergeistigenden Gedankenmodellierungsprozess beständig von der Erde emporhebt in eine lichtere Dimension des gesamten Lebens, des sozialen, spirituellen und pädagogischen. Wir nehmen Initiation und die Fülle des Geistes in uns auf und aktivieren für den Äther der Welt ein Licht. Aus diesem Grunde sollten wir uns in der Bemühung um Heilung immer zu der transzendenten Wirklichkeit des Geistes in einer praktischen und konkreten Form ausrichten. Mit der Schwingung aus den höheren Ebenen des Geistes oder mit der Hinwendung zu einer sich offenbarenden Quelle erhält unser Gedankenleben eine geschmeidige und lichte Transparenz. Das Gedankenleben erfüllt sich mehr aus der Transzendenz und aus der unendlichen Weite des Unmanifestierten, aus einer Welt, die farbenreich und lebensfreudig ist und in ihrem eigentlichen Zentrum nun durch die schöpferische Bewegung des sechsten Zentrums eine Wirklichkeit des reinen personalen Seins annimmt.

Das Verdauungssystem

I
Das Verdauungssystem als wärmebildendes System

Das Verdauungssystem, das beginnend von der Mundhöhle bis hinein in den tiefen Bauchraum gelagert ist, ist ein sehr kompliziertes, vielseitiges, lebensnotwendiges Stoffwechsel- und Wärmesystem. Es bildet mit den aktiven Organen von Magen, Pankreas, Galle und Leber die aufbauenden und wärmenden Substanzen für den gesamten Körper. Das Verdauungssystem besitzt in seiner untergründigen Wärmeleistung die intensivste Radiation auf die übrige physische und psychische Kondition. Die Wärme, die in der Stoffumsetzung, im Metabolismus, erzeugt wird und die relativ deutlich von der Nahrungszufuhr, aber nicht nur allein von dieser, abhängt, entflammt die Liebeskraft zur Hoffnung, zur Weite und Freude für die Zukunft. In dieser untergründigen Tiefe arbeiten Substantialitäten, die eine zukunftsorientierte Perspektive eröffnen. In der Wärmeleistung und Qualität des Metabolismus entflammt die erbauende Zukunftshoffnung.

Von diesem Stoffwechsel- und Wärmesystem wissen wir einige wichtige psychosomatische Zusammenhänge, wie beispielsweise die Krankheit des Magengeschwürs, die mit psychischen Stresssituationen, nervlichen Anforderungen, Hektik, Nervosität und Unruhe zusammenhängt. Alle Unruhe, alle Spannungen und Kümmernisse irritieren das sehr rezeptive System der Verdauung. Wir wissen auch von der Leber, dass sie, wie schon der Name sagt, in einer zentralen Mitte das Leben im Aufbau ermöglicht und mit sehr vielen Lebensgefühlen zusammenhängt. Weiterhin existieren sehr deutliche Gefühle und Empfindungen über jene Zusammenhänge des Wohlbefindens in psychischer und physischer Auswirkung, die ihren Ausgang deutlich im Bauchraum und im Niveau des Stoffwechsellebens nehmen. Wir wollen für die Betrachtung und Entwicklung der imaginativen Erkenntnisse einige wenige Beispiele herausgreifen und anhand dieser Beispiele die geistige Bedeutung der Organe und ihres kosmischen Zusammenhanges sowie ihre inneren Empfindungen kennenlernen.

Das Stoffwechselleben ist von dem Wesen der Wärme und dessen Schlüsselfunktion für den Körper in seiner Bildung der Wärmeleistung getragen. Das Stoffwechselleben ist auch das Willensleben und das in uns angelegte, bewegte und doch unbewusste, ständig aktive, vitale, zur Expansion neigende Begierdeleben.

So leben in unserem Bauchraum die vitalen Prozesse zur Wärmebildung und zu fortschreitendem zellulären und substantiellen Aufbauwachstum. Dieses Willensleben, das im Verborgenen seine Funktion erfüllt, ist normalerweise in den jüngeren Jahren kräftiger und dominiert über das kontrollierende Bewusstseinsleben, in älteren Jahren aber weicht es in seiner aufbauenden, wärmebildenden Tendenz zurück und gibt den reiflichen Weisheitskräften des Verstandes einen Raum. Die treibenden, vitalen, lernwilligen, unruhigen bis hin zu stürmischen Impulse verlieren sich mit zunehmendem Alter und Ermüdung des Stoffwechsels.

Dieses Stoffwechselleben kann, wie es bei Fieber und bei den meisten Formen von Infektionen eintritt, wie ein überhandnehmendes und unkontrolliertes Feuer das ganze Wesen des Körpers überhitzen, oder es kann, und das ist die häufige Gegenseite im Spiegel unserer Zeit, zunehmend erkalten und die Leistungen im gesamten Aufbau reduzieren. Wenn das Verdauungssystem zu wenig von dem oberen Menschen, von reiner, vernünftiger Entwicklung ergriffen ist oder zu unrhythmisch, unausgeglichen oder auch strapaziert ist, entwickeln sich vorzugsweise Entzündungen und überschießende Reaktionen. Bei einem Kaltwerden der Bauchorgane dagegen reduziert sich die Stoffwechselleistung, oder es blockieren sich die natürlichen Abwehrmechanismen des Immunsystems, die vorzugsweise im Dünndarm lokalisiert sind, und es entstehen die so häufigen Krankheiten wie Krebs und chronische Arthritis.

Diese Wärme, die wohl nur subjektiv spürbar, aber objektiv sehr schwer messbar erscheint, besitzt einen Zusammenhang zu jenem Energiezentrum, das am Sonnengeflecht, dem plexus coeliacus, lokalisiert ist und das in Sanskrit *maṇipūra-cakra* genannt wird. Dies ist das dynamisierende Vitalitätszentrum unseres Körpers und reguliert in seiner feinstofflichen Funktion die Intensität des Willens, der in Beziehung zu Arbeiten, Verrichtungen, Gedankenentwicklung und Berührung nach außen tätig ist. In einer exakteren Formulierung ist diese innere Kraft des *maṇipūra-cakra* in allen Gedanken, Empfindungen, Wünschen und Antrieben mit einem Feuer, der ein Wille ist, tätig. Wenn diese Feuerkraft aus der Verdauung und aufbauenden Stoffwechselleistung lebendig strömen kann, entwickelt sich ein erfolgreiches Handeln und eine gute, heilsame Dynamik, die Wärme und Harmonie in der Verdauung spendet.

Etwas anders wirkt das Element des Wassers, das seinen Sitz mehr im Dünndarm trägt und das mit dem zweiten Zentrum, mit dem *svādhiṣṭhāna-cakra* benannt ist. Dieses zweite Energiezentrum stellt ebenfalls eine Harmonie und ein Gleichgewicht in der Verdauung her, aber es wirkt nicht über das erhitzende, dynamische und begeisternde Wesen des Feuers, sondern über das stabilisierende, mehr in sich ruhende oder zur Reinigung und Ausgeglichenheit führende Wesen des Wassers, das zu einer Gleichgewichtslage durch sein eigenes Element bemüht ist. Störungen, die im zweiten Zentrum lokalisiert sind, äußern sich nicht unbedingt mit einer Überhitzung oder mit einem Erkalten, sondern mehr mit einer Art zu starken Nervosität innerhalb des Stoffwechselfunktionssystems, und so entstehen differenzierte Reizzustände, Allergien, Obstipation und Diarrhöe, wie wir schon erwähnt haben.

II
Therapeutische Ansätze für das Verdauungssystem

Von Seiten des Yoga mit seinem vielschichtigen Übungssystem können durch gezielte Aktivitäten sehr heilsame Einflüsse auf die Störungen im Verdauungssystem erzielt werden. Die Wärmeentwicklung des *maṇipūra-cakra* entsteht vor allen Dingen durch eine schöpferische, lebendig gewählte, von Interesse und Begeisterung getragene Auseinandersetzung mit Übungen. Alle Gedanken, Ideen, Ziele, die aus der mutigen, freien Lebensorientierung entflammen, schenken dem aufbauenden Stoffwechsel Energie. Die Wirbelsäule mit ihrem knorpeligen Aufbau erhält ihre wichtigste Versorgung aus dem *maṇipūra-cakra* und somit aus dem aufbauenden Stoffwechsel. Eine wesentliche Analogie besteht vom Dickdarm (Colon) zum fünften Energiezentrum, *viśuddha-cakra*. Bei allen Erkrankungen des Colons sollte dieses Energiezentrum am Kehlkopf entwickelt werden.

Aber auch das ruhende, stabilisierende Wesen des Wassers, im zweiten Energiezentrum, das im Bauchraum knapp unter dem Nabel lokalisiert ist und das Stabilitätszentrum unserer ganzen Persönlichkeit beschreibt, erhält noch von einem anderen Energiezentrum einen organisierenden, heilsamen Zustrom. Der Dünndarm wird von dem sechsten Zentrum, dem *ājñā-cakra*, nicht nur beeinflusst, sondern fortwährend geheilt. Diese Förderung eines guten Darmmilieus ist deshalb besonders wirksam, wenn alle Übungen mit sorgfältiger Überlegung, Ruhe, gedanklicher Auseinandersetzung und wiederholter Ausdauer ihre Pflege erhalten. Die bewusste Wiederholung von verschiedenen Körper-, Atem- und Konzentrationsübungen ermöglicht eine innere Einstimmung, die bis in die Tiefe des Stoffwechsels ihre Auswirkungen nimmt und somit den Körper und die Psyche hinsichtlich der so häufigen Reizüberflutungen heilsam beeinflusst.

Obere Energiezentren regen untere Zentren an

Der Yoga kann aber auch unabhängig von speziell gewählten Übungen und Techniken das Bewusstsein befeuern und über diese lebendig gemachte Freude und Begeisterung, Ästhetik und Hinwendung das ganze, zum Entzünden oder Erkalten neigende Verdauungssystem erwärmen. Die oberen Zentren beeinflussen und heilen die unteren. Sehr oft heilen sich die Beschwerden im Bauchraum durch die beginnende Bewusstseinsentwicklung der Yogapraxis, da sie dem Leben eine neue Perspektive und eine die Empfindung ansprechende Erfüllung gibt.

Die natürliche, schöpferische Auseinandersetzung mit Übungen in Verbindung mit einer Entwicklung der oberen Zentren, die sich anregend auf die Wärmeentwicklung der unteren Zentren und gleichzeitig stabilisierend auf die Psyche auswirken, ist eine Art Basistherapie oder zumindest eine Art Basisunterstützung, die selbst bei schweren Leiden und langfristigen Krankheiten einen sehr guten, erbauenden und den Degenerationen entgegenwirkenden Effekt hat.

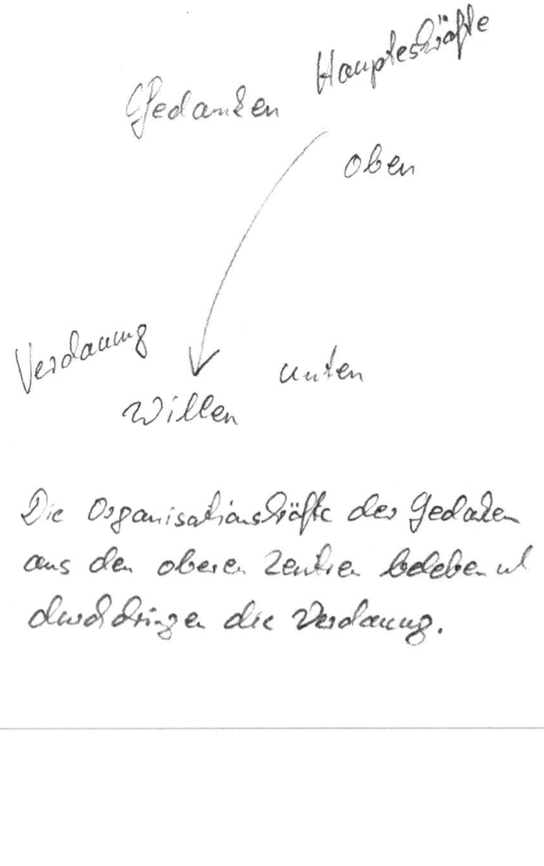

Gedanken Hauptkräfte
oben

Verdauung unten
Willen

Die Organisationskräfte der Gedanken aus den oberen Zentren beleben und durchdringen die Verdauung.

Skizze 10

III

Das Verdauungssystem als feinstoffliches Kommunikationssystem

Mit den ersten Kenntnissen, die wir durch das Lesen von Imaginationen erwerben, dürfen wir gegenüber der Wissenschaft nicht dem Fehler eines heimlichen Stolzes verfallen, wenn wir durch diese noch ganz unerprobte Methode und noch nicht in aller Sicherheit bestätigten Erfahrung zu neuen Ergebnissen über den Körper und seine innere Bedeutung gelangen. Die Methode der Imagination ist eine in sich selbst bescheidene Wahrnehmung im Lichte eines uneigennützigen Gedankens, den niemand für sich besitzen und zu einer absoluten Wahrheit erheben kann. Die wissenschaftliche Methode gibt uns wohl jenen wichtigen Teil und jene wichtige Grundlage zur körperlichen Anamnese, zur Diagnose, zur Überprüfung und zur Einleitung spezieller Therapieverfahren. Für die geistigen und seelischen Zusammenhänge, die nicht nur psychosomatische Einsichten enthalten, sondern vor allem eine über die Psyche hinausreichende, kosmologische Schau des Weltensystems beinhalten, ist es sehr wesentlich, auf jene vorsichtige und bescheiden gewählte gedankliche Vorstellung zu blicken, die uns das gesamte menschliche Organsystem in einem Licht von höheren Hierarchien widerspiegelt. In der Tiefe des Bauchraumes ruhen und arbeiten zugleich große, unfassbare Weltenprozesse, und es entwickelt sich aus diesen ein zukünftiger, vollkommener Mensch. Das tiefe Organsystem erscheint für den geübten Betrachter im Lichte von höheren Hierarchien oder im Lichte von Planeten und Planetenprozessen, die eine zukunftsweisende Wirkung auf das Leben ausüben. Wir tragen in unseren Organen, wie wir schon in den bisherigen Ausführungen erwähnt haben, die Planeten in uns. Mit diesen Planeten tragen wir aber nicht materielle Himmelskörper im Inneren, sondern wir tragen Kräfte, Kräfteströme oder, noch besser gesagt, geistige Wirkungsdimensionen, geistige, unsichtbare Energiefelder im Körper, die die sichtbare Manifestation in der Struktur erhalten und die unserem Bewusstseinsleben eine präzise Formung geben.

Dieses langatmige und gewagte Studium der vielseitigen kosmologischen Vorgänge, die auf geistige Weise durch uns hindurchwirken, ist sehr aufwändig und würde die Facharbeit, gleich einem jahrelangen Studium voraussetzen. Für den, der Yoga lernt und sich mit dem inneren Sinngehalt des Lebens auseinandersetzt, und für den, der therapeutisch mit Yoga tätig ist oder auch auf anderen Gebieten seine Heiltätigkeit einzusetzen vermag, genügt es für eine erste Betrachtung, wenn wir das Verdauungssystem in das Licht eines kosmologischen Zusammenhanges hineingliedern. Schrittweise kann von diesen Gedanken die

Forschung zu exakteren Zuordnungen und Gesetzmäßigkeiten des Lebens weiter erfolgen.

Diese erste Ausführung über die gewagte geistige Betrachtung mag deshalb für den wissenschaftlich denkenden und orientierten Verstand sehr naiv und einfältig klingen. Sie mag sehr unwissenschaftlich sprechen und sie mag vor allen Dingen viele Details, die wesentlich und erwähnenswert wären, unberücksichtigt lassen. Dennoch ist es aber eine große und entscheidende Hürde, die wir mit den ersten Betrachtungen bewältigen, wenn das Licht der Anschauung auf die Ganzheit und auf den Kosmos und seine Wirkungsfelder hinausgleitet. Diese Dimension wurde bislang ja fast gänzlich aus unserem Bewusstseinsleben ausgeschlossen. Heilen bedeutet aber für eine ganzheitliche Begriffsbestimmung nicht nur ein Harmoniewerden im Körper und eine Verbesserung der körperlichen Konditionen, Heilwerden erfordert nun wahrhaftig eine Harmonie und Einheit mit den größeren Seinsbedingungen unserer Wesensnatur. Wir wollen jene Reichtümer, die uns täglich aus dem unendlichen Universum zufließen, auf richtige Weise nützen. Wir sind als menschliche Geschöpfe nicht nur dasjenige, was im Körper und seinen sichtbaren Formen erscheint, wir sind vielmehr sogar jenes unsichtbare Sein und Leben, das die Philosophie immer schon als ein großes Mysterium bezeichnete und das sich hinausgießt in zahlreichen Gedankenformen und zahlreichen Empfindungseindrücken. Wir sind mit den Organen aus dem Kosmos gebildet, aus einem unendlichen Sein, und tragen in unserem Körper den Makrokosmos. Aus diesem heraus wollen wir das Funktionsleben des Verdauungssystems erkennen. Um diese Erkenntnis mit einem einfachen, bildhaften Vergleich heranzurücken, ist es sinnvoll, sich dem untergründigen Stoffwechselleben, das wir alle auf unbewusste Weise in der Tiefe tragen, von einer anderen Seite anzunähern. Diese Betrachtung lässt sich mit einem Bild, mit einer größeren Vorstellung, mit einer gedanklich nicht nur erdachten, sondern in der Praxis wahrhaftig erschaubaren Realität naheführen. Das Verdauungssystem ist ein großartiges Kommunikationssystem, das im lebendigen Austausch mit unserer Umwelt und somit mit der gesamten Natur, mit den Mitmenschen und auch mit den kosmischen Einflüssen, die hinter all dem Sichtbaren verborgen sind, eine direkte Realität aufweist. Die immerfort existierende Kommunikation ist unser verborgenes Leben. Unser Dasein ist von der verborgenen, universalen Kommunikation getragen. Diese im Unbewussten ruhende Kommunikation ist wahrhaftig ein Ausdruck des sich beständig wiederholenden, wandelbaren, fluktuierenden Lebens aus den übersinnlichen Welten, das sich schließlich durch den Körper und die Psyche widerspiegelt.

Wie nahe das Verdauungssystem ein Kommunikationssystem ist, lässt sich wohl am besten bei den kleinen Kindern nachempfinden. Kleine Kinder haben, wenn sie Probleme aufweisen, immer Bauchschmerzen. Ihr Verdauungsapparat reagiert auf die Störungseinflüsse von Seiten des Lebens, von Seiten der Erziehung und von Seiten der vielen Unruhezustände der geschäftigen Welt. Die menschliche Hektik überträgt auf verborgene Weise die eigene Unruhe auf die ungeschützte Kinderwelt. Bei den Kindern spiegelt sich als erstes Symptom die Verdauungsstörung, die Disharmonie und somit der Bauchschmerz wider.

IV
Der vermittelnde Planet Merkur in der Verdauung

Verneigung, *yoga mudrā*

Das yoga mudrā beschreibt durch einen entspannten Körper, vor allem durch entspannte Schultern und Nacken, eine einfache Geste der Hingabe. Die Stellung wirkt physiologisch entspannend auf den Dickdarm. Das fünfte Zentrum, viśuddha-cakra, steht im Zusammenhang mit dem querlaufenden Dickdarmabschnitt. Durch die entspannende, vorwärtsbeugende Gestik entspannt sich der untere und mittlere Bauchraum. Das yoga mudrā symbolisiert in der hingebungsvollen Geste ein entspanntes, offenes Gedankenleben.

Diese einleitenden Betrachtungen sollen nun das entworfene Bild genauer in eine Detaillierung führen. Diese erste Detaillierung ist aber noch auf sehr einfache und sehr unspezifische Weise gewählt, sie ist mehr eine erste Formulierung und eine erste Darstellung eines kosmischen Kräftewirkens im Leibe. Der Verdauungsapparat beginnt in der Mundhöhle mit den Speicheldrüsen, die eine erste Durchsetzung der Nahrung herbeiführen. Die Speicheldrüsen sind in einem wechselseitigen Verhältnis mit dem Dünndarm und seiner Sekretion. Ein zu starker Speichelfluss darf auch gleichzeitig mit einer zu starken Sekretion im Dünndarm in Verbindung gebracht werden, während ein verminderter Speichelfluss auch mit einer Verminderung der Sekretion im Dünndarm identisch ist. Dieser Speichelfluss ist mit der merkurialen Wesensseite, das heißt mit dem Planeten Merkur in Verbindung. Der Merkur ruht im tiefen Bauchraum, dort, wo wir das zweite Energiezentrum, das *svādhiṣṭhāna-cakra*, lokalisieren. Der Merkur und sein Einfluss ist aber über die Lymphbewegung und über den Säftefluss über den Körper verteilt. Mit den Speicheldrüsen dürfen wir deshalb eine typische merkuriale Eigenschaft in Verbindung bringen. Die Beurteilung der Mundhöhle lässt auf den Dünndarm mit seiner gesamten absorbierenden und lymphatischen Fläche schließen. Je feuchter die Mundhöhle ist, um so feuchter ist auch das Niveau im Dünndarm, und je trockener dies ist, um so trockener ist das Niveau ebenfalls im Darm. Der Merkur ist jener Planet, der die Vermittlungstätigkeit im gesamten Organismus organisiert und durchgestaltet, der ausgleichend wirkt und der den Drüsenfluss, den Säftefluss, das gesamte Flüssigkeitsleben mit allen Drüsensekretionen regelt. Die Drüsen können überaktiv arbeiten und sie können aber auch zu wenig arbeiten. So finden wir ein zu trockenes oder ein zu feuchtes Niveau als die beiden Extremformen innerhalb der Verdauung vor.

Sehr interessant ist nun die Betrachtung über den Zusammenhang der Nerven und des Verdauungssystems. Hier besteht ein ganz wichtiger, beständig wechselseitiger Austausch von unten nach oben und von oben nach unten. Wir könnten sogar das Verdauungssystem als ein umgeformtes Nervensystem oder hinabgestiegenes Nervensystem bezeichnen. Das Verdauungssystem ist hier mehr das weichere oder das introvertierte primäre System, das in das Unbewusste hinabgeglitten ist und nun von dieser untergründigen Region wieder auf das Nervensystem und somit auf das Bewusstsein zurückstrahlt. Den ständig wechselseitigen Wirkungsbereich von Nerven und Verdauung spürt eine sensitive Wahrnehmung ganz deutlich, dann beispielsweise, wenn die Verdauung mit Schwere überlastet ist und durch ihre eigene Müdigkeit das Bewusstsein beschwert. Nach einem reichlichen Essen ist die Gedankenbildung und das natürliche Studium oder die natürliche Konzentration häufig erschwert. Die Verdauung zieht die schlafbringenden Kräfte hinein in ihre eigene Organwelt und belastet somit die Wachheit des Bewusstseins. Anders aber ist es bei vielem Fasten. Bei dieser Disziplin kann unter Umständen geradewegs das Gegenteil eintreten. Die Organe werden bei schlechten Ernährungszuständen offener, sie werden gleichsam wacher, sie quirlen bei Anstrengungen aus sich selbst heraus, übersteigern und sind überschießend in den Reaktionen. Diese übersteigernden Reaktionen mögen vielleicht sehr geringfügig sein und sie sind auf eine eigene ungehaltene Eiweißbildung zurückzuführen. Beim Fasten ist aber auf dieses heimtückische Phänomen zu achten, denn es ist ein pathologisches Zeichen und es bringt das Verhältnis vom Nervensystem zum leiblichen natürlichen Empfinden drastisch durcheinander. Deshalb sollte bei Fastenkuren unbedingte Vorsicht darauf gelenkt werden, dass die Organe ruhig bleiben, sie nicht zu Reaktionen gezwungen werden und somit eine natürliche Leibbewusstheit und ein ausgeglichenes Leib-Seele-Verhältnis besteht. Bei Fastenkuren sollten deshalb keineswegs nervliche Beanspruchungen bestehen. Wir sollten niemals fasten, wenn wir erschöpft sind und wenn wir in erhöhten Spannungen gewisse Leistungen erbringen müssen. Das Verdauungssystem benötigt die natürliche Mitteneinordnung und die natürliche Harmonie im gesamten inneren, integrativen Aufbauprozess. Es ist der Stoffwechsel, der nach Aufbau und Abbau arbeitet und der sich die Waage halten sollte. Es ist ein natürlicher Arbeitsvorgang, der beständig durch die Nahrungsaufnahme, durch die Nahrungsverwertung und durch die Versorgung des gesamten Körpergewebes in sich selbst eine Harmonie bringt. Diese Harmonie steht immer in Verbindung mit dem Niveau des Nervensystems.

Das Verdauungssystem arbeitet nach sehr eigentümlichen Rhythmen. Es unterliegt gewissen subjektiven, rhythmischen Gesetzen und es gewinnt am leichtesten Harmonie, wenn die Nahrungsaufnahme in einer rhythmischen Ordnung bestehen bleiben kann. Diese rhythmische Ordnung vermittelt das Organ der Milz. Die Milz ist eine Art Vermittlungsorgan, die die fremden Rhythmen, die von außen an unsere Persönlichkeit herangetragen werden, hineingliedert in die inneren Rhythmen des Leibes. Wir haben viele Rhythmen in unserem Leben, sehr unterschiedliche Rhythmen, Rhythmen unterschiedlichster und vielseitigster, befremdender und komplizierterer Art. Alle diese Rhythmen, gleich ob sie nun psychischer oder physischer Art sind, wie die Zeiten der Nahrungsaufnahme und die Zeiten der geregelten Tagestätigkeiten, gliedert die Milz in uns hinein. Die Milz ist ein ausgesprochenes Vermittlungsorgan, das uns hilft, ein inneres Gleichgewicht zu finden. Dieses Organ, das sehr reichhaltig durchblutet ist, ist in den gesamten Verdauungsprozess arteriell und venös eingeschaltet. Wir haben die Funktion der Milz auch schon in Bezug auf die Eingliederung von bestimmten Fremdeinflüssen, die man trefflicherweise als Versuchung bezeichnet und die auf psychische Weise an uns herankommen, besprochen. Allgemein besitzt die Milz für die Körperabwehr eine ganz wichtige Bedeutung. Die geistige Bedeutung aber liegt in der Vermittlungstätigkeit, die innerhalb der vielen fremden, verschiedenen Rhythmen notwendig wird und die uns damit zur Integration und zu einer inneren Balance hilft. Jedes Organ hat eine ganz besondere eigentümliche, kosmische Bedeutung und erfüllt eine höhere Aufgabe neben der physischen, rein wissenschaftlichen, nachweisbaren Funktion. Die Milz bezeichneten die alten Eingeweihten zugehörig zum Saturn, hier gemäß dieser Betrachtung, ist sie auch sehr nahe verwandt mit dem Merkur.

V
Der Weg von oben nach unten und von unten nach oben

Wir finden tatsächlich in dieser tiefen Organwelt, wenn wir bildhaft denken und die kosmischen Kräfte näher und näher über Imaginationen entdecken, nahezu den ganzen Menschen in seinen Bildetendenzen und in seinen inneren, geistigen Werdekräften vor. Mit einem tiefen Gewahrsein entwickelt sich ein erhebender Gedanke über die Leber, die in einen besonderen Mittelpunkt des Wärmestoffwechsels rückt. Die Leber bildet als schwerstes Organ den zentralen Pol des Stoffwechsels. Sie ist ein aufbauendes, anabolisches Organ, das die Funktion übernimmt von Zuckeraufbau und Eiweißaufbau, von Stoffwechseltätigkeit und lebendiger Speicherung von vielen verschiedenen Substanzen wie beispielsweise Eisen oder Glukose und Glycogen. Mit der Leber regiert der Jupiter aus der Tiefe viele Stoffwechselprozesse und ermöglicht dem Bewusstsein ein Gleichgewicht im Selbstwertgefühl und Selbstvertrauen sowie eine natürliche Zeit- und Raumwahrnehmung.

Betrachten wir eine andere jupiterhafte Eigenschaft, die neben der physischen Funktion für den Zuckerstoffwechsel und für die gesamte Depotspeicherung und chemische Aufbereitung von eigenen Körpersubstanzen existiert und eine mehr unbekannte, geistige und zum Katabolismus zählende Bedeutungsfunktion dieses wohl wichtigsten und schwersten Organs des Verdauungsapparates erfüllt: Hier in diesem rechten Oberbauch liegt tatsächlich ein überdimensionales Sinnesorgan, das auf untergründige Weise ohne unser eigenes, waches Bewusstsein eine heimliche Wahrnehmung ausübt. Die Leber nimmt auf geistig-okkulte Weise die sensitiven Funken einer mysteriösen Keimkraft in den Nahrungsmitteln wahr. Sie nimmt aber nicht nur die Keimkräfte, die verborgene Saat in den Nahrungsmitteln auf, sie nimmt auch allgemein an den gesamten feinstofflichen Sinneseindrücken, die wir uns täglich an das Gemüt heranführen, die innersten Keimkräfte auf. Diese okkulte Aufnahme, die verborgen in unserer Leber stattfindet und durch die Sinnestätigkeit dieses großen Blutspeichers eintritt, kann an kleinen Beispielen erörtert werden. Nehmen wir Milch zu uns, so nimmt die Leber inniglich unter der Schwelle unserer eigenen Wahrnehmungen die Keimsubstanz oder die Keimbildekraft der Milch auf und sie bemerkt damit ein sehr weiches Wesen, das ihr zugeführt wird. Nehmen wir dagegen Getreide zu uns, so nimmt die Leber ebenfalls das innerste Wesen des Getreides auf und bemerkt den Kiesel, die hochsteigende, aufstrebende, zentrifugale, mächtige Substanz, die hauptsächlich das in der Sonne gereifte Korn spendet. Überall, wohin auch unsere Sinne und Augen gleiten, nehmen wir zunächst ganz unbewusst eine verborgene Keimkraft auf, die sich in der Leber speichert. Betrachten wir beispielsweise einen Menschen, so bemerken wir wohl in keinster Weise, wie gleichzeitig unsere Leber bei dieser Betrachtung ihr inniglisches Auge regt und diesen Menschen in seiner Welt identifiziert. So sind in diesem Geschehen die äußeren Sinne des Gesichtes unwissend, und der Sinn der Leber ist in sich verborgen, aber wissend. Auch wenn wir einen Text lesen, lesen wir die geheimen Absichten mit der Leber, die aus ihren verborgenen Augen und ihrem okkulten Sinne zur Aufnahme dieser geistigen Keimkräfte beiträgt. Der innere Regent des Jupiters hält unseren wahren Lebenssinn in der Tiefe fest und steuert aus diesem sowohl ein genau bemessenes physisches wie auch psychisches Wohlbefinden. Dieses Wohlbefinden hängt sehr nahe mit dem Selbstwertgefühl, mit der Fähigkeit, einen Gedanken im Raum zu bewahren, zusammen. Fortwährend müssen wir Gedanken in unserem Bewusstsein in einer umliegenden, raumgeschaffenen Äthersphäre bewahren, da wir sonst in eine Depression fallen.

Aber alle diese Organe, die hier in der unbewussten Tiefe des Bauchraumes ruhen, sei es nun die Milz, sei es die Leber, sei es die Galle oder seien es Pankreas, Magen und Zwölffingerdarm, sind die verborgenen Träger für eine unbewusste, mehr oder minder tätige Sinnestätigkeit, die an dem Leben kommunikativ teilnimmt und beständig Kräfte in ihrem Inneren empfängt. Dieses Empfangen findet im unterbewussten Willen, auf einer unbewussten, unbedachten, unkontrollierten und doch weisen, feinsten Ebene statt. Wir nehmen durch unseren organischen Stoffwechsel an einer fremden Außenwelt teil. Wir nehmen Keimkräfte der Außenwelt nach innen zu uns. Die Aufnahme ist rein geistiger Art und doch besitzt diese Aufnahme eine vielfach hinausgestaltende Wirkung bis in die sichtbare und spürbare Welt hinein. Aus dem Willen nehmen wir die

Kräfte auf, obwohl wir aus dem Willen selbst nicht unmittelbar dabei eigenständig tätig sind, und aus diesem Willen heraus prägen sich schließlich hinein in das Blut und in den Blutkreislauf die vielfachen und vielseitigen Empfindungen, die in unendlichen Multiplikationen sich einen genau gewählten, spezifischen Eindruck für das zukünftige Bewusstsein vorformen. Dort im Nervensystem oder in der Gehirnanlage bemerken wir schließlich die eigentliche, wirkliche, konkrete Auswirkung, die wir auch gedanklich und existent benennen können. Der Wille ist der primäre Ort der Aufnahme von etwas Okkult-Geistigem oder einer immer bestehenden kommunikativen Magie, und dieser Wille strömt hinein in die Empfindung, und schließlich strömt diese Empfindung hinein in den Gedanken, und in den Gedanken formt sich unser Bewusstsein entsprechend aus. Diesem Weg von unten nach oben unterliegen wir durch die Anlage des Stoffwechsels und durch die Anlage der gesamten Organe, die zum Verdauungsapparat gehören.

Das magische Kommunikationssystem oder Stoffwechselleben in der verborgenen Tiefe des Bauchraumes lässt uns teilhaben über den Willen an den feinsten Einwirkungen und Strömungen einer unsichtbaren, universalen Welt, und direkt gesprochen lässt es uns teilnehmen an der vielseitigen Außenwelt mit all ihren unterschiedlichsten Forderungen, Einflüssen und Wünschen. Durch die Organe übernehmen wir die Außenwelt und gliedern sie zu einem gewissen Teil nach innen hinein. Es ist nicht richtig, wenn wir das Nervensystem als den hauptsächlichen Träger, der die Einflüsse aufnimmt, von einer ausschließlichen und primären Warte aus bewerten. In der Wirklichkeit der Betrachtung ist es über die Nerven nur einmal möglich, all jene Eindrücke zu empfangen, die auch gedanklich schon in einer Reife erdacht werden können. Unbewusst aber nehmen wir durch die Leber, durch die Milz oder auch durch die Nieren oder durch den Dünndarm die vielen Ströme von unseren Mitmenschen auf und übernehmen dadurch etwas Geistiges als unwägbare Macht nach innen in das eigene Leben hinein. Wir nehmen die positiven Ströme der Außenwelt auf, wir nehmen aber auch die negativen Schwingungen und Urteile der Außenwelt mit diesem Kommunikationssystem in uns hinein. So wachsen wir durch die Ströme, die wir unbewusst empfangen, und wir erleben in uns verborgen in der Tiefe des Bauchraumes die Umwelt und unsere Mitmenschen, ja nicht nur unsere Mitmenschen, wir erleben weiterhin die bildende Natur, die diffizile Schöpfung und in letzter Konsequenz sogar das gesamte unaussprechliche Universum. Wie frei sind wir in diesem Willen der unbewussten Determinationen? Hier in dieser Organwelt sind wir noch eine lange Zeit an eine Kommunikation gebunden, der wir uns kaum verwehren können und die uns aus einem kollektiven Geist führt. Indem wir Versuchungen und Möglichkeiten in uns aufnehmen,

nehmen wir ständig einen Willen in uns hinein, der uns von innen heraus zu weiteren Perspektiven, vielleicht zu positiven aber auch zu negativen Zielen determiniert. Wir nehmen über die Organwelt ein Gericht in uns hinein, das zu unserer seelisch-geistigen Entwicklung gehört. Hier steht das Verdauungssystem in einem tatsächlichen Gegensatz zu dem, was das Bewusstsein des Tages und die freien Kräfte der Seele im Denken darstellen.

Denn im Haupte, dort wo der Sitz des Gedankens liegt, existiert die Möglichkeit zur Entfaltung einer freien Entscheidung und freien Zielrichtung im Leben, und von nun an erfolgt in unserer Entwicklung nicht nur ein unbewusstes Sich-Fallenlassen hinein in diese positiven und negativen Willensdeterminationen, die hier in der kommunikativen Region des Unbewussten arbeiten, nun herrscht, wenn diese aufgenommenen Kräfte im Bewusstsein erdacht und im Bewusstsein erwogen werden, wenn wir uns Gedanken bilden und uns mit dem Leben auseinandersetzen, eine Art Umkehrrichtung von einem Bewussten, das das Unbewusste durchdringt und das schließlich über den Blutkreislauf auf den unbewussten Empfindungsbereich wirkt und diesen mit befreiendem Geiste gestaltet. In der Fähigkeit des Denkens erfolgt tatsächlich eine neue Bildungskraft und eine schöpferische Ausgestaltung von oben nach unten. Während der Wille von unten aus einer unbewussten Region nach oben arbeitet, so arbeitet die Gedankenbildung von oben nach unten, und sie schafft uns schließlich erst die Reife des Menschseins und die Wachheit des wahrhaftigen Erkennens. Die meisten Heilansätze, die das Verdauungssystem betreffen, sind deshalb vom Nervensystem aus, dem polaren Gegensatz zum Verdauungssystem, anzugehen. Wenn wir in der Verdauung erkranken, gleich ob es nun der Magen ist, die Leber, der Dünndarm, die Bauchspeicheldrüse oder die Galle, wir gehen nicht fehl, wenn wir die Heilung in der schöpferischen und bewussten Gedankenbildung ansetzen. Die schöpferische Gedankenbildung ist ein Teil des Yoga. Sie ist der zentrale Ansatz unserer Aktivität, die wir verfolgen und die uns zu einer größeren Reife in der Persönlichkeit führen soll. Diese schöpferische Gedankenbildung bewirkt eine Anregung im Sonnengeflecht und eine Durchwärmung des gesamten Verdauungsapparates. Sie bewirkt aber auch eine Intensität in der Spannkraft unseres Wesens und führt zur besseren Stabilisierung und Energetisierung des unteren Organbereiches.

Beispiele zu einem Heilsansatz mit Yoga

VI

Gastritis, Migräne, Bronchitis

Nehmen wir nun einige Beispiele zur Charakterisierung des Heilsansatzes. Wie kann der Yoga heilend auf das Verdauungssystem, das in verschiedenen Partien krank geworden ist, wirken? Wie können Körperübungen, Seelenübungen und die schöpferische Auseinandersetzung heilend in diese verborgene Organwelt hineingreifen? Ein erstes Beispiel soll uns einmal hier den Zusammenhang näherführen. Nehmen wir einmal an, wir sind am Magen erkrankt und der Magen weist Entzündungen in der Schleimhaut, die sogenannte Gastritis und schließlich auch erste Tendenzen zu einer Geschwürbildung auf. Schmerzen zeigen sich dann ganz besonders nach der Nahrungsaufnahme im Magenbereich. Es entwickeln sich mehr oder weniger intensive Krampfzustände, die uns bis hinein in die Körperhaltung zu zeichnen vermögen. Nun ist es eine tiefe Wahrheit, der wir sehr häufig begegnen, dass jene Organe, die von der Krankheit betroffen sind und die funktionell Störungen aufweisen oder gar eine Insuffizienz zeigen, meist gar nicht die eigentlichen Organe sind, die primär auslösend wirken. Sie erkranken in der Folge oder sie erkranken innerhalb einer fortgesetzten Wirkung. Ein häufiges Beispiel dafür ist, dass sich Leberkrankheiten gar nicht so sehr in der Leber unbedingt auswirken müssen, sondern sich auf das Herz auswirken und dort eine Herzinsuffizienz bringen. Oder es wirken sich die Stoffwechselentgleisungen direkt auf den polaren Gegenspieler aus, und das ist das Nervensystem. Das Nervensystem wird krankmachend betroffen, wie das beispielsweise häufig bei der akuten Psychose und bei der Epilepsie der Fall ist. In der Regel sind die zur Psychiatrie zählenden Psychosen und zur Neurologie eingeteilten Epilepsien Krankheiten, bei denen untere Organe aus ihrem vegetativen Halt entgleiten. So können wir das zugehörige Organ suchen, das sich mit einer Überreaktion, mit einer überdurchschnittlichen Ausdehnung hineinbewegt und das Nervensystem zum vollkommenen Entgleisen oder zumindest zur Überreizung bringt. Dies ist auch ganz besonders bei der Migräne der Fall. Eine Migräne beginnt nicht im Nervensystem, sondern sie beginnt im Verdauungssystem, wenigstens können wir im Verdauungssystem die Überdehnung und den unbewussten überreizten oder einseitigen Einfluss wahrnehmen, der sich bis hinein in die Gehirnstränge fortsetzt und dort schließlich einen Krampfzustand in den Nerven und Arterien verursacht. Die natürlichste Behandlung liegt in der ruhigen Entspannung in der Rückenlage, die eventuell verbunden mit Wärme auf dem Bauchraum gezielt über eine Stunde ausgeführt wird. Eine sanfte, weiche Atmung bei beständiger Wachheit ist hilfreich und bringt die verspannten Organe zur natürlichen Ruhe. Der Betroffene kann diese Entspannung trotz des tobenden Schmerzes im Kopfe mit einiger Disziplin lernen, und er kann zur Unterstützung eine größere Menge Bittermittel oder einen Tee aus Absinthium (Wermut) und Centaurium (Tausendgüldenkraut) wählen.[19]

Tatsächlich finden wir bei der Krankheit, die wir eingangs erwähnt haben, und das ist das Magengeschwür, das klassische Ulcus ventriculi, die eigentliche Auslösung im Atemsystem gegründet, und speziell dabei finden wir die Bronchien in einem beständigen engwerdenden Krampfzustand, der nicht mit Asthma vergleichbar ist, aber mit einer doch entsprechenden Überspanntheit und Disharmonie. Die Bronchien öffnen sich nicht auf die natürliche Weise für die Einatmung, sie wehren sich in einer gewissen Weise unbewusst gegen diesen Einatemvorgang. Das eigentümliche ist aber die Erkrankung des Magens, die sich in der Fortsetzung dieses erstgenannten Prozesses ergibt. Die Bronchien erkranken nicht, sondern der Magen erkrankt mit einem Geschwür. Als Therapie helfen deshalb hier ganz besonders die Atemübungen zur Entspannung, zur tiefen Einatmung, allgemein alle Atemübungen, die Harmonie, Weite und Gleichgewicht wie auch Sanftheit entwickeln. Die freie Atemübung ist hier wegweisend. Aber auch der genau genannte umgekehrte Prozess kann wiederentdeckt werden bei der Begutachtung des Körpers. Nehmen wir an, wir erkranken an den Bronchien, an einer Bronchitis, an einer Entzündung der Bronchialäste. Eine Bronchitis kann ja unter Umständen einen außerordentlich schwerwiegenden und belastenden, chronischen Fortgang nach sich ziehen. Hier finden wir, wenn wir der Ursache nachgehen, nicht den eigentlichen Ausgangspunkt des Krankseins in den Bronchien selbst oder in der Lunge, sondern wir finden ihn meistens im Magen vor, dort, wo die Eiweißbildung eingeleitet wird. Diese ersten Eiweißabbauprozesse, die im Magen durch Pepsin und Kathepsin eingeleitet werden, finden nicht im richtigen Sinne, im ausgeglichenen, förderlichen und durchdringenden Maße statt, und es entwickelt sich somit über das ganze Verdauungssystem hinweg ein erstes fremdes Eiweißwirken, das sich bis zur Giftbildung steigert und schließlich über die Bronchien und über das Husten hinweg ausgeschieden werden muss. Genau gesehen haben wir hier noch nicht die wahre Ursache der Krankheit entdeckt, wir haben noch nicht das wirkliche, geistige, tiefere Geschehen definiert, aber wir haben physiologisch einen Zusammenhang hergestellt, der sich organisch nachprüfen lässt und den wir organisch schließlich auch behandeln können. Deshalb wird der Therapeut bei einer Bronchitis ganz besonders Wert auf die Nahrungszufuhr legen und besondere Vorsicht auf die Eiweißverdauung legen. Eine Bronchitis lässt sich am besten, gleich ob sie akuter oder chronischer Art ist, mit einer sinnvollen, ausgeglichenen und guten Ernährungsgestaltung heilen. Wir sollten kräftige, feste Kost zu uns nehmen, die weder zu reich noch zu arm an Eiweiß ist. Auch bestimmte Bittermittel wie Kalmuswurzel, Zichorium oder auch Wermut, allgemein zusammenziehende Tropfen und auch zusammenziehende Nahrungsmittel sind hier sehr wertvoll zur Therapie. Eine Bronchitis sollte deshalb nicht unbedingt in erster Linie mit Atemübungen ihre Behandlung finden, sondern sie sollte mit der Ernährung eine entsprechende Unterstützung zur Ausheilung erhalten.

VII

Das Wesen des Dünndarms

Ein anderes Beispiel einer Volkskrankheit ist die Candidiasis, die Pilzinfektion, die heute wohl unter den versteckten Entzündungskrankheiten einen führenden Rang einnimmt. Candidiasis, die Pilzbesiedelung des Dünndarms und des Dickdarms oder eines von den beiden, ist eine signifikante pathologische Widerspiegelung aus unserer gegenwärtigen Zeit. Es dürfte nach vorsichtiger Schätzung jeder zweite Bürger eine solche Krankheit aufweisen. Wir kennen bei dieser Pilzbesiedelung in den unteren Verdauungswegen den Zusammenhang zur Leber. Es liegt fast immer eine Leberschwäche und damit allgemein eine Verdauungsschwäche vor. Betrachten wir aber einmal dieses Krankheitsbild näher und erforschen das Wesen des Dünndarms. Indem wir dieses Wesen des Dünndarms im Lichte eines kosmischen Bewusstseins erfahren und erkennen lernen, werden wir leichter auch die Candida-Krankheit als eine der recht schwer therapierbaren, aber doch zu therapierenden Krankheiten erkennen. Der Dünndarm besteht aus dem sogenannten Leerdarm, Jejunum, aus dem Krummdarm, Ileum, und aus dem Zwölffingerdarm, dem Duodenum. Der gesamte Dünndarm dürfte etwa eine Länge von vier bis fünf Metern aufweisen. Aus diesem Dünndarm gleiten verschiedenste Gefäße und Nerven heraus und auch Lymphgefäße treten hinein in den Darmabschnitt. Sehr reich ist der Dünndarm an den sogenannten Payerschen Plaques, das sind Lymphfollikel, die speziell zur Abwehr von fremden Stoffen organisiert sind. Hier im Dünndarm befindet sich eine zentrale, hochorganisierte Anlage zur Abwehr von etwas Fremden. Deshalb finden hier auch in der Regel alle Allergien und alle Abwehrreaktionen ihren Ausgang. Von verschiedenen ärztlichen Stimmen wissen wir auch sicherlich die Tatsache, dass eine Krankheit immer mit den Verschlackungen beginnt, die in erster Linie dort, in der Tiefe des Verdauungssystems beginnen. Das Immunsystem scheint sich hier ganz entschieden schon des

Fremden nicht mehr erwehren zu können und beginnt Schwächen und Ausfallserscheinungen zu zeigen. Der Dünndarm ist mit seiner gesamten Länge vor allem zur Nahrungsresorption ausgerichtet. So weist er im Gesamten gesehen eine sehr weite Epithelfläche auf, die durch ihre inneliegenden Zotten dann die notwendigen Kohlenhydrate, Eiweiße und Fette aufnehmen kann. Bei einer sorgfältigen Betrachtung ersehen wir einen sehr wesentlichen und wichtigen Zusammenhang, der sich schon fast aus dem optischen Bilde ergeben muss. Die gesamte Anlage des Dünndarmes liegt dem vegetativen Leben, ja dem Vegetativum, dem autonomen Nervensystem äußerst nahe; sie scheint sogar vom Bilde her betrachtet das eigentliche Organ, das Hauptorgan des Vegetativums zu sein. Dies kann vielleicht anhand von den äußeren Betrachtungen und Funktionsvergleichen ersehen werden. Die Darmperistaltik, das ist die Bewegung im Dünndarm und Dickdarm, kann entweder zu schnell sein, dann haben wir es mehr mit der Diarrhöe zu tun, oder sie kann zu langsam sein und das gesamte inneliegende Niveau kann zu trocken gestaltet sein, dann haben wir es mit der Obstipation zu tun. Das Vegetativum mit seinen autonomen Nervenfasern regelt diese Peristaltik. Aber nicht nur die Peristaltik wird vom Vegetativum geregelt, sondern auch die ganze Sekretabsonderung zur Aufnahme von Lipiden, Aminosäuren und Zuckern wird aus den vegetativen Einflüssen gesteuert. Der Dünndarm ist ganz besonders das Instrument des Vegetativums. In diesem Organ äußert sich die Macht eines determinierenden und bestimmenden Geistes, der wie ein Fremdeinfluss außerhalb des Bewusstseins liegt und der schließlich von innen aufsteigend das gesamte weitere Geschehen im Leibe bestimmen muss. Hier in diesen untergründigen Regionen nehmen wir jene fremden Kräfte unmittelbar in uns hinein, bringen sie in das Innere des Blutkreislaufes und bringen sie somit zu der eigenen Körpersubstanz, der menschlichen Eiweißsubstanz hinüber. Dieser Vorgang ist in Wirklichkeit ein hochgeistiger Vorgang, der in einem ständigen Abbau, in einem Katabolismus, und in einem Aufbau, in einem Anabolismus, stattfindet. Es ist ein Vergeistigungsprozess in der Tiefe des Bauches, und es ist gleichzeitig ein determinierender Prozess durch Fremdeinflüsse, die wir in uns aufnehmen und im richtigen Sinne bewältigen lernen müssen. Hier werden wir aus unbewussten Kräften und unbewussten Geistern determiniert, denn noch sind es okkulte Regionen, die wir in unserem Inneren nicht einsehen und auch nicht steuern können. Es ist das Vegetativum und sein Erfolgsorgan, der Dünndarm, ein determinierendes, für unser Schicksal wesentliches Organ, das uns hier mit seiner gesamten Macht und Schwere an das unbewusste, schicksalsbeladene Leben bindet.

In der Folge einer Candidiasis entwickelt sich meistens eine zunehmende Schwächung des Immunstatus. Wir kennen weitere schwere Krankheiten, das sind der Krebs oder eine Krankheit mit heftigen Entzündungen und schwerwiegenden Schäden, das ist die Krankheit Morbus Crohn. Die Candidiasis als eine erste Vorstufe aber ist so häufig, dass es notwendig erscheint, sie einmal als ein wesentliches Spiegelphänomen unserer Zeit in den Mittelpunkt zu rücken. Wie können wir diese Krankheit verstehen, und wie können wir durch Yogaübungen oder entsprechende bewusstseinsschöpferische Ansätze dieses Krankheitsgeschehen überwinden?

VIII

Die Candida-Erkrankung

Im Aufbau einer Imagination, die zu einer tieferen Erklärung des pathologischen Sachverhaltes führt, beginnen wir einmal mit einer Beschreibung des Bildes der Krankheit. Diese Krankheit ist durch Pilze verursacht, und wir kennen die Tatsache, dass Pilze im dunklen Waldboden wachsen. Tatsächlich ist diese Region im Dünndarm oder Dickdarm von einer Dunkelheit überschattet. Sie ist nicht durchlichtet, sie ist der Schwere unterworfen, und dadurch siedeln sich die Keime geradewegs hier an. Sie finden auch in der Regel das geeignete Niveau, und das sind feuchte Wärme und ein entsprechend saurer Boden.[20] In diesem Krankheitsgeschehen fühlen wir uns auch wie in einem dunklen Wald, jenseits des Lichtes, abgeschirmt von einer weiten, freien Gedankenfreude. Wir fühlen uns fast immer depressiv oder zumindest in jenen Stimmungen gefangen, die uns auf uns selbst zurückwerfen. Hierin liegt einer der Hauptaspekte, die die Candidiasis beschreiben: Das Abgeschirmtsein von den großen, weiten Ebenen des Lichtes, das Hineingeworfensein in einen lichtlosen Wald, in die Gefangenheit des Leibes und in die Schwäche des Körpers sind Empfindungen, die in einer Analogie zur Krankheit stehen. Ein natürliches Arbeiten, Denken und Teilnehmen an der Welt, was eben durch Schwäche oder durch immer wieder einsetzende Allergiebereitschaft gegeben ist, gelingt nicht mehr wirklich. Allgemein sind dies charakteristische Äußerungen und Sinnbilder für ein Herausfallen des Individuums aus den natürlichen, vorgegebenen kosmischen Rhythmen. Die depressive Anlage zeigt die Beteiligung der Leber, die auf innere Weise in das Geschehen hineinstrahlt. Nun müssen wir für die Heilung einen der wesentlichsten Punkte berücksichtigen, der bei jeder Heilung notwendig ist: Das ist das bewusste Verlassen des eigenen Ich und das gewagte Realisieren eines neuen, weiten, höheren und freieren Standpunktes im Individuum. Wir müssen uns selbst vergessen lernen und uns einer Aufgabe im geeigneten Sinne, die unabhängig von unserem Gemüte liegt, hingeben lernen. Noch genauer gesagt, wir müssen lernen, nicht mehr an uns selbst zu denken, sondern an eine größere Aufgabe unsere Gedankenkraft hinwenden. Für die depressive Anlage, die in der Candidiasis vorliegt, ist dies äußerst schwierig, denn in dieser Anlage neigen wir zu einem gedanklichen Versinken oder Ermattetsein, und so neigen wir ganz besonders zu Müdigkeit und zu einem verhängnisvollen Verzagtsein. Sicherlich finden auch zahlreiche Störfaktoren durch Verschlackung und mangelnde Stoffwechselleistung ihren Ausdruck und rauben uns das gesunde Selbstvertrauen. Diesen Zustand, der auftritt, müssen wir aber gelassen nehmen lernen, ja, wir müssen ihn überwinden lernen und somit uns einer größeren Dimension des Bewusstseins hinwenden, damit wir gedanklich in einen Rhythmus kommen und schließlich in der bildenden Gedankenkraft über die vegetativen Determinationen hinaus erkraften. In der Candidiasis haben wir ein mentales Verschlungensein im Vegetativum, und wir stagnieren in unserer aufsteigenden freudigen Entwicklung zu einer hoffnungsvollen Zukunft. Wir müssen somit über uns selbst hinausgelangen und unseren Gedanken eine neue, progressive Direktion geben. Gelingt diese neue Ausrichtung in der Bewusstseinsentfaltung, so öffnet sich in der Regel das ganze Leben zu einer Weite, und das Niveau im Körper wird zunehmend verbessert. Die vielen Versuche, die man heute zur Heilung der Candidiasis einsetzt, sind nicht immer sehr glücklich, sehr oft wird durch die Therapie geradewegs das Gegenteil gemacht, da sie meist die Versuchung und Eigendrehung innerhalb der eigenen Ich-Tendenzen fördern. Der Stoffwechsel wird aus der gesamten Weite noch einseitiger hinein in den Leib gehalten, und somit entstehen unweigerliche Engetendenzen, in denen das Vegetativum und die unbewussten Reaktionen aus dem Dünndarm uns zu determinieren beginnen. Die Entfaltung des Bewusstseins zu größerer Weite und zu einer schöpferischen Stabilität sind Voraussetzung für diese Heilung. Allgemein gilt für die Heilung der Candidiasis das gleiche Grundkonzept wie für die Heilung einer Depression. Wir benötigen ein sorgfältiges Tageskonzept und wir benötigen Ziele, Aufgaben und lebendige Gedanken zur schöpferischen Ausgestaltung des Lebens. Wir dürfen uns nicht von Müdigkeiten und jenen subjektiven, launischen Fremdeinflüssen abhängig machen und dürfen uns nicht unter den Determinationen der körperlichen Gefühle aufgeben. Wir müssen weit hinaus in das Angesicht des Lebens blicken, die Freude in den Aufgaben entfalten und uns schließlich durch die neue Wahrnehmung innerhalb der ersten spirituellen Erfahrungen stabilisieren. Die Candidiasis erfordert eine hochgradige gedankliche Willensleistung, in der das alte Leben überwunden wird und ein neues Leben mit neuen Gedanken, mit weiteren, schöneren, ästhetischen, reineren, selbstloseren Zielen errungen wird. Hier liegt der großartige Reichtum des Lichtes selbst, das unser Leben ist und das wir im Gedanken zu unserem Erleben und Empfinden, zu unserer Seele schaffen. Dies ist der Yoga, der nicht in die Grübelei der Vergangenheit zurückblickt, sondern sich in einer großartigen Aufgabe jene Integration von Geist und Tätigkeit schafft.

IX
Das Beispiel von Übungen

Kopf-Knie-Stellung, *paścimottānāsana*

In der Kopf-Knie-Stellung wird der gesamte Verdauungsapparat kräftig zusammengedrückt und dadurch entstaut. Dieser mechanische Einfluss wirkt in der Regel auf die nachfolgende Blutverteilung harmonisierend und entschlackend. Für die hier beschriebene Übungsweise sollten wir aber nicht auf dieser physiologisch-mechanischen Grundlage stehen bleiben, sondern sollten über eine gezielte Gedanken- und Empfindungsentwicklung die Schöpferkräfte freisetzen und von diesen lebendigen Übungsinteressen ausgehend den Heileinfluss natürlich auf den Körper zulassen. Wir sind dann in der Übung freier und müssen nicht mehr selbst mit Hilfe von technischen Mitteln die Heilung im Körper veranlassen. Das schöpferische Gedankenleben mit Interesse an den geistigen Inhalten heilt den Körper von selbst.

Zusammenfassend dürfen wir nun hier auf das Verdauungssystem bezogen den Heilsansatz durch Yoga formulieren. Der rein mechanische Einfluss, der durch Atemübungen oder durch bestimmte Dehn- und Kontraktionsübungen wie *paścimottānāsana*, das Vorwärtsbeugen, erzielt wird, hat einen guten, aber im Gesamtprozess der seelischen Entwicklung doch noch relativ geringfügigen Einfluss zur Heilung. Das Verdauungssystem sollte deshalb nicht allein mit Übungen auf der Grundlage einer rein mechanischen Stimulation gleich einer Innenmassage aktiviert werden. Diese mechanische Stimulation kann unter Umständen hilfreich sein, beispielsweise dann, wenn das gesamte System träge und atonisch geworden ist.

Es ist mehr die gesamte Bewusstseinsausrichtung, die hilfreich und stabilisierend auf das Nervensystem wirkt und von diesem ausgehend von oben nach unten den Heilsprozess einleitet. Auf Übungen bezogen bedeutet dies, dass wir gar nicht so sehr auf den mechanischen Einfluss der Übung achten, sondern ganz auf die bewusstseinsformende, aktive Willensleistung, die aus der Beobachtung, aus dem Gewahrsein und schließlich aus der ersten Konzentration des Gedankens beginnt. Je größer oder stabiler die Bewusstseinsformung über das sensible Nervensystem und somit konkret in der Wahrnehmung frei gebildet im Gedanken eintritt, um so durchdringender und transformierender wird das gesamte Verdauungssystem in der Struktur und im Rhythmus durchwärmt, und es kann somit eine natürliche Heilkraft eintreten. Die schöpferische Gedankenbildung hat dabei den ersten und wichtigsten Rang.

Nehmen wir hierfür einmal ein Beispiel: Wir wissen von der heiltherapeutischen, wohltuenden Wirkung des Pfaus, *māyūrāsana*, der vor allem auf eine durchlaufende Spannkraft und Dynamik der Wirbelsäule ausgerichtet ist. Die Spannkraft der Wirbelsäule und die Verdauungsleistung sind aber sehr nahe miteinander verwandt. Der Pfau, der ein sehr stabiles und zugleich geschickt verteiltes Anspannen sowie einen Krafteinsatz im Schultergürtel erfordert, bringt eine Verbesserung der physischen und psychischen Spannkraft. Die Stellung erfordert zudem eine unmittelbare Entschlossenheit zur aktiven, einsatzkräftigen Bewegung. Gleichzeitig ist bei dieser *āsana* das dritte Energiezentrum aktiv angesprochen und von der Wirbelsäule gleitet eine sehr angenehme Durchströmung, Durchwärmung und schließlich eine nachfolgende Regeneration auf den gesamten peripheren Körper weiter. Die Durchblutung, die vielleicht gestaut war oder zu einseitig in die entsprechenden Gebiete im Bauchbereich abgesackt ist, wird belebt und harmonisiert. Das anspruchsvolle, intensive Anspannen wirkt im ersten Moment aktivierend und in der Folge schließlich regenerierend. Hierin liegt ein mechanischer Ansatz begründet, der sich für einen

Pfau: stärkt die Urbildekräfte des physischen Leibes

labilen Menschen außergewöhnlich heilsam entwickeln kann. Die Verdauung wird erheblich massiert, die aktiven Bauchorgane in der Funktion gekräftigt und die Muskulatur in Schultern, Rücken und Armen gestärkt. Wir sollten aber nun bei diesem rein mechanisch erzielten Heilsansatz noch nicht stehenbleiben, sondern sollten das Bewusstsein ansprechen und das Bewusstsein auf rechte Weise über den Gedanken erbauen lernen.

Dies geschieht im Sinne der Übung auf folgende Weise: Wir betrachten uns in der Ausgangslage, entwickeln eine Vorstellung über die auszuführende Endstellung und sammeln in ruhiger Entschlossenheit uns selbst. Bei diesem Be-

Pfau, *māyūrāsana*

Die relativ anspruchsvolle Pfauenstellung erfordert einen kräftigen Einsatz in den Schultern, Armen und im Rücken. Sie ist von den Proportionen her für Männer leichter auszuführen. Insgesamt regt der Pfau die Stoffwechselkräfte und die Wärmebildung intensiv an.

trachtungsansatz stellen wir fest, dass wir den Kopf sehr weit entgegen dem natürlichen Drang und Bewegungszug anheben, das Gewicht nach vorne verlagern und die Beine entgegen der Schwerkraft anheben müssen, um schließlich die horizontale Dynamik zu halten. Die Stellung selbst wirkt entgegen allen Trägheitsgefühlen und ist durch ihre ungewöhnliche Art den Körper zu halten, sehr ideal mit einer genauen Formtechnik und Sorgfalt in der Ausführung zu erlernen. *Māyūrāsana* ist eine schwierige Stellung. Jene Kräfte, die aus mangelnder Willensentwicklung sehr weit verbreitet sind und das Verdauungssystem mit Trägheit, Ptose und Atonie belasten, werden durch diese ungewöhnliche Willensformung zu einem gewissen Grad wieder zurückgedrängt. Das Heben des Kopfes und auch das Heben der Beine unter fester Fixierung der Arme und der Schultern erfordert einen ausgesprochenen Willenseinsatz, der dann entstehen kann, wenn wir sowohl eine mentale als auch physische Wahrnehmung für die Stellung entwickeln. *Māyūrāsana* wirkt auf das dritte und fünfte Zentrum infolge des starken aktiven Einsatzes, und wenn wir ein Bild über das Erleben finden, die Stellung selbst mit Konzentration und Beobachtung ausführen können, auf das erste und siebte Energiezentrum. Diese Stellung stärkt die Urbildekräfte des physischen Leibes und wirkt relativ intensiv auf den Eiweißstoffwechsel.

Wenn wir auf diese Weise ein erlebnisreiches Bild über die Stellung gewinnen, wird der Körper, der zur Ansicht dient und auf ästhetische Weise innerhalb der Spannung sein Erleben formt, mehr als ein Instrument betrachtet. Auf diese Betrachtungen und auf diese Bewusstseinswachheit, die zunehmend mehr frei und instrumental zum Körper ausgerichtet sein sollte und die mehr in einem künstlerischen Sinn erlebt wird, wird die Hauptaufmerksamkeit bei der Heiltherapie ausgerichtet. Die Freude des Erlebens gewinnt eine erste körperfreie Melodie und bringt somit ein Wachstum in der Gedankenbildung. Wir lernen mit der *āsana* den Sinn des Pfaues verstehen und wir lernen den Körper als Körper instrumental zu betrachten. In der Erfahrung des ganzen Bildes liegt die großartige Dimension der schöpferischen Gedankenbildung, die sich hinein in den Empfindungsbereich formt und von diesem wieder hineinformt in den Willensbereich. Somit bringen wir aus uns selbst und aus unserer gezielten, wachen Aktivität der Auseinandersetzung den aufsteigenden, determinierenden und oftmals krankmachenden Kräften aus der Organwelt eine von oben eintretende Führung entgegen. Wir sollten im Sinne des Yoga hier in der Gedanken- und Führungskraft immer kräftiger werden, so dass unser Leben vom Körper, seinen Trägheiten und seinen Determinationen unabhängig wird. Darin liegt der von oben, vom eigenen Bewusstsein geformte Heilsansatz mit Yogaübungen.

Variation: führt zu einer grazilen Form

Aufgestellter Pfau, *ado mukha māyūrāsana*

Der aufgestellte Pfau ist besonders für Frauen leichter auszuführen, da sie mit dem aufliegenden Kinn das Gewicht von den Armen nehmen können. Im Aufgestelltsein gewinnt die Bewegung eine grazile Form.

Die Nieren

Die Nieren im Zeichen der Venus

I
In jedem Organ lebt ein geheimer Schöpferwille mit einem spezifischen Auftrag

In allen Körperregionen und insbesondere in den lebensnotwendigen Organen ruht eine intelligente Urabsicht aus einem geheimen Schöpferwillen verborgen. In jedem einzelnen Organ tragen wir einen unbewussten Auftrag oder ein geheimes Bewusstsein, eine weisende Forderung, eine innere lenkende Bedrängnis oder ein inneres notwendiges Wollen zu einem wachsenden und höher spezialisierten Leben, das schließlich eine Art Vergeistigung und Verwirklichung bedeutet. Diese verborgenen sakralen Absichten, die in den Organen begründet sind, differieren entsprechend nach der Qualität und nach der Beschaffenheit des Organs. Die Leber trägt eine andere Absicht als die Niere, und die Niere trägt wieder eine andere Absicht als die Lunge, und diese wieder eine andere als das Herz. Wir können auch in der naheliegenden Bezeichnung sprechen, dass ein inneres Potential an ureigener Schöpferkraft, an einem geheimnisvollen, zu einem immer größer werdenden, persönlichen Willensvermögen in den einzelnen Regionen unseres Körpers verborgen ist. Diese geheime Schöpferkraft arbeitet zu einem einzigartigen Zielpunkt, den wir Gott nennen, und sie möchte von innen heraus durch die vielen existentiellen Widersprüchlichkeiten, die der Körper und die daran gekoppelte Psyche aufdecken, unser Leben in diese außerirdische Dimension einer kaum vorstellbaren Freiheit lenken. Aber die Absichten sind vielerlei, und somit sind die Zielrichtungen in einer so großartigen, weiten Differenzierung, die im Inneren des Leibes so vielseitig ist wie der weite Makrokosmos im Äußeren. Die Differenzierung der Absichten und die Zuordnung der Organe zu den entsprechenden Planetensphären ist jenes Gebiet, das wir zunächst vielleicht nur informativ andeuten und schließlich durch die wiederholte und von verschiedenen Blickwinkeln ausgehende Betrachtung in eine immer präziser werdende, unterscheidende Charakterisierung führen.

Gedicht

Das maṇipūra-cakra

Das Sonnengeflecht ist der Atem der Sympathie,
es ist der pulsierende Hauch der Freundlichkeit und Wärme,
es ist das souveräne cakra der vornehmen Weite;
das ist maṇipūra oder die warme Venus.

Dieses Weben, das die Spannung der Wirbelsäule belebt,
erweckt sich an dem Himmelswesen, dass sie Augen
zu dem Leuchten schürt, und wir nennen es
mit dem einfachen Worte »Interesse«.

Dieses Feuer, das aus den Höhen der Liebe entströmt
und uns zu der Freundlichkeit der aktiven Teilnahme bewegt,
erhebt das Gemüt über alles Leidende und Feindselige
und macht uns zu einem Bürger der Sanftheit.

So, wie der alte Yogin aus seiner Lufteszeit noch sicher wusste
wie alle Aktivität der Liebe zu ihrem selbsteigenen Ebenbildnis führt,
und die Gabe der Liebe zu dem Empfang der Einheit,
und die Gabe der Höflichkeit zu dem Empfang der Wahrnehmung,
und die Gabe der Freiheit zu dem Empfang der Ruhe,

so weiß nun doch jener, der die schweren Schritte
in den unheilvollen Zeiten der modernen Welt begeht,
wie seine freudige Aktivität der Arbeit
zu der Versöhnung mit dieser Welt und
allen ihren Wesen, sarvabhutani,
im Zentrum der Weite und Wärme führt.

II

Die Organanlage entstand durch das Opfer höherer Hierarchien

Diese genannte Urbildekraft oder geheime Urabsicht ist der erste Wille in einem Organ, und dieser ist vergleichbar mit dem Anbruch eines Tages. Es ist ein erstes und geheimes Schöpferwollen eines sich regenden Bewusstseins, das sich in einer Unterscheidung zu der Einheit des ewigen Ganzen entwickelt. Jene dem sinnlichen Auge immer verborgen bleibende Geistigkeit in den Organen, die in eine Bewegung kommt und ein erstes individuelles Bewusstsein kreiert, ist eine erste Form einer Regung und Aktivität, die sich aus einem schweigenden, ewigen Dasein entwickelt. Innerhalb dieser ersten geistigen Absichten entwickelt sich in der Folge eine vielseitige, differenzierte und kaum ermessbare weitere Ausströmung, die wir schließlich innerhalb der sichtbaren Welt mit den Begriffen »Leben« und »Natur« benennen. Damit aber diese innersten Absichten, die in den Organen beheimatet sind, eine tatsächliche weitere Gestaltung, Bewegung und erste psychische Manifestation erhalten können, müssen sich innerhalb eines geistigen Wesensgesetzes verschiedene Ebenen oder geistige Sphären erniedrigen, damit sich andere erhöhen können. Die Einzigartigkeit eines personalen Lebens, das das menschliche Sein bezeichnet, beruht auf einer ständig wachsenden Differenzierung und objektiven Produktivität, die vergleichbar ist mit dem Werden einer künstlerischen Skulptur, bei der aus einer dichteren Masse durch sorgfältige Arbeit ein immer präziser werdendes Antlitz entsteht. Die Masse, der Stein, das kompakte Material unterliegen dem Einfluss einer größeren Idee, und schließlich verbleibt eine beträchtliche Stofflichkeit, die sich dem Prozesse ausliefert und hingibt, damit einmal das reine Werk in seiner edelsten Ausdruckskraft zur Offenbarung kommt. So waren es, ähnlich dieses Vergleiches, geistige Wesenshierarchien, die sich mit ihrer Substanz dahinopferten und den Menschenleib mit einer vordurchgeistigten Organanlage bildeten. Die Aufopferung durch ehemalige engelhafte Hierarchien, die sich in dem Werdegang der Evolution des Menschseins hingaben und damit eine Anlage erbauten, die auf der einen Seite Geist und Idee oder schweigendes und feinstes Leben bedeutet, und auf der anderen Seite eine organische Ausgestaltung mit den vielschichtigen Funktionssystemen aufweist, ist ein Vorgang der Konzentration und Differenzierung, der zu einer Erhöhung der Menschlichkeit und der menschlichen Körperlichkeit auf Kosten eines Opfervorganges von früheren existenten, geistigen Wesen führte. Diese beiden Ebenen von Manifestationen und Unmanifestiertem, von Materie und Geist oder von einem sichtbaren, wägbaren Körper und einem innersten Geheimnis, einem Mysterium, sind in

Wirklichkeit eine Einheit und ein Ausdruck für eine gemeinsame persönliche Werdeentwicklung. In diesem ganzheitlichen Ausdruck eines Körpers, einer Seele und eines Geistes lebt der Schöpferwille, und der Schöpferwille untergliedert sich in die entsprechenden Sphären, die einstmals entstanden sind durch Aufopferung von höheren Hierarchien. Die entsprechenden Sphären benennen wir schließlich mit den Namen der Planeten, die nach der siebenteiligen Einteilung unser Organsystem lenken.

III

Empfindung, Wärme und die Venus

Die Nieren sind mit dem Planeten Venus in Verbindung. Die Venus ist in der griechischen Mythologie benannt mit Aphrodite. Sie ist die weibliche Gottheit oder die Gottheit alles Edlen, alles Schönen, der reinen und sinnlichen Anmut. Sie ist die Göttin der Kunst und eines warmherzigen Empfindens. Sie besitzt Schönheit und Sympathie.

Die Nieren sind von ihrem inneren psychischen Wert sehr typische Empfindungsorgane, die peritoneal in die schützende Hülle eines Fettlagers eingekleidet sind und so in ihrer Lage gehalten werden. Die Empfindung ist mit der warmherzigen Venus sehr nahe verwandt. Sehr viele verschiedene Analogien existieren zwischen Empfindungsleben, dem empfangenden Nervensystem, dem lebensfreudigen Temperament und der Niere. Die Nieren dürften die empfindsamsten Organe im Unterleib sein, die auf Kälteeinflüsse äußerst sensitiv reagieren. In diesen Organen lebt eine tiefe geheimnisvolle Urabsicht, ein tiefes lichtvolles Wollen, das sich sehr deutlich über die Sehnsucht nach Liebe, Sympathie, Offenheit, Verbindung, Freude, Beweglichkeit und dem Drang nach dem Schönen in unserem Menschsein ausdrückt. Aus den Nieren wollen wir empfinden, wir wollen unsere Seelenkraft, die eine mehr innere, feine, sensitive, wahrnehmende Kraft im Gemüte ist, unmittelbar aus uns, aus dem Zentrum des unversehrten, persönlichen Selbstwahrnehmens, wie auch aus dem verborgenen Bewusstsein von Dignität gegenüber allem persönlichen Sein, gegenüber allen Lebewesen und Existenzen der Welt entwickeln. So tragen wir in dieser Organanlage der geheimnisvollen Nieren eine verborgene Saat eines aufsteigenden Wollens nach Empfindung, Mitfühlen, Miterleben und Beziehung in uns, und dieses Wollen nach Empfindung und Beziehung und allgemeinen Werten, die den ehrwürdigen Gefühlen nahestehen, bezeichnen wir mit dem Begriff der Venus. Die Venus steht in einer sehr nahen Verwandtschaft mit einem warmherzigen, luftigen, inniglichen, dehnbaren Charakter und denjenigen Gefühlen, die wir in der Regel als seelische Gefühle bezeichnen.

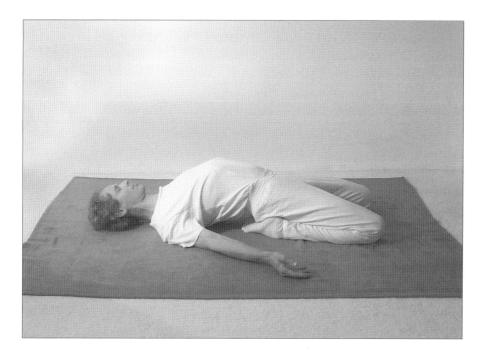

Halber Diamant, *supta vajrāsana*

Im halben Diamant liegt der Körper dem Boden auf, während sich die Wirbelsäule in einer durchlaufenden Spannung befindet. Die Unterschenkel und Füße sind nach innen eingeknickt und deshalb werden die Beine wie abgeschnitten oder unvollständig erlebt. Nur die Oberschenkel befinden sich in einer Anspannung. Entwickeln wir eine Empfindung zu dieser Stellung, so bemerken wir dieses Abgeschnittensein in den Beinen und wir erleben uns wie halb in der Welt, nicht inkarniert in der Welt. Tatsächlich geben die Füße und die Unterschenkel die direkte Berührung mit dem Boden der Erde, sie markieren die Natur unseres körperlichen Erdendaseins. Indem wir die Empfindungen ausprägen, wie die Gefühle in den einzelnen Stellungen sind, ohne sie zu sehr subjektiv zu interpretieren, entwickeln wir ein reichhaltiges Empfindungsleben für das Weltendasein. Wir erschaffen in uns durch das Empfindungsinteresse die Kraft der Venus.

Vorsicht vor Schematismus

Mit der Zuordnung der Organe zu den Planeten und Planetenprozessen dürfen wir aber nicht vorschnell ein Ende und eine gültige Definition aufstellen. Wir müssen vielmehr die Planetenprozesse und die physiologischen Bereiche in eine tatsächlich logische und stimmig zusammenhängende Analogie führen. Der Fehler, der hauptsächlich bei der Betrachtung von Planetenprozessen und Organreaktionen gemacht wird, ist der, dass eine Aufzählung gleich einer Notizensammlung entsteht, die noch keinen tieferen Einblick und Eindruck über die wirklichen Stimmungen und über die edlen, verborgenen ästhetischen Anlagen, die in der Physiologie in einem beständigen Werden begriffen sind, geben. Denn es ist ein großer Unterschied, ob der aufzählende Verstand Informationen auf diesen Gebieten sammelt oder ob er anhand dieser Informationen, die er erhält, die tiefe Wahrheit des Geistes eigenständig erforscht und mit dieser daraus gewonnenen Seelenstimmung schließlich das Organ im Lichte des Geistes schauen lernt. Mit unserem Schulungskonzept streben wir nicht eine reine Sammlung von Informationen an, sondern wir wollen anhand von diesen Beispielen eine Nachahmung und eine realistische Nachentwicklung leisten zu diesen tiefen Visionen des Geistes, die uns schließlich als lebendig erbauende Kräfte in der Seele zufließen werden. Solange aber eine Arbeit lediglich bei einer Information stehenbleibt, ist noch keine wirkliche Belebung und Anregung in unseren seelischen, inneren Feuerkräften gegeben, und wir müssen uns schließlich bald wieder von den Informationen abwenden, weil sie keine rechte Belebung und keine wirkliche Durchgestaltung in unserem Herzen und unserem Bewusstsein geben können.

Die Venus und ihr physischer und psychischer Prozess

In den meisten Lehrbüchern finden wir die Bezeichnung von »Filtration«, die in den Funktionseinheiten der Niere, den Nierenglomeruli stattfindet. Die Filtration ist aber für unsere Betrachtung als Begriff sehr ungeeignet, da er dem Wesen des Prozesses im Sinne einer ganzheitlichen Betrachtung nicht so nahe kommt und er unser Denken auch mehr in eine einseitige, rein körperbezogene und damit sehr materialistische Richtung leitet. Die sogenannte Filtration, die den Harnstoff, die Harnsäure und die verschiedenen harnpflichtigen Stoffe auf den Weg zur Ausscheidung führt und die notwendigen Mineralien und Aminosäuren wie auch alle aufbauenden Stoffe wieder zur Resorption bringt, ist in den Augen einer tieferen Imagination ein innerster Sinnesvorgang, bei dem ein Auge die verschiedenen Stoffe begutachtet und sie schließlich in die richtige Richtung lenkt. Die Flüssigkeitsmenge, die aus dem arteriellen Blut zu der lebhaften Durchströmung der Nieren gelangt, unterliegt in den Glomeruli, den Funktionseinheiten der Niere, nicht einer mechanischen Tätigkeit, sondern einer tatsächlich sehr fein abgestimmten Wahrnehmung. Die ausscheidungspflichtigen Substanzen fließen in das Nierenbecken und von dort aus in den Harnleiter und in die Blase, während die resorbierten Stoffe zurück in das Blut gelangen. Die Arbeit, die in der Niere stattfindet, ist eine höchst aktive Leistung, die im beständigen Vorgange aufrechterhalten bleiben muss. Die Arbeit ist auch ein sehr sensitiver und sehr wohlabgestimmter Prozess, der sich keine Fehler leisten darf. Durch die Niere scheidet sich eine innere Substanz zur Aufbauleistung des gesamten Stoffwechsels ein, und es scheiden sich Substanzen, die zur Ausscheidung kommen müssen, aus. Der Vorgang, der in den sensitiven Organen stattfindet, ist wahrhaftig ein Sinnesvorgang.[21] Er ist begleitet von einer feinsten Wahrnehmung der Nierenkörperchen und muss für unser Tagesbewusstsein aber unbewusst, in seiner eigenen Autonomie funktionieren. Es ist die Kraft der Venus, die hier in dieser verborgenen Region des Leibes beständig arbeitet, und es ist die sensitive Vermittlungstätigkeit des Merkurs, der die Prozesse in eine Ordnung von oben und unten dirigiert.

Dieser feine Prozess kann sich, wie wir aus der Pathologie wissen, auf eine sehr bedrohliche Weise stören. Die verschiedenen Entzündungserscheinungen, die mehr von Seiten der Blase durch Infektionen aufsteigen, sind hier vielleicht etwas harmloser zu werten als die eigentliche, in der Niere beginnende Autoimmunreaktion der Nierenentzündung. Diese Nierenentzündung zerstört das Nierengewebe, macht es mit der Zeit funktionsuntüchtig und bringt, wenn es über längere Zeit stattfindet, eine vollkommene Insuffizienz in diesen Organen. Wenn eine Störung in den Nieren auftritt, so befinden sich meistens Eiweiße im Urin und eventuell rote Blutkörperchen. Diese können anhand von mikroskopischen Untersuchungen oder auch durch Teststäbchen mit Indikatorpapier einen Nachweis finden. Aber auch die andere Seite kann eintreten, dass die Einscheidung oder die aufbauende Stoffwechselfunktion für den gesamten Eiweißbildeprozess nicht mehr richtig funktioniert. Der Körper erhält dabei ein mehr krankes Eiweiß oder bildet zumindest eine sehr schlechte Eiweißgrundlage. Dies geschieht deshalb, da die Nieren, obwohl sie extraperitoneal liegen, also außerhalb des verdauungstätigen Bauchraumes, eine Strahlkraft aufweisen, die die naheliegende Verdauung doch beeinflusst. Sehr viele Verdauungsstörungen lassen

Empfindungslosigkeit als Folge des Materialismus

sich auf die Nieren zurückführen. Die Nieren strahlen auf die Verdauung oder sie bringen eine Art Dynamik, eine Art feinste Stoffwechselanregung für das gesamte Ernährungs- und Kommunikationssystem, das in der Tiefe des unteren Körpers gelagert ist. Man könnte vielleicht diese Störung, die heute sehr weit verbreitet ist, mit einem Kaltwerden des Verdauungssystems bezeichnen. Das Kaltwerden des Verdauungssystems äußert sich in einer Art müden Sinnestätigkeit oder, anders ausgedrückt, in einer Ermüdung der Venus, die die Augen nicht mehr während ihrer Arbeit wachhalten kann und somit ihre Arbeit auch nicht mehr zu bewältigen vermag. Die Venus in unseren Nieren wird so müde, dass sie schließlich nur noch eine müde Stoffwechselaufbauleistung für unsere Einscheidung von notwendigen Stoffen bringen kann. Dadurch wird das Verdauungssystem geschwächt und kälter. (Victor Bott, Eisen in der Therapie)

Die Folge dieses mangelhaften Einscheidungsprozesses oder kaltgewordenen Arbeitsvorganges in der Niere ist auch ein Kälterwerden unserer ganzen Leiblichkeit und bewirkt somit ein Wachstum in den verhärteten Strukturen unseres Menschseins. Die seelische und auch körperliche Verhärtung sind die Folgereaktionen eines mangelhaft wahrnehmenden, empfindsamen Reagierens in der Niere. Dabei ist es doch in den häufigsten Fällen noch der Fall, dass die Ausscheidungen, die nachweisbar über die Harnuntersuchung gemessen werden können, noch keine pathologischen Befunde aufweisen. Auch Krankheiten wie rheumatoide Arthritis und Neuralgien und auch das Nervenrheuma, das sehr häufig in unserer Zeit auftritt, sind auf diesen erkaltenden Prozess zurückzuführen.

Eine ganz besondere Krankheit, die aber normalerweise nicht unter dem Begriff »Krankheit« ihre Bezeichnung findet, ist ebenfalls ein Ausdruck für das mangelhafte Sinneswirken in dieser verborgenen, tiefen Region, in der die Venus tätig ist. Und das ist der Materialismus mit seinen vielfachen Leistungsprinzipien und hektischen Herausforderungen. Der Materialismus, um einmal in aller Kürze eine Skizze zu geben, ist ein Prinzip, das auf Steigerung und Vitalität beruht. Diese Vitalität ist scheinbar ohne jegliche Wahrnehmung zur Schöpfung und existiert in einer tatsächlichen Empfindungslosigkeit, die sich wohl am meisten im menschlichen Miteinander ausdrückt. Er ist auch wie eine Kette von Reaktionen, die in sich selbst das Prinzip der Steigerung benötigt, um im eigenen System lebensfähig bleiben zu können. Das kaltgewordene Leben mit den vielen intellektuellen Prinzipien der Steigerung kennzeichnet unser Dasein und ist eine Krankheit, die sich in Einsamkeit, Isolation und vielen schwierigen Trennungsaspekten äußert und die sowohl die wissenschaftliche Forschung als auch die religiösen Systeme, die sozialen Hintergründe und die künstlerische Bemühung zeichnet. Es wäre zwar eine doch sehr einseitige Definition, wenn wir diesen Materialismus als eine Krankheit alleinig den Nieren zuordnen würden. Aber es ist doch von einer inneren Sicht gesehen das Nierenorgan und der Verlust des Empfindens, das typisch für die Venus ist, eines der charakteristischen Merkmale, die in der gesamten Gesellschaft zu jenen Leistungsdeterminationen und jenen tatsächlichen Dekadenzerscheinungen der Kultur im Materialismus hinführen.[22]

Die Bedeutung des geistigen Einscheidungsprozesses und des physiologischen Ausscheidungsprozesses

IV
Geistige Einflüsse bestimmen unsere Bewusstseinslage

Bei der nun weiter folgenden geistigen Betrachtung müssen wir den Begriff von geistigen Wesen berücksichtigen. Wir nehmen unbewusst, und dies, ob wir intelligent oder weniger intelligent sind, tagtäglich in uns geistige Substanzen, die reale Existenzwesen sind, auf. Diese Aufnahme geschieht durch die Organanlage, wie wir bereits schon geschildert haben, und wirkt von diesen unbewussten Regionen zurück auf unser Bewusstsein. Durch die Nieren nehmen wir nun auch bestimmte Keimkräfte oder geistige Wesen, Substanzen oder Existenzen, wie sie benannt werden, auf, und sie wirken schließlich auf unser Nervensystem und über dieses formend auf unser Bewusstsein. Diese Wesen haben einen bestimmten Charakter. Sie tragen den Charakter der Berechnung, des eigennützigen Kalkulierens, dies dann, wenn gewisse Spaltungen, Schwächen und ungünstige Erziehungseinflüsse in der Seele wurzeln, und sie tragen einen belebenden, anmutigen, sympathischen, attraktiven Charakter, wenn das Leben in der Formung und Entwicklung integer und lebensnah mit den menschlichen Gefühlen angelegt ist. Diesen verborgenen Einflüssen der Berechnung aber, denen wir durch die Nierenanlage tagtäglich ausgesetzt sind und die wie untergründige Stimmen auf das Bewusstsein einströmen, müssen wir eine größere schöpferische Aktivität entgegenbringen, damit anmutige, sympathische und beziehungsfreudige Gefühle überwiegen. Diese Wesen sind bezeichnend für die kollektive, moderne, gespaltene Gesellschaft und sie sind eine Versuchung, die uns im Intellekt und seinen kalten, mehr materialistischen Tendenzen fixieren will. Die Zeiterscheinungen möchten uns mehr in eine trennende und isolierte Bewusstseinsform hineinzwingen. Durch die Nierenanlage sind wir deshalb den berechnenden Kräften unseres irdischen Daseins ausgeliefert. Eine fein abgestimmte Unterscheidung zwischen Ich und Du und zwischen einem anderen Willen und dem eigenen Willen ist heute in unserer gegenwärtigen Kultur sehr schwer. Wir neigen zu einer Bevorteilung des eigenen Ich und zu einer Ichbezogenen Haltung, die ohne Hingabe und Anmut ist und die anderen gegenüber schmerzhaft, hart und kalt erscheint.

V

Unsere geistigen Ideale bestimmen unsere Handlungen

Mit diesem Eingebundensein in die Zeit und in sehr harte ökonomische Forderungen, aber auch in menschliche Verhaltensformen, die sehr einseitig und nahezu brutal sexuelle Triebe zulassen, Forderungen des bloßen Fleisches, die so sehr in der eigenen Wunschwelt ihre Wurzeln schlagen, entsteht gerade jene unerwünschte Rückbindung an jene Wesen, die der Berechnung und den materiellen Aspekten Tür und Tor öffnen. Der Blick unserer Augen sollte anmutig und zukunftsfreudig in die Welt gehen und auf diese Weise eine erste Hingabe im Gedanken zulassen. Eine Überlegung, die auf einem tatsächlich idealen Hintergrund und einer ersten Weite erbaut ist, erscheint beispielsweise in einer ganz feinen Abstimmung zu den Mitmenschen. Nehmen wir an, wir wollen ein Geschäft gründen und überlegen uns die Gesamtheit der wirtschaftlichen Lage, gehen von dieser Gesamtheit aus, erwägen unsere Ideale und schaffen aus diesen Möglichkeiten, die dem finanziellen Hintergrund zugrunde liegen, die Idee der gesamten Planung. Wir schauen hinaus in die Welt und gewinnen vergleichend einen Eindruck von der Welt. Und da wir einen Eindruck von der Welt gewinnen, können wir unser Geschäft auf einer wirklichen und tragenden Idee gründen. Die Begründung eines Unternehmens gewinnt die Sympathie der Venus und damit einen Zusammenhang, wenn es dem Gründer gelingt, die soziale Forderung der Zeit, die ökonomische Lage wie auch die altruistische Idee zu erfüllen. Die Aktion aus einer die anderen und die Außenheit objektiv wahrnehmenden Bewusstheit ist venushaft und lässt die Idee aus der Notwendigkeit und aus dem Rufe des geistigen Weltenbestrebens gewinnen. Eine religiöse Institution wird das Volk beobachten, wird die Botschaften des Geistes lesen lernen und von diesen gewonnenen Eindrücken die religiöse Situation fördern. Sie wird nicht ihre Institutionalisierung in den Mittelpunkt stellen. Die Autoindustrie würde einfachere und langsamere wie auch haltbarere Autos verkaufen, denn sie würde erkennen, dass die Menschen jene derzeitig übersteigerten Produkte nur aus einem falschen Selbstbewusstsein wählen. Dieses mehr aus den tieferen Analogien und tieferen Einsichten abgelesene Bewusstsein besagt sehr deutlich, dass ein Fahrzeug zum Fahren geeignet sein muss, und es sollte weniger dazu bestimmt sein, das Selbstbewusstsein eines Menschen zu heben. In der Ernährungsindustrie würde das Bestreben ebenfalls ähnliche Richtungen und Formen annehmen. Nahrung sollte für die Gesundheit und für die Bedürfniszufriedenheit des Hungers gegeben sein. Unsere Ernährung ist aber nicht zur Bedürfnisbefriedigung des Hungers entwickelt, sondern vielmehr zu einer Lustbefriedigung des Gaumens, und sie nimmt die Rolle eines veräußerlichten, materiellen Wirtschaftszweckes ein. Wir haben heute dadurch die Beziehung zum Essen verloren. Die Venus und ihre weibliche Idealität fehlen in unserer Kultur.

VI

Die Gedankenaktivität wirkt auf den Einscheidungs- und Ausscheidungsprozess

Diese Gedankenbildung und Empfindungsentwicklung zur Weite des anderen und zur Erkenntnis der Weltenzusammenhänge ist mit einem sehr tiefen religiösen Bewusstsein verwandt. Es ist gleichzeitig auch eine tiefe Grundlage zur Entwicklung des schöpferischen Bewusstseins. In unserem ganzen Leben ist uns von innen heraus oder aus einer tiefen göttlichen Fügung, wenn wir dies so benennen dürfen, die Notwendigkeit auferlegt, dass wir, bevor wir einen Beschluss beginnen, zuerst die Außenwelt und die notwendigen Verhältnisse der Außenwelt berücksichtigen. Wir leben nicht durch unser eigenes Ich und durch unseren eigenen Ich-Mittelpunkt, sondern wir leben in Wirklichkeit durch ein viel größeres Ich, das ausgegossen ist in die ganze Menschheit und durch die vielen feinen Ströme, und wir leben schließlich aus einem Willen, der nicht im Körper seinen Ursprung nimmt, sondern im Geiste, der ein universaler Geist ist und den wir schließlich lesen lernen wollen.

Die ausschließliche Lebensform ohne Hingabe zum Ganzen, abgespalten von warmen Empfindungen und isoliert in eigenen Wünschen führt das gesamte Dasein immer weiter in die Fangschlingen und ausweglosen Determinationen des Materialismus. Das Leben aber, welches das Du des anderen berücksichtigt und von dem Du des anderen oder dem Du der Schöpfung oder, wie wir es im christlichen Sinne sagen, von dem Du Gottes ausgeht, führt zu einer lebendigen Empfindungswelt, zu einer Belebung und Erhaltung unserer Individualität und lässt dem Leben viele tiefe Einsichten zuströmen. Durch diese schöpferische Aktivität, die in einer gewissen Weise an eine Art Unterscheidungsbildung und an eine Unterscheidungsentwicklung erinnert, entfalten wir die notwendige Trennung, die in den Nierenorganen physiologisch in Form von Einscheidung und Ausscheidung jede Minute stattfindet.

Solange aber diese schöpferische Bewusstseinsaktivität in uns nicht zur Entfaltung kommt oder gekommen ist, determinieren uns die Nierenorgane zu einem immer größer werdenden Materialismus oder sie bringen uns in eine schleichende Krankheit, die als schizoide Angst, als die klassische Trennungsangst, bekannt ist und die sich in Einsamkeit, Isolation und in erkaltenden Bewusstseinsformen widerspiegelt.[23] Die Nierenkrankheiten sind heute wesentlich seltener als früher. Dieses Forschungsergebnis mag vielleicht für das bisher Gesagte widersprüchlich klingen und mag uns sogleich in der gesamten Aussage verunsichern. Die Wahrheit ist aber jene, dass gerade diejenigen Organe am wenigsten erkranken, die in Wirklichkeit krank sind. Die Krankheit schleicht untergründig in unsere Körperlichkeit und äußert sich meistens an jenen Orten, wo sie einen schwachen Punkt findet. Sie äußert sich aber selten an jenem Ort, wo die Ursache und der Beginn des Krankseins liegt. Wir können tatsächlich von diesen Aussagen annehmen, dass der größte Teil der westlichen Gesellschaft nierenkrank geworden ist.

Die Möglichkeiten durch Yoga

VII

Die Anmut ist ein Ausdruck der Venus

Allgemein wirken Yogaübungen auf die Nierenregion belebend und sie können entsprechend der mechanischen Wirkungsweise die Ausscheidungsbereitschaft fördern. Ganz besonders heilsam ist der Schulterstand mit seinen verschiedenen Beinvariationen und auch die Kobra-Übung, die durch die entsprechende Druckmassage einen Einfluss auf diese Region nimmt. Die Bewegung der Kobra ist geschmeidig und im Ausdruck anmutig. Die Anmut, vor allem die weibliche Anmut, ist ein Ausdruck der Venus.

Studieren wir in ihrer verborgenen Liebessubstanz die weibliche Anmut und ihre sensitive Grazilität im Ausdruck, so entstehen Kräfte zur Hingabebereitschaft und Sympathie, die sich schließlich für die weitere Entwicklung von Schöpferkraft auf das ganze Leben wie eine neue Substantialität, eine weichere, geschmeidigere, geborgenere Hülle bemerkbar macht. Nicht die Übungen durch ihren mechanischen Einfluss heilen die Nieren, sondern das einfühlsame Interesse, das freudige Hingegebensein, das begeisterungsfähige, aber innerliche Denken als sympathische Regungen des Empfindungslebens wirken hier stärker als der isolierte physiologisch-mechanische Aspekt einer Übung. Für die

Kobra, *bhujaṅgāsana*

Die Kobra ist ein Ausdruck für die Wachheit und Übersicht des sechsten Energiezentrums. Sie zeigt aber im Ausdruck die kühne Aufrichtekraft des Weiblichen in der Seele, denn sie erhebt sich in der Bewegung nicht wirklich zur Dominanz, sondern sie sehnt sich mit dem Aufrichten in die unaufdringliche Selbstlosigkeit und offene Hingabe zum Kosmos.

Heilung der Nieren ist die Entwicklung von ästhetischen Gefühlen, von weiblicher Anmut, von einem lichtvollen, empfindungsreichen Beziehungs- und Interessensgebiet von einem sehr großen Wert. Diese sympathische Beziehung der Anmut, Hingabe und Schönheit öffnet das Gedankenleben auf eine ganz natürliche Weise für die kosmische Dimension der *āsana* und für die Wärme der philosophischen Hintergründe.

VIII

Sprachgestaltung und die Entwicklung der Venus

Die Möglichkeiten eines Heilsansatzes liegen weiterhin, nun von einer anspruchsvollen Warte aus gesehen, in der Entwicklung einer weiten, schöpferischen Sprachgestaltung. Die Sprache ist ein Ausdruck unseres bewussten Seins, und dieses bewusste Sein ist mit jenen Wesen, die wir eben in den vorhergehenden Kapiteln genannt haben und die wir über die Nieren empfangen und die täglich zu uns sprechen, nahe verwandt. Wir sprechen normalerweise so, wie diese Wesen aus dem Untergründigen der Nierenregion zu uns heraufflüstern. Unsere Sprache fügt sich einem untergründigen Willen und lässt sich von diesem Wesenhaften des Willens determinieren. Deshalb ist die Sprache unter anderem immer auch ein Ausdruck jener Region, die in den Nierenorganen liegt.

Für die Therapie wollen wir die Sprache in ein größeres Bewusstsein anheben und wir wollen unbewusste Determinationen, die aus dieser untergründigen Willensregion beständig von unten nach oben oder vom Unbewussten in das Bewusstsein hineinströmen, durch eine größere Disziplin und durch eine gewagte Auseinandersetzung unterbinden. Eine der schönsten und wesentlichsten Übungen dabei ist jene Konzentrations- und Disziplinübung, die das eigene Ich oder das eigene Wollen in der Sprache überwindet und die Aufmerksamkeit und Wahrnehmung konkret an dem anderen anknüpfen lässt. Wir hören auf den anderen hin und wir beginnen unsere Rede nicht entsprechend unserer Erfahrung, sondern knüpfen an der Erfahrung des anderen an. Dadurch sind wir zu einem Verlassen des eigenen Standpunktes gezwungen. Wir müssen nicht unseren Standpunkt aufgeben, aber wir benennen unseren Standpunkt nicht gleich mit Worten, sondern fühlen uns in den anderen, in seine Art des Denkens, in seine individuelle Wesenseigenschaft hinein. Auf diese Weise erweitern wir unser Empfindungsleben, und es überwindet sich leichter jene egozentrische Haltung, die in Wirklichkeit eine rein untergründige Ich- und Willensdetermination darstellt. Schließlich ergeben sich aufgrund dieser Sprachgestaltungsübung feine und feinste Analogien zum Leben und ein neues Gewahrsein und eine neue Aufmerksamkeit zu den Geheimnissen, die uns im menschlichen Dasein miteinander verbinden. Durch diese Gedankenaufmerksamkeit und Sprachgestaltung entwickeln wir einen Sinn für Analogie und Zusammenhang, weiterhin für Ästhetik und für die Schönheit der Beziehungsverhältnisse. Wir werden beziehungsfähig. Diese Eigenschaften gehören der Venus an und sie wärmen von innen heraus unsere Nierenorgane.

Die Sprache nimmt in unserer Kultur immer mehr die Rolle eines rein instrumentalen Zweckmittels ein und sie wird, von einem ästhetisch-künstlerischen Sinn betrachtet, zu einem Stiefkind. Die Bemühungen, die heute in der Sprachgestaltung oder in der Sprachwissenschaft im Vordergrund stehen, sind tatsächlich sehr belastend und sehr beengend, da sie Forderungen beinhalten, die unsere Sprache im Ursprung weiterhin entfremden wollen und durch die beständigen Vereinfachungen die schönen und einstmals wertvollen Empfindungen in den Ausdrucksformen rauben. Weiterhin nimmt die Sprache nahezu wie in der Juristik einen rein gesetzesbetonten oder definitiven Charakter an, mit dem man auf scharfe und klar strukturierte Weise eine Wahrheit auf den Punkt fixieren möchte. Diese Bemühung entspricht aber einer Angst, und sie raubt weiterhin das feine, wertvolle, über Bilder erschaffene Imaginationsleben mit seinem innersten Empfindungsschatz, der in der Sprache angelegt ist, und führt somit ein wesenhaftes, einflussintensives Wirken von vitalen, intellektuellen oder emotionalen Stimmungen heran. Die Sprache sollte deshalb nicht nur definitiver, fixierter oder emotionaler werden, sondern sie sollte viel lebendiger und einfühlsamer werden sowie auch in einem Zusammenhang, der die verschiedenen Seiten berücksichtigt, ihre Ausgestaltung finden. Eine zusammenhängende Sprachgestaltung führt zu einem zusammenhängenden Denken, und das zusammenhängende Denken führt schließlich zu einem wohlgeordneten Empfinden. Das Empfinden ist schließlich der Ausdruck eines ersten Wahrheitsbewusstseins und lässt unser Herz und Innenleben atmen. Durch das zusammenhängende Empfinden und Wahrnehmen entwickeln wir eine viel größere und weitreichende Sinnestätigkeit für die Schöpfung und für die Mitmenschen, und unser Leben weitet sich in allen Bereichen. Die Weite gibt eine Freiheit von der bedrohlichen Angst vor einem Nichts, das in einem Haben oder Habenwollen und Habenmüssen seinen verzweifelten Ausdruck annimmt. Die Freiheit aber von den Ängsten einer vermeintlichen individuellen Bedrohung schenkt wieder eine tiefe Unterscheidungsbildung und Unterscheidungskraft für das, was bleibenden Wert hat, und das, was Vergänglichkeit und Illusion darstellt. Die Entwicklung der Venus kann über die Sprache auf sehr einfühlsame, künstlerische und schöpferische Weise erfolgen. Dies ist ein Ziel, das sowohl die führenden Lehrer als auch die nach Schönheit und Ästhetik suchenden Menschen in unserer Zeit gemeinsam anstreben sollten.

Das differenzierte Erleben der Organe

Dieser schöpferisch-spirituelle Weg führt uns sehr nahe an jene siebenteilige Gliederung, die der siebenfachen Planetenwirkung aus dem Kosmos entspricht und die von vielen Eingeweihten mit metaphysischen Hintergründen benannt ist. Es sind sieben Hauptplaneten und es sind sieben Organbezirke oder Organregionen, die in einem unmittelbaren Zusammenhang mit dem kosmischen Strahlungsfeld stehen. Der große Makrokosmos, der außerhalb in dem astralen Meer der Sterne sichtbar ist, liegt in uns in einer Verdichtung und einer Art Summe gegründet und strahlt von innen nach außen zurück auf das ganze Umfeld. Es ist der Planetenhimmel, der in uns mit seinen Anlagen und seinen innersten Fixpunkten arbeitet und von dort ausgehend die Qualität unseres Lebens entsprechend der kosmischen Einflüsse bestimmt. Diese sieben Hauptorgane oder Organbezirke sind das Gehirn, das mit dem Rückenmark und dem Nervensystem zusammenhängt, die Lunge, das Herz, die Nieren, die Leber, die Galle und die Milz.

Auf eine Darstellung der in unserer Galaxie bekannten und wirkenden Planeten von Uranus, Neptun und Pluto wird in diesen gesamten Ausführungen verzichtet, da diese Planeten eine etwas andere Bedeutung für die Substanzerkraftung des Menschseins einnehmen. Die Seele durchschreitet nach dem körperlichen Tode die Sphären der sieben Hauptplaneten und nimmt die Einflüsse von den anderen Planeten auf, sie nimmt neue Entwicklungsaspekte oder Entwicklungschancen zur Vollkommenheit an. Die Substanz, die für die Organe ausschlaggebend ist, nimmt sie jedoch aus den sieben Sphären an.

I

Der Mond und das Gehirn

Das oberste, erste und am meisten interessante Organ ist das Gehirn. In dieses Organ sind wir mit dem Bewusstsein so direkt und so unmittelbar eingebunden, dass wir von einem Fühlen ausgehend etwa so wahrnehmen, wie in der Behäbigkeit des Gemütes im Ruhezustand auf dem Sofa. Wir würden wohl gar nicht auf die Idee kommen, dass wir die Gemütlichkeit im Gemüt empfinden. So gesehen kommen wir im Denken, das das Hauptinstrument des Gehirns ist, nicht auf die Idee des stattfindenden Denkprozesses. In diesem obersten Organ des Körpers ist das Gedächtnis der Natur enthalten und in ihm lebt der Drang nach einer unendlichen Wiederholung, der sich in einem faszinierenden Eifer nach einem sich beständig fortsetzenden, vitalitätsfreudigen Höherturnen des Verstandes äußert. Dieses Organ ist wie ein unermüdlicher Bergsteiger, der auf immer höhere Spitzen und Ideen klettert, oder es ist wie ein Phantast, der durch seine Phantasien die denkbar weitesten Bögen einer Utopie schlagen möchte. In einer Analogie zu dieser Gehirnanlage existiert das Wachstum in den Zellen und Reproduktionsorganen. So ist die Gehirnanlage mit der Zellteilung und Zellvermehrung, der Mitose, in Verbindung. Das gesamte zentrale Nervensystem mit dem Rückenmarkskanal ist das Organ des Mondes, und der Mond äußert sein Bewusstsein durch Reflexion, durch unendliche Wiederholung und Vermehrung.

Nach einer geistigen Anschauung ist der große Phantast des Mondes nicht allein ein materieller Himmelskörper, er ist vielmehr ein verdichtetes und kompakt gewordenes Licht selbst, das aus dem Opferweg ehemaliger Wesenshierarchien entstanden ist, die die Mission zu einer irdischen und in der Materie existenten Kultur erfüllen müssen. Der Mond ist bezeichnenderweise das Sinnbild und der Ausdruck für unsere Erde und für jenes reale Bewusstsein, das in der Menschheit überall verbreitet und sichtbar ist. Es ist die Mondenanlage unser natürliches Bewusstsein und dieses schenkt uns ein Identitätsempfinden mit der sichtbaren Welt. Mit einer sorgfältigen Untersuchung dieser gegebenen Realitätsebene und dieser Realitätsempfindungen, die das Denken und Wahrnehmen begleiten, ist es mit einem tiefergründigen Sinn doch leicht nachvollziehbar, wie hier auf diesem physischen Plan durch unser Gehirn und unser sich beständig fortsetzendes körperliches Leben eine weisheitsvolle, aber gleichzeitig auch sehr mechanisch funktionierende Bewusstheit arbeitet. Vielleicht kennen wir aus gewissen Empfindungen diese Realitätsebene, die mit dem Mond und der Gehirnanlage beständig eine Strahlkraft aussendet und uns selbst in eine tatsächlich unbewusste Autonomie des Bewusstseins einbindet. Erinnern wir uns dazu einmal an ein Arbeiten in einem Beruf, in dem wir eine Funktion einnehmen, die kein rechtes Nachdenken und kein rechtes selbstverantwortliches Handeln erfordert. Je mechanischer das Arbeiten funktioniert und je weniger wir eine selbsteigene produktive Bewusstheit und lebendige Aufmerksamkeit benötigen, um so mehr determiniert uns die große Macht der Mondenstrahlung mit jenen Wesen, die über die Gehirnanlage über den Leib hinausstrahlen. Würden wir diese Macht des Gehirns und der unendlich sich fortsetzenden Zellteilung und damit der in einem rhythmischen Kreise sich ständig wiederholenden Reproduktion einen freien Lauf lassen und würden wir unsere eigenen

Schöpferkräfte im Bewusstsein nicht benützen lernen, so wären wir ganz aus den unbewussten Forderungen dieser Organanlage bestimmt. Wir würden ein mechanisch-autonomes Dasein führen, das wie ein Computer oder wie eine Maschine nach einer rein mechanischen, äußeren Gesetzmäßigkeit funktionierte. Das Fühlen in dieser Mondenstrahlkraft, die aus der Gehirnanlage und aus der Zellteilung hervorgeht, lässt sich schwer beschreiben, da es tatsächlich an ein eigenes, sich unbewusst haltendes Bewusstsein gebunden ist. Das Fühlen ist eigentlich ein unbewusstes Fühlen, ein untergründiges, mechanisch autonomes Angebundensein an einen Intellekt, der nach seinen eigenen Gesetzen arbeitet. Innerhalb dieser Mondenstrahlungssphäre schlafen wir in unserem Bewusstsein und funktionieren in unserem Intellekt so hervorragend wie ein Computer. Das Fühlen im Monde oder in der Substanz der Nervenausstrahlungen ist wie ein Eingebundensein in ein Rad, das sich selbst dreht und ohne unser eigenständiges Arbeiten funktioniert. Der Gleichmut und die Gelassenheit des Mondes ruhen aber im Intellekt und sind noch nicht an eine wirkliche persönliche Stärke und an ein waches Bewusstsein gebunden.

II
Das schöpferische Wissen im Gegensatz zur Epigonie

Die sieben Sphären der Planeten sind die charakteristische astrale Welt, die die Erdatmosphäre durch ihre verschiedenen Ausströmungen von Wesen, die wiederum eine Bindung zur Physis aufweisen, führt. Solange das menschliche Leben durch diese astrale Welt seine Führung erhält, sind wir noch in einem relativ starken Automatismus oder in unbewusste und unentwickelte Empfindungen eingeschlossen und lassen das Leben noch von einer Macht führen, die nicht dem Selbst und dem reinen einzigartigen Willen des Geistes entspricht. Das Bewusstsein ist, solange die physischen Bindungen über die astrale Welt mit ihren Wesen geführt werden, unfrei. Deshalb müssen wir die Planetensphären mit ihren zugehörigen Organstrahlungskräften als eine relative Welt mit wandelbarem Charakter erkennen und im Glauben an eine bleibende und reale Existenz, die im Selbst existiert, überwinden. Oder, wenn wir es mit anderen Worten ausdrücken, wir müssen von den gesamten Abhängigkeiten und unbewussten Determinationen der nach dem Leibe trachtenden Wesenskräfte frei werden und unser Leben durch einen reinen, selbstaktiven, schöpferischen Wahrheitswillen, durch ein freies Wahrheitsbewusstsein und ein reines, selbsteigenes Wahrheitsfühlen führen.

Nehmen wir einmal an, wir erringen durch unendliche Mühe und Suche nach den höchsten Geheimnissen jene Erfahrung, die wir als Gotterfahrung bezeichnen. Die Gotterfahrung beruht immer auf einer unmittelbaren Identität und Erkenntnis des einzigartigen Selbst, des Ewigen, das nicht von der Erde ist und eine unmanifestierte Dimension innerhalb der Schöpfung aufweist. Das Selbst ist nicht wirklich in die Geburt eingetreten, und dadurch gibt es kein einziges identisches Beispiel für dieses Selbst. Mit dieser Gotterfahrung erkennen wir die Relativität aller Bedingungen dieser Welt und wir erkennen vor allen Dingen die Nichtigkeit des sogenannten Wissens, das im Intellekt sein Bestehen hat. Mit einer realen Gotterfahrung, die auf wirklicher Erkenntnis und wirklicher direkter Identität beruht, erfahren wir gleichzeitig den Tod unseres Wissens im Intellekt. Wir erkennen ferner, dass all jene intellektuellen Schlussfolgerungen und all jene Logik, die in der Welt durch die verschiedenen Forschungen und Projekte entstehen, nicht auf einer wirklichen geistigen Grundlage beruhen, denn sie sind wie eine fortgeleitete Ware, die auf einem Fließband dahingleitet und die zu den verschiedenen Funktionsstellen transportiert wird. Das wahre Wissen aber, das man in Sanskrit mit *jñāna* bezeichnet, ist aus einem reinen schöpferischen Gedankensein gegründet, das sich in jeder Minute durch die einzigartige Anlage des Gedankens selbst und des Geistes in seiner unendlichen Fülle kreiert. Wahres Wissen ist immer aus einem unmittelbaren Neubeginn geboren und kann nicht in einer Fortsetzung zu etwas Altem, wie etwa Ware die auf dem Fließband dahingleitet, entstehen.

Diesen nun dargestellten Zusammenhang eines sehr unterschiedlichen Wissens können wir vielleicht leichter verstehen, wenn wir ein praktisches Beispiel herannehmen. In den Schriften von Heiligen und Eingeweihten, die in der reinen Gotterfahrung ihr Bewusstsein ausbildeten, klingt eine andere Melodie als in den Publikationen und Niederschriften von jenen Personen, die um jenes Geheimnis noch nicht wussten. In den Schriften von genial schöpferischen Menschen spürt der Leser eine wahrhaftige Erfrischung, eine Belebung oder ein inneres Feuer, das aber nicht ein Feuer des Temperamentes oder der bloßen Begeisterung ist, sondern ein wahrhaftiges Feuer des Himmels, eine Liebe, die das Herz sich entzücken lässt, oder einen inneren Frieden, der beim Lesen bis hinein in die Zellen beruhigend wirkt. Dieses einzigartige Feuer des Geistes, das sich in diesen edlen Schriften durch ein Wissen des Himmels oder ein Wissen des Mysteriums ausdrückt, wirkt deshalb so belebend, weil es nicht aus einer Nachahmung, einer Erinnerung im Verstande oder aus einem angelesenen, übernommenen oder reproduzierten Wissen entstammt, sondern aus einer lebendigen Schau, die immer in der Einzigartigkeit des Augenblickes in einem geistigen und neuen Lichte erscheint.

III

Der Merkur und die Lunge

Das nächste Organ, das in der Sphäre des Merkur arbeitet, ist die Lunge. Die Lunge haben wir bereits im Zusammenhang mit der Eiweißverdauung besprochen und wir haben sie in Verbindung mit dem Organ des Magens gebracht. Weiterhin besteht eine sehr signifikante Verbindung zu den Kieferhöhlen, die allzuleicht entzündlich reagieren, wenn die Eiweißverdauung in ein ungehaltenes Reagieren gerät. Wenn wir die Lunge behandeln, behandeln wir indirekt auch die Nasennebenhöhlen im Kopfbereich. Diese Zusammenhänge sind für ein therapeutisches Vorgehen auf dem Gebiet der Naturheilkunde sehr wesentlich.

Mit den Lungen ist eine Art Umweltangst verbunden, die sich oft mit einer mangelhaften Kommunikations- oder Dialogfähigkeit nach außen äußert. Die Umweltangst ist jene Angst, die zur klassischen Zwangskrankheit führt. Sie findet einen ganz besonderen Ausdruck in den häufigen Erscheinungen der Magersucht, die in einer inneren Verweigerung gegen eine Sympathie und ein Annehmen der Nahrung besteht. Die vielen verschiedenen Zwangsneurosen sind meistens auf das Organ der Lunge zurückzuführen. Der Merkur ist mit all seinen Wesen der Vermittler in allen Bereichen von innen nach außen und vom eigenen Ich zum Du. Diese pädagogisch vermittelnde Kontaktebene, die den Merkurkräften eigen ist, ist in der Zwangsneurose gestört. Eine bemerkenswerte psychische Tatsache sei hier im Zusammenhang mit dem erdhaften Lungenorgan erwähnt. Die so sehr bürgerliche Lunge ist für eine bestimmte Art des Denkens charakteristisch, das man wohl am trefflichsten als parteibildend und im negativen Sinne nach sehr konservativen oder dogmatischen Strukturen benennen kann. Sie ist die Angst, die vorzugsweise in kirchlichen Einrichtungen arbeitet und jede objektive und zeitgemäße Entwicklung aufhalten möchte. Wenn wir das parteibildende Element näher untersuchen, finden wir jene Macht von geistigen Wesen, die einen lebendigen Strom Wassers zu Eis gefrieren lassen wollen, um das ehemalige lebendige Gut auf bestmögliche Weise zu konservieren. Die Lunge will daher den Blick nicht in die Nachbarschaft ihrer Kollegen und ihres weiteren Umfeldes richten. Sie ist auch nicht an dem Morgen und an der Zukunft interessiert, sondern arbeitet ganz gewissenhaft an der Vergangenheit und allen wohlbekannten Strukturen. Doch an einem Kollegen ist die erdverbundene Lunge schließlich doch recht interessiert, und das ist die Leber, die sie wie eine höhere Autorität respektiert. Sie schenkt ihr eine treue Aufmerksamkeit und beugt sich in unentwegtem Gehorsam ihren Befehlen und Weisungen. Durch diese Kardinalstugend des Gehorsams, das der so sehr rigide

Erdenbürger in der Lunge entwickelt, entsteht im positiven Sinne aus ihr ein Gefühl der erdverbundenen Brüderlichkeit und ein Empfinden für Fleiß, Pflichterfüllung, Präzision und Arbeit.

IV

Das Herz und die Hysterie

Das nächste Organ von oben nach unten betrachtet, ist das Herz, das evolutionsgeschichtlich ein sehr junges Organ darstellt, das ganz im Gegensatz zu dem konservativen Erdenbürger der Lunge den beständigen Drang nach einer über sich selbst hinaussprudelnden Übersteigerung und Ausschweifung äußert. Das Herz ist seiner Natur nach ein ungehaltener Kollege, der sich ganz im Gegensatz zu seinem parteibildenden Nachbarn jeder Parteiung entzieht und sich für alle anderen mit schnellstem Interesse und einer offensichtlichen gefühlsmäßigen Teilnahme öffnet. Dieses Herzorgan ist für die Angst, die man als Hysterie bezeichnet, prädestiniert, und es sind gerade in diesem Raum, der der Sonne entspricht, jene Wesen tätig, die im pathologischen Sinne das Bewusstsein aus dem Körper zum Fliehen bringen wollen. Jener, der an das Temperament des Herzens gebunden ist, wird immer wieder zu einer Art Flucht neigen. Er wird vor dem Leben fliehen wollen und wird sich in einer ungeduldigen, beständigen Bedrängnis nach Neuem und nach einer Hoffnung in der Zukunft sehnen. Im Herzen lebt die Angst vor einer Inkarnation. Diese Angst vor einer Inkarnation ist ein sehr typisches Merkmal für die Angst vor der Erde, vor jenem Planeten, auf dem wir leben und auf dem wir unser eigenes Dasein hinterlassen müssen. So ist das Herz eine Stätte, in der sich die Angst des Todes befindet. Diese Angst vor dem Tode ist die Angst vor der Realität und die Angst vor uns selbst und die Angst vor der Tatsache des Opfers. Sie ist ebenfalls eine sehr häufige Angst. Und wir können die Angst, die vor einer Inkarnation und vor einem Zur-Erde-Gehen besteht, empfinden lernen.

V

Die Leber und die Erwartungshaltung

Wieder ein ganz anderes Empfinden spiegelt die Leber in unser Bewusstsein. Dieses schwerste Organ weist eine sehr deutliche Verbindung zum Lymphsystem auf. Die Leber ist, wie wir bereits angeführt haben, das Lebensorgan, und sie symbolisiert durch ihre Beharrlichkeit und langsame Aufbauleistung, die sie hauptsächlich während der Nacht leistet, ein Lebensempfinden, einen Drang nach sinnlichen Gefühlen und Lebenssympathie. Die Leber sagt sich: »Meine Heimat liegt in dieser Welt, und ich will die Ruhe in meinen Erdentagen genießen. Wenn mir jemand die Ruhe raubt, reagiere ich mit Zorn oder unerträglichem Jammern.« Dasjenige aber, was wir in einer typischen Form als Erwartungshaltung an die Natur, an die Mitmenschen, an eine Sache, an uns selbst oder vielleicht auch an Gott kennen, ist eine sehr typische Eigenheit des Leberorgans. Diese Erwartungshaltung oder Erwartungshoffnung, die wir an die unterschiedlichsten Ziele und Objekte setzen und die mit einem sinnlichen Lebensdrange verbunden sind, müssen wir ebenfalls einmal überwinden. Mit der Überwindung der Erwartungshaltung überwinden wir die Passivität unseres eigenen Wesens, wir überwinden Depressionen und werden auf diese Weise durch unsere eigene Kraft schöpferisch aktiv.

VI

Die Niere und die Sensitivität

Das Nierenerleben spiegelt sich in einem vital-sensitiven Sein, das sich in seiner positiven Form in einer schnellen Begeisterungsfähigkeit und einem lebendigen, interessierten Temperament zeigt. Die Nieren sind die Organe, die einen unendlichen Drang nach Einatmung besitzen, aber sie sind in unserer Zeit sehr häufig geschwächt und deshalb entwickeln sich verzerrte und versteckte Formen im Temperament der Organe. Die Nieren täuschen daher oft vor, als wären sie an nichts interessiert und als würden sie schon alle Prinzipien im Leben erkannt haben. In Wirklichkeit aber lauschen sie ganz heimlich auf die anderen Kollegen hin und sind ganz wie ein Auge, das nach den Idealen eine unbemerkte Ausschau hält. Sie sind mit einer unstillbaren Sehnsucht nach jenen Idealen und nach jenen Empfindungen offen, die sie als wertvoll erkannt haben, nur dürfen die anderen diese Sehnsucht auf keinen Fall bemerken. Im pathologischen Sinne können aber die Nieren gerade mit einer gegenteiligen Reaktion antworten und sich ganz entgegen ihrer Sehnsucht von einer Verbindung und Sympathie zum Leben abspalten. Diese Angst, die sich in der Abspaltung äußert, ist die Angst vor Selbstaufgabe und Identitätsverlust im Ich und sie ist ein Zeichen einer überdurchschnittlichen Sensitivität im Gemüte. Durch diese ganz tief im Organischen eingebundene Angst, und die Nierenorgane sind ganz tief in das Organische eingebunden, streben wir beständig nach einer Erfüllung und nach einer Steigerung und somit nach einem größeren Besitztum. Das Prinzip der Steigerung, das das Prinzip des Materialismus ist und das sich durch verschiedene berechnende und sehr einseitige Gedankengänge entwickelt, ist sehr typisch für die Nieren. Wir müssen in unserer Haltung, die berechnende Züge aufweist, jenes vitale und gedankliche Grundprinzip einmal erkennen und überwinden.

VII

Die Milz und der Saturn

Ein weiteres Organ ist die Milz. Ein Zusammenhang der Milzanlage besteht zum Gedächtnis und zu den Lebenskräften, die sich in gesundem Zustand in einem guten Gedächtnis äußern. Mit dem Organ im linken Oberbauch sind wir in einer gewissen irdischen Schwere festgehalten und an ein Denken gekoppelt, das sich ähnlich wie die Reflektionen des Mondes als ein Gegensatz zur reinen Ebene des Gedankens äußert. Wir könnten die Anlage der Milz auch wie ein zweites Gedächtnis benennen, das aber gerade jene heimtückische Versuchung aufweist und unser Gedankenleben mit beständigen unrealistischen und versuchenden Eindrücken besetzt. In der Milz besitzen wir wohl den ersten organischen Ort der Versuchung, mit dessen Strahlkraft unser Bewusstsein in eine gebundene Welt gelockt wird. Das sehr blutreiche, in den arteriellen und venösen Kreislauf eingeschaltete Organ ist in Verbindung mit dem Saturn, und der Saturn ist der Herr des *karma*-Gesetzes. Er ist die thronende Gestalt, die über alle Planeten scheinbar weit erhaben ist. Dieses Organ sagt wie ein hinterlistiger Diener zu seinem Herrn, dem Bewusstsein: »Ich bin aus der Natur des *karma* geboren und deshalb verströme ich mit Sicherheit einen geeigneten Widerstand gegen die reine, von oben hereinwirkende Wahrheit. Mein Widerstand ist gewiss und meine Tat ist recht gut, denn ich halte dich, der du doch noch ein so unreifer und unmündiger und unkonzentrierter Verstand bist, von einer zu frühen Geistigkeit fern. Eine zu frühe Geistigkeit würde dir nur einen Schaden zufügen. Das Mittel des Irrtums ist gerade das Beste, das mir hierfür geeignet erscheint.« Das Organerleben der Milz spiegelt sich in Zufallsintuitionen oder manchmal äußert es sich in einem Enthusiasmus, einer übersteigerten Emotion und Begeisterungsfähigkeit, die man schon immer als sogenannten Spleen benannte. Die Milz ist tatsächlich mit Launen in Verbindung und sie ist mit Formen des Bewusstseins identisch, die wir in jedem Falle überwinden müssen. All jene unkonkreten, emotionalen und idealistischen Gedankenformen, die sich mehr ausschweifend oder dumpf in unser Bewusstsein hineindrängen, sind für eine geistige Entwicklung unbrauchbar. Auch alle medialen Eingaben, die sehr oft auf eine Sensitivität der Milz zurückzuführen sind, müssen einmal in der gesamten spirituellen Entwicklung ihre Überwindung erhalten.

VIII

Die Galle und der Mars

Das letzte Organ ist das wohlbekannte Marsorgan, und das ist die Galle. Dieses Organ ist auch mit der Kehlkopfanlage in einer nahen Verwandtschaft. Die Galle scheint fast von einer unheimlichen Aktivität gekennzeichnet zu sein. Der Mars mag jener rücksichtslose Kämpfer unseres Daseins sein. Das typische Empfinden, das aus der Galle resultiert, ist das Empfinden eines Distanziertseinwollens oder eines Suchens und Trachtens nach Distanz zu anderen. Es ist ein sehr lebhafter Drang nach einer Freiheit, zu der durchaus ein recht kämpferisches Mittel eingesetzt werden darf. Die Galle sucht nach Distanz und Freiheit des eigenen Wesens, und es mag sich die Reaktion unbewusst von unten nach oben in das Bewusstsein mit einem lodernden Feuer hineindrängen. Aber dieses recht ungehaltene Organ meint es gar nicht so, wie es sich vielleicht in der Heftigkeit des Momentes ausdrückt. Nur sagt sich die Galle den Leitsatz: »Unduldsamkeit und Zurückweisung ist besser als ein Gramm falsche Duldsamkeit.« Dieses real umgesetzte Fühlen des Feuers im Mars mag vielleicht, wie es von der Psychotherapie sehr richtig erkannt ist, in vielen Fällen sehr befreiend und heilsam wirken. Es kann aber auch, wie die Realität zeigt, durch Jähzorn einen sehr hohen Schaden anrichten. Für uns sei aber kein moralischer Hintergrund aufgezeigt, sondern es sei nur auf einfache Weise das Fühlen angedeutet, das durch jene charakteristischen Wesen des Planeten verursacht ist und das wir durch die Organanlage empfangen.

Wir suchen letztendlich mit der Erkenntnisforschung zu den Organen eine Annäherung zu dem Außerirdischen, ein empfindungsnahes Bewusstsein zu den Wesen und Prinzipien, hinter denen das freie, unwandelbare Mysterium wie eine Weisheit und Schöpferkraft lebt, wir suchen die unendlichen Aussagen und Ausdrucksweisen und tragen eine andere, ungeborene, transzendente Wirklichkeit der Erhaltung und des Willens in die Schöpfung hinein. Mit der fruchtbaren Liebe und Erkenntnis zu dem ewigen und höchsten Geheimnis lösen sich die Bedrängnisse der Dualitätenpaare auf, und das Gute wird gut sein, und das Unvollkommene wird relativ sein, und all dasjenige, das der Körper und die durch ihn wirkende Psyche mit allen verschiedenen positiven wie negativen Bewusstseinsformen oder astralen Wesen und Planetenwirkungen symbolisiert, erscheint im Licht einer seligen Liebe, die uns durch ihre einzigartige Reinheit ihr eigenes Dasein erhellt und uns zur Liebe selbst macht, die sich schließlich durch das relative Instrument des Körpers und der Psyche ausdrücken will.

Die Organschwäche

I

Organdispositionen lenken die seelische Entwicklung

Der Begriff der Organschwäche bleibt bisher in der herkömmlichen Medizin relativ unberücksichtigt, da die Organe und ihre tatsächliche integrale physische und seelische Leistung normalerweise schwer definierbar sind und Veränderungen nur messbar erscheinen, wenn sie pathologisch auffällig sind. Es gibt aber zahlreiche Schwächen im Körper, die für Krankheiten in anderen Regionen disponieren. Sie können für die so bekannte Neurodermitis, Wirbelsäulenverkrümmungen oder auch für die schwerwiegendere Krebskrankheit eine gewisse Ursache darstellen. Eine Organschwäche ist nicht ein durch Krankheit und Entzündung geschwächtes Organ, sondern es ist eine anlagegemäße, vom Erbe übernommene Schwäche in einer bestimmten Region, sei es in der Leber, sei es in der Lunge, sei es in den Nieren oder anderen Organen. Diese Schwächen prädestinieren das Leben auf eine ganz besondere Weise. Sie geben dem Leben eine durchaus notwendige seelisch-geistige Richtung, denn ein Organ ist immer mit einem seelisch-geistigen Erleben in Verbindung.

Ein kleines, richtweisendes Beispiel lenkt die Aufmerksamkeit der Gedankenbildung sogleich in eine erklärende und von einer ganzheitlichen Betrachtung ausgehenden Logik: Stellen wir uns einmal das Krankheitsbild der Erblindung vor. Der Blinde ist durch sein Unvermögen zur optischen Wahrnehmung zu einer besonderen Ausprägung sensitiver anderer Wahrnehmungsorgane veranlasst, insbesondere des Tast- und Gehörsinns. Viele weitere Beispiele zeigen aus der Praxis, wie blinde Menschen auch die inneren Sinne zu einer geistigen Wahrnehmung der wesenhaften und existenten Umgebung ausprägten. Sehr häufig werden Menschen, die das Augenlicht verloren haben, auf einfache Weise hellsichtig und lernen den fehlenden Sinn in der physischen Anlage durch ein übersinnliches Auge zu einem gewissen Grad zu ersetzen.

Kehren wir aber von diesen einleitenden und durch das Thema weisenden Gedanken zu einem mehr physiologischen Aspekt zurück. Die Augendiagnose weiß sehr deutlich von diesen Organschwächen, da sie in der Iris die Entsprechung in Strukturveränderungen oder in den dunklen Feldern wahrnimmt. So gibt es Verdunkelungen im Bereich des Pankreas oder im Bereich der Nieren oder im Bereich des Dünndarms, und der Therapeut kann von diesen Verdunkelungen ausgehend Rückschlüsse auf den Körper und seine Funktionsweise treffen. Diese Dunkelfelder in Zugehörigkeit zu den Organen beschreiben in der Regel immer eine bestimmte Sensibilität oder einen gewissen Mangel an elektromagnetischer Energie. Wie diese Verdunkelungen oder diese damit existenten und nachweisbaren Organschwächen eintreten, wollen wir auf dem schöpferischen Weg einer Imagination herausfinden.

II
Das frühere Leben bestimmt die leibliche Kondition

Durch die Gedankenschau und Gedankenbildung betreten wir jenes hochinteressante Gebiet der Reinkarnation und des *karma*-Gesetzes, jenes Gesetzes, das unserem Dasein aus einem früheren Leben zugrunde liegt. Die Organschwächen sind aus einem früheren Leben erklärbar. Dieses Gesetz der Reinkarnation und des *karma* ist aber ein unendlich kompliziertes Weisheitsgesetz, das nicht auf sehr schematische und leichte Weise seine Deutung erhalten kann. Wie die Körperlichkeit angelegt wird, ist wohl immer zu einem gewissen Grade ein Geheimnis, dem wir uns annähern und dem wir einen tieferen Sinn in der Betrachtung beimessen. Die Körperlichkeit aber entwickelt sich nicht nur aus einem früheren Leben, sondern aus einem sehr umfassenden Zusammenwirken von verschiedenen Einströmungen und damit von verschiedenen feinstofflichen Energien, die nach einem weisheitsvollen Gesetz der Anziehung zu einer Gesamtgestaltung gelangen. Deshalb ist es nicht unbedingt immer der konkrete Fall, dass eine Organschwäche nur auf das frühere Leben unseres persönlichen Seins zurückzuführen ist, sondern auch auf das Leben von verschiedenen Menschen, die uns nahegestanden haben und die wir auch in uns durch die entsprechenden Sympathien und entsprechenden Verbindungen aufgenommen haben. In diesem Sinn ist das *karma*-Gesetz ein sehr umfassendes Gesetz, das die einzelne Persönlichkeit im Werden zu einem allumfassenden Ganzen betrifft und zugleich die gesamte Umgebung und Menschheit in dieses einzelne Leben mit einschließt.

Diese Forschung über das Werden eines Organes, das wir vielleicht im Embryo beobachten können, aber das in sich ein allumfassendes, weises Geheimnis trägt, ist eine sehr wundervolle Beobachtung, die die Augen weit in den makrokosmischen Raum hinaus öffnet. Das Organ ist in einer sehr einfachen und doch präzisen Definition der Planet selbst, der sich hinein in die mikrokosmische Anlage des Leibes organisiert. Der Planet ist aber ein geistiges Wesen, er ist mehr wie ein Himmelskörper oder, vom tiefer blickenden Auge aus betrachtet, eine geistige Substanz, die sich auf ihre individuelle und genau bemessene Weise in die kleine Anlage des Körpers hineingestaltet. Wie dieser Prozess der Ausgestaltung vor sich geht, kann nicht unbedingt im Einzelnen eine Schilderung erhalten; es sei aber dazu jene Tatsache erwähnt, die in unserem Dasein eine wesentliche Bedeutung einnimmt. Nach dem Tode, nach dem Abscheiden des Leibes, lebt sich unsere Seele hinein in den makrokosmischen Raum und durchwandert die verschiedenen Planetensphären, bis sie schließlich selbst zu den Planeten wird und in diesen Planeten ihre ganze Eingliederung findet. Aus dieser Eingliederung hinein in die Planetensphäre arbeitet sich schließlich wieder der Geburtsaspekt, der Inkarnationswerdegang einer individuellen Leiblichkeit für das Erdendasein heraus. So gehen wir nach dem Tode hinein in die Sterne, und wir gehen zur Geburt heraus aus den Sternen und organisieren genau nach dem weisheitsvollen Zusammenwirken der übersinnlichen Gesetze, die in jener jenseitigen Region stattfinden, unsere innerste Organwelt.

Dieser wechselseitige Vorgang von einer irdischen Inkarnation zu einem Aufenthalt in einem geistigen, übersinnlichen Dasein würde normalerweise nach einem immer weiter wachsenden und weisheitsvoll harmonischen Aufbau funktionieren. Wir würden auf diesem Weg wohl gesehen immer stärkere Kräfte aus der himmlischen Welt in die irdische Welt hereinbringen. Dieses harmonische Zusammenwirken von Makrokosmos und Mikrokosmos funktioniert aber dennoch nicht immer auf diese wachsende, erbauende und weisheitsvoll ausgleichende Weise. Der Grund hierfür liegt in dem Eigenwillen, den wir als Menschen zur individuellen Entfaltung unseres Daseins erworben haben. Wären wir in unserem Dasein auf der Stufe einer Pflanzenwesenheit geblieben, so könnten wir wohl niemals krank werden und wir könnten wohl niemals jene Entstellung, die wir Sünde nennen, in uns und in unserer Körperlichkeit ausdrücken. Durch die Versuchung und durch den Eigenwillen, der einen notwendigen Teil zur Entwicklung eines schöpferischen, bewussteren und eigenständigen Seins darstellt, entstehen viele Störungen innerhalb des gesamten kosmischen Weges, den wir Menschen sowohl im Irdischen als auch im Geistigen durchschreiten müssen. Diese Störungen durch den Eigenwillen sind sehr bemerkenswert, denn sie geben einen Aufschluss über die Bedingungen, die sich schließlich in der Organanlage ausgestalten. Der Eigenwille, der in seinem unvernünftigen Maße zur hedonistischen Entfaltung und egoistischen Selbstbehauptung drängt, führt schließlich zu jenem charakteristischen Phänomen, das wir in den Augen ablesen können und das sich als eine Organschwäche manifestiert.

III
Leber und Nieren

Ein kleines Beispiel kann für das bisher Gesagte wieder einen konkreten Inhalt vermitteln. Die Leber mit ihrem ausführenden Organ der Galle ist, wie vielleicht auch in manchem Volksmund bekannt ist, ein Organ, das eine rote Glut hervorbringt und in Zornreaktionen bis hin zum typischen Jähzorn über die gesamte Temperamentsanlage hinausgreift. Wenn eine Persönlichkeit in einem früheren Dasein sehr stark dieser Bedingung des Zornes unterlegen war und somit eine zerstörende, machtvolle Gewalt in das Leben hineinsetzte, so ist das im weiteren Sinne unserer Betrachtung immer mit einer permanenten Schwächung der Leberorgananlage verbunden. Diese Leberorgananlage mag sich aber noch nicht in den Phasen schwächen, wenn die Wutausbrüche und die gewollten und entschiedenen Handlungen in der Erwartung zum Leben ihre Erfüllung gewinnen, sondern diese Organschwäche manifestiert sich schließlich in einem nächsten Dasein. Das Leberorgan kann nicht mehr für diesen Zweck seine Benützung erhalten. Aus diesem Grunde gibt es heute zahlreiche Menschen, die eine schwache Leber in sich tragen und ihre Lebensgefühle, die der Ursprung für den Zorn sind, nicht mehr zum Ausdruck bringen können. Eine schwache Leber äußert sich in der Regel in einem schwachen oder wenig veranlagten inneren Ehrgefühl. Aus diesem Mangel, der sich in einem zu tief schwermütigen Selbstbewusstsein äußert, entsteht die Notwendigkeit zu einem größeren Gedankenleben und einem Aufschwingen zu größeren gedanklichen Bewusstseinsleistungen. Die Leber benötigt zu ihrer Heilung die schöpferische Entwicklung des sechsten Energiezentrums und bringt somit auf geistige Weise jenes mangelhafte Ehrgefühl in ein weites Empfinden des Gedankens selbst, der schließlich alle leiblichen Anlagen mit einem mehr universalen Selbstbewusstsein zu überstrahlen beginnt.

Ein zweites Beispiel, das sich ebenfalls sehr häufig in unserer Kultur zeigt, ist die Nierenschwäche. Diese Nierenschwäche liegt vor allem jenem mehr leptosomen Menschentypen nahe, der von seiner gesamten Statur asthenisch und hager wirkt. Die Nierenschwäche äußert sich in der Regel mehr durch eine besondere Sensibilität der gesamten Nerven und des gesamten Körpers. Die Ursache für diese Nierenschwäche liegt in einem vergangenen Leben, das zu sehr jenen Tendenzen des Intellektes und seinen vitalen Berechnungen unterlegen war. Die Absichten eines eigennützigen Zugreifens und schlauen Weltgewandtseins führen im späteren Leben, wenn sie sehr materialistisch ihre Umsetzung finden, zu dieser Nierenschwäche. Die Nierenschwäche äußert sich psychisch wieder in einem mangelnden Selbstbewusstsein und vor allem in einer mangelhaften Fähigkeit zur Darstellung des eigenen Standpunktes und eigenen Daseins. Sie gibt auch eine sehr häufige Neigung zur Introversion. Wenn nun diese Nierenschwäche vorherrscht, so ist meist auch eine Schwächung im Pankreasorgan gegeben und eine allgemein erhöhte Empfindlichkeit des Verdauungssystems, das sehr leicht zu Schwankungen neigt. Damit dieses geschwächte Nierenorgan nicht zu sehr in die Ordnung der gesamten physiologischen Abläufe hineingreifen kann, bedarf es eines beständigen Heilprozesses durch die übergeordnete und frei verfügbare Willens-, Empfindungs- und Gedankenkraft. Diese Heilung, die von der Psyche ausgehend beginnt, liegt in der Entfaltung eines Denkens, das primär die Außenwelt und den anderen berücksichtigt. Das Denken benötigt eine größere Weite, Hinwendung und Hingabe und darf nicht, wie wir es gewohnt sind, von dem eigenen Ich-Feld und den Wünschen des Ich ausgehen. Es beginnt in der objektiven Sicht der Außenwelt und führt von dieser Objektivität zurück zu der inneren Subjektivität. In diesem Denken wird schließlich der Nierenstrahlprozess durch eine universale Weite geheilt.

IV
Schwäche fordert ein seelisches Aktivsein

So wie der Blinde sein verlorenes Augenlicht durch die Entwicklung anderer Sinne ersetzen muss, so müssen die Organschwächen durch die Entfaltung neuer Gedanken und Empfindungskräfte zu einer größeren, universalen Weite beitragen. Der Weg der Heilung führt in die übersinnliche Region des Geistes und gestaltet sich aus dieser wie ein neues Licht und eine neue Energie durchgeistigend und veredelnd auf das Wesen des Körpers aus.

Zusammenfassend dürfen wir für unser gesamtes Betrachtungskonzept hier aussagen, dass jene Organschwächen nicht nur auf einer mangelhaften Ausgestaltung jener zugehörigen inneren psychischen Fähigkeiten beruhen, sondern dass in einem früheren Leben jene Organe, die in Wirklichkeit ein innerster, weisender Planetenprozess sind, durch eine vitale und übersteigerte Eigenwillenstätigkeit in Disharmonie geraten sind. Die vitalen Übersteigerungen sind immer mit einem mehr materialistischen, berechnenden oder nach Eigenerwerb strebenden Lebenssinn in Verbindung. Die Aggression ist ein typisches Beispiel, das bereits auf eine psychische Schwäche hindeutet. Nehmen wir einmal an, wir würden unsere Aggressionen immer zufriedenstellend ausleben und somit unser ganzes Dasein auf recht emotionale Weise mit Hilfe dieser projizierten Muster kompensieren können, so würden wir im nächsten Leben eine hochgradige Organschwäche anlegen. In diesem Sinne sind unsere Bemühungen auf dem Gebiet der Psychotherapie und auch viele Bemühungen, die wir in den sozialen und gesellschaftlichen Verhältnissen vorfinden, so sehr darauf angelegt, dass wir in einem künftigen Leben noch weitaus schwächer werden als wir es heute sind. Die Wege der Heilung führen deshalb immer aus dem Haben hinüber in ein größeres Sein oder aus dem Vertrauten hinüber in das Unbekannte oder Ungewisse, in dem wir schließlich die Hoffnung eines Universalen und eines Wachstums und unsere Seele entdecken. Der Weg der Heilung führt immer von dem eigenen Ich in ein größeres Du, in ein Du oder in ein Dasein, das für unsere Verhältnisse noch nicht ein Gewordenes ist, aber es wird ein Werdendes und eine bleibende Realität, wenn wir unsere Gedanken, Empfindungen und Handlungen über jene so sehr einschränkenden und altbekannten, kleinlichen und ignoranten Fixierungen des Ich hinüber in das Weite des Daseins heben lernen.

Die Bedeutung des Körpers

Vortrag vom 5. Juli 1997

I
Der Geist steht am Anfang

Die Gedankenbildung, die in Bezug zu der Idee des Geistes steht, öffnet das versiegelte Tor des Wissens, das in sich selbst ein Mysterium ist. Der Körper ist für den Yoga, vor allen Dingen für den *haṭhā-yoga*, der wichtigste Gegenstand der Betrachtung. Er ist aber auch für unseren Yoga ein sehr wichtiges Betrachtungsobjekt, da wir in der Praxis vor allem mit den verschiedenen ästhetischen Ausdrucksformen des Körpers arbeiten. Allgemein ist der Körper immer im Mittelpunkt des Heilsgeschehens, sei es nun auf einem mehr geistigen Heilsweg oder sei es mehr auf einem wissenschaftlich fundierten medizinischen Weg. Der Körper ist ein Objekt, das eine sehr vielseitige Aufmerksamkeit verdient, und je nachdem wie wir unsere Gedanken zu diesem ausrichten, wirkt eine mehr erbauende oder mehr hoffnungslose Stimmung auf uns zurück. Es ist nicht einerlei, wie das forschende Auge den Körper betrachtet. Wir haben verschiedene Möglichkeiten in der Betrachtung zu diesem Objekt, das uns selbst ja gegeben ist und das wir auch nach außen bei anderen beobachten können. Es ist sogar sehr entscheidend, welche Gedanken wir uns zu diesem Objekt, zu diesem sichtbaren, spürbaren und greifbaren Medium machen.

Der Körper erscheint als physisches Instrument, er erscheint als ein lebendiges Werkzeug und er erscheint schließlich als eine direkte, personale, gegebene Wirklichkeit. Jene Theorie, die allgemein in unseren Schulen und in unserem Volksmund geprägt ist, dass unser Wesen, unser Menschsein und primär unsere Körperlichkeit von dem Tierreich, vor allem von den mehr höheren Tieren und von den Affen abstammt, ist eine reine Theorie, die sich auf recht unglückliche Weise zu einem Glauben entwickelt hat. Sie ist deshalb so unglücklich, weil sie nicht nur Theorie ist, sondern weil sie auf eine sehr verzerrte, dependente, hoffnungslose Art zu uns spricht. Stellen wir uns einmal diese Theorie vor, dass wir als Menschen mit unserer Körperlichkeit vom Tierreich abstammen. Wir könnten diese Strecke vielleicht noch weiter zurückverfolgen und das Tierreich wieder in Abstammung zum Pflanzenreich sehen, und dieses Pflanzenreich wieder in verschiedenen Stufen in Abstammung zu dem Mineralreich oder zu der ganz rohen, festen Materie. Es wären unsere Urväter damit die Tiere und die früheren Bestandteile der Schöpfung. Wir würden auf unsere Ahnen und unsere Väter zurückschauen, und wir würden auf Tiere zurückschauen. Weiterhin ist aber die Empfindung für unser Innenleben eine sehr belastende, wenn wir nach oben den Blick erweitern zur Hoffnung des Geistes. Wir erweitern den Blick zu dem Ideal eines geistigen Lebens und sind aber dennoch als die Krone der Schöpfung gar nicht in einem wirklichen, realen Wissen und in einem realen Bewusstsein dieser Dimensionen. Mit der Theorie der Abstammung liegt in uns tatsächlich ein schwerer Stein der Hoffnungslosigkeit. Wir fühlen uns in dieser Theorie, wenn wir an sie glauben, in einer trostlosen Abhängigkeit und müssten aus dieser Abhängigkeit in einer Leiter von unten nach oben aus der Materie fliehen. Wir sind zu einer Weltenflucht und zu einer utopischen Weltenleugnung aufgefordert, da wir weiter in einem Eroberungskampfe mit den niedrigeren Reichen kämpfen müssten. Wir erkennen nicht die wirklich einende und versöhnende Logik, die unserem Menschsein sowie auch der gesamten Schöpfung aus einem höheren Wissen oder aus einer höheren Fügung zuteil geworden ist. Deshalb ist die Betrachtung des Körpers, wie er entstanden ist, was er bedeutet, welche innere Natur er besitzt, welches Mysterium er in sich trägt, von großer Wichtigkeit. Diese viel weiter gedachte Anschauung ist allgemein für jeden Menschen wichtig, aber ganz besonders ist sie wichtig für jene Personen, die auf dem vielseitigen und verantwortlichen Betätigungsfeld der Heilung arbeiten.

Der Körper in seiner Ausdrucksweise trägt ein Geheimnis in sich. Dieses Geheimnis, *guhyaṁ*, ist wahrhaftig unsichtbar und es ist sogar ein königliches Geheimnis, ein *rajāguhyaṁ*. Der Körper wird in Sanskrit auch als der *karman* benannt, der von dem bekannten Wort *karma*, dem Gesetz von Ursache und Wirkung, dem Werk oder der Arbeit in einem gemeinsamen Wurzelstamm seine Bezeichnung erhält. Er ist *karma*, er ist ein Werk in diesem Leben, aber er ist auch ein lebendiges Kampffeld, ein *kurukṣetra*, ein Feld, an dem sich die verschiedensten Kräftespiele erweisen. Wie wir mit der Betrachtung nun herangehen an diesen *karman*, an dieses geheimnisvolle Mysterium, ist für unseren Fortschritt im Glauben bedeutungsvoll. Wir wollen uns lebendige Empfindungen schaffen, die mit einem weiten Wissen, mit einer weisen, inneren Logik in Verbindung stehen. Das kann auf eine mehr künstlerische Weise geschehen, insbesondere auf eine mehr poetische Weise, die vielleicht fast etwas phantastisch klingen mag, wenn man sie zum ersten Mal hört, aber die dennoch der Wirklichkeit sehr nahe kommt und die mit ihren Gedanken dieses Werdegesetz unseres Wesens und unserer Körperlichkeit sehr tiefsinnig beschreibt. Die Sprache in ihrer intellektuellen Formulierung kann dieses Werden kaum mit Worten beschreiben, denn der Körper liegt wahrhaftig in einem Geheimnis oder in einem verborgenen

Leben und verborgenen Wissen. In allen sichtbaren Erscheinungen ruht dieses Werden zu einem sich ausgestaltenden Menschsein. Das Menschsein erhebt die Krone eines Selbstbewusstseins und einer Freiheit, und diese sind noch so sehr von vielen elementaren Modifikationen gebunden. Der Sprachgeist kann kaum mit einer Beschreibung, mit einer Theorie oder mit einer Philosophie an dieses herankommen. Mit einer künstlerischen Betrachtung kommen wir aber diesem *guhyaṁ*, diesem schöpferischen, ausgestalteten und gewordenen und werdenden Geheimnis näher.

II

Analogien der vier Naturreiche

Die vier Naturreiche sind:

1. Die Erde, das Feste

2. Das Lebendige, die Pflanzen

3. Das empfindsame Reich, die Tiere

4. Das selbstbewusste Dasein, die Menschen

Stellen wir uns einmal die drei bekannten Naturreiche vor, die mehr unter uns liegen. Das ist das Tierreich, das ist das Pflanzenreich und das ist das Gestein, die Berge oder das Mineralreich, die Erde. Wir thronen durch das Selbstbewusstsein über diesen Reichen, aber stehen in einer ständigen Verbindung mit all diesen Elementen und all diesen Reichen, die auch in uns, in unserer Körperlichkeit einen Ausdruck haben. Wir sind einmal in einem paradiesischen Einheitszustand gewesen. Dieser paradiesische Einheitszustand war sündlos, rein und damit ohne Spaltung, ohne Trennung und ohne die bekannten Gegensätze von Gut und Böse. Obwohl es in jenem einstmaligen Reiche des Paradieses Dämonen gegeben hat und obwohl Götter oder Devas existierten, waren diese dennoch in einer einzigartigen Einheit miteinander versöhnt. Dieser ehemalige paradiesische Zustand war ohne Trennungen und damit auch ohne ein isoliertes Wissen. Das Wissen war mit der Schöpfung eins, und somit gab es noch kein Selbstbewusstsein, wie wir es gegenwärtig haben. Dieses uns wohlbekannte

Selbst, dieses Bewusstsein einer eigenen Gegenwart und einer Empfindung und eines Eindruckes gegenüber der Gegenwart der Schöpfung, war damals nicht einmal als Sehnsucht geboren. Damit die Sehnsucht nach jener spirituellen Entwicklung geboren werden konnte, musste aus dieser großen Einheit eine Aufgliederung erfolgen, und es mussten sich gewisse Teile oder gewisse Reiche opfern, um des Aufstieges von anderen Teilen willen. Es war in diesem Reich der Einheit, von dem die Genesis noch erzählt, ein friedvoller Zustand, der sich durch die Macht der Versuchung auflöste und eine Identität mit ihrer eigenen Finsternis ergab und so das unendliche Sehnen nach dem Höchsten, das wir Gott nennen, entfachte.

Wir stehen heute den Bergen gegenüber und blicken mit den Bergen auf die Urgestalten, die in uns einmal eine Einheit gebildet haben. Wir sind nicht aus dem Berg heraus geboren und damit in der Linie der Evolution weiter aufgestiegen, sondern wir sind selbst aus diesem einen Selbst gewachsen, und der Berg ging den Weg in das apersonale Sein, in die Festigkeit, während wir die erste Uranlage des Leibes entfalteten. Es kam eine erste Polarität, eine Polarität zwischen Personalem und Apersonalem. Der Berg oder das Gestein, der Felsen wurde zu einem Apersonalen, und wir organisierten damit eine Körperlichkeit, eine erste Uranlage der Körperlichkeit in einem Personalen. Und so blicken wir heute auf den Berg, der in seiner Gestalt uns gegenübersteht, wir blicken damit auf einen Bruder, der sich für uns dahingeopfert hat und sehen dabei, dass unser Körper sehr verschieden von diesem ist.

Unser Körper hat das Zeichen der Persönlichkeit erhalten. Wir sind aus den verschiedensten Gliedern und aus den verschiedensten Organen gewoben. Wir haben beispielsweise ein großes Herz, und dieses große Herz besitzt ein Persönlichkeitszeichen. Menschen mit einem großen Herz sind anders als Menschen mit einem kleineren Herz. Ebenso sind Menschen, die von kleinerer Gestalt sind anders als Menschen, die von größerer Gestalt sind. Diese Zeichen sind Persönlichkeitsmerkmale. Wenn wir klein sind, geboren als ein kleiner Bürger dieser Erde, so besitzen wir auch mehr noch diese Merkmale einer meist mehr oder weniger ausgeprägten flexiblen Anpassungsfähigkeit. Wir blicken auf unsere Persönlichkeitsmerkmale, und diese sind getragen aus der organischen Uranlage des Leibes, und wir schauen auf die Berge, und die Berge haben eine mächtige Uranlage, die uns an die Persönlichkeitsmerkmale erinnern. Manche Berge sind zackig und manche sind sehr fest, klotzig und gedrungen. Wir sehen verschiedene Naturmerkmale, so wie wir sehen, wie der eine Mensch groß und der andere klein ist. Das menschliche Geschöpf lebt in der Analogie mit der Erde.

Der Langkofel, »Sasso lungo«, in den Dolomiten ist eine breite, massive Gestalt, und er symbolisiert das große Herz. Wir haben vielleicht ein kleines Herz und sind in uns noch sehr rege und aufnahmefähig, oder wir haben ein großes Herz und sind in uns sehr gediegen und wenig aufnahmefähig. Mit einem großen Herz haben wir ein anderes Merkmal in der Persönlichkeit als wenn wir ein kleines Herz haben. Der kleine Bürger ist ein anderer Bürger als der, der groß gewachsen ist. Es sind Merkmale, die in unserer Uranlage des Leibes begründet liegen. Diese Uranlage ist aber zu einer persönlichen Seite geboren, mit einem persönlichen Kennzeichen, während der Berg auf einer apersonalen Stufe geblieben ist.

Diese wohl verwandten Dimensionen haben sich im Gange der Evolution getrennt, und so hat sich eine Polarität gebildet zwischen Personalem und Apersonalem. Weiterhin ist unser Dasein in eine Polarität fortgeschritten in der inneren Anlage des Lebens. Wir haben diese Anlage des Lebens in uns, ein unendliches, keimendes, wachsendes Leben. Dieses Leben sehen wir in einer bildhaften Analogie in den Objekten der Pflanzenwelt, wenn wir der Natur gegenübertreten. In der Natur offenbart sich dieses Leben in den vielen Blüten, in den sprießenden Pflanzen, in den luftigen Blättern, in den gediegenen Bäumen. Wir sehen dieses Leben als ein apersonales Leben, als ein Leben mit vielen Farben, das aber nicht zur Seele wirklich geboren ist. Unser Leben ist aber zur Seele geboren. So hat sich eine Polarität zwischen einem noch apersonalen Seelendasein und einem persönlichen Seelendasein entwickelt.[24]

Wir blicken auf unser persönliches Seelendasein, wenn wir unsere Tugenden betrachten. So betrachten wir die Fähigkeit zur Demut in uns. In uns ist die Demut entstanden, und wir blicken nach außen und sehen am Waldesrand die Akelei. Die Akelei ist eine beschauliche Blume, die die Demut symbolisiert. Und wir blicken wieder auf uns und unsere Eigenheiten sowie auf unsere Charakterseiten, wir blicken auf unsere Fähigkeiten und bemerken in uns: Wir haben ein Gewissen, wir haben ein Gedächtnis. Dieses Gedächtnis schimmert in der stillen Kontemplation wie ein leises Lichtlein, wenn wir diese Blüten und diese Pflanzen betrachten. Die Pflanzenblüten sind wie kleine Geschwisterchen. Es schimmert aus ihrer Beschaulichkeit herüber eine Erinnerung, aber eine stille Erinnerung, die noch nicht Seele in sich erzeugt, sondern die Widerspiegelung der Farbe, den Ausdruck der Schönheit und die Weisheit der Ästhetik und eine Erinnerung an uns selbst trägt, an uns, die wir ein Gedächtnis und ein Gewissen entfaltet haben. So stehen wir diesem Pflanzenreich gegenüber, das sich als Opfer herausgesondert hat, damit dieses Sein ein seelisches Sein werden konnte.

Auf den Höhenlagen wächst im Frühsommer die Pulsatilla, die Küchenschelle, und erinnert uns durch ihr himmlisches Blütenhaupt an die zarte Reinheit unseres kindlichen Lebens oder an die noch kindlich und rein gebliebenen Seeleneigenschaften, an jene engelshaften Tugenden, die wir noch ganz aus dem mütterlichen und väterlichen Schoß erworben haben. Das Pflanzenreich mit seinen Blüten und Blumen spricht wie das jüngste Geschwisterchen in einer weisen Entzückung zu unseren feinsten Seelenstimmungen und unseren Tugenden.

Weiterhin stehen wir einem Reich gegenüber, das uns von der zeitlichen Abfolge eher am nähesten liegt, und das ist das Tierreich. Das Tierreich ist so sehr mit uns verwandt und nahe, dass wir auch sehr leicht mit diesen Eigenschaften korrespondieren. Wir sehen im Tierreich wie sich Instinkte, Triebkräfte, Empfindungen, ein Wollen und ein Begierdeleben entfalten. In diesem Reich lebt ein emotionales Drängen und der Drang eines Fortpflanzungstriebes. Wir schauen auf uns und bemerken, dass wir auch ein Wesen sind voller Sehnsüchte, voller Hoffnungen, voller Leidenschaften und voller Bedrängnisse nach Veränderung. Wir tragen jenes dynamische Leben, jenes bewegte Leben in uns, während auch das Tierreich diese belebte, dynamische Äußerung in sich trägt. Aber es ist eine Polarität oder eine Zweiheit in einem mehr instinktiven oder unbewussten Leben, das wir mehr noch als tierhaftes Leben bezeichnen, und bei uns ist dieses Drängen, dieses Wollen und dieses Hoffen und sehnsüchtige Verlangen zu einem persönlichen Zeichen herangewachsen, und wir können uns dessen bewusst werden. So haben sich diese Reiche aufgespalten und haben sich durch eine Gliederung und Teilung immer weiter in ein personales Leben entwickelt.

Die heilige Kuh

Es ist ein großer Unterschied, ob der Mensch der Gegenwart auf die verschiedenen Reiche der Schöpfung, wie beispielsweise auf das Tierreich, hinunterblickt und es als ein Reich der Vergangenheit, aus dem er sich längst heraus oder emporentwickelt hat, betrachtet, oder ob er in diesen Tieren Geschöpfe sieht, die sich um seinetwillen dahingeopfert haben, die zurückgeblieben, von ihm, aus ihm, aus seiner organisierten Geistbegabung gewichen sind, damit er das konzentrierte, aufgerichtete und erhabene, vertikale, reine Ebenbild des Geistes werden kann. Mit dem zweiten Gedanken, jenem des Opfers, sehen wir das Tierreich nicht wirklich hierarchisch unter uns oder als evolutionär überwunden, wir sehen es als eine Zugehörigkeit, als eine Bruderschaft und lernen die Tiere wie auch die anderen Reiche in einer Einheit wertzuschätzen.

Die Kuh als Sinnbild für Nahrung

Die Kuh gilt in Indien als heilig. Sie ist das Sinnbild für Nahrung, das durch ihr hochorganisiertes Lymph- und Milchbildesystem dem Menschen ein großes Ernährungsreservoir seit ehernen Zeiten gibt. Die Kuh ist eines der ersten Tiere, die der Mensch gesehen, erlebt und in seiner Nähe aufgenommen hat. Zu jener alten Zeit, in der vedischen und vorvedischen Kultur des indischen Geisteslebens, entdeckte der Mensch seinen Körper und erfuhr erstmals seine Isoliertheit, er erfuhr sich selbst in der Bedürftigkeit der Nahrung. Die Nahrung, die er einmal aus dem Kosmos zu sich genommen hatte, musste er nun auf physischem Weg in sich aufnehmen. Die Kühe, wie die vedischen Mythen erzählen, wurden von Dämonen aus dem Himmel entführt und in eine Hölle (bila) gebracht, sie wurden den Göttern geraubt. Die Hölle ist aber die Erde. Das ätherische, wohlwollende Wesen des Kosmos wurde auf die Erde verbannt und es wurde zur nahrungsspendenden Milchkuh. Die Milch war das urbildliche und wichtigste Nahrungsmittel für das Erdenleben. Die Erde und die Kuh sind nahezu wie eine Einheit und geben dem Menschen Nahrung und Boden und gleichzeitig bedeuten sie Wohlstand und Reichtum. So wird die Kuh, stammend aus den Ätherwelten des Himmels, heute in Indien noch als heilig betrachtet. Sie ist die freundschaftliche Nahrungsmutter der Erde. Der Mensch kam zu seinem ersten Erdenempfinden und entdeckte neben sich dieses Tier als Quelle der Milchnahrung.

III

Der Körper als *kurukṣetra*

Auf dem Wege der Evolution ist ein Opferweg mit vielen scheinbar höheren und scheinbar niedrigeren unterschiedlichen Dimensionen entstanden, und aus diesem Opferweg heraus ist unser Körper gewoben. Es stellt sich aber die Frage, was dieser Körper nun ist, der auf ganz andere Weise organisiert und durchlichtet ist. Der Körper ist zu einer persönlichen Liebe organisiert, er ist die Gestalt der Liebe, er ist in sich *ātman*, die höchste geistige Willenskraft. Was ist dieser Körper weiterhin? Wie lebt dieser Körper? Dieser Körper ist voller Geheimnisse und er trägt in sich alle Keimkräfte zu einer schöpferischen Entwicklung und zum Höchsten. Diesen Körper dürfen wir tatsächlich als den Gerichtsort oder den Kampfesort bezeichnen, als ein *kurukṣetra* oder *dharmakṣetra*. Er ist eine Gerichtsstätte der Erde. Der Körper gehört zur Erde und er muss einmal sterben. Da er zur elementaren Erde gehört, scheint er ganz diesen irdischen Elementen preisgegeben zu sein, aber er ist nicht allein Erde, sondern er ist hochorganisiert in seinen verborgenen Tiefendimensionen des Geistes und trägt diese Dimensionen des Geistes in sich. Wir können den Körper durch Sezieren nicht erfassen. Diese sogar ganz auf die sichtbare Erscheinung bezogene Analyse wäre sogar die gegenteilige Methode der Erkenntnis. Je mehr diese Analysierungen des Körpers stattfinden, desto weniger erkennen wir den wirklichen Sinn und das wirkliche Leben und Sein dieses *karman*. Wir erkennen nicht das Gesetz der Seele und das *dharma*, das sich durch ihn in seiner sichtbaren Form offenbart.

Durch die fragende Vorstellung, was der Körper einmal sein wird, wohin er geht und welche Dimension er keimhaft in sich trägt, kommen wir langsam seinem inneliegenden und ursprünglichen Geheimnis näher. Dieser Gerichtsort ist aus bestimmten Gründen zu einem wahrhaftigen, konsequenten Endstadium unseres Lebens geworden. Der sichtbare Körper ist ein Endstadium unseres Lebens. Wie können wir diesen Gerichtsort, in den wir alle eingebunden sind, verstehen? Das ist möglich, wenn wir uns ein Bild, das auch in den verschiedenen älteren Schriften noch erzählt wird, einmal vergegenwärtigen. Wir wissen ja von dem Sündenfall, der uns in der Genesis erzählt wird, und von der Versuchungsgeschichte, von Eva und Adam, als der Mensch sich selbst erkennt. Er erkennt seine Nacktheit und er erkennt schließlich seinen eigenen Fall in eine Welt der Dunkelheit, in eine Welt, die nicht mehr dem paradiesischen, reinen Sein entspricht. Wir erkennen diese Welt heute mehr oder weniger als eine Welt der Versuchung, als eine Welt der Finsternis, als eine Welt des Todes. Wir erkennen sie durch die Augen, die uns gegeben sind. Und diese Augen, die uns gegeben sind, sind aber die Augen des Versuchers selbst. Somit sind wir durch unsere eigenen Augen, durch unsere eigenen Sinne, durch unsere eigenen Wahrnehmungen, in uns, inmitten dieses Gerichtes eingebunden. Stellen wir uns einmal vor, wie wir heute genötigt sind, zu dem geistigen Geheimnis in Gott hinaufzublicken. Wie sehr sind wir hier genötigt, unsere Blicke zu erheben. Wie sehr sind wir hier in ein Verlies der materiellen Erde hineingesperrt.

Wir blicken hilfesuchend auf das Geheimnis Gottes und rätseln um dieses Geheimnis in tausendfachen Philosophien. Wir blicken hinauf zu einer Welt, die scheinbar nur noch Idee ist. Sie scheint wie eine Idee oder gar wie eine Phantasterei oder auch wie ein Trost oder vielleicht, wie sie manchmal angenommen wird, als eine erwartungsvolle Hoffnung, damit jenes irdische Sein nicht nur in seiner ganzen Schwere als Bedrängnis und als ein Endstadium empfunden wird. Wir blicken hier auf eine Idee oder Gottheit, die wir mit diesen Augen und diesen Sinnen nicht wahrnehmen können. Das ist die Sichtweise, die uns innerhalb dieses Gerichtes der Inkarnation gegeben ist. Wahrhaftig, wir bewegen uns an einem Ort, wo wir verurteilt sind. Das entspricht unserem Menschsein in der Situation der sogenannten Finsternis oder des In-der-Welt-Seins, und so sind wir in diesem Gerichtshof, und die Richter werden uns einmal verurteilen zu dem, was wir den Tod nennen. Aber dieses Urteil ist ein Urteil, das wir insgeheim ersehnen und das uns einmal erlöst aus den vergänglichen Armen des Versuchers.

Wir wissen aus der Geschichtserzählung, dass der Versucher Luzifer hinabgestürzt ist auf die Erde. Und dort auf der Erde lebt er seit seinem Sturz. Das ist der Sündenfall. Der Versucher konnte sich nur mit denjenigen Teilen verbinden, die er selbst auch erfassen kann. Das ist das Blut und das ist in der weiteren Ausstrahlung unser menschliches Sein. Die Hände des Versuchers konnten sich nicht verbinden mit der Blume, die beispielsweise in Reinheit existiert, sie konnten sich nur verbinden mit dem, was menschliches Gewahrsein und menschliches Bewusstsein ist, und konnten dieses zu Fall bringen, da es ein bewusstes und doch noch unvollkommenes Sein ist. Seine ergreifenden Hände konnten sich nur mit dem bewussten und nach Vollkommenheit ringenden Wesen, und das sind wir Menschen, verbinden, sie konnten sich nicht mit dem apersonalen Wesen verbinden. Deshalb ist die Natur und Schöpfung ohne Sünde, während wir selbst durch diesen Fall in die Sünde hineingezwungen sind. Das ist das Symbol des Körpers, und der Körper äußert aus sich heraus ein erwartendes, begehrendes und leidenschaftliches Verlangen. Dieses nahezu schmerzlich anmutende Verlangen pulsiert mit der Anlage des roten Blutes durch unsere Adern und drückt sich aus in sehnsüchtigen Augen und in erwartungsvollen Wünschen nach einer Erlösung und Befreiung aus den Fesseln des Gerichtshofes.

IV
Im irdischen Dasein nimmt der Körper die Seele gefangen

Stellen wir uns einmal vor, wie das Leben nach dem Tode aussehen wird. Nach dem Tode werden die Gedanken und die Gefühle, unsere Handlungen und somit unsere Bewusstseinsinhalte gemäß unseren Werken weiterleben. Sie werden weiterleben und hineingehen in die jenseitige Region. Im Jenseitigen sind wir mit diesem Bewusstsein passiv und stehen den Engelwesen der verschiedenen Hierarchien gegenüber. Die Engelwesen, die an uns herantreten, treten auch schon im Leben an uns heran, nur im physisch eingebundenen Leben registrieren wir diese Beschaulichkeit nicht in diesem Maße. Dort, im jenseitigen Reich, nach Abscheiden des physischen Körpers, treten die Engel an uns heran und sie werden durch unsere Gedanken mehr und mehr hindurchleuchten. Und sie werden durch all jene Gedanken gut hindurchleuchten können, die sich zur Reinheit emporgehoben haben. Es werden aber auch die anderen Engel noch anwesend sein, die Verführer mit dem Namen Luzifer und Ahriman, auch diese werden noch anwesend sein, und sie werden das Licht abschirmen und werden dort noch, im jenseitigen Reich, Einsamkeit bringen. Aber sie werden nur für eine begrenzte Zeit diese Einsamkeit erhalten. Wir leben heute abgeschirmt von dem Licht und wir schauen durch den Gedanken, aber es ist nicht unser eigenes, wahres Selbst, das durch den Gedanken schaut. Im irdischen Sein schaut der Versucher durch unsere Gedanken, und so blicken wir in der Trennung hinauf oder hinüber im sehnsüchtigen Wollen auf den Geist. Es ist noch nicht der Engel, der vom Geiste Gottes ausströmt oder von oben herausströmt, sondern es ist der versuchende Engel, der zwar auch von Gott kommt, aber der von der Finsternis herausschaut. Und so schauen wir aus unserem eigenen Gericht hinauf oder hin zu Gott und sind aber selbst in diesem Blick gefangen durch den Versucher, weil er selbst in sich das Gericht brachte. Das ist die Natur unseres Körpers. In diesem Körper sind wir gefangen, in diesem Körper ist die Seele eingegrenzt und eingekerkert. Es ist noch kein Raum für die Seele gegeben. Schreiten wir aber hinüber ins Jenseits, über die Todespforte, öffnen sich langsam diese Grenzen, und es will der Engel durch unsere Gedanken scheinen und somit leuchtet die Blüte der Seele durch unsere Gedanken. Dieses Ziel verfolgen wir mit der schöpferischen, zum höchsten Ideal und zur höchsten Reinheit ausgerichteten Gedankenbildung.

Der Gedanke selbst ist zunächst einmal rein. Aber je nachdem, welche Kraft durch diesen Gedanken hindurchscheint, ob es der Engel von unten ist oder

der Engel von oben, so wird es sich offenbaren, ob wir mehr im Gericht und im Körper gefangen sind oder ob wir mehr zu dem himmlischen Dasein des Paradieses gehören. Scheint der Engel von oben durch unsere Gedanken hindurch, so ist auch unser Dasein engelhaft und lichterfüllt, und wir sprechen von Erleuchtung, von Reinheit, von einem segensvollen, himmlischen Dasein, von einem paradiesischen Dasein. Und scheint dieses andere Wesen, das in den Fall der Erde gegangen ist, durch unsere Gedanken, so scheint ein dunkles Licht, das uns umhüllt und das uns im Gericht der Erde festhält. So leben diese Kräfte und bilden unseren Körper. Wir fühlen uns im Körper, wenn der tiefe Engel aus seiner behäbigen Welt durch uns sein versuchendes und schmerzliches Licht verströmt, und wir fühlen uns im paradiesischen Sein, wenn der Engel von oben herableuchtet und unsere Gedanken erhellt. Wir fühlen uns dann nicht nur frei vom Körper, sondern wir fühlen uns in einem getragenen Licht, das uns schön und edel zeichnet und uns auch über diese Erde und über die gröberen Bedingungen der Abhängigkeit hinüberhebt. Der dunkle Engel aber hält uns fest in der Enge und in einer irdischen Identität, und wir fühlen die Realität des Körpers und schließlich ist es auch die Bewusstseinsform, die den Körper bildet.

Wäre nur dieser eine Zustand des paradiesischen Seins geblieben, das im Engelslicht durch den Gedanken hindurchleuchtet, wären wir nicht geboren, und wir wären rein wie Engel geblieben, aber wir wären auch nicht durch die Entwicklung gegangen. Indem wir durch diese Gerichtsstätte, durch das erdhafte Gericht oder durch die Erde, *bhūmi*, mit ihrem Gesetz, *dharma*, schreiten, müssen wir auch eine Arbeit und ein Werk verrichten, das selbst auf Befreiung und Erlösung angelegt ist. Der Körper ist *karman* und *karma* zugleich. Er ist ein Werk und er ist die Ursache in seinem Abstieg für die Arbeit, das viele Wirkungen hervorbringt. Das ist die Natur des Körpers. Wenn wir von diesem Standpunkt aus auf den Körper blicken, sehen wir ein unendliches weises Kräftefeld und ein Gesetz und ein Geheimnis zugleich. Wir sehen ein *karma*, wir sehen ein *dharma* und wir sehen ein *guhyaṁ*. Wir sehen wunderbare Mysterien sich selbst ausdrücken und somit sehen wir, wie wir aus dem Geiste kommend in dieses Leben hineingestellt sind, und wie wir aber auch gleichzeitig von innen heraus sehnsüchtig veranlagt sind, in diesem Eingebundensein der Versuchung zu verharren und zu offenbaren; in diesem einzigartigen Sein, das in der Wirklichkeit die Konsequenz bildet und das schließlich das eigentliche Sein selbst ist, das mit den Reichen einigend versöhnt ist. So ist der Körper ein Gericht, und dieses Gericht verbirgt die Aufforderung zur Aktivierung der Gedanken und Gefühle, es zentriert die Mitte zur Freiheit und zum Leben.

Die verjüngende Kraft des Geistes für das Bewusstsein und den Körper

Wenn wir den gewöhnlichen Weg eines Menschen durch das Leben beobachten und unsere Aufmerksamkeit dabei auf die Veränderungen des Bewusstseins und des physischen Körpers lenken, können wir trotz der bunten Vielheit individueller Unterschiede doch einige gemeinsame Merkmale wahrnehmen, die der Ausdruck eines bestehenden, sich immer wiederholenden Gesetzes sind. Etwa bis zum dreißigsten Lebensjahr eines Menschen überwiegen die aufbauenden Stoffwechselkräfte, die dem Körper eine große Vitalkraft, ein rasches Regenerationsvermögen und ein gutes Anpassungsvermögen in mentaler und physischer Hinsicht spenden. Die aktiven Stoffwechselkräfte beleben das Kreislaufleben, schenken dem Körper und seinen Gliedern eine lebendige Spannkraft und in der Regel auch ein gesundes Aussehen. Die Gelenke sind bis zum dreißigsten Lebensjahr normalerweise relativ geschmeidig, so dass Yogaübungen meist recht unkompliziert aufgebaut und weiterentwickelt werden können. Der ganze Mensch ist in diesem ersten Lebensabschnitt, ganz besonders in den Kinder- und Jugendjahren, wie das sprießende, gedeihende Frühjahrsleben. Er ist lebendig, aber meist noch nicht in der Reife seiner ganzen mentalen Kräfte, er ist noch weniger plastisch und objektiv in seiner Gedankenwelt, das Gemüt ist im Tatendrang noch spontan und unkompliziert, aber es fehlt das rechte reifliche Beurteilen der Lebenssituationen.

Das Bewusstsein eines jungen Menschen wird durch diese Kräfte der Vitalität und des Wachstums auf natürliche Weise an den Körper gebunden. Die Entwicklung des rhythmischen Bewusstseins, das wiederum auf die körperliche Gestaltung und Formung einen entscheidenden Einfluss ausübt, verläuft in Siebenerschritten. Alle sieben Jahre ändert sich das Bewusstsein. Mit dem neunundzwanzigsten bis dreißigsten Lebensjahr beginnt das fünfte Lebensjahrsiebt. In diesem Sinne können wir von einem kosmisch bedingten Rhythmus in der Bewusstseinsentfaltung sprechen. So wie die Rhythmen aus dem Weltenraum den Tag und die Nacht bestimmen, das Frühjahr und den Winter, wird auch die seelische Entwicklung rhythmisch und weisheitsvoll durch die unterschiedlichen Anforderungen und Verhältnisse des Daseins geführt. Damit wird es für die Sinne und für das Gemüt im fünften Lebensjahrsiebt das erste Mal richtiggehend Herbst. Freilich kann diese Zeit der Reife auch früher oder etwas später eintreten. Bei der natürlichen Entwicklung innerhalb eines Lebenslaufes erwachen etwa um die Zeit des dreißigsten Lebensjahres neue Aufgaben und neue Möglichkeiten. Dieses ganz neue Verantwortungsgefühl und Bewusstsein benötigt nun aber ein weitaus größeres Eigenaktivsein. Mit diesen Lebensjahren geht der Sommer des Daseins zur Neige, und es erfolgt die verantwortliche Überlegenheit einer herbstlichen Ruhe. Die Tage eines vitalen Inkarniertseins erscheinen kürzer, und die leidenschaftliche Temperatur des bedrängenden Gemütes nimmt ab, und das Leben verliert seine spontane Unkompliziertheit. Neue Überlegungen und Gedanken drängen nun von der Verstandesseite zu einer aktiveren Anteilnahme an wissenschaftlichen Fragen und an Fragen über den Sinngehalt des Daseins.

Wohl beginnt mit dem dreißigsten Lebensjahr erst die Lebensmitte, jedoch schimmert hier bereits ein erster Neuanfang und gedanklicher Neubeginn wie ein fahles Licht oder wie ein erstes Wegzeichen, das dem ganzen Lebenslauf eine konkrete Bestimmung verleiht. Der Körper verliert nach und nach an Elastizität, und im Antlitz äußern sich erstmals die Spuren des Älterwerdens. Langsam gewinnen die Abbaukräfte des Verstandes die Oberhand über die vitalen, autonom wirkenden, lebensspendenden Aufbaukräfte des Stoffwechsels oder Willens. Wie im Herbst die Blätter von den Bäumen fallen und die Gräser einen gelblichen Schimmer annehmen als Zeichen der Ruhe und Rückzug des Lichtes, so wird auch das Gemüt in diesen Jahren in seiner Impulsivität besonnen und der Verstand beginnt mehr seine Überlegungen in einer Art Neubeginn in eine größere wissenschaftliche Logik zu überantworten.

Die Zeit bis zum dreißigsten Lebensjahr kann als Phase der Inkarnation oder der unkomplizierten Bindung des Bewusstseins an den Körper betrachtet werden. Die Phase nach dem dreißigsten Lebensjahr trägt als hauptsächliche Signatur die Exkarnation oder die Loslösung des Bewusstseins vom Körper. Man kann diese Phase gleich dem Herbst als eine Zeit der Reife betrachten. Wie in der Jugend und im frühen Erwachsenenalter die Vitalität des Körpers, das innere, impulsive Drängen der angelegten Lebenskräfte zu den Handlungen und Entscheidungen bewegt, sind es im weiteren Verlauf des Daseins die weisheitsvolleren oder bewussteren Kräfte der Mentalität, die aktivierend, motivierend und steuernd wirken. Bezieht man diese einfach eingeteilte Zusammenfassung eines kosmischen Rhythmus auf die Yogaübungsweise, kann man die Art und Weise der Praxis bestimmen. In den jugendlichen Jahren kann eine stärker auf den Körper und seine ihm eigenen Energien ausgerichtete Übungsweise, wenn sie innerhalb einer vernünftigen Grenze bleibt, richtig lebendig gehandhabt werden. Junge Menschen können ein turnerisches, ja impulsiv, lebhaft und dynamisch aufgebautes

Programm erhalten. Für Erwachsene und ältere Menschen jedoch entsteht eine dringliche Forderung nach einer ganzheitlichen und mehr von der Mentalität und ihrer übergeordneten Gedankenbildekraft ausgehenden Übungsweise, damit nicht die beginnende Exkarnation des Seelenlebens in eine nicht mehr sinngemäße und längst vergangene Inkarnation getrieben wird.

Das verjüngende Leben kann aber nicht ausschließlich durch Übungen erreicht werden. Wohl wissen wir, dass körperliche Bewegung allgemein vitalisierend, erfrischend und damit in einer gewissen Weise verjüngend auf das Gemüt wirkt, doch müssen wir die Grenzen einer auf den Körper oder auf das äußere Bewusstsein gerichteten Übungsweise deutlich anerkennen. Die wahre verjüngende Kraft erwacht nicht aus den bekannten Klängen des eigenen vitalen, mentalen und emotionalen Lebens, sondern aus der Fähigkeit des Lernens und aus der Fähigkeit der Seele, die in ihrem geheimnisvollen Weg das Leben von innen heraus durchdringt. Der unsterbliche Anteil der Seele, der im Inneren ruht, ist unser Selbst oder, wie man es leichter bezeichnet, er ist unser innerster Lebensauftrag. Der Lebensauftrag lebt im Geheimnis der Liebe, die mit jener Dimension, die wir mit *brahman*, mit den urbildlichen Geistwelten bezeichnen, in Verbindung steht. Diese Liebe, die nicht aus Fleisch und Blut oder aus äußerlichen, materiellen Wünschen entstehen kann, ruht geheimnisvoll in der Erdschöpfung und sie ruht in einem unbekannten, unnennbaren und unsichtbaren Vermächtnis in unseren Gedanken. In dieser Seele, in der die Lebensbestimmung und die vollkommene Weisheit des Lebensauftrages liegt, entfaltet sich aus sich selbst oder, wie wir sagen, aus Gnade die göttliche Einzigartigkeit, das vielleicht unbegreifbare Schicksal, aber das ganz anders kommende neue Leben. In dieser göttlichen Einzigartigkeit erwacht die verjüngende Verwandlung mit ihren unsagbaren Weisungen, die sich durch die Seele und ihren geheimnisvollen Weg durch das Leben ausdrücken.

Damit das verjüngende Leben des Geistes in Christi mit unserem individuellen Wesen eine Verbindung im Sinnesschein des ersten Berührens und ersten Hörens finden kann, bedarf es der tiefen Läuterung des Charakterlebens, was nicht nur in moralischer Hinsicht, sondern auch in gedanklicher Hinsicht zutrifft. Wie diese Läuterung geschieht, ist hier in diesen verschiedenen Ausführungen über die Seelenpflege und Seelenentwicklung in den ersten Grundzügen beschrieben. Es ist dies Yoga oder Meditationspflege, und es ist dies eine Art Konzentrationsarbeit, die den Gedanken aus der projektiven Leibabhängigkeit befreit und in ein freies Licht erhebt.[25] Die Arbeit im Sinne der Bemühung um geistigen Fortschritt wird *sādhanā* genannt. Sie ist eine gezielte, aktive Bemühung um Erkenntnisse, die die Intellektualität überschreitet und in jene Ebene einmündet, die ein ganzheitliches Wissen mit der Integration der übersinnlichen Sphäre des kosmisch-seelischen Daseins beschreibt. Wenn wir dieses *sādhanā* in den Grundprinzipien zusammenfassen, liegt die Ausrichtung in jener Disziplin, in der wir ein Hingewendetsein, eine Hingabe zu Gedanken und Vorstellungen aufnehmen oder in dieses die Identität hineinverlagern und den persönlichen Standpunkt genau gesehen nicht auf uns bereits bekannte Vorstellungen und Tatsachen, sondern auf neue, größere Wahrheiten legen. Im praktischen Leben dürfen wir hier als Suchende keine Mühe scheuen, und wir müssen die Wahrheitssuche in diesem Sinne mit Vernunft, Weisheit, Ehrlichkeit, Weitblick, Toleranz und Hoffnung auf neue Vorstellungen oder für uns noch unbekannte Wahrheiten richten, und wir müssen uns neben der gedanklichen Wahrheitssuche für das Leben jener interessieren, die diese Wahrheiten ausgesprochen haben. Wir werden durch unsere schöpferische Motivation und rechtschaffene Arbeit erkennen, dass in diesem Hingewendetsein, Interesse und Wissensdurst zu dem Werk und zu der Person zugleich ein tiefes, ja himmlisches Geben verborgen liegt. Wir werden weiterhin erkennen, dass in diesem glühenden Interesse, Hingeben und Arbeiten und in diesem zielorientierten und doch achtsamen, vielleicht sogar bereits verehrenden Aufblicken zu Werken und Personen eine heilende, befreiende und von allem Bösen sich lossagende Beziehung liegt. Und in dieser mysteriösen Kraft der Beziehung, die wir im Stillen dabei aufnehmen, ruht die verwandelnde, herabströmende oder offenbarende Gnade des in die Erde eingegangenen schöpferischen Geheimnisses der Liebe, die uns zu einer neuen Vitalität, zu einem schöneren Körper, friedvolleren Gemüt, zu einer authentischen Stimme und einem tatsächlich geistdurchlichteten Aussehen führt. In dieser Beziehung offenbart sich bald das verjüngende Leben, und es drückt sich durch die materielle Hülle des Körpers aus.

Der Körper unterliegt den paradoxen Wechselspielen des Daseins. Ein ewiges Leben kann nicht innerhalb der körperlichen Existenzebene bestehen. Jeden Tag rückt der Körper ein kleines Stück seiner Bestimmung näher, die ihm bereits mit dem ersten Atemzug auferlegt ist. Er muss einmal sterben. Er wird zu Staub zerfallen. Die zarte, jugendliche Kraft, die aus dem reinen, schöpferischen Gedanken erwacht und die wie eine Blume im Frühjahr dem Boden entspringt, schenkt das Fühlen von eigener Bewusstheit. Ein richtiges Älterwerden gibt es für diesen Gedanken, der frei ist von der gebrechlichen Körperlichkeit, nicht mehr. Das menschliche Rad, das die Zeit erschaffen hat, fügt sich in den ätherisch geschaffenen Hauch dieses größeren Gedankens. Diese Erfahrung erwacht durch die Entwicklung eines leibfreien, von Projektionen unabhängigen Denkens und Fühlens. In diese freie Natur des Gedankens entzündet sich die Liebe der höheren Welten, die mit sanftmütiger und durchdringender Kraft das Bewusstsein aus seiner üblichen Nichtigkeit emporhebt, das Angesicht erleuchtet und dem Körper ein neues, sensibles Kostüm schenkt. Allzuleicht neigt der einseitig denkende Verstand zu dem Irrtum, der Körper müsse durch die geistige Entwicklung besonders gesund oder stabil werden. Das Gegenteil ist aber der Fall. Er wird in einer gewissen Hinsicht immer durchsichtiger und unauffälliger in seiner Erscheinung, gleichsam wie ein diamantenes Feuer, das Konturen besitzt, aber aus sich selbst leuchten kann. Dadurch wird der ganze Leib für Krankheiten und äußere Gewalteinflüsse empfindlicher, aber nicht unbedingt schwächer. Die natürliche Robustheit geht ihm verloren. Er verliert seinen üblichen Schutzmantel. Diese Offenheit ist aber eine Offenheit und eine Weite, die uns mit der Schöpfung versöhnt und die zu einer Teilhabe an dem geistigen Vermächtnis der Heiligen und Eingeweihten führt.

Diamant, 1. Stufe, *vajrāsana*

Der Körper wird durch die Aufnahme des Christusimpulses rein, zart, lichtvoll strahlend und geschmeidig wie bei einem Kind.

Die Heilsseite des Glaubens und die geistige Bedeutung der Wärme

Vortrag vom 22. Juni 1996

I

Glaube und innere Kraft der Seele

Wir werden heute einmal die Frage des Glaubens näher beleuchten und somit in den Zusammenhang stellen, damit wir die Heilsseite vom Glauben her verstehen und weiterhin ein Bewusstsein erhalten, wie der Glaube als ein Teil oder eine Aktivität der Seele im Leben geheimnisvoll leuchtet. Wir wissen von dem Wesen des Glaubens, dass er, wenn er entfaltet ist, nach dem Sprichwort »Berge versetzen kann«. Jener, der therapiert, weiß, dass der entwickelte oder wenigstens partiell entwickelte Glaube etwas sehr Wesentliches in der Medizin ist. Auch in der Schulmedizin ist man mittlerweile doch wieder auf den Standpunkt gekommen, dass man bei Operationen oder bei sehr technischen Eingriffen den Glauben als eine zugehörige Instanz mitbewertet. Der Glaube hat aber sehr viele verschiedene Gesichter. All das Hoffnungsvolle, das sich bis zu einem Wissen steigern kann, was wir als Glauben benennen, kann in die unterschiedlichsten Ebenen hineinstrahlen und somit in unterschiedlichen Reaktionen die Materie verändern.

In unseren Ausführungen soll einmal der Glaube anhand von den Lebensjahrsiebten näher beleuchtet werden. Es wird der Glaube durchaus in den mittleren Kindheitsjahren durch die Frömmigkeit gezeichnet sein. Ein Kind kann sich gut einordnen, sich fromm hingeben. Auch der Erwachsene später kann eine Frömmigkeit aus seiner Erziehung und aus seinem umweltgeprägten Milieu mitgenommen haben und diese Frömmigkeit als eine natürliche Kraft tugendhaft weiterführen. Dies ist eine volkstümliche Form des Glaubens, die aber mit der Zeit immer seltener wird. Ältere Menschen haben noch stärker jene heilsame und erbauende Frömmigkeit, wogegen jüngere Personen durch diese Einfältigkeit in der Tugend oder durch diese Naturfrömmigkeit und innigliche Einordnung, innigliche Nähe zu den Mitmenschen und damit zu einem einfachen Gottverständnis und Weltverständnis schon sehr wenig geprägt sind. Der Glaube selbst ist Frömmigkeit, aber der Glaube, der Berge versetzen kann, ist noch mehr als Frömmigkeit, noch mehr als jene natürliche, mitgegebene Religiosität. Wenn wir den frommen und wissenden Glauben konkret und vielleicht auch von einer gewissen technischen Frage her beleuchten wollen, dann werden wir feststellen, dass der Glaube immer hinwegführt vom eigenen Ich-Feld oder, noch besser ausgedrückt, von dem eigenen subjektiven Gefühlsleben hinein in einen größeren objektiven Zusammenhang, in einen Weltenzusammenhang oder in ein größeres angenommenes Gesetz. Glaube ist deshalb immer mit dem Verlassen der eigenen Person verbunden oder mit dem Zurückweichen des eigenen Ich und der hohen und höchsten Anerkennung von etwas Größerem, etwas Faszinierendem, etwas Außerirdischem oder wenigstens von etwas, das den eigenen Horizont und die eigene Vitalmacht der Gefühle übersteigt. Dieser Glaube leitet sich aber, wenn er nicht durch die Frömmigkeit und durch die naturbedingten Anlagen in den Schoß gelegt worden ist, von einer tatsächlich entwickelten, erfahrenen und weisheitsvollen Seelenstärke ab. Es ist eine weise Seelenstärke, die in der Regel im Leben erst durch Selbsterziehung und Selbsterfahrung erworben werden muss ...

... Der Begriff des Glaubens darf deshalb von uns nicht als subjektives Festhalten an einer äußeren Form bewertet werden, sondern wenn wir von einer Reife, von einer wirklichen psychischen Substanz ausgehen, die Berge versetzen kann, dann werden wir unweigerlich etwas Reales und rein Seelisches in diesem Wesen des Glaubens erkennen. Der Glaube leitet sich damit aus der Erkenntnis und aus dem lichthaften Schauen zur Welt ab. Es ist, wenn wir dieses Geheimnis definieren, ein Glaube an eine Realität, die wir nicht wahrnehmen und gar nicht in der Tragweite kennen und doch durch die Kraft eines Bewusstseins für uns als eine Möglichkeit der Lebensrealisation annehmen. Wir müssen etwas annehmen, das wir nicht kennen, das noch gar nicht in unseren Gefühlen selbst gegründet ist. Wir müssen auf etwas vertrauen, das gefühlsmäßig oder konkret körperlich empfindbar nicht vorhanden ist. Das stellt die größte Schwierigkeit in der Krankenheilung dar, weil der Kranke beispielsweise auf dasjenige vertrauen wird, das er bei sich fühlt und kennt. Wenn er sich krank fühlt, und ein Kranker wird sich in den meisten Fällen doch krank fühlen, dann wird er mehr auf die Krankheit vertrauen und nicht auf das, was vielleicht mehr in der Hoffnung der Persönlichkeit schon wartet. Das konventionelle Bewusstsein wird sich ganz automatisch auf das Kranksein stützen und wird vielleicht wohl oder übel noch dieses Kranksein bei sich unbewussterweise, unbedachterweise festhalten. Der Glaube ist ganz frei vom Körper und all seinen reflektierenden Gefühlen.

II

Inkarnation und Exkarnation des Bewusstseins

Mit dieser einleitenden Betrachtung können wir damit zu einem Zusammenhang übergehen und das Medizinische und Fachliche für die Heilkunde ergründen. Nach den bisherigen Ausführungen wissen wir, dass in den ersten Lebensjahren die Seele inkarniert. Sie arbeitet sich in ihrer eigenen Weisheit aus dem Kosmischen hinein in den leiblichen Träger, den wir Körper benennen. Ab dem dreißigsten Lebensjahr und den folgenden Jahrsiebten arbeitet sich die Seele wieder langsam aus ihrem leiblichen Träger heraus. Die ersten Jahre sind deshalb mehr vitale Jahre, erkraftende Jahre, die späteren Jahre sind jene, in denen das Vitale wieder zurückweicht. Das müssen wir einmal festhalten und bildlich in aller Einfachheit als Vorstellung in das Gedächtnis einprägen. Es weicht der vitale, körperliche und gediegene, kräftige oder sportliche Körper mit der Zeit wieder mehr zurück und soll auch zurückweichen. Die ersten Jahre aber muss er aufgebaut werden. Es muss mehr ein starkes und kräftiges, feuriges, körperliches, durchdrungenes, durchlebtes Bewusstsein und Leben entstehen. So haben wir Jahre der Inkarnation, und ab dem dreißigsten und besonders dann mit dem fünfunddreißigsten oder sechsunddreißigsten Jahr kommen schon die Phasen der Exkarnation oder der Loslösung des Bewusstseins vom Körper. Das Bewusstsein sollte sich wieder freier gestalten und unabhängig vom Körper werden. Die ersten Jahre sind durch die Erbanlage gekennzeichnet, die sich hineingestaltet, während die nächsten Jahre etwa ab dem dreißigsten Lebensjahr durch neue, ganz unabhängige Erfahrungen im Wesentlichen gekennzeichnet sind oder, anders ausgedrückt, die zweite Lebenshälfte ist durch dasjenige geprägt, was man durch gedankliches Aktivsein, durch schöpferisches Aktivsein, durch empfindungsmäßiges Wahrnehmen aufnimmt aus dem Weltenzusammenhang. In dieser neu hinzugekommenen und von der Erbanlage unabhängigen Erfahrungsweite wird dann die Seele oder die Kraft des Glaubens in der Seele nach und nach geboren.

Gehen wir in unserer Betrachtung zu den Lebensjahrsiebten und zu dieser Sicht oder dieser Rahmeneinteilung noch einmal zurück. Je besser nun die Lebensjahrsiebte ausgestaltet sind, um so weniger kann etwas hineinkommen, das unerwünscht ist im Leben. Je schlechter aber das Gesamte in der Anlage zusammenwirkt, vielleicht durch die Erziehungsbedingungen geschwächt, durch die ganze Entwicklung dieses Menschenlebens in Disharmonie gebracht, durch das unglückliche Entwicklungsleben, um so leichter kommt etwas Fremdes hinein. Es kommt zu einer bestimmten Zeit ein unerwünschtes Wesen hinein, das man vielleicht jetzt nicht immer als Erreger identifiziert, aber das einfach ein Wesen ist. Es kommt beispielsweise tatsächlich in das Leben hinein der Materialismus. Er kommt wie ein Fremdkörper hinein. Der Materialismus, der Glaube an das Materielle und das Festhalten am Materiellen ist eigentlich nichts anderes, als dass das Leben gewisse Schwächen schon erlitten hat und infolgedessen das schöpferische Gedankenleben, die schöpferische Beziehungsebene, die Beziehung zum Geiste Gottes, die ideal gelebte Erkenntnis, die ideal gelebte Ehrfurcht nicht mehr im Glauben existieren. Es kommt ein anderes Wesen und besetzt den Menschen. Es besetzt ihn, es hält ihn fest im Leibe. Es bindet das Denken an den Leib. Es bringt eine vitale Willensfixierung, so dass der Glaube zu einem Festhalten am Materiellen wird. In dieser Kondition, die heute die normale Situation im Körper zeichnet, äußert sich die Angst vor dem Tode und eine Angst vor dem unendlichen Seelensein, das nach dem Tode einmal wartet.

III

Die Krankheit und das besetzende Wesen

Stellen wir einmal die Frage: Woher kommt denn eigentlich die Krankheit, das verursachende Wesen für die Entzündung oder Degeneration? Woher kommt es, dass wir einen Infekt oder eine Erkältung bekommen? Woher kommt es, dass wir eine Depression bekommen? Woher kommt es, dass wir irgendein Leiden wie ein Karzinom aufnehmen und unser Immunsystem versagt und wir daniederliegen? Die Ursache, um sie einmal zu beschreiben, kommt aus den Wesen, die wir aufnehmen, weil wir noch nicht das Rückgrat haben, weil wir noch nicht die Glaubenskraft und die seelische Festigkeit durch die Jahre erworben haben. Es kommt eine Art ungesunde Offenheit oder eine Art Wunde in den Leib, die uns immer mehr in jene Richtung bewegt, so dass wir ein krankmachendes Wesen aufnehmen. Dieses krankmachende Wesen rückt an die Stelle des natürlichen Lebensrhythmus, und dieses Wesen spiegelt sich dann wider durch Entzündung, durch schmerzliche Reaktionen oder vielleicht in einem degenerativen Zellwachstum. In früheren Zeiten wusste der Heiler von diesen Zusammenhängen, dass der Geschwächte etwas Widersprüchliches, Dämonisches, Belastendes oder etwas Unreines aufnimmt. Das krankmachende Wesen kommt aus der Astralsphäre. Das sensible Gemüt kann in der Situation des Krankseins diese Wahrheit empfinden, es kann aber auch von außen gegenüber dem Kranken die Wesensbelastung empfinden: In dem Kranken lebt etwas, das in ihn nicht hineingehört. Damit das verursachende, krankmachende Wesen aber wieder zurückweicht, muss die Festigkeit im Geiste wachsen, es muss ein Erkraften stattfinden, dass das Individuum aus eigener Substanz in der Stärke des Immunsystems dieses Wesen abwehren kann. Würde der Heiler jetzt nur das verursachende Wesen heraustreiben, wie es im Sinn der symptomatischen Therapie geschieht, dann bliebe weiterhin noch die Frage offen: Wie erkraftet in der seelisch-geistigen Folge das Leben? In diesen Beurteilungen liegen die größten Aufgaben für den Therapeuten. Die Aufgabe des Therapeuten ist es, neben der medizinisch-hygienischen Therapie, dass er ein schöpferisches Erkraften in der Seele des Kranken anregt.

IV
Die Epiphyse und die Hypophyse

Es stellt sich weiterhin die Frage: Wie dringt ein fremdes Wesen hinein in den Körper? Für diese Vorstellung ist es ganz gut, wenn wir einmal den Menschen früher, vor langen Jahren, zu der Zeit, als die ersten Kulturen überhaupt des Menschseins entstanden sind, betrachten. Wenn man in diese Zeit sich geistig zurückfühlt und hineinarbeitet in den einstmaligen Zusammenhang des Weltenseins, dann wird man feststellen: Damals war der Mensch geleitet von einem Organ, das heute kaum mehr eine Bedeutung einnimmt – das ist die Epiphyse, die Zirbeldrüse. Diese Zirbeldrüse wird dem siebten Zentrum von den sieben *cakra* zugeordnet. Dieses Organ leitete damals den Menschen aber mehr außerhalb vom Körper. Heute wissen wir von der medizinisch-anatomischen Forschung, dass die Zirbeldrüse eigentlich kaum mehr eine Funktion hat beziehungsweise ihre Funktion nicht ganz geklärt ist. Es gibt noch ein Hormon, dessen physiologische Wirkungen noch nicht genau geklärt sind und das für gewisse Licht- und Hautfunktionen zuständig ist, das ist das Melatonin. Die Zirbeldrüse ist verkalkt. Heute leitet in der gesamtphysiologischen und auch psychischen Steuerung den Menschen eine andere Drüse, und das ist die Hypophyse. Dies sollte man im Unterschied zu früheren Zeiten sehen. Die Epiphyse und die Hypophyse sind nicht identisch zu sehen, sie sind gänzlich verschieden, wirken aber auf geheimnisvolle Weise zusammen. Denn mit der Epiphyse ist ein Geistesorgan außerhalb des Leibes verbunden, das wie ein unmerklicher Schimmer in das Dasein wirkt und das sich auch normalerweise mit dem siebten Lebensjahrsiebt stärker hineingestaltet in das Leibliche. Früher geschah die Steuerung aus dieser Epiphyse, und der ganze Regelkreis der Hypophyse, der den Hormonkreislauf bestimmt und somit eigentlich das ganze Hormonsystem und weitgehendst alle Abläufe in irgendeiner bestimmten

Weise doch mit beeinflusst, trat noch nicht so sehr in die Funktion. Früher war der Mensch ganz wesentlich aus dieser Epiphyse bestimmt, und der Körper war noch gar nicht in der üblichen, uns bekannten abgeschlossenen Gestalt fühlbar. Das Bewusstsein gegenüber dem Körper war noch nicht geboren. Deshalb war der Mensch früher ein rein kosmischer Bürger, ein Bürger, der noch nicht hier den irdischen Welten zugehörig war. Das menschliche Leben war mehr etwas Geistiges, und es war geboren im Geiste, aber nicht geboren im Körper. Erst mit dem Sündenfall ist der Mensch sich seines Körpers bewusst geworden. »Da gingen beider Augen auf«, wie es heißt, »und sie erkannten, dass sie nackt waren.« (1 Mo 3,7) Bevor die Geschichte dieses Ereignis schilderte, war der Mensch noch ganz in der paradiesischen geistigen Welt eingebettet und er hatte keinen rechten Bezug oder kein bewusst geformtes Verhältnis zur Welt. Die Epiphyse bestimmte den Menschen.

V
Die Milz und ihr mysteriöser Charakter

Mit der Epiphyse ist ein weiteres Organ in einer Verbindung, das der beschauliche Geist einer ähnlichen Entwicklungsfolge zuordnen kann. Ein geheimnisvolles Organ ist es. Man muss einmal fragen: Was ist denn dieses so mysteriöse, geheimnisvolle Organ im Körper? Es ist die Milz. Die Milz ist immer schon ein Mysterium gewesen. Die Milz hat zwar nachweisbare Funktionen für das Abwehrsystem. Sie bringt beispielsweise den Tod der roten Blutkörperchen und bringt die weißen Blutkörperchen, die Leukozyten, in die Geburt. Dann stellt sie für das Lymphsystem eine Art Mittelpunkt dar. Für die Körperabwehr nimmt sie eine ganz bedeutende Funktion ein. Diese Milz hat einen ganz wesentlichen Zusammenhang für viele Krankheiten. Sie steht in enger Verbindung mit dem Lymphsystem und auch mit der Leber. Sie ist geheimnisvoll in den Bauchraum hineingegliedert. Der Chirurg kann die Milz entfernen und der so Betroffene kann in recht guter Lebensqualität weiterleben, denn die Funktion der Milz wird durch andere Organe, wie das Knochenmark und die Lymphknoten übernommen, so dass zwar eine gewisse Schwächung besteht, aber nicht unbedingt ein vollständiger Funktionsausfall eintritt. Dennoch strahlt die Milz weiter auf den ganzen Körper. Auch wenn der Chirurg sie entfernt, wird sie ihre Wirkung weiter entfalten. Die Milz ist dem Menschen mitgegeben aus einem tiefen Grund: Er ist mit dem Organ in die Materie eingebunden, er ist in der Materie organisch beheimatet. Dazu ist die Milz im Bauchbereich gegeben. Die Milz ist das Organ, das den Menschen ganz zum Irdischen bindend leitet. Er sollte mit diesem Organ auch in den irdischen Körper viel stärker eingebunden sein als je zuvor. Die Zirbeldrüse fiel in die Verkalkung, und so verlor sie mit dem Sündenfall mehr und mehr ihre weisende und leitende Bedeutung. Dafür verlagerte sich die Betonung auf die Hypophyse, Schilddrüse und Nebennieren und nahm den konkreten gedanklichen, empfindungsgemäßen und willentlichen Zusammenhang zur Materie auf. Und es ist damit das Geborenwerden des Bewusstseins, der Personalität des Ich-Bewusstseins verbunden. Wäre die Zirbeldrüse immer geblieben und wäre die Milzanlage nicht gekommen, dann könnten wir tatsächlich davon sprechen, dass der Mensch nicht hineingeboren wäre in die irdische Heimat. Somit ist er aber ein irdischer Bürger geworden. Er ist geboren worden in den irdischen Reichen. Die Milz bringt den Menschen in das Irdische hinein. Wenn wir die Funktion der Milz einmal betrachten und diese näher hinterfragen, so stellen wir vom Geistigen her fest, dass mit der Milz etwas Heimliches und Wesenhaftes hineinzieht in den Körper, das normalerweise nicht die Personalität fördert. Es zieht gerade jener wesenhafte Kraftstrom, jene heimliche Begierde in die Leiblichkeit und verteilt sich über den übrigen Organismus (siehe Punkt III). Wie ist die Physiologie des Blutstromes in der Milz? Wird der geistvolle Anatom die Milz einigermaßen studieren, dann wird er feststellen: Es ist das Organ so wie eine Art zweites Herz, weil es in den Blutstrom im Zentrum des Bauchraumes hineingelagert ist. Es kommt ein venöses, ausstrahlendes Blutströmen zustande, das in alle anderen Organe hineingeht, in die Nieren, die Leber, die Bauchorgane und zurück zum Herzen. Es ist ein venös ausstrahlender Kraftstrom damit verbunden, und dieser venös ausstrahlende Kraftstrom beeinflusst ganz wesentlich den Körper. Wenn wir das bekannte Symptom der Müdigkeit fühlen, dann ist es in der Regel schon ein phänomenales Zeichen, dass wir vielleicht mehr ins Kranksein tendieren und vom Abwehrsystem, vom Immunsystem her schon schwächer werden. Wir fühlen uns nicht mehr so stabil. Wir fühlen, dass wir anfälliger werden. In unseren Leib strömt der Schlaf in seinem Wesenszustand schon hinein. Ein dem Schlafe verwandtes Wesen strömt heimlich hinein durch die Milz und ergreift über die organischen Träger und über das ausstrahlende Blut den Körper. Es kommt jener unerwünschte schlafende Gast durch die unbekannte Türe herein und verbreitet sich über die Milz und das venöse Blut auf den ganzen Organismus. Die Milz ist prädestiniert für die Empfängnis jener Wesen, die im Weltenzusammenhang leben und die wir damit aufnehmen und somit in uns über das Blut in unser System hineingliedern. Das ist die Bedeutung der Milz, die Bedeutung eines Organs, das so sehr einen mysteriösen Zusammenhang hat, einen Zusammenhang, den wir kaum mehr wissen.

VI
Die Lebensmüdigkeit und die Krebskrankheit

Bei der Krebskrankheit geht in der Regel eine längere physische Müdigkeit ohne genau organisch-pathologisch nachweisbare Bedeutung voraus. Die körperliche Müdigkeit muss nicht unbedingt in einem degenerativen Zellwachstum enden, sie mag abklingen und ohne Bedeutung verschwinden. Die Milz empfängt diejenige geistige Substanz, die in der Folge eine Müdigkeit herbeiruft. Bei der manifestierten Krebskrankheit äußert sich die Müdigkeit aber dann vor allem in einer psychischen Müdigkeit, in einem inneren teilnahmslosen Schöpfersein und in einer Erschöpfung der lebendig zu Gott ausgerichteten Willensenergie.

Anders mag es mit jenen Kräften werden, die wir aufnehmen in Form des konkreten Glaubens oder in Form der Erkenntnis. Diese Kräfte entwickeln sich im Leibe anders, und das sollte man als Mediziner unbedingt wissen, das sollte man als Therapeut unbedingt berücksichtigen. Man hatte es zu älteren Zeiten im esoterischen Unterricht oder in einer anspruchsvollen Religion noch gewusst. Heute aber weiß man das kaum mehr. Die Kräfte, die das im Organischen liegende Unbewusste im Sinne einer passiven, offenen Durchlässigkeit aufnimmt, kommen über die Milz heimlich in den Körper und können den Menschen krank machen. Sie können ihn sehr wie mit Traum und Schlaf besetzen, sie können ihn schizoid abgrenzen oder depressiv in die Schwere ziehen. Die Krankheit trägt sich in benachbarte Organe weiter. Gerade das, was er als sogenanntes mediales Wissen aufnimmt, als mediale Übermittlung, das zieht über die Milz so sehr heimlich in das Körperinnere. Das ist etwas, was auf eine andere Weise sich ausgestaltet und mit der Zeit das ganze Lymphsystem und in der Fortsetzung die Leber in die Schwere hineinzieht, in die unbemerkte Depression immer stärker lockt und am Ende Kraftlosigkeit bringt. Es schwächt das Feuer der Persönlichkeit. Sehr häufig liegt diese Grundstimmung einer Krebskrankheit zugrunde.

(Anmerkung: Medialität ist in der Regel durch eine zu starke Durchlässigkeit für die astrale Welt verursacht. Medialität muss auf dem Wege der Heilung einer Krebskrankheit unbedingt überwunden werden.)

VII
Vermeidung von passiver Offenheit bei der Krebskrankheit

Das aber, was das Bewusstsein in der klaren Wachheit aufnimmt und konkret durch den schöpferischen Gedanken gestaltet, das, was es aus seinem schöpferischen Sinn ausgestaltet, das nimmt es gesundend auf. Wenn wir uns einmal als Beispiel das Bild der Meditation vor Augen rücken, sehen wir diesen Zusammenhang am leichtesten, denn die Meditation ist ein Musterbeispiel für die unterschiedlichen Möglichkeiten der Geistgestaltung. Wenn wir meditieren, dann wollen wir ja etwas aufnehmen oder etwas aus dem Universum gewinnen. Wir wollen vielleicht Gnade aufnehmen oder eine Fülle im Erleben erfahren. Diese Erwartungshaltung ist aber eine noch passive Offenheit in einer passiven Hoffnung. Je mehr wir mit einer Erwartungshaltung aufnehmen wollen, je mehr wir aus passiver Erwartung gewinnen wollen, je mehr wir von Gott im Sinne eines rein passiven Hingebens aufnehmen wollen, desto mehr liefern wir uns genau der heimtückischen Versuchung aus. Der Körper öffnet sich zunächst leichter von der Milz ausgehend als von der tragenden Seelenhaltung, die vom konkreten Gedanken aus die Willensführung beginnt. Damit wir diese Versuchung einer passiven Erwartungshaltung vermeiden, müssen wir schöpferisch aktiv werden und unseren Glauben entfalten. Diese Aktivität ist etwas anderes, und auf sie muss mit Nachdruck hingewiesen werden, denn sie ist ein Schlüsselpunkt zur Heilung. Die reinere, geführte Aktivität soll ausgestaltet werden aus dem sechsten Zentrum, aus dem losgelösten Gedanken, eingebunden in den Sinn für den Gedanken. Dieser Prozess scheint nicht ein empfangender, sondern ein schöpferischer, aktiver und strahlungsintensiver Prozess zu sein. Wie ermöglichen wir aber dann die Wahrnehmung und das Empfangen im Bewusstsein? Das ist etwas, das der moderne und gebildete Verstand heute fast nicht mehr versteht. Je mehr die Erkenntnissuche im Interesse und Feuer zu den nahen Idealen des Geistes beginnt, um so mehr gestaltet sich ein erster schöpferischer Sinn aus. Aber das Bewusstsein nimmt seine neuen Möglichkeiten nicht direkt am Tage auf. Das ist das Wesentliche. Das empfangende Bewusstsein gestaltet sich aus in der Nacht.

Tag und Nacht sind große Mysterienfelder. Das, was wir untertags aufnehmen und glauben aufnehmen zu müssen, das ist durchaus nicht immer das Förderlichste für die Seele und allzuleicht etwas, das uns wieder in die Tiefe, in die Depression hineinzieht. Dagegen das, was wir durch unser schöpferisches Dabeisein in der Welt geheimnisvoll aufnehmen und damit in der Nacht sich ausgestalten lassen, bringt uns den Fortschritt in der Meditation. Dann, wenn wir ruhen, dann, wenn wir eigentlich aufnahmefähig sind, dann gestaltet sich die Stärke im Glauben aus. Die Stärke im Glauben kommt tatsächlich in der Nacht. Sie gestaltet sich aus durch die schöpferische Aktivität am Tage und nimmt ihr Ende in der Nacht. Aus diesem Verhältnis von Tag und Nacht und von der schwierigen Situation der Meditation aus betrachtet ist es wichtig, alle nebulosen esoterischen Techniken und verschwommenen Formen der Gedankenbildung wie auch der gefühlsmäßigen passiven Hingabe zu meiden. Es ist gerade für einen Kranken, der geschwächt ist im Leberbereich oder durchaus im Bauchbereich, im Stoffwechselbereich, unbedingt notwendig, dass er passive Bittgebete und wenigstens die versuchende, passive Form der Meditation unterlässt. Er sollte auch in Yogaaktivitäten vorsichtig sein, er zieht sich allzuleicht noch stärker in die leiblichen Anlagen hinein. Er muss etwas anders damit umgehen. Er muss den schöpferischen Sinn und die Erkenntniskraft ausprägen, er muss sein Gedankenleben ausprägen, damit er langsam die Freiheit des Gedankens und die Kraft aus dem objektiven Glaubenszusammenhang oder aus dem persönlichen Sein der Seele im konkreten Gedanken aufnimmt. ...

... Dieser nun geschilderte geistige Ernährungsvorgang ist bei der Krebskrankheit vollkommen entgleist. Die Persönlichkeit ist in ihrem feurigen und einzigartigen Wachstum erheblich behindert. Die Aufnahme von Wissen und von neuen Erfahrungen stagniert, da die höheren Energiezentren mit ihrer weiten Transzendenz aus dem organischen Zusammenhang fallen. Die tragende Substanzkraft des Glaubens und der schöpferischen Persönlichkeit bedarf einer intensiven Entwicklung, um über das wuchernde Tumorwachstum wieder die Kontrolle zu erlangen. Der Heilsvorgang ist immer mit dem Glauben und mit der lebendig gelebten Hingabe in einer fein abgestimmten Verbindung. Das geistige Feuer der Persönlichkeit ist wie der Klang eines unendlich schwingenden Flötentones, der in seiner Zartheit nie wirklich ganz verstummen kann. Aber dieser Klang in der Persönlichkeit ist so erheblich geschwächt, dass er nahezu wirklich zu verstummen scheint. Die Kräfte der Seele bedürfen einer Stärkung. Bei der Krebskrankheit liegt ein wahrhaftiger Substanzmangel in diesem Äther vor.

VIII

Die Allergie und die Entwicklung der Beobachtung des Wärmeäthers

Anders ist dies bei einem anderen, nahezu gegensätzlichen Krankheitsbild, bei dem der Feueräther einer zu tiefen Stimme gleicht, die zu weit in den Körper gleitet und sich dadurch störend bemerkbar macht. Die Allergie, jene wohl zeitaktuellste Krankheit, soll uns in diesem Zusammenhang einmal interessieren. Die Allergie ist eine typische Zeitkrankheit des Immunsystems. Sie ist eine Krankheit, die sich mit hundertfachen Gesichtern äußert. Eine besondere Form der Allergie ist die Neurodermitis, eine Reaktion, die auf Milcheiweiß bei vorwiegend jungen Personen oder Kindern entsteht. Allgemein gibt es im allergischen Formenkreis die verschiedensten Ekzeme: allergische, schnelle Reaktionen, etwas langsamer einsetzende Reaktionen und chronische Krankheitsbilder.

Im Zusammenhang mit der Allergie sollte von uns auch das Wesenhafte betrachtet werden. Man weiß ja mit der Allergie recht schwer umzugehen. Die größten Heilerfolge hat hier die Homöopathie. Das wird verständlich, wenn wir berücksichtigen, dass auch mit der Allergie ein Wesen hineindringt oder sich etwas Wesenhaftes tief bemerkbar macht, das schnell und unerwünscht dann an den Tag tritt. Wenn ein Wesen sich bemerkbar macht, dann treten Kräfte ein, die das Leben durchaus zu einem vollständigen Funktionsausfall führen können. Diese Wesen können mit der Homöopathie, wenn der behandelnde Therapeut die Krankheitsspezifikation gut diagnostiziert und den Zusammenhang gut erkennt, relativ treffsicher behandelt werden. Die Naturheilkunde bringt so manches wieder ganz gut ins Gleichgewicht, weil sie mit ihren Heilmitteln dem Körper eine feinstoffliche Information vermittelt. Das ist für die Behandlung oder für das Verständnis von Allergien und verwandten Krankheiten ganz wichtig zu berücksichtigen. Hierfür müssen wir einmal den Blick hinausrichten, damit wir ein Bild bekommen, wie man zu diesen Erkenntnissen hinkommt.

Es fehlt bei allen Allergikern die Festigkeit im Wärmeäther. Der Wärmeäther muss ebenfalls gestärkt werden wie beim Karzinom. Der »Wärmeäther« ist aus der geistigen Terminologie der Fachbegriff für den wichtigsten tragenden Keim des Glaubens. Der Wärmeäther ist hier in irgendeiner Weise geschwächt oder an die falsche Stelle gerückt. Der Wärmeäther ist ein Glied des feinstofflichen Leibes und somit auch ein Glied unseres Bewusstseins oder tieferen Lebenskräfteleibes. Er hat die Farbe Blau. Diesen Wärmeäther können wir näher ergründen, indem wir den Blick einmal hinausrichten in die Welt. Damit wird euch zugleich auch der Weg etwas näher gezeigt, wie das suchende Herz hinkommt zur Erkenntnis. Die mentalen Instrumente können den Wärmeäther nicht einfach ohne inneren Geistessinn erkennen. Die Mentalität muss sich diesem feinstofflichen Glied annähern. Die Empfindungs- und Bewusstseinsseele muss erst den schöpferischen Sinn dafür ausprägen, denn sonst wird sie den Wärmeäther nicht sehen. Überhaupt wird das Bewusstsein den Äther nicht sehen, wenn es die Sinne nicht dafür ausprägt. Der Suchende muss eine unglaubliche gedankliche, empfindungsgemäße und willentliche Arbeit leisten, damit sein Bewusstsein den Sinn ausprägt für diese feinstofflichen Kräfte, die im geheimeren Sinne arbeiten, die den Menschen führen, ihn tagtäglich begleiten. Ein suchendes Herz wird also nicht den Wärmeäther oder den Feueräther, wie er genannt wird, schauen, wenn es sich vorher nicht durch ein schöpferisches Bewusstsein den Sinn hierfür angeeignet hat. So müssen wir unseren Blick jetzt einmal hinausrichten auf das Wesen des Feuers oder der Wärme. Wenn wir Wärme auf die Waage legen, dann wird die Waage nicht ausschlagen. Sie wird vielleicht von dem Stoff, der verbrennt ausschlagen, aber von der Wärme selbst schlägt die Waage nicht aus. Es mag sein, dass die Wärme die Luft etwas bewegt und dünn macht, dass dadurch etwas Greifbareres schon entsteht, aber die Wärme selbst ist etwas rein Seelisches, das nicht in den normalen, wägbaren Zusammenhang zu bringen ist. Wir können sehen, dass die Wärme von außen, von der Sonne hervorgeht, wenn wir beispielsweise im Frühjahr, nach der harten Winterszeit, erstmals wieder wohlig warm empfinden. Dann sehen oder bemerken wir die reale Fülle von etwas, das wir angenehm wohlig empfinden, und das nehmen wir auf. Diese Wärme lebt aber auch in uns. Wenn wir die Beobachtung weiter fortsetzen, so bemerken wir vielleicht, wenn wir einem Menschen begegnen, dass er kalt, streng und starr oder dass er warmherzig ist. Es lebt im Gemüte diese Wärme. Die Wärme ist ein Teil des Kosmos aber auch ein Teil des Menschen. So können wir schon einmal diese Einteilung treffen. Wir bemerken Wärme in einem Gemüte als ein unwägbares Zeichen der inkarnierten Seele. Durch die Seele drückt sich die Wärme aus. Wenn die Seele den Körper verlässt, wenn die Lebenskräfte herausgehen aus dem Körper, dann werden wir diese Wärme nicht mehr spüren. Der Körper ist nicht mehr warm, er wird kalt und erstarrt und stirbt.

Die Wärme ist also eine einzigartige Entität, die direkt im Leibe lebt und die auch universal im Kosmos lebt. Wir haben tatsächlich so, wie wir einen Lichtstoffwechsel in uns tragen, auch einen Wärmestoffwechsel. Und diesen Wärmestoffwechsel können wir jetzt studieren. Dazu müssen wir den Blick wieder auf einen Zusammenhang richten: Was macht den Körper eigentlich warm? Es ist das Blut. Ohne Blut würden wir erkalten. Das Blut ist der Träger für die Wärme in uns. Wir haben also diesen materiellen Träger in uns, der verantwortlich dafür ist, dass die Glieder warm bleiben. Wenn wir kalte Füße haben, dann regen wir die Wärmebildung an, indem wir von außen Wärme zuführen, damit sich vielleicht die Gefäße etwas erweitern und die Durchblutung wieder stärker zustande kommt. Oder wenn uns kalt ist, dann werden wir sehen, dass wir uns nicht noch länger den Regionen aussetzen, wo wir uns immer zusammenziehen müssen, sondern wir werden in einen Raum gehen, wo wir uns wieder mehr hingeben können, damit das Blut wieder etwas angenehmer weiterströmt; dann durchwärmt sich der Körper natürlich auch wieder leichter. Das Blut ist der Träger für die Wärme.

IX

Das Blut, die Wärme und das *anāhata-cakra*

Durch die Zentrierung des Blutes zu einer physiologischen Mitte scheint das Herz auch sehr wesentlich verantwortlich zu sein für Wärme. Weiterhin haben wir aber noch weitere Wärmefaktoren, die für die Bildung und Ausbildung entscheidend sind. Das wäre beispielsweise das Essen, die Nahrungszufuhr. Durch den Stoffwechsel produzieren wir ständig Wärme. Es wird im Verbrennungsvorgang Wärme entfacht. Diese Wärme können wir in einem anderen Zusammenhang ebenfalls betrachten. Bleiben wir einmal im Bereich des Herzens, damit wir jetzt nicht zu viel nehmen. Das Herz und der Kreislauf bilden eine Einheit und versorgen unseren Leib, unser Wesen mit Wärme. Die Wärme ist aber auch jene feine Entität im Kosmos. Im Kosmos finden wir ebenfalls das Wesen der Wärme, nur auf eine etwas andere Weise. Wenn wir in Vergleichen und Bildern das Blut studieren und etwas genauer betrachten, uns in diesen Wesenszusammenhang hineindenken, dann werden wir zu einer Anschauung kommen, dass der ganze Kreislauf etwas Kosmisches in sich trägt. Das Blut kehrt immer wieder zu einer physiologischen Mitte zurück. Vom Herzen verzweigt sich das Blut in die Peripherie, und von der Peripherie strömt es wieder zum Herzen. Das Blut zirkuliert im Körper, und diese Zirkulation versorgt uns mit Atmung, Nahrungsstoffen, transportiert Schlacken und versorgt uns mit Wärme. Diese Wärme nun ist entscheidend und lebenswichtig. Sie ist unser seelisches Wesen. Es kommt aber nicht darauf an, dass wir eine Temperatur von sechsunddreißig, siebenunddreißig oder achtunddreißig Grad haben. In der seelischen Wärme wirkt etwas Anderes mit. Der Kreislauf ist im Zusammenhang mit dem Weltenkosmos. Die äußere Wärme und die innere Wärme müssen in irgendeiner Weise eine Verbindung aufweisen. Nehmen wir dies nur einmal als eine Hypothese an, nehmen

Seelische Wärme

wir es noch nicht als eine feststehende Definition. Das Wesen der Wärme außerhalb und das Wesen der Wärme in uns sollen miteinander eine Verbindung haben. Sie sollten im Idealfall eine Art natürliche Harmonie aufweisen. Wir können von einem Wärmestoffwechsel oder von einem Wärmeleib und Wärmegeist im feineren Wesen sprechen. Betrachten wir es nun weiter.

Das Herz ist das Organ, das auch repräsentativ ist für das vierte Zentrum. Wir haben das vierte Zentrum als ein ganz wichtiges Zentrum – *anāhata-cakra* wird es genannt –, als das klingende Zentrum, das aber nicht im Zusammenhang mit einem physischen Körper klingt. Das Herz beschreibt die Mitte zwischen oben und unten, und das Herz ist somit auch das Zentrum für das Gleichgewicht, für Ausgeglichenheit und Harmonie. Wie entwickelt sich die Seele und ihre harmonische Ausgeglichenheit? Wie entwickelt sich dies, was seelische Wärme ist? Was würden wir als seelische Wärme im Menschen bezeichnen können? Es scheint hier einen Zusammenhang zum Herzen zu geben. Und dieses Herz scheint ganz wesentlich mit einem ganz entscheidenden Bewusstsein in Verbindung zu stehen. Erinnern wir uns einmal zurück an das vierte Lebensjahrsiebt. Wir haben dieses Lebensjahrsiebt kurz geschildert. Hier erwacht der junge Erwachsene erstmals zu einem sozialen Bewusstsein. Er erwacht auch zu einem tieferen Gemeinschaftssinn und zu einem religiösen Fühlen, zu einem empfindungsgemäßen und realen Bewusstsein für Gott oder für etwas Größeres. Er gewinnt in diesem Lebensjahrsiebt auf das Drängende der Pubertät erstmals diesen so wesentlichen entscheidenden Sinn der Ordnung, der Anerkennung, der Achtsamkeit, des Respektes und auch der Hingabe an ein größeres Sein. Es gestaltet sich im vierten Lebensjahrsiebt tatsächlich realistisch gesehen Religiöses aus im Blute. Das kommt automatisch durch die kosmischen Rhythmen immer mehr in seine Sinngebung hinein. Auf welchen Elementen beruht dieses Herzzentrum oder diese Sinnausgestaltung? Dies können wir ganz genau einmal hinterfragen, um damit diesen Wärmeäther einmal näher zu charakterisieren und zu dem Weg zu kommen, wie er in die Geburt gelangt. Wenn wir das dritte Lebensjahrsiebt vergleichen mit dem vierten, so haben wir in der Beobachtung eine ganz wesentliche Unterscheidung zu sehen. Es kann sein, dass das dritte Lebensjahrsiebt im vierten noch andauert, dass die Leidenschaft, das Drängen, das Überschießen, der charakteristische Wettkampf des Temperamentes noch weiter bestehen. Aber in der Regel sind im sechsundzwanzigsten, siebenundzwanzigsten oder achtundzwanzigsten Lebensjahr schon Zeichen und Eindrücke eines immer mehrwerdenden Sozialbewusstseins, Gemeinschaftssinnes und auch eines einfühlsamen Sinnes für Arbeit und Leistung für andere vorhanden. Dieser einfühlsame Sinn prägt sich stärker aus. Worauf beruht dieser Sinn? Dazu müssen wir einmal sehr tief schauen und dies sehr genau nehmen.

X
Die Erfahrung des *anāhata-cakra*

Wenn wir das dritte Lebensjahrsiebt nehmen, dann wird auch hier direkt deutlich, dass die Spannkraft der Wirbelsäule ganz wesentlich gefördert wird. Extension und Expansion werden gefördert. Diese Spannkraft der Wirbelsäule und diese starke, leidenschaftliche, drängende Kraft gibt eine andere Wärme. Sie mag jene größte vitale Wärme sein, aber die Leidenschaft ist nicht die Wärme, die wir als diese Seelenwärme bezeichnen. Die Seelenwärme ist eine andere Wärme. Sie ist nicht die Leidenschaft aus dem Stoffwechselfeuer, die uns interessiert. Leider ist es so, dass die meisten Menschen im Stoffwechselfeuer schon stehenbleiben und dies als das einzige Wertkriterium nehmen, weil man dieses Innere, dieses Seelenvolle, diese Seelenwärme zu wenig kennt. Aber worauf beruht nun die feinere Seelenwärme? Wenn wir dieses Herz einmal näher betrachten, dieses Hineinfühlen in die Gemeinschaft, dann kommen wir zu einer tiefen Bewusstheit, die so mancher vielleicht im vierten Lebensjahrsiebt konkret schon erstmals erfahren hat. Er hat ein Bewusstsein erfahren, gleichsam wie eine Erinnerung an den Tod. Indem er diesen Tod realistisch fühlt und nahe denkt, realistisch sich vorstellt, ist ein realer Boden gegeben für eine neue und sensitive Tiefenempfindung, dass das Leben eigentlich immerfort Tod bedeutet. Es mag sich vielleicht so mancher daran zurückerinnern, wenn er auf dieses Lebensjahrsiebt sich besinnt. Dann gewinnt dieser junge Erwachsene einen Sinn, dass es Sterbliches und darüber hinaus wahrhaftig ein Unsterbliches gibt. Diese so geheimnisvollen Ereignisse, die sich im Laufe eines Lebens vollziehen, sind äußerlich meist gar nicht so konkret durchgedacht, aber gerade mit dem vierten Lebensjahrsiebt entwickelt der Einzelne erstmals einen empfindungsgemäßen Sinn für Sterbliches und Unsterbliches. Indem er dieses Sterbliche auf der einen Seite mehr empfindet und ahnt und auf der anderen Seite fühlt, dass es auch Unsterbliches gibt, ordnet er sich in ein soziales Miteinander ein. Indem er sich einordnet, ist er bereit, Opfer zu bringen. Diese Opferleistung, dieses plastische Aufgehen und Hingeben zu einer Arbeit, sich aufopfern für andere in einem realen, eigenständig gewünschten Sinn, ist ein Seelenaufstieg, der die Kreislaufsituation ganz anders einordnet und somit das Zirkulationsleben in Verbindung bringt mit der kosmischen Wärme. Je tiefer dieser Sinn in diesem Lebensjahrsiebt ausgestaltet wird, um so mehr gestaltet sich dadurch auch die Seelenwärme aus. Wärme, Nähe, Empfindungskraft des Herzens gestalten sich aus durch die Erkenntnis von Sterblichem und Unsterblichem. Etwas Geheimnisvolles wirkt durch den Brustraum hindurch und kommt in diesem Lebensjahrsiebt zum Ausdruck. Wenn wir jetzt die Seelenwärme verstehen wollen, wie sie sich ausgestaltet, wie sie sich überhaupt im ganzen Leben weiterentwickelt oder noch entwickeln soll, so nehmen wir den Ausgangspunkt im *anāhata-cakra*. In diesem mittleren *cakra* nimmt sie den Ausgangspunkt, weil das aufsteigende Bewusstsein hier mit einem hochgradigen psychischen Geheimnis konfrontiert wird, das zum Leben dazugehört und das wir als die Erinnerung an den Tod bezeichnen können.

Eines der großen Probleme im konventionellen Leben ist es, dass wir den Tod am liebsten verdrängen. Wer denkt schon daran, dass das Leben selbst etwas Sterbliches aufweist? Indem der moderne kollektive Verstand die Erinnerung an den Tod verdrängt und indem er den Sinn für Sterbliches und Unsterbliches nicht sorgfältig in Erwägung zieht, gibt das Gewissen dem Materialismus schon die weitesten Privilegien, es gibt ihm schon alle Macht und lässt ihn damit zu einem Götzen erstehen. Die geschäftige Mentalität ordnet sich nicht in Ehrfurcht ein in das Leben; es überwiegen die ersten Lebensjahrsiebte im Treiben, im Drängen, im impulsiven Anfechten zur Welt.

Durch das vierte Lebensjahrsiebt und die Opferleistung, durch das Bewusstsein einer Erinnerung an den einstmaligen Tod entsteht ein neues Bewusstsein. Diese neue Bewusstseinssensitivität kommt tatsächlich über den Kreislauf herein und zwar über die Peripherie. Das Gemüt nimmt Seelenwärme auf. Es nimmt tatsächlich diese Wärme auf, und es nimmt sie auf, weil es spürt: Dieses Leben hat eine Seite, die wir Tod nennen. Verdrängen wir aber diesen Tod und verdrängen wir auch das reale Bewusstsein, so gehen wir eigentlich schon den Weg des Krankseins. Unweigerlich gehen wir den Weg in die Illusion, in die Einbildung, in die Versuchung und in die Angst. Wir müssen dann mit dem fünften, sechsten, siebten und mit allen weiteren folgenden Lebensjahrsiebten eine psychische Forderung zur Materie erheben, sie festhalten und fixieren. Wir verfallen dem Materialismus, wir verfallen der Angst, wir verfallen der Sinnlichkeit oder verfallen jenem Wesen, das sich in uns plötzlich ausbreitet und uns an das irdische Leben bindet. Der Tod ist eine Realität. Je bewusster die Erinnerung sich an die Grenze von der sterblichen zur unsterblichen Welt herantastet, um so mehr nimmt sie die kosmische Wärme auf und nimmt das Blut Seele in sich auf. Die weitere Aufnahme der Seele geschieht über die Lebensjahrsiebte aufgrund dieser Basis. Im vierten Lebensjahrsiebt geschieht dies aufgrund der Herzensbasis. Das Herz ist damit auch das erste geistige Organ, das sich erbaut. Wir können das Herz bezeichnen als das wichtigste Tor zur Heilung. Wenn wir dieses Tor der Heilung nicht richtig erkennen, nicht richtig passieren, dann tun wir uns für eine umfassende Heilbehandlung sehr schwer. Wir tun uns auch sehr schwer für die Realisierung des Glaubens. Denn der Glaube wird zu mehr oder minderem Grade immer eine reine Fixierung und Anhaftung darstellen, wenn wir nicht dieses innere Jenseitsfühlen im Herzen, dieses Bewusstsein des Herzens in die Mitte einschließen und damit auch das Geborenwerden von größerer Warte ermöglichen. Die wahre Menschlichkeit wird nicht aus sich selbst heraus geboren, aus Fleisch und Blut, sondern sie wird aus Geist geboren. Und das erste Tor dieser Geburt ist das Herz. Somit haben wir mit dem Herzen das entscheidendste und wichtigste geistige Organ. Das wäre die erste Station, die wir durch Imagination und Sinnergründung betrachten müssen in der Heiltherapie.

XI

Die Allergie und die Entwicklung des vierten Zentrums

Kommen wir aber in den bildhaften Betrachtungen weiter zu einem praktischen Hintergrund. Die Allergie, haben wir gesagt, ist ein Verlust des Wärmeäthers oder eine Disharmonie im Wärmeäther. Wenn wir bei einem Allergiker die Temperatur einmal messen, dann werden wir durchaus feststellen, dass sie gar nicht so gut nach oben geht. Dies ist in den meisten Fällen so, es muss aber nicht immer so sein. Aber meistens ist der Organismus eher kälter und neigt nicht so leicht zu Fieber. Das Fieber ist ein Ausdruck, den wir in den meisten Fällen begrüßen dürfen, weil sich dadurch stark dieses Feuer vom Kosmos eingliedert. Das ist in der Kindheit der Fall. Die Individualität gliedert sich ein im Wesen des Feuers, und damit gliedert sich auch der Feueräther ein. Fieber ist eine der besten Reaktionen, die der Körper heute bekommen kann, denn unsere Krankheiten beruhen fast alle auf dem Störungsfeld, dass der Feueräther herausfällt oder nicht mehr teilnimmt am Wesen des Herzens. Somit entsteht Disharmonie, somit entsteht ein gewisses Defizit, was sich bei der Allergie damit zeigt, dass das Immunsystem durch eine Schwäche anders reagiert. Es reagiert abnorm, nicht mehr so, wie es auf den Fremdkörper, auf den Eindringling reagieren sollte. Es reagiert allergisch auf Nahrung, auf Pollen oder sonstige Einflüsse, die auf die Haut oder Schleimhäute gelangen.

In der beginnenden Heiltherapie gilt es, den Wärmeäther zu stärken. Damit das Wesen wirksam weicht, das sich krankmachend oder störend im Körper ausbreitet, müssen wir die Wärme stärken. Die Allergie braucht diese Stärkung der Wärme, vielleicht durchaus sogar in direkter, physischer Form. Was tut der betroffene Allergiker? Er geht ins Bett mit der Wärmflasche. Dies ist die einfachste und manchmal sogar eine sehr wirksame Therapie. Wenn der in ein

Ungleichgewicht geratene Körper allergische Reaktionen hat und wir gewähren ihm Ruhe und hüten uns vor einer übertriebenen Hitzigkeit und nehmen Zuflucht zu einer harmonischen, angenehmen und warmen Umgebung, dann wird so manche Reaktion in der Regel gleich schon besser. Das ist mehr ein methodisches oder praktisches Hilfsmittel. Die Wärme stärkt den Wesenszusammenhang und führt dadurch wieder mehr zu einer besseren Eingliederung des herausgefallenen Organismus aus der Harmonie des Leib-Seele-Verhältnisses und aus dem Wärmestoffwechsel im Gesamten. Es reagieren Kräfte, die unerwünschter Natur sind und die dem Leben unglaubliche Beschwernisse machen. Wer einmal heftige allergische Reaktionen durchgemacht hat, der weiß, wie arbeitsuntüchtig der Körper wird und wie das Gemüt darunter zu leiden hat, wie die gesamte Kontaktbereitschaft oftmals im Gesellschaftsleben behindert wird, weil der Wille einfach die Arbeit nicht mehr erledigen kann, wie sie zu erledigen wäre. Allergien hat aber heute fast schon jeder, weil dieser Wärmeorganismus sich immer mehr belastet und immer mehr herausfällt aus der natürlichen Harmonie. Er muss gestärkt werden. Die Wärme muss der Organismus wieder aufnehmen. Nun stellt sich die Frage: Wie nehmen wir die Wärme auf? Legen wir uns dazu nach draußen in die Sonne, rhythmisch, regelmäßig, oder gehen wir in ein Solarium oder fahren in die Südsee? Damit werden wir die innere Wärme nicht stärken, denn wir haben gesagt: Die Eingliederung der Wärme hängt sehr stark mit dem vierten Zentrum zusammen. Sie hängt sehr stark mit der Seelenwärme und mit dem Opfer zusammen. Das Opfer ist etwas ganz Entscheidendes. Und dieses Opfer leistet heute der moderne geschäftstüchtige Bürger nicht mehr im richtigen Sinne.

XII

Praktische Hinweise zur Entwicklung
der Wärme in der Seele

Es ist die Wärme zu stärken durch Aktivität. Die Wärme lebt durch Aktivität, und diese Aktivität soll nun aufgebaut werden. Aber wie ist diese Aktivität zu verstehen? Sollen wir fortan ständig bergsteigen, Dauerlauf machen, Sport treiben und vieles mehr? Von diesen Zielen scheint hier nicht die Rede zu sein, wobei diese Art der Aktivität auch immer zu einem gewissen vernünftigen Maße heilsam sein kann. Es ist aber nicht gemeint, dass wir die Motorik im Gegensatz zum Sensorischen steigern sollten, sondern dass wir die Aktivität im richtigen Sinne gestalten und aufbauen, so dass unser Wärmeorganismus wieder hineinfindet in den harmonischen Leibeszusammenhang und der Körper wieder den

Anschluss findet in der universalen Wärme, im Gesamtfeuer des Weltenzusammenhanges. Wenn wir das Wort »Feuer« nehmen oder »Wärme«, dann können wir synonym das Wort »Individualität« nehmen. Die Individualität ist das Selbst und es ist das Ich. Das Ich muss durch den inneren Herzensprozess der Ehrfurcht und Hingabe und durch die innere Erinnerung an den Tod hineingehen in den Weltenzusammenhang. Es hat den Weg in eine Disharmonie und in ein zu starkes Herausgespaltensein genommen. Dieses Ich muss kosmisches Ich, es muss Welten-Ich werden. Es darf nicht zu stark an das Individuelle gebunden und damit verzerrt werden. Das Ich oder Selbst unseres Menschseins ist in Wirklichkeit das ewige Selbst. Es ist das Eine und das Einzige. Es ist das Einzigartige in der Natur in der individuellen Gestalt. In Sanskrit wird es der *jīva* genannt; der *jīva* in seiner persönlichen Gestalt eingebunden, der aber in Wirklichkeit *ātman* oder *brahman*, die kosmische Seele oder den Ewigen, Einzigartigen darstellt. Damit ist die Wärme und der Wärmeorganismus verbunden, und dieser Wärmeorganismus, der Wärmestoffwechsel soll nun wieder in den Weltenzusammenhang kommen. Darin liegt die Heilung der Allergie.

Wie schaffen wir diese Eingliederung? Wie können wir uns bewusst in diesen großen Zusammenhang eines Leibes und eines Ganzen wieder eingliedern? Allgemein stört sich in unserer Zeit ja immer mehr das Verhältnis des Individuums zu Gott, zur Schöpfung und zur Welt. Es stört sich immer mehr. Und so können wir damit rechnen, dass die Allergie, das Krankheitsbild des geschwächten Immunsystems, mit zunehmender Entfremdung und mit zunehmender Übersteigerung der vitalen Tendenzen und der nehmenden oder gefühlshaften, idealisierenden Tendenzen immer mehr zunehmen wird. Wir können eigentlich davon ausgehen, dass mit zunehmender Entfremdung, zunehmender Übersteigerung im eigenen Ich-Feld oder mit falscher Anhaftung im Ich-Feld sich sinnwidrige Reaktionen ergeben, weil diese auch ein Ausdruck wieder sind für ein Beziehungsfeld, in dem der menschliche Leib oder das menschliche Leben eingeschaltet ist. Wie bringen wir jetzt diesen gestörten Wärmefluss in die Harmonie?

Damit der Kranke diese Wärme eingliedert, muss er sich in der rechten Weise wieder hinwenden lernen zum Geiste. Der Geist ist Wärme, der Geist ist Feuer. Das Feuer ist die Individualität. Wir müssen uns zu dem Feuer des Geistes, zu dem Welten-Ich hinwenden lernen. Diese Hinwendung kennt die Religion in verschiedenen Formen. In unserer Kultur ist die Hinwendung für uns normalerweise an die eine Mitte, an Jesus Christus gerichtet. Oder es ist die Hinwendung an Heilige gerichtet, die die Brücke wieder geben zu Jesus Christus. Die Hinwendung im Allgemeinen sollte im Sinne dieser Erkraftung dienen, damit sich dieses Herz und dieser Wärmeorganismus im rechten Zusammenhang entfalten, um schließlich wieder aus der Disharmonie mehr Harmonie hervorzubringen. ...

Wenn wir in Schriften lesen, die dieses Selbst beinhalten, dieses geborene Selbst im Sinne von *manas*, *buddhi* oder *ātmā*, diese geborene, lebendige Kapazität, und uns weite Vorstellungen und den Wunsch zur Nachfolge auf diesen hohen Wegen ausprägen, dann nehmen wir ein persönlich geborenes Ich auf. Das heißt, wir nehmen Seele auf. Wir nehmen etwas auf – vorausgesetzt, dass wir die Schrift nicht benützen, sondern sie im Sinne einer realen Neuorientierung und Gedankenbildung nehmen –, wir nehmen etwas auf, das in der Nacht weiterwirkt und das uns immer mehr zu Bewusstsein und Einordnung führt. Und wir werden bald spüren, dass dies ein anderes Denken ist, ein anderes Fühlen ist, das geistgetragen ist. Je stärker das Geistige lebendig wird, um so mehr entwickeln wir Glauben und Zuordnung. Wir entwickeln Wärme. Wir entwickeln auf diesem Wege auch die Aktivkraft, die Gestaltkraft für unser Wesen, so dass wir uns langsam mit unserem Wärmeorganismus wieder hineingliedern in den makrokosmischen Zusammenhang. Wir müssen bei der Allergie Wärme auf die richtige Weise aufnehmen lernen, denn es ist tatsächlich so, dass Haut oder Schleimhäute allergisch reagieren, weil die Individualität, der Wärmeorganismus zu schwach ist. Deshalb kommt eine Feuer-Hitze-Reaktion. Es ist wie eine Hitzereaktion, die aber an falscher Stelle um sich schlägt, die aus dem harmonischen Zusammenhang entglitten ist. Diese imaginativen Beobachtungen können wir einmal festhalten, damit wir eine praktische Grundlage finden für die Allergietherapie.

(Anmerkung: Die Begriffe *manas*, *buddhi* und *ātmā* sind im Kapitel »Wie erlangt man geistige Erkenntnisse (Imagination)« auf S. 376 beschrieben.)

XIII

Ein bewusstes In-Ruhe-Lassen der allergischen Reaktionen

Der wesentlichste Aspekt ist, damit der Kranke in seiner Not diese Wärme aufnimmt und somit von der Allergie frei wird, dass er die pathologischen Reaktionen so weit wie möglich in Ruhe lässt. Je mehr der Betroffene sich um die Allergie kümmert, je mehr die Hände kratzen, beispielsweise bei der Neurodermitis oder bei verschiedenen Juckreaktionen, um so mehr zieht die eintretende Rückreaktion den Astralleib hinein in den Organismus. Jener betroffene Allergiker muss lernen, die Allergie in Ruhe zu lassen. Das mag durchaus sehr schwierig sein, und in manchen Situationen mag es gänzlich unmöglich werden. Grundsätzlich gilt es aber, den Körper und die allergischen Reaktionen in Ruhe zu lassen – vorausgesetzt man hat es nicht mit einem anaphylaktischen Schock zu tun.

Wir müssen den Körper in Ruhe lassen, wir müssen also bewusst wegkommen von uns selbst. Je mehr wir zu uns selbst oder zu der Angst in der Krankheit hingehen, um so mehr fördern wir, dass der Wärmeorganismus isoliert reagiert. Das Immunsystem verzerrt sich. Es kann sich nicht aufbauen. Das bewusste In-Ruhe-Lassen wäre hier eine sinnvolle Therapie. Alle allergischen Reaktionen sollten nicht gar so schwer genommen werden, wie sie vielleicht momentan erscheinen. Sie sollten bewusst so weit als möglich, auch therapeutisch, einfach einmal in Ruhe hingenommen werden. Die Aufmerksamkeit und die Aktivität müssen andere Wege nehmen. Das mag jetzt einfach ausgesprochen sein, in der Praxis aber sehr schwierig durchführbar werden. Es ist eigentlich fast nur möglich, wenn der Kranke einen rechten Rhythmus, eine rechte Aufgabe und in der Meditation Geist und Seele entfaltet. Dann wird eine vollständige Heilung mit der Zeit möglich. Es ist für viele, die hier an diesem Schulungsort waren, recht leicht möglich gewesen, da sie durch den Beginn der geistigen Schulung einfach einen neuen interessanten Zusammenhang aufgenommen haben. Und wenn ich sie dann nach kurzer Zeit frage: Was ist denn mit deiner Weizenallergie oder deinen allergischen Reaktionen? Dann möchten sie gar keine Andeutung mehr darüber hören, denn die Störung ist für sie Vergangenheit geworden.

Es sollte zur Heilung eine freie und weite Aktivität entfaltet werden. Hier kann die phantasievolle Mentalität nun forschen, wie sie diese Aktivität wieder in einen richtigen, harmonischen Zusammenhang bringt, so dass die Symptomatik sich aus der Angst loslöst und eine Weite im Wesen entfaltet. Wenn man dem Allergiker sagt: »Lass dich in Ruhe, beginne mit einer gezielten Aktivität, mit einer gezielten Rhythmisierung, studiere Schriften aus einem heiligen Zusammenhang und schwäche dich nicht durch lange Fastenkuren, sondern lerne langsam auch das wieder zu essen, auf das du allergisch reagierst.« – dann wird sogar eine vollständige Ausheilung mit der gezielten Aktivität im günstigen Sinne möglich werden. Wenn das Energieniveau einmal nach oben verlagert ist und die Individualität in die Weite atmet, dann hat das sich befreiende Immunsystem in der Regel das pathologische Wesen der Allergie überwunden.

Es stellt sich aber die Frage: Wie kann der Einzelne das praktisch machen? Unsere Kinder sind ja fast alle allergisch. Jedes zweite Kind hat irgendwelche

Probleme mit Allergien. Die Kinder sind eigentlich die am meisten, am schwersten Betroffenen dieser Zeiterscheinung. Wie gehen die Eltern in diesen Fällen vor? Sie können dem Kind nicht inspirative Schriften zu lesen geben. Vor allem kann die Mutter dem Kind nicht so ohne weiteres sagen: »Lass dich selbst in Ruhe.« Das Kind würde sich ja in Ruhe lassen. Es würde vielleicht gar nicht auf die Idee des Kratzens kommen, wenn es nicht schon die Probleme hätte von Jucken und vom Reiz. Es ist unweigerlich gezwungen zum leiblichen Zurückfallen. Wie können die Eltern im Falle einer Krankheit mit einem Kind umgehen, das solchen reizenden Kräften ausgesetzt ist? Das ist eine schon recht schwierige Frage, die die Eltern immer individuell klären müssen. Zuviel an Behandlungen hat jedenfalls keinen Sinn, vor allem, wenn es einigermaßen im Rahmen bleibt mit der Allergie. Ein Zuviel an Behandlung würde das Gesamte noch stärker in die Aufmerksamkeit ziehen.

XIV

Die Symbiose als Gegensatz zur Freiheit der Liebe

Wenn ich diese Frage jetzt einmal so beantworte, dann werde ich mich vielleicht gleich an die Wand stellen und mich zur Geißelung freigeben müssen. Aber ich sage es einfach trotzdem, wenn auch vielleicht so manches Gemüt sehr schwer betroffen ist, gerade ein mütterliches Gemüt. Die fürsorglichen Eltern dürfen den Kindern nicht die erste Position im Leben einräumen, sondern sie sind verpflichtet ein höchstes, transzendentes Gottesideal in der Zielsetzung in einem primären Lebenssinn zu suchen. Wenn Eltern dem Kind den primären Lebenssinn sogleich einräumen und es in den Mittelpunkt des Ideals stellen, beziehungsweise alle Zielsetzung auf Familie und menschliches Gutgehen, also auf weltliche Ziele ausrichten, dann bringen sie ständig diese Wesen herein, die das Kind spürt und wo das Kind einfach nicht mehr in der natürlichen Liebe der Engelwesen gedeihen kann. Die Zuwendung verlagert sich in eine menschliche Symbiose und heimliche Forderung. In Wirklichkeit ist es eine Zuneigung, die unfrei macht und eine versteckte Mutterbindung fördert. Je mehr die Erzieher sich aber um die Kinder aus einer fehlenden weiteren Lebenszielsetzung heraus kümmern, um so mehr stürzen sie selbst in eine Aufgabenrolle oder in eine ungesehene Enge, so dass sie wie in einem Kreislauf immer mehr diese Wesen heranziehen. Es sind Wesen, und wenn man geistig schauen kann, dann sind es – bitte entschuldigen Sie die Grobheit des Begriffes – es sind tatsächlich astralische Geier. Das mag seltsam klingen, wenn ich diesen groben Begriff so direkt ausspreche, aber es sind tatsächlich geistige Kräfte, die da leben und die Atmosphäre bestimmen und auf die das Kind unweigerlich reagiert. Diese geistigen Reizungen kommen aus unserem alltäglichen Umfeld, und der Erwachsene, der in Sorge bemüht ist, wird bedingt durch diese Angst wie in einem unausweichlichen Kreislauf diese wesenhaften Substanzen heranziehen. Er wird gar nicht anders können. Es ist die Angst, die einen ausweglosen Kreislauf verursacht und eine Enge in einem Projektionsfeld gibt. Deshalb liegt die Therapie in erster Linie beim Erwachsenen.

Wenn wir einmal an Familien denken, so vor dreißig, vierzig oder fünfzig Jahren, wo noch acht Kinder aufgewachsen sind, da ist kaum eines dabei gewesen, das Allergien gehabt hat. Das hat es damals kaum gegeben. Die Kinder haben ihre Einordnung bekommen. Man hat sich um die Kinder nicht so kümmern können. Heute aber hat man andere Ideale, heute kümmert man sich zuviel um die Kinder. Dies ist eigentlich ein Problem des Materialismus und ein Problem einer religiösen Verlagerung. ... Wenn Liebe etwas Nicht-Duales und Seelisches, etwas rein Seelisches wird, dann wirkt sie reinigend und befreiend. Wenn aber Liebe zu stark in die Dualität hinabstürzt, dann stürzt auch unsere Individualität zu stark hinab in die sterbliche Welt. Praktisch gesehen bedeutet dies: Indem wir Liebe mit emotionalen Bedürfnissen verwechseln, schwächen wir unsere Individualität. Wir müssen uns wahrhaftig Gott hinwenden lernen und das höhere, transzendente Gesetz aufnehmen, dann wird eine Kraft in uns entstehen. Und wenn wir das Kind führen und nötigenfalls einmal mit drakonischer Deutlichkeit sagen: »Du gehst jetzt ins Bett, du wirst um diese Zeit nicht mehr weiterspielen.«, dann wird selbst die Strenge eine Handlung der Liebe sein, weil Liebe sich durch uns und unsere eigene Nähe, unsere höchsten Ideale und unsere eigene Selbsterziehung zu Gott in allen Handlungen ausdrückt.

Der Lichtstoffwechsel
und die Kieselsäure
im Verhältnis zur Krebszelle

Vortrag vom 28. Juni 1996

I

Einführung in die Arbeitshaltung

Heute werden wir den Lichtstoffwechsel einmal näher beleuchten. Es ist dies ein sehr intensives, umfassendes und interessantes Thema. Bei den letzten Vorträgen haben wir den Wärmestoffwechsel beleuchtet und sind auf die Verbindung gekommen, dass die Wärme und somit das Fieber eine Reaktion ist, die ganz wesentlich für die Heilung und für die Entfaltung von persönlichen Kräften notwendig ist. Wenn wir heute den Lichtstoffwechsel durchgehen, dann müssen wir uns einmal langsam herantasten, damit wir uns in diese Gedankengänge, in diese Zusammenhänge und Empfindungen einer unsichtbaren, in der Physiologie untergetauchten, geistigen Welt hineinfühlen lernen.

Das Besondere oder das so anders Geartete an diesen Vorträgen ist, dass sie vom Intellekt her nicht so einfach verstanden werden können. Es ist das Wesentliche bei diesen Ausführungen, dass sie auf einer anderen physiologischen Grundlage stehen, als sie die Medizin konstatiert. Üblicherweise geht es in lehrmedizinischen Vorträgen um eine Vermittlung von Wissen, das man notieren kann, sich aneignet und in eine praktische Fassung umsetzt. Diese Wissensvermittlung ist hier nicht der Fall, vielmehr wird die Schöpferkraft und die Gedankenkraft in einen erstmals tieferen Zusammenhang hineingebracht. Dies heißt ganz konkret gesprochen, um auf den Charakter der Vorträge einmal hinzuweisen, dass wir uns mit etwas beschäftigen, das wir erst dann in der gesamten Tragweite erfassen können, wenn wir es selbst erfahren haben. Es handelt sich um ein erfahrendes Wissen und um ein verschlüsseltes Wissen, das durch die Erfahrung erst mit der Zeit zu einer Realität wird und sich hineingliedern kann in das Bewusstsein des Therapeuten. Deshalb hat es auch gar nicht so viel Sinn, wenn ihr den Schreibblock bereithaltet und eine größtmögliche Notizensammlung anfertigt. Die Begriffe mögen vorerst noch wenig Wert haben und ohne Zusammenhang keine Aussage begründen. Wie der Begriff gebraucht wird und wie er im Zusammenhang wirklich steht, wie er herausgearbeitet ist, das kann man nicht so ohne weiteres notieren. Es ist besser, einmal ruhigen Gemütes zuzuhören, ohne den Anspruch zu erheben, diese Inhalte sogleich in aller umfassenden Weite zu ergreifen und sogleich auch in die therapeutische Umsetzung zu bringen. Das Wissen aus dem Zuhorchen und Lauschen, das mit den Vorträgen entsteht, ist ein anderes Wissen. Es wird primär die Schöpferkraft angeregt. Und durch dieses Anregen der Schöpferkraft entsteht mit der Zeit ein neues Schwingen im eigenen Bewusstsein.

Im normalen Leben sind wir immer im Eifer des Arbeitens, mit dem wir uns mehr Qualität schaffen und mehr Lebensberechtigung und Selbstbewusstsein aneignen. Wir sind normalerweise im Leben nach jenem Eifer orientiert, mit dem wir beständig nach einem Gefühl, nach einem Lebensgefühl trachten, das uns Sicherheit gibt und uns vor allem durch ein rationales Wissen die bestmögliche Orientierung im Leben vortäuscht. Es ist das natürliche Bestreben des menschlichen Verstandes und allgemein des Gemütes, sich nach den bestmöglichen Lebensnutzwerten und nach der qualitativen Lebenssteigerung zu orientieren. Es ist auch berechtigterweise der natürliche Gang des Menschen, dass er sich aus der Schöpfung nicht das Ungünstige, Leidvolle oder Minderwertige herausnimmt, sondern dass er sich die besten Qualitäten aneignet. Somit geht der Weg natürlicherweise immer im Prinzip der Steigerung des Fortschrittsdenkens bergauf. Er strebt auf eine Bergspitze des Wissens zu. Wenn der Bedürftige und nach tiefer Wahrheit Suchende, der sich mit den herkömmlichen intellektuellen Definitionen nicht zufrieden gibt, aber hierher kommt, dann bemerkt er in seiner Unschuld plötzlich, wenn er wirklich hinhorcht und sich ein Bewusstsein aneignet über diesen Impuls, wie er gegeben ist, wenn er sich auch ein Bewusstsein aneignet über die Art und Weise, wie die Worte gesprochen werden, wie sie hinüberwirken in das Gemüt, dann wird er mit einiger sensibler Betrachtung feststellen, dass jener Punkt erreicht ist, der der Bergspitze gleicht. Eine Art Abstieg oder ein Hinabmarschieren von oben nach unten in eine Art Talgrund schließt sich in der Folge der Betrachtungen an. Somit entsteht eine ganz andere Orientierung, die man in diesem Sinne am besten im Bilde beschreiben kann. Nicht mehr ein neues Steigerungsprinzip, ein neues Auftanken, ein beständiges Sammeln von Wissen soll die zukünftige Orientierung sein – sie wird natürlich weiterhin die zukünftige Orientierung sein – aber es wird etwas Anderes auch eindringen: Die weitere Orientierung sollte darin wurzeln, dass wir uns tiefer und näher zur Materie hinüber- oder hineintasten, uns mehr in die Zusammenhänge hineinfühlen, was im Bilde des Abstieges von der Bergspitze beschrieben ist. Wir könnten den Berg auch als das höchste Maß des Selbstbewusstseins verstehen und den Abstieg ins Tal als den Weg vom Geiste ausgehend in den

Zusammenhang der Materie. Und gerade das ist der Inhalt, der von mir vermittelt wird. Es soll immer mehr der Zusammenhang zur Schöpfung, zur inneliegenden Geistigkeit in der Materie geschildert werden und weniger ein Wissen im typischen Sinne, das der eifernde Verstand sammeln könnte. Wenn dieser Zusammenhang mitberücksichtigt wird und von diesem Hintergrund aus auch die Vorträge verstanden oder versucht werden zu verstehen, dann fällt es leichter, eine natürliche, geordnete und konstruktive Beziehung zu einer geistig orientierten Medizin und Therapie aufzubauen. Leider gibt es hier oftmals Missverständnisse, und dann entsteht, nachdem der Zuhörer solch einen Vortrag gehört hat, Ärger, Aggression, Widerwillen oder heftige Angst, die sich in gewisser Antipathie oder Ablehnung äußert. Dies basiert aber auf einem Missverstehen der tieferen Zusammenhänge und auf einem Missverstehen der inneren Seite dieser Vorträge. Wenn wir uns von Anfang an bewusst sind, dass wir es mit imaginativen Inhalten und nicht mit einer Wissensvermittlung zu tun haben, nicht mit einer Anreicherung unseres Wissens des Habens, sondern dass wir es im wahrsten Sinne mit dem zu tun haben, was beginnende Einweihung ist oder, wenn wir es leichter nehmen, die Einführung in ein geistiges Thema, das uns jetzt vom gegenwärtigen Standpunkt noch gar nicht in dem Maße bekannt sein kann, dann werden wir uns leichter tun, und wir werden auch leichter zurechtkommen in der gesamten Ausrichtung für die Zukunft.

Beginnen wir heute mit der Frage, in welchem Zusammenhang die Religion und der Glaube mit der Medizin stehen. Wenn wir die Medizin heute betrachten, dann können wir durchaus schon von einer Krise in der Medizin sprechen. Die gegenwärtige Wissenschaft oder die gegenwärtige Orientierung in der wissenschaftlichen Forschung weiß eigentlich sehr deutlich, dass sie zu der wirklichen Heilung, zu der erwünschten Heilung und zu einem Ideal der Gesundheit nicht wirklich hinkommen kann. Selbst auch in der Naturheilkunde lebt ein gewisses sehr idealistisches Element, das sich aber immer wieder in einer Stagnation oder in einer Verwässerung verliert. In der Theologie existiert derzeitig ebenfalls eine belastende Krisensituation, die wohl in der ganzen Geschichte nur selten so intensiv war wie gegenwärtig. Auf beiden Wegen, sowohl dem medizinischen als auch auf dem ganz anderen, theologischen, geht es derzeitig nicht mehr so recht im Fortschritt weiter. Die Wege versuchen, wenn ich im Bilde dazu sprechen kann, immer mehr auf einen Gipfelpunkt zu kommen, auf eine Höhe des Bestmöglichen. Diese Höhe aber erscheint immer mehr als eine Utopie; deshalb zerbrechen die vielen Formen des Materialismus immer mehr, und es zeigt sich sowohl in der Medizin als auch in der Theologie oder in der Situation der Kirchen und auch weiter gesehen eigentlich überall auf weitesten Bereichen der Forschung und der Auseinandersetzung eine Art Hoffnungslosigkeit. Die Wege scheinen nirgendwo mehr diesen ersehnten Gipfelpunkt finden zu können. Das Prinzip oder das innerste Bewusstsein, das jetzt mehr erwacht, ist tatsächlich im Sinne eines Abstieges notwendig, so dass die Entfremdungstendenzen des Materialismus wieder eine Art Umkehr erleben und somit ein Bezug zur Materie, ein Bezug zur gegebenen Wirklichkeit entsteht.

II

Naturheilkunde, Ganzheitlichkeit, Allopathie

Für den Anfang der Betrachtung über den in der Materie untergetauchten, webenden und strahlenden Lichtstoffwechsel erscheint es von Interesse, den Begriff der Ganzheitlichkeit oder Ganzheitsmedizin zu klären. Was ist das Ideal der Ganzheitsmedizin in der Naturheilkunde? Vergleichsweise weiß man von der Allopathie oder von der normalen wissenschaftlichen Schulmethode, dass sie ganz auf die Symptome, auf die Krankheit ausgerichtet ist mit ihrer Therapie. Man richtet das Medikament gezielt auf den Infekt aus und versucht den Körper von diesem Krankheitssymptom direkt zu befreien. Man untersucht die Symptome und sucht die geeigneten Mittel, um diese Symptome wieder auf richtige Weise vom Menschen zu nehmen oder sie zu »töten«. In dieser Symptombehandlung stellen sich immer mehr die vielen Nebenwirkungen heraus und vor allem stellt sich das Problem heraus, dass sie den Menschen in der Gesundheit eigentlich nicht berücksichtigt, sondern in der Krankheit eliminierend behandelt. Aber wo ist die Gesundheit? Wo ist der Aufbau, die notwendige Entwicklung des Geistes und der Seele? Wo liegt die Entwicklung des Bewusstseins? Liegt die Entwicklung jenseits des Körpers oder in einer ganz anderen Ausrichtung, in einer Art Psychotherapie oder auf einem anderen Fachgebiet? Diese Frage bleibt in der Schulmedizin einmal offen. Somit ist die Naturheilkunde auf eine ganz andere Ebene gekommen, indem sie den Menschen mehr von einem ganzheitlichen Verständnis, von einem Leib-Seele- oder Leib-Bewusstseins-Einfluss aus behandelt. Man nimmt verschiedene Kräuter, die eine Beziehung haben zum Bewusstsein und zum Leibe. Das Bewusstsein ist inniglich mit dem Leibe verbunden. Heute haben wir das Zinnkraut, den Schachtelhalm mitgebracht. Man studiert beispielsweise eine Pflanze oder eignet sich die richtige Therapieform oder richtige Zugehörigkeit von der Pflanze an, schlägt in dem entsprechenden Werke nach und versucht dann mit Hilfe der Pflanze oder mit Hilfe des Heilmittels mit einem geeigneten Stoff, das Bewusstsein zur Heilung anzuregen. Indem man beispielsweise den Ackerschachtelhalm nimmt, ein klassisches Heilmittel, werden bestimmte Prozesse im Menschen angeregt, die insbesondere auf die Niere wirken und das Nierenorgan heilsam beeinflussen. Mit der Gabe des Heilmittels wird aber nicht nur das Nierenorgan isoliert behandelt, wie mit einer chemischen Substanz in der Regel erst einmal bloß das Symptom in der Niere behandelt wird, sondern es wird der sensitive Lichtprozess im Bewusstsein gleichzeitig angeregt. Die Pflanze besitzt in sich von der Naturschöpfung eine tiefe Bedeutung. Sie hat einen mineralischen und vegetativen Prozess in sich, der trefflicherweise ein Lichtprozess ist, der mit den Gefühlen oder mit dem Gemüt in Verbindung steht. Jede Pflanze bringt für den Menschen eine bestimmte Aussage. Wenn wir in diesem Sinne das Feldstiefmütterchen nehmen, hat dies eine bestimmte Aussage und steht auch mit dem menschlichen Gemüt in Verbindung. Indem man eine Pflanze nimmt wie das Feldstiefmütterchen, bewirkt man genau eine Anregung von erbauenden und das Gleichgewicht in der Ausscheidung fördernden Bewusstseinskräften, so dass das Bewusstsein über den Leib hinweg oder mit den verborgenen Bildekräften in der leiblichen Zugehörigkeit zum Aufwachen kommt. Man spricht den Menschen an mit Hilfe eines pflanzlichen oder natürlichen Heilmittels. Bei der Homöopathie ist dies noch wesentlicher; man heilt mit dem entsprechenden Stoff nach dem Prinzip der Ähnlichkeit: »similia similibus« (Ähnliches zu Ähnlichem), so dass man dem Körper eine Information vermittelt und somit auf einer energetischen, feinen Ebene das Bewusstsein in die Richtung der Heilung steuert.

Es ist in unserem Sprachgebrauch die ganzheitliche Medizin eine Methode, die dem Menschen aufs Trefflichste wenig schadet, die ihm eigentlich immer – wenigstens in den meisten Fällen – nur helfen kann. Man kann dem Menschen, wenn man ihm Zinnkraut zum Beispiel verabreicht, selbst wenn man es oft oder hoch dosiert, in der Regel eigentlich wenig schaden. Freilich gibt es gewisse Grenzen, aber man kann ihm wenig schaden. Die Nebenwirkungen sind bei der Phytotherapie allgemein denkbar gering. Bei der Homöopathie ist es nicht ganz so einfach, aber man wird dem Menschen in der Regel nicht so leicht Schaden zufügen wie mit Antibiotika oder Antirheumatika oder mit entsprechenden chemischen und heftigen Mitteln. Der Begriff der Ganzheitsmedizin oder der ganzheitlichen Heilweise ist damit aber noch nicht ganz abgeschlossen, denn wir haben noch ein Glied vergessen. Dieses Glied wird allgemein in den meisten Therapieformen am allerwenigsten berücksichtigt. Aus diesem Grunde neigt auch die Naturheilkunde immer mehr zu einem materialistischen Kurs. Dieser materialistische Kurs äußert sich auch darin, dass man die besten Methoden, die besten Mittel wählt, um die bestmögliche Gesundheit für sich im Prinzip der Steigerung der Lebensqualitäten zu finden. Es fehlen noch das Beziehungsverhältnis zum unsterblichen Geiste und der schöpferische Impuls.

III
Über den Geist und das Opfern

Im Sinne einer Begriffserweiterung zur Ganzheitstherapie können wir sagen, der schöpferische Impuls oder dieses schöpferische Werden erfordert nun die Mithilfe des Patienten, die Mithilfe des Kranken. Der, der krank ist, muss Schöpferkraft ausprägen, er muss eine Aktivleistung oder eine Eigenständigkeit bei sich entwickeln, so dass er nicht nur das Heilmittel für sich beansprucht und konsumiert, sondern auch sein Leben verändert. Indem der Einzelne sein Leben verändert, kann er ganz wesentlich zur Heilung beitragen. Vielleicht bedeutet diese Veränderung des Lebens nur eine Umstellung der Ernährung oder eine gewisse Umstellung von lasterhaften Gewohnheiten auf etwas edlere Tugenden. Wenn man diese Umstellung mitkalkuliert, so kommen wir dem ganzheitlichen medizinischen Therapiekonzept schon etwas näher. Doch fehlt noch diese tiefe Leistung, die tatsächlich den Geist berücksichtigt. Was ist dieser Geist, der neben dem Körperbewusstsein als das höchste menschliche Glied lebt? Was ist dieser unendliche Geist? Wie spricht man dasjenige an, das rein nur um die Seele des Menschen weiß oder rein dasjenige höchste Wesensglied umfasst, das unsterblich ist und das nach dem Tode weiterlebt? Hier berühren wir eine der ganz wesentlichen Fragen, die fast tabu geworden sind für die Medizin. Wenn man diese Fragen berührt, die das Seelenheil im Mittelpunkt berücksichtigen, im unendlichen Werden des menschlichen Geistes, dann muss man viele Dinge nämlich in Frage stellen. Man muss selbst auch viele Therapiekonzepte der Naturheilkunde in Frage stellen, weil sich dieses unendliche Seelenheil mit dem Bewusstseinsprinzip des Konsumierens und Benützens nicht so leicht in Verbindung bringen lässt. Es ist das Leben gekennzeichnet, um diesen Begriff einmal einzuführen, durch das sakrale Wesen des Opfers. Das ganze Leben ist ein Opferweg. Dieser Opferweg zeichnet sich bis zum letzten Tag unseres Daseins, bis zum Tode. Wir lassen unseren Leib einmal zurück, und der Leib wird zu Staub und zur Erde. Dann bleibt nur noch dasjenige übrig, das der Materie enthoben ist. Es bleibt auch nicht mehr das Bewusstsein in diesem Maße übrig; das Gefühlsleben oder das Gedankenleben ist nicht mehr frei verfügbar. Nur noch das, was der katholische Glaube als das Seelenheil bezeichnet oder der indische Glaube als das ewige Selbst, bleibt nunmehr als geistige Substanz existent. Alles andere muss als Opfer zurückbleiben.

Dieser Begriff des Opferns ist ein unangenehmer Begriff geworden. In der Zeit des größtmöglichen Konsums und der größtmöglichen lebensqualitativen Steigerung, des Hedonismus, kann das Opfer keine Integration und Bejahung finden.

Gerade aber dieses Opfer ist das Tor zum Leben und auch das Tor zur Heilung, wenn man den Menschen im Ganzen betrachtet. Wenn man ihn primär vom Geiste ausgehend betrachtet, das Bewusstsein als die zweite Instanz oder Stufe und als letzte Instanz erst den Körper betrachtet, dann wird das Opfer eine ganz wesentliche und wichtige Rolle einnehmen. Die Opferleistung sieht man heute nicht gern. Der Kranke sieht ungern, dass er ein Opfer bringen muss. Das sieht man vielleicht auch konkret daran, dass der Kranke allzuleicht seine Krankheit festhält und für sich auch zu einem gewissen psychologischen Zweckmittel benutzt. Das bewusste Opfer kann somit nicht wirklich eintreten. Der Hintergrund des Opfers wird vielleicht auch verständlich, wenn wir auf das Nächstfolgende achten. Wir haben allgemein in der wissenschaftlichen Methode ein ständiges Suchen nach dem bestmöglichen Heilmittel oder nach dem bestmöglichen Therapiekonzept. Indem wir aber immer noch nach dem bestmöglichen Erfolg suchen und nach der besten wissenschaftlichen oder sozialmedizinischen Handhabung, erreichen wir die Realität der Materie nicht. Wir entfremden uns immer weiter von der Realitätsebene und der gediegenen Festigkeit der Materie. Wenn wir unser Leben betrachten, wie es eigentlich allgemein besteht, dann leiden wir unter nichts mehr als unter der Entfremdung oder unter der Gespaltenheit unserer Gemüter. Ein Bewusstsein der Trennung und Entfremdung oder auch Unerfülltheit nimmt immer mehr zu. Es nimmt automatisch oder natürlicherweise zu mit der Steigerung im Selbstbewusstsein. Indem der Mensch früher mehr Opfer gebracht hat, ist er auch mehr zum Gemeinschaftlichen fähig gewesen. Je weniger Opfer der Mensch bringt, und das ist direkt ein Gesetz, desto weniger wird er Gemeinschaftssinn und Gemeinschaftsleben entfalten können. Er wird sich entfremden. Ohne Opfer kann der verbindende Geist, der unendliche Geist oder der Geist Gottes nicht wirklich wirken. Und somit kann auch keine wahre und umfassende Heilung ohne Opfer geschehen. Es kann auch keine religiöse Verrichtung, keine wirkliche religiöse Verbindung zu Gott entstehen, wenn das Opfer fehlt. Denn es ist das Opfer das Wesen oder das entscheidende unwägbare Faktum, das uns wieder zur Nähe, zur Beziehung, zur Gemeinschaft, zur Materie und somit zur Einheit mit der Schöpfung und der Erde führt.

Ein kleines Beispiel mag das Geheimnis des Opfers vielleicht verdeutlichen. Bleiben wir einmal im Bilde des Berges. Wir wollen aus einem inneren, leidenschaftlichen Drang auf einen Gipfel. Nehmen wir an, wir fahren mit der Bahn auf die Kampenwand hinauf (bei Aschau in Oberbayern) und genießen in der Höhenlage die Bergluft. Dies ist sicherlich ein schöner Augenblick, wenn das Wetter angenehm ist, wir die Bergluft schnuppern und uns etwas in diese schöne, weiche Sphäre hineinfühlen. Der Unterschied wird aber um so größer, wenn wir uns einmal vorstellen, wir gehen mühselig die zwei Stunden hinauf auf die Höhe. Wenn wir oben sind und dies vergleichen mit der Bergfahrt, werden wir feststellen, dass der Schweiß, der auf der Wegstrecke zurückgeblieben ist, zur Freude wird und die Anstrengung uns mit dem Berg versöhnt. Der aber, der nur hinauffährt mit der Bahn, wird anders obenstehen, er wird nicht diese Nähe fühlen zu dem Berg, er wird auch nicht diese Nähe zu dieser Weite empfinden. Und so ist es auch im gesamten weiteren Entwicklungsweg der Seele. Jener, der sich tief hingeben kann, der Opfer bringt, jener entwickelt eine Beziehung zur Materie, er entwickelt eine Verbindung. Er entwickelt auch weiterhin ein Bewusstsein für die verschiedenen Verhältnisse im Leben. Ältere Menschen haben in der Regel ein tieferes Bewusstsein für die Materie, weil sie mehr Opfer gebracht haben, wogegen jüngere Personen in der Regel eher fremder oder vielleicht impulsiver, leidenschaftlicher im Leben stehen. Das Opfer ist etwas ganz Wesentliches, das zum Heilsweg der Seele gehört. Von diesem Opfer will man heute aber ungern sprechen, weil alle Wege und Wünsche hinaufgehen auf den Gipfelpunkt der größtmöglichen Selbstbewusstheit. Der Abstieg ins Tal und dieses Bewusstsein, dass man der Materie näherkommen soll, bleibt so sehr ungesehen und auch unerwünscht. Alles Leben aber erfordert Opfer und alle Erkenntnisbildung, alles Wissen erfordert Opfer. Wir könnten dieses Scheitern in der Medizin oder dieses Scheitern auch von vielen theologischen Bemühungen eigentlich darin sehen, dass man weiterhin versucht, auf diesen Gipfelpunkt zu klettern, und man die ganze Problematik lösen möchte, indem man ein neues, typisches Wissen im Sinne des Habens wieder gewinnt.

IV

Der Unterschied von Seele und Gefühl

Der Weg des Opfers führt über das schöpferische Prinzip der Gedankenbildung, Konzentration und Verwandlung der autonomen Gedankenfolgen. Das reflektierende Denken wird beispielsweise in Sanskrit mit *vicāra* benannt, und das unterscheidende Prinzip, das im Gegensatz dazu steht, mit *viveka*. Von *vicāra* soll der Weg immer zu *viveka* gehen. Der Weg soll nicht größer werden zu diesen reflektierenden Gedanken, die typischerweise unseren westlichen Intellektualismus beschreiben, weil sonst der Mensch unter seinen eigenen Gedanken zu leiden beginnt. Er soll eindringen können in die Materie, dann wird die Gedankenebene zu einer einheitlichen, verbindenden Ebene. Aber um dies zu erreichen oder diesen Entwicklungsweg zu beschreiben, ist es notwendig, dass man das Opfer seines bisherigen Wissens bringt. Diese Gedankenarbeit und diese Entwicklung von Unterscheidung, von einem Einfühlen in die Naturzusammenhänge ist nun aber nicht eine Sache des Gefühls, sondern es ist eine Kraft in der Seele, die zuerst ausgeprägt werden muss. Noch einmal muss hingewiesen werden auf den Unterschied zwischen Seele und Gefühl. In der Regel nimmt man das als seelisch, was gemütshaft ist. Von mir wird der Begriff »Seele« und dieses unterscheidende, bewusste Hineinfühlen aber nicht als etwas Gemütshaftes, etwas Gefühlsmäßiges genommen, sondern als eine Aktivleistung aus der Gedankenkraft im reinen Verhältnis zur Willenskraft und zur Empfindungskraft. Heute nimmt man den Begriff »Seele« mehr als Alternativform zu dem Denken, oder zu dem, was man als Intellekt typischerweise bezeichnet. Man hat festgestellt, und das ist durchaus schon etwas Alltägliches, dass der Denker mit der Zeit verhärtet, in Zwänge kommt und vor allen Dingen mehr erkaltet. Das Denken wird sich immer mehr entfremden vom Gemüt, von der Wärme des Innenlebens. Dadurch, dass man diese Erkenntnis heute eigentlich schon gewonnen hat und somit das intellektuelle Leben nicht als den Maßstab aller Dinge wertet, kommt man zu dem hin, dass man vom Intellekt jetzt zu den Gefühlen übergeht. Man sagt sich, das Gefühl ist nahe an Gott, während der Intellekt fern vom göttlichen Leben steht. Indem man aber vom Intellekt bloß auf die Gefühle übergeht, geht man auf das Lustprinzip über und baut sich noch mehr eine Illusion zurecht, die dem Leben in der Realität noch weniger nahekommt. Heute dominiert mehr der gefühlsmäßige Idealismus, während der intellektuelle Idealismus fast schon im Sterben begriffen ist. So verlagert man sich heute zum gefühlsmäßigen Idealismus. Gerade aber um diesen gefühlsmäßigen Idealismus handelt es sich jetzt nicht, wenn wir von der Entwicklung der Seele sprechen. Wir dürfen nicht vom Intellekt auf das Gefühl übergehen, sondern wir sollten dies so verstehen, dass damit die Schöpferkraft nun angeregt werden soll im Empfinden, im Gedanken und in der innersten Willensnatur. Dieser Weg erfolgt von *vicāra* zu *viveka* und beschreibt immer einen Neuanfang innerhalb der Empfindungen und Wahrnehmungen.

Wir müssen, konkret gesprochen, wenn wir realistisch schauen und hinhorchen auf das Leben, uns sehr eindringlich klar werden, dass dieser schöpferische Bereich, dieses schöpferische Wachstum immer mit einer tiefen Konzentration, Anstrengung und auch Meditation oder Ausrichtung verbunden ist, die durch das Mittel der Wiederholung und Konzentration selbst gelingt.

V
Lichtstoffwechsel und Karzinom

Was haben die Ausführungen mit dem Problem des Karzinoms nun zu tun? Bei dieser Krankheit sind die Schöpferkräfte entschieden geschwächt, oder sie können durch Einschnürungen und Belastungen nicht im genügenden Maße genutzt werden. Die Entwicklung einer wachsenden Schöpferkraft stärkt und gestaltet das Immunsystem und führt unmittelbar über die innerste Anlage des geistig persönlichen Lebens zur heilsamen Beeinflussung eines pathologischen Zellwachstums.

Von diesen kurzen Einführungen kommen wir auf das Studium des Lichtstoffwechsels. Der Lichtstoffwechsel ist ähnlich wie der Wärmestoffwechsel ein Teil unserer Seele oder eingebunden in unsere Seele. Er gehört zu unserem Seelenleben und beschreibt unser Seelenleben. Den Wärmestoffwechsel können wir am besten studieren, wenn wir unsere Temperatur und die Reaktion von Fieber betrachten, das Kaltwerden des Organismus beobachten und schließlich, wenn wir jenes Wesen betrachten, das Seelenwärme ist oder Seelenkälte. Wenn wir diese Erscheinungen oder diese Bereiche studieren, dann kommen wir mit der Zeit zu Einsichten in unsere innerste Individualität, die sich in der Wärme gründet oder auch im Träger des Blutes den Ausdruck nimmt. Freilich, die Wärme nimmt auch den Ausdruck in den Stoffwechselprozessen, in den aktiven Verbrennungsvorgängen; das Blut wird aber der Träger oder die Trägersubstanz für die Wärme selbst. Jetzt haben wir es mit einer anderen Substanz oder mit einer Entität zu tun, die sehr feiner Natur ist, die ebenfalls imponderabel ist. Wenn wir das Licht auf die Waage legen würden, dann würde die Waage nicht reagieren, und dennoch haben wir in uns einen Lichtstoffwechsel. Das wissen wir beispielsweise von der Krebsforschung, denn in der Krebszelle ist der Lichtstoffwechsel, das feinste Aufblitzen eines mikroskopisch dünnen Strahles beim Atemvorgang, unterdrückt. Allgemein ist dieser Lichtstoffwechsel etwas Faszinierendes und Herrliches, das das Gemüt sehr wesentlich begleitet in den Tagen der Gesundheit. Wenn wir den Lichtstoffwechsel studieren, dann studieren wir auch ein Element oder einen Stoff, den man in der Schulmedizin sehr wenig berücksichtigt, das ist die Kieselsäure. Die Kieselsäure hat eigentlich sehr wenig Aufmerksamkeit in der Schulmedizin gewonnen. In der Naturheilkunde erhält sie weitaus mehr Aufmerksamkeit. Die Kieselsäure scheint aber schon ein sehr schwer definierbares und sehr schwer zu erklärendes Phänomen zu sein, das sich im menschlichen Organismus auf subtile, mehr feinstoffliche Weise äußert.

VI

Kieselsäuremangel, Depression, Wirbelsäulendegeneration

Kieselsäuremangel hat fast jeder in unserer Wohlstandsgesellschaft. Diese Aussage mag jetzt sehr pauschal klingen, aber fast jeder Wohlstandsbürger hat Kieselsäuremangel und eine Störung im Lichtstoffwechsel. Er hat zu wenig Licht oder eine Störung im Lichtstoffwechsel. Das Licht, das aus dem Kosmos kommt, gliedert sich nicht richtig hinein in den Organismus und scheint in der übergeordneten Funktion in eine Disharmonie zu kommen mit den verschiedenen physiologischen, fein abgestimmten Prozessen des Leibes. Die Kieselsäure ist aber viel feiner verteilt als beispielsweise das Eisen als Spurenelement oder auch als das Magnesium. Überall gibt es Magnesium zu kaufen, und man trinkt es in Brausetabletten, man isst davon so viel es geht, weil es dem Menschen keinen Schaden zufügen kann, weil es gut auf die Gefäße und auf die verschiedenen Prozesse des Stoffwechsels wirkt, damit keine Übersäuerung eintritt oder die befürchteten Übersäuerungen geringer gehalten werden können. Wenn wir heute aber über den Lichtstoffwechsel oder über den Kiesel reden, dann muss von Anfang an betont werden, dass es sich um einen gänzlich anderen Stoff handelt, der nicht ohne weiteres durch Resorption aufgenommen werden kann. Bei einem Mangel an Kieselsäure wird man mit der Substitutionstherapie nicht zu dem rechten Ergebnis kommen. Mit dem Magnesium wird man bessere Ergebnisse erzielen, Magnesium wird der Körper besser resorbieren oder besser in sich hineingliedern können. Die Kieselsäure aber hat sehr viele Schwierigkeiten in der Aufnahme, in der Resorption und in der richtigen Eingliederung in den Organismus.

Wir kennen das Defizit von Kieselsäure an verschiedenen Krankheitsbildern. Als einfache Beispiele können wir einmal einige Krankheitsbilder herausgreifen. Freilich, in der Medizin wird nicht der Hintergrund angenommen, dass sie wesenhaft auf Kieselsäuremangel zurückzuführen sind. Das ist auch nicht das Einzige, sondern der Kieselsäuremangel, das Silicea oder der Quarz, der zuwenig ist, der sich nicht richtig dynamisch entfaltet, ist ein Ausdruck dafür, dass im Lichtstoffwechsel eine Unordnung besteht. Und diese Unordnung im Lichtstoffwechsel nun ist ein Ausdruck für das Ringen im Seelenleben. Dieses Ringen im Seelenleben und der Lichtstoffwechsel sind nahe verbunden, ähnlich wie der Wärmestoffwechsel mit dem Seelenleben in Verbindung steht. Licht und Wärme sind die Entitäten der Seele, und sie leben untergetaucht im Körper und in den Gefühlen des Leibes. Sie drücken sich aus durch die vielen Äußerungen, Gesten und Werke. Eine der wesentlichen Störungen im Lichtstoffwechsel entsteht dadurch, dass die Erscheinung des Körpers schwerer wird, aber jetzt nicht vom Gewicht aus schwerer, sondern dass er in sich etwas Drückendes trägt. Wenn wir aber den Tag einmal anschauen, durchaus wie er heute war, so werden wir feststellen, wenn diese so drückende Wolkenbildung vorhanden ist, drückt es uns auch vom Gemüt her, von unserer Aufmerksamkeit, von unserer sinnlichen Ausrichtung – es beschwert uns. Es wirken Schwerekräfte. Diese Schwerekräfte kommen an den Einzelnen heran, ähnlich wie beim Wetter der Tiefdruck herankommt, und sie geben dem Einzelnen eine enorme Belastung. Die Depression ist ein Ausdruck unserer Tage. Der Mensch hat nicht mehr dieses so freudige, tänzerische Wesen, sondern er ist im Allgemeinen bedrückt und belastet. Dieses Bedrücktsein oder Niedergedrücktsein äußert sich auch in einer entsprechenden Belastung des Bewegungsapparates. Bandscheibenvorfälle oder, wie man es heute allgemein sagt, Abnützungserscheinungen, Degenerationserscheinungen in der Haltung und in der Wirbelsäule sind ein Problem, das nicht nur den Menschen über fünfzig ergreift, sondern sogar schon in manchen jugendlichen Phasen diagnostiziert wird. Die Bandscheibenprobleme oder allgemein die Rückenprobleme, die Rückenschmerzen, die degenerativen Erscheinungen am Rücken sind ein Ausdruck für einen gestörten Lichtstoffwechsel.

Warum ist der Lichtstoffwechsel gestört? Oder wie kommen wir zu dem Ergebnis, dass der Lichtstoffwechsel bei entsprechenden Abbauprozessen so gestört ist? Dies ist für die Folgerung der Imagination ein Hintergrund, der geistig erschaut wird, der sich auf eine geistige Sicht gründet. Wenn wir den Kieselprozess nehmen, den Lichtprozess, dann werden wir feststellen, wie er von innen nach außen wirkt. Kiesel wirkt zentrifugal oder, um Missverständnisse zu vermeiden, von dem geistig Inneren zur Materie. Kiesel, Silicea, strömt von innen nach außen. Ähnlich wie man dieses Verströmen beim Ackerschachtelhalm ahnt, das sich in diesen feinen Verzweigungen, in den rhythmisch fein angeordneten Verzweigungen oder in den Grannen von Getreide äußert, wirkt auch ein sehr feiner, dynamischer Prozess von innen nach außen. In diesem feinen Verströmen sieht man bei der Betrachtung einer Pflanze schon oder kann man schon erahnen, dass es sich um eine Kieselpflanze handelt. Es verströmt sich kraftvoll ein Wesenhaftes.

Wie findet der Kieselprozess im Strömen des Lichtes im menschlichen Leibe statt? Der Kieselprozess beginnt in der härtesten Substanz, und das ist das Knochensystem. Von diesem strahlt er nach außen bis an die Peripherie der Haut. Wenn man jetzt die Haut betrachtet, dann wird man diesen Kieselprozess oder diesen Kieselmantel sehen. Er kleidet den Leib ein. Jetzt kann man aber an dieser äußeren Erscheinung der Haut sehen, wenigstens bei vielen Menschen, und das ist durchaus vielleicht sogar vom normalen Empfinden nachvollziehbar, dass

Das Licht der Gedanken, die Kieselsäure und die entstehende Raumempfindung

Schildkröte, *kūrmāsana*

Heuschrecke, *śalabhāsana*

Einbeinige Kopf-Knie-Stellung,
eka pāda paścimottānāsana

Lotus, *padmāsana*

Die Bewegung gleitet stoffwechselfreudig in den Raum. Sie ist ein Ausdruck des zentrifugalen, ausströmenden Willens.

Durch die gedankliche Konzentration entsteht die Wahrnehmung der Ruhe, Einordnung und des erdnahen Fühlens.

Kobra, *bhujaṅgāsana*

Helle, lebendige, sympathische, kristallbildende Wesen zeichnen die Übung, die durch die schöpferische Bewusstseinsaktivität geleitet ist.

Variation einbeinige Kopf-Knie-Stellung, *supta eka pāda paścimottānāsana*

Das Fühlen von Dynamik in der Bewegung und einer Hingabe zu der Erde kennzeichnen die Bewegung des inneren Lichtes.

Verneigung, *yoga mudrā*

diese Haut nicht wirklich strahlt sondern in sich hineinschluckt. Wenn im Krankheitsfall der Lichtstoffwechsel gestört ist und dieses Strahlen des Kiesels vom Knochensystem ausgehend bis hin an die Peripherie nicht mehr stark genug ist, das Licht im Menschen nicht mehr durch den Gedanken zur Entfaltung kommt, sich bis an die Peripherie nicht mehr verströmt, dann wird sich über die Haut, über dieses Schutzorgan eine mehr dunklere Schicht zeichnen, die das Licht verschluckt. Das haben wir ganz besonders dann, wenn jemand in einer depressiven Krise oder depressiven Stimmung lebt. Die Haut verschluckt förmlich das Licht von der Außenwelt. Dieser fein abgestimmte Vorgang ist direkt zu erahnen, wenn man in einem solchen Zustand sich selbst einmal beobachtet. Die Haut scheint tatsächlich das Licht in sich zu verschlucken. Wenn aber der Kieselstoffwechsel stark genug ist und entsprechend strahlen kann, dann strahlt die Haut, und ein feines Zirkulieren mit der Außenwelt findet statt. Und es ist weiterhin jenes gesunde und sympathische Zeichen gegeben, das sich zeigt in einer grazilen Form, in einer dynamischen, eleganten, geschmeidigen Geste, und zwar vom Rücken, vom Aufgerichtetsein. Es zieht den Einzelnen geschmeidig in seiner Haltung hoch. Der in diesem Sinne vom Licht Durchströmte fühlt sich aufgerichtet, er fühlt sich wie aus einer ätherischen Kraft belebt, er fühlt sich getragen.

Wogegen auf der anderen Seite, wenn dieses Licht, dieser Lichtstoffwechsel zu wenig wird, Kräfte an den Einzelnen herankommen, die ihn bedrücken. Je mehr sie ihn bedrücken, und das hängt mit der Konstitution des Intellektes und der Anlage des Gemütes zusammen, je mehr diese Kräfte herankommen, je mehr sie ihn bedrücken, um so stärker wird die Belastung allgemein für den Bewegungsapparat. Der Bewegungsapparat kann nicht mehr die so entlastende und geschmeidige Leichtigkeit entfalten, die ihn anziehend und gesund erhält. Eine drückende Last senkt sich hernieder und äußert sich in zunehmenden Abbauvorgängen. Wir haben es dann mit einer zunehmenden Abnützungserscheinung zu tun oder, wenn wir es anders ausdrücken, mit einer beginnenden Degeneration. Diese beginnende Degeneration zeigt sich darin, dass sich mit der Zeit die Bandscheiben, die Knorpelschicht abbaut, degeneriert und schließlich unter der Belastung ausfällt.

Das Symptom, das wir vorfinden, allgemein in der Belastung des Bewegungsapparates, in der steifen Muskulatur, die mit der Zeit den Rücken lähmt und degenerieren lässt, ist ein Zeichen unserer Zeit. Die Ursache liegt im fehlenden Licht oder auch in der fehlenden Wärmekraft, aber vorrangig ist es das Licht, das fehlt. Diese Kieseldynamik kann nicht mehr richtig aus der ätherischen Substanzkraft, aus der Lebenskraft entfaltet werden. Es entsteht ein Ungleichgewicht im Körper, das über die Symptome des Körpers allein nicht wirklich behandelt werden kann.

VII
Candida albicans

Nehmen wir ein weiteres Beispiel, das auf die Ursache eines gestörten Lichtstoffwechsels zurückzuführen ist. Es gibt eine Krankheit, die heute weit verbreitet ist, das ist die Candidiasis, die Pilzinfektion, die Mykose. Diese Infektion kann man hygienisch gesehen auf die unterschiedlichsten Ursachen zurückführen. Normalerweise sind gewisse Bakterien und Pilze sogar ohnehin in der Verdauung angesiedelt. Sie wachsen aber zu bestimmten Zeiten, vorzüglich in Krisenzuständen, zu krankhafter Vermehrung. Und das ist gerade dann der Fall, wenn die Substanzkraft aus der Seele oder die Ätherkraft aus der Lebenssubstanz schwindet. Diese Infektion ist heute nach statistischen Forschungen weit verbreitet. Die Infektion findet vorwiegend im Darm statt, dort, wo der Pilz das entsprechende Milieu vorfindet, eben feuchte Wärme. Der Pilz ist dasjenige Zeichen oder diejenige Naturerscheinung, die wir an bestimmten Stellen finden. Wo findet man Pilze? Im Wald, im Schatten, in der Feuchtigkeit, immer etwas unter den Gräsern, so ähnlich wie das Moos. Das Moos findet man nicht auf sonnenbeschienenen Berghängen, sondern man findet es immer eher unten eingelagert. Wenn die Wiese nicht gemäht wird, dann findet man bald altes Moos. Und so ist es auch mit den Pilzen. Die Pilze findet man im Wald, man findet sie dort, wo wenig Licht eindringt. So erinnert gerade die Pilzkrankheit, die Candida albicans, – es gibt viele Formen, aber es ist jetzt nicht wichtig, die verschiedensten Mykosearten aufzuzählen – an die Störung im Lichtstoffwechsel. Es siedelt sich dasjenige Wesen oder jener Parasit an, der nur dann leben kann, wenn er das entsprechende lichtarme Milieu vorfindet. Dieses lichtarme Milieu findet er im Darm vor, im Dickdarm hauptsächlich, teilweise auch in anderen Bereichen und zum Teil auch in anderen Organen. Es kann durchaus sogar zu heftigen und auch sehr bedrohlichen Zuständen durch diese Pilzkrankheit kommen. Der Pilz wird heute überall diskutiert, und wer heute keinen Pilz hat, der ist eigentlich schon nicht mehr modern. Es ist tatsächlich so: Die Pilzkrankheit ist ein Ausdruck unserer Zeit. Wenn wir den Pilz nehmen, so wächst er immer dort, wo kein Licht hinkommt. Er könnte gar nicht wachsen, wenn wir ihn auf einem sonnenbeschienenen Hügel aussäen würden. Allgemein kann man sagen: das Wesen des Pilzes sucht den Schatten, die Nacht. Die Candidiasis ist ein deutlicher Ausdruck für einen gestörten Lichtstoffwechsel.

Die Zelle bei der Krebskrankheit schirmt sich, ähnlich wie das Moos, von dem Lichte ab. Der Zellorganismus nimmt nicht mehr teil an dem sich beständig formenden und gestaltenden wie auch strukturbringenden, begrenzenden und organisch zergliedernden Wirken des Lichtes. Die Zelle verselbständigt ihr Wachstum. Aus diesem Grunde ist es bei der Krebskrankheit sehr wichtig, den Lichtstoffwechsel durch geeignete therapeutische Maßnahmen zu stärken.

Wenn wir mit diesen Gedanken das Leben beobachten und Krankheitsbilder suchen, dann finden wir weiterhin eine ganz klassische Krankheit, die sinnbildhaft ist für den gestörten Lichtstoffwechsel und primär auch im Lichtstoffwechsel vor sich geht, das ist die Arthrose. Diese beginnt normalerweise mit Arthritis, die dann übergeht in die Arthrosis deformans, in die deformierende oder in die degenerierende Form. Die Arthrose ist gekennzeichnet durch Gelenkmissbildungen, durch Belastungen im Bewegungsapparat und schließlich durch Kalkeinlagerungen an ungünstigen Stellen.

Wo finden wir den Kiesel? Wir haben die Kalkberge, den Wilden Kaiser mit seinen Kalkriffen hier in Österreich. Sie sind die Bergspitzen über unseren Häusern. Der Kalk ist eine Absonderung vom Tierreich, während der Granit nicht vom Tierreich kommt. Woher kommt der Granit? Er kommt von den Pflanzen. Es ist der fortgesetzte, verhärtete Prozess vom Kohlenstoff, der ausgegangen ist vom Pflanzenreich. Und in diesem verwandelten Pflanzenreich kommt jetzt dasjenige wieder zum Vorschein in kleinen Kristallbildungen, das tatsächlich rein kosmischer Natur ist. Das sind die Kristalle. Wenn man die Granitoberfläche betrachtet, dann wird man immer kleine Kristalle, feine, ganz feine, leuchtende, durchsichtige Schimmerglitzersteine sehen, die die Ursubstanz des Bergkristalls sind. Der Kristall selbst ist ein Ausdruck für das Werden der Materie zum Geiste. Es ist eine tiefe Wahrheit, dass sich der Berg nach innen zurückzieht. Er unterliegt einer Auflösung, und das sieht man gerade an den Granitbergen, wo sie sich an ihrer festen Oberfläche diesem Lichtprozess wieder öffnen. Der Berg wird einmal wieder dorthin gehen, woher er gekommen ist, zum Lichte zurück. So zeigt sich gerade am Granit der Bergkristall als ein Ausdruck für das Kosmische. Es zeigt sich ein Durchschimmern dieser festen, dieser undurchsichtigen Substanz. Das wusste man früher, wenn auch heute sehr viel Unsinn mit diesen Dingen getrieben wird, aber man wusste von dieser Heilkraft der Edelsteine, von den durchsichtigen Steinen. Gerade die durchsichtigen Edelsteine haben eine ganz besondere Heilkraft und zwar aus dem Grund, weil sie etwas repräsentieren, das rein kosmischer oder geistiger Natur ist. Der Stein zeigt ein Geistiges im Irdischen. Es ist der Stein durchsichtig, er ist für das Licht wieder durchlässig geworden. Er zeigt etwas an, das symbolisch eine ganz besondere kosmische oder geistige Entwicklungsstufe ist.

Bei der Krebskrankheit sind der Wärme- und Lichtstoffwechsel zugleich erheblich gestört, und deshalb ist sie sehr schwierig zu therapieren. Man könnte vielleicht von einem Überwiegen sprechen, das sich entweder auf einen Mangel an Licht oder einen Mangel an Wärme und Feuerkraft ausrichtet. Beide Entitäten, das Licht wie auch das Feuer, sind heilsame Einflüsse, die durch ihre Wirkungsweise die Seele erheben und das Menschsein in der Materie beschreiben.

VIII

Osteoporose

Wieder eine weitere Krankheit, die primär eine Stärkung des Lichtes benötigt, ist die heute so weit verbreitete Osteoporose. Die Osteoporose ist eine Störung, die definiert ist als Entkalkung der Knochen. Die Knochen werden spröde, porös, sie brechen leicht. Hierzu gibt es sogar Forschungen über Afrikaner und Europäer, die belegt wurden mit Röntgenaufnahmen. Bei beiden Untersuchungen zeigten die Röntgenbilder die gleiche Stufe der Entkalkung. Somit ist die Osteoporose bei den Afrikanern und auch bei den Europäern gleichermaßen nachweisbar. Aber ein Unterschied besteht darin, dass bei den Europäern der Knochen bricht, bei den Afrikanern jedoch nicht bricht. Tatsächlich ist bei Osteoporose das Hauptproblem der Knochenbruch oder die Gefahr des Knochenbruches. Man macht irgendeine ungünstige Bewegung und schon bricht der Knochen. Man darf gar nicht mehr in dem natürlichen Maße den Körper einsetzen, weil die Gefahr des Knochenbruches besteht. Somit ist dem Kranken jenes dramatische Verhältnis auferlegt, dass er krank ist, sich krank fühlen muss und seine Aktivität um des Körpers willen verringern muss. Die Inaktivität bringt aber viele weitere Probleme, und sie stört den natürlichen Licht- und Heilprozess. Dies kann ein kleines Beispiel verdeutlichen. Wenn man einen Zweig im Frühjahr nimmt, wenn der Saft hineinsprießt, dann ist er elastisch, er bricht nicht so leicht. Nimmt man jedoch den gleichen Zweig im Herbst oder im Winter, wenn es kalt ist und wenn die Säfte nicht mehr richtig hineinfließen, dann wird er um so leichter brechen. Das Problem bei der Osteoporose ist das Brechen. Es ist ein Problem, dass diese Dynamik, diese Kieseldynamik nicht mehr richtig hineingreift, und der Knochen damit nicht mehr die nötige Elastizität besitzt. Er bekommt eine ganz fein abgestimmte andere Konsistenz. Das Problem bei der Osteoporose ist auf jeden Fall nicht ausschließlich ein Kalkproblem und auch weniger ein direktes Hormonproblem, sondern es ist darauf zurückzuführen, dass der Lichtstoffwechsel nicht richtig hineingreifen kann; der Lichtstoffwechsel, der über die Jahre hinweg schon

Der Lichtstoffwechsel wird durch rechte Aktivität gefördert

geschwächt ist und sich somit aus dem Leibe zurückzieht. Das zeigt sich daran, dass die Alterungskräfte, die mehr abbauenden Kräfte überhandnehmen. Es fehlt das Wesen, das den Menschen trägt, das ihn geschmeidig emporzieht, es fehlt die aufbauende Substanz, es fehlt das Ätherische. Aber dieses Ätherische kennt man in der Medizin zu wenig und deshalb macht man genau das Gegenteil, dass man mit Kalk behandelt. Man versucht den Kalk durch Vitamin D, das ist der Mobilisator des Kalkes, in die Knochen hineinzutreiben. Indem man mit Kalk behandelt, kann man vielleicht einigermaßen noch eine Stabilisierung erreichen, aber das Problem kann nicht wirklich von Grund auf geheilt werden, denn es ist der Äther damit sogar noch mehr aus dem Knochen herausgetrieben. Je mehr der Kalk hineingetrieben wird in den Knochen, desto mehr treibt es den Äther heraus. Oder sagen wir es anders herum: Je mehr wir das Element des Kalkes hineintreiben, den Kalkstoffwechsel mobilisieren, um so mehr treiben wir eigentlich den Alterungsprozess voran, was sich auch darin zeigt, dass der Kalk in alle Richtungen geht, in die Arterien beispielsweise, ins Gehirn, in die Herzkranzgefäße, dorthin, wohin er eigentlich nicht gehen soll. Der Kalk wird ungünstigerweise durch die Therapie in den Körper und auch in das Bindegewebe hineingetrieben, und er macht den Menschen mit der Zeit zu einem reinen irdischen Bürger, während das Lebenselement, das lebenserkraftende Bewusstsein nicht mehr zur Entfaltung kommen kann. Durch die Therapiearten im herkömmlichen Sinne wird der Lichtstoffwechsel sogar noch weiterhin geschwächt.

Die Frage, die sich in der weiteren Betrachtung ergibt, ist nun jene, dass wir zu klären versuchen, wie der Lichtstoffwechsel zustande kommt. Wie geschieht eigentlich dieses Hineingehen des Lichtes in den Körper, oder wie steht unser Leib in Verbindung mit dem Licht außerhalb? Wir tragen Licht in uns, und dieses Licht kann sich darin äußern, dass wir vielleicht zu einem Menschen sagen, in ihm ist eine lichte Natur, und zu einem anderen Menschen sagen wir, in ihm ist eine dunkle Natur. Die eine Natur verschluckt mehr das Licht, während die andere Natur das Licht ausstrahlt. Da dieser geheimnisvolle Lichtstoffwechsel im Leibe nicht passiv lebt, muss er ständig durch eine rechte Aktivität gefördert werden. Wenn sich das Licht von außen kommend zu dem inneren Licht im Übermaße abschirmt, gibt es Probleme. Und diese Probleme kennen wir in Form von Krankheit, und wir kennen sie auch in Form von jener Isolation, die wir gerade im Depressivsein oder allgemeinen Abgegrenztsein erleben. Das Licht darf weder zuviel noch zu wenig assimiliert werden. In der Wirklichkeit der Betrachtung ist es aber vor allem der gebende und ausstrahlende Aspekt des Lichtes oder die Gedanken, die Lichtkräfte sind, die durch Aktivität gefördert werden müssen.

IX
Die Einzigartigkeit des Seelen-Lichtprozesses

Studieren wir den Lichtstoffwechsel einmal weiter. Das Licht scheint auf die Pflanzen hernieder, es scheint hernieder beispielsweise auf die Blumen, auf den Ackerschachtelhalm und auf das Getreide, dieses nimmt ganz besonders das Licht auf. Das Getreide ist eines der lichtreichsten Nahrungsmittel, das es überhaupt gibt. Das Licht scheint hernieder und webt geheimnisvoll die Substanz in den Pflanzen aus. Wenn wir dieses Lichtwirken näher analysieren oder uns näher bewusst machen, dann werden wir feststellen, dass in der Natur zwei großartige Kräfte zusammenkommen. Diese zwei großartigen Kräfte wollen wir einmal ganz genau betrachten. Es gedeiht der Pflanzenprozess von unten, vom Boden und strebt nach oben. Und das Licht kommt von oben schwerelos dem Pflanzenprozess entgegen. So haben wir ein zentrifugales, von unten nach oben wirkendes oder expandierendes Pflanzenprinzip und ein zentripetales, von oben nach unten wirkendes Lichtprinzip. Dieses Lichtprinzip trifft ganz genau zusammen an der Peripherie, das ist der Berührungspunkt an der Grenze der Pflanze. An diesem Berührungspunkt sehen wir, wenn wir die Pflanze betrachten, sie näher wahrnehmen, dass diese Pflanze sich immer mehr durch das von oben herabkommende Licht begrenzt. Das Licht begrenzt diese Pflanze. Würde das Licht nicht herniederscheinen – angenommen wir könnten uns das vorstellen, das ist zwar jetzt ein recht suggestiver Vergleich, aber stellen wir uns dies einmal vor –, dann würde die Pflanze unendlich wachsen, sie würde immer weiter und unendlich in den Kosmos sprießen. Die Pflanze wäre dann vergleichbar mit dem unorganisierten Wachstum der Krebszellen. Sie würde immer vitaler werden. Sie würde wahrhaftig wuchern, wenn an ihr nur die vitalen, expansiven Kräfte aus der Erde ihr ausschließlicher Antrieb wären. Das vegetative Wachstum bliebe ohne Halt, Gestalt und Grenze. Das Licht aber zentriert das vitale Wachstum präzise und weise. Dieses Licht, das von oben herabscheint, wird an der Peripherie in einem exakten, intelligent abgestimmten Prozess gestaltet. Und es nimmt die Pflanze durch die Photosynthese das Licht in sich hinein. Aber es ist nicht wirklich die Pflanze vom Licht und von der Wärme selbst geleitet, sondern sie nimmt nur diese Kräfte in ihr Inneres hinein und gestaltet diese Kräfte in bestimmte Substanzen um. Wenn wir diese Grenze einmal in der subtilen Wahrnehmung und Vorstellung nehmen von Materie und Licht, sehen wir jenes Geheimnis, das wir in der Naturschöpfung bezeichnen können als das Einzigartige. Wir können es nicht treffender bezeichnen als diese weise Intelligenz, diese hohe Weisheit der Einzigartigkeit. Wir sehen Weisheitskräfte wirken gerade an diesen feinsten Berührungspunkten, wo Licht und Pflanze zusammenkommen. Es ist damit das Einzigartige in der Pflanze ein typisches Zeichen der apersonalen und doch ewigen, verhüllten Individualität der Schöpfung, der göttlichen Ästhetik, der unnachahmbaren Schönheit der Schöpfung. Die Pflanze wird immer schön sein, ob es sich um eine Brennessel handelt, um einen Ackerschachtelhalm, um ein Getreide oder auch um irgendein anderes Pflanzenwesen. Es wird immer gezeichnet sein von Einzigartigkeit. Man wird niemals das ganz gleiche Phänomen vorfinden, es wird immer ein Einzigartiges wirken, das eben gerade an diesen weisen Berührungspunkten sichtbar wird.

An der Peripherie des Blattes oder der Blüte stößt das Licht auf die Materie. Wir haben das gleiche auch bei uns, wenn wir im Leben stehen. Wir gehen hinaus ins Leben, und das Licht kommt auf uns hernieder, es stößt auf uns hernieder und wir reagieren auf das Licht. Wenn wir jetzt zuviel Licht zu uns nehmen, uns in den Höhenlagen zu lange befinden, in den Bergen zu lange der Strahlung aussetzen, dann werden wir es vielleicht mit Problemen zu tun bekommen wie mit einem Sonnenbrand oder einfach mit unangenehmen Reizerscheinungen. Ein Übermaß an Licht kann der Körper nicht mehr nach innen aufnehmen. Aber das Geheimnis des Lichtstoffwechsels kann nicht darin bestehen, dass man sich nur beständig dem Licht von außen aussetzt. Von außen haben wir sicherlich genügend Licht zur Verfügung. Die Arbeitsräume sind im Vergleich zu früheren Zeiten viel heller. Viel größere Fenster gibt es in den Neubauten. Das Wohnzimmer baut man mit größten, lichtoffenen Fenstern, so dass das Einfallsspektrum des Lichtes viel größer ist. Man kennt das eigentlich gar nicht mehr, dass man in der Kammer sitzt mit einem nur ganz kleinen Fensterchen, in dem man ohne künstliches Licht kaum einen Brief schreiben kann. Das war früher in den Altbauten noch der Fall. Aber heute sind die Räume viel lichtreicher. Heute haben wir allgemein auch viel mehr Möglichkeiten, uns in die Höhenlagen zu begeben und uns dem Licht auszusetzen. Es scheint also dieses Problem des Lichtes nicht ein Problem der äußeren Aufnahme zu sein. Es erscheint sogar im Gegenteil: das Licht können wir nicht in uns unmittelbar aufnehmen. Aus diesem Grund berühren wir ein zentrales menschliches Seelenproblem, das in der aufsteigenden Entwicklung immerfort eine wichtige Bedeutung einnimmt. Das Licht schirmt den Leib vor schädlichen Einflüssen ab oder der Lichtstoffwechsel wirkt wie eine Hülle, und diese schützende Hülle ist auch um die Organe gekleidet. Beispielsweise ist um die Leber oder um die Nieren oder um alle weiteren Organe ein feiner Lichtstoffwechsel gezeichnet. Dieser Lichtstoffwechsel schützt das Organ. Wenn das Licht in der feinsten Verteilung und Zirkulation das Organ nicht schützen kann, dringen Fremdkräfte vor, und es kommt zu einem Krankheitsbild, das man als ein zu starkes Bewusstwerden in Form von

Schmerz, Entzündung oder Insuffizienz bezeichnen kann. Das Bewusstwerden der Organe äußert sich ganz besonders in dem klassischen Krankheitsbild der vegetativen Dystonie, das ein häufiges Krankheitsbild unserer Tage ist. Wenn der Lichtstoffwechsel an der Haut nicht mehr richtig funktioniert, kommt es auch gern zu allergischen Reaktionen oder zu Empfindlichkeitsreaktionen.

Der Lichtstoffwechsel, der im menschlichen Organismus nicht nur ein von außen kommender, sondern auch ein seelischer, von innen heraus wirkender, einzigartiger, persönlicher Strahlprozess ist, könnte mit einem anderen Wort ausgedrückt werden und damit als realistisches Leben und Wesen verständlich werden. Der Lichtstoffwechsel ist der reine Gedankenwille oder auch der reine Gefühlswille. Es ist mehr der freie Gedanke in der Konzentration. Der reine Gedanke führt zu reinen Empfindungen, er befreit die Empfindungen und bringt ein Wahrheitsbewusstsein mit einer unverkennbaren, eindrucksvollen Strahlkraft. Wenn beispielsweise die spirituellen oder imaginativen Inhalte aktiv selbst durchgedacht werden und die Gedankengänge freier von Reflektionen stattfinden, wird man jene bedrückende Schwere der Zeit verlieren und Leichtigkeit gewinnen. Die Ursache für diesen gestörten Lichtstoffwechsel liegt immer in einer entglittenen, überladenen oder von Sorge bedrängten Gedankenbildung. Wenn wir den Lichtstoffwechsel anregen wollen, dann müssen wir durchaus einmal die Hilfe der Ernährung nehmen. Hier stoßen wir auf einen Hintergrund, der heute in der Tragweite zu wenig bekannt ist und dadurch zu einem leidlichen Thema geworden ist. Die Betrachtung soll einmal auf das unwägbare Wesen des Lichtes, das in den Nahrungsmitteln ist, fallen.

X

Förderung des Lichtstoffwechsels durch Nahrung

Das allerlichtreichste Nahrungsmittel ist, wie schon erwähnt wurde, das Getreide. Es enthält jene ausgewogene Substanz, es gibt Kohlenhydrate, den Vitamin-B-Komplex und ziemlich ausreichend Mineralstoffe. Die meisten Mineralien sind enthalten, bis auf den Kalk. Der Kalk ist in der Regel zu wenig im Getreide enthalten. Das Getreide selbst wäre fast ausreichend, wenn man es als das ausschließliche Grundnahrungsmittel wählen und damit den Fleischkonsum, Eierkonsum und sogar zu einem gewissen Grad die Milch ersetzen würde. Nun ist aber die Forschung in ihrer Beurteilung leider nicht auf das Licht spezialisiert, sondern nur auf die materiellen Substanzen, deren physiologische Wirkungsweisen und Reaktionen. Neben manchen Unverträglichkeiten und

Verdauungsschwierigkeiten stellt man heute nach dem Getreidekonsum die Diagnose der Übersäuerung. Der ganze Organismus wird durch die Getreidekost allzuleicht übersäuert. Obwohl das Getreide das wichtigste Grundnahrungsmittel ist, beginnt es nachteilige und sogar krankmachende Reaktionen im Körper zu verursachen. Besonders die Gerste und die Hirse, die die kieselreichsten Pflanzen sind, rufen saure Reaktionen hervor. Die Übersäuerung ist ein Zeichen, dass das Zusammenwirken von dem, was wir hineinführen, nicht mit dem Ausgerichtetsein des Lebens übereinstimmt. Es ist nicht deshalb, weil das Getreide ein schlechtes Nahrungsmittel wäre. Das Getreide war seit undenklichen Zeiten immer das Hauptnahrungsmittel, es war das Brot des Lebens, bevor es zu diesem übermäßigen Konsum von Fleisch und so viel eiweißhaltigen Nahrungsmitteln gekommen ist. Die Übersäuerung kommt heute deshalb zustande, weil die mentale Ausrichtung und die innere Zielsetzung des Bewusstseins in eine materielle Richtung gleiten. Man kann sich den Kiesel und das Licht nicht allein durch die Nahrung einverleiben, es bedarf dazu einer mentalen und inneren Aktivität. Diese Aktivität bezeichnen wir als die schöpferische Erkraftung, und sie ist bezeichnend für Yoga. Die Nahrung ist aber dennoch ein wichtiger Teil, der die Grundlage zur Entfaltung von schöpferischen, reinen und weiten Gedanken gibt.

Wenn wir sehr viel Obst essen, wird damit auch sehr viel Licht in den Körper aufgenommen. Dieses Licht lebt substantiell wie eine physische Nahrung weiter, aber der Körper kann es dennoch nicht immer benützen. In dem Falle, in dem der Leib das Licht nicht wirklich assimilieren und eingliedern kann, übersäuert er. Eine Übersäuerung ist praktisch immer das Zeichen einer Überforderung. Je nachdem, wie man in der gedanklichen und aktiven Beziehung zum Leben steht, wird man mit Säuren reagieren. Und die Übersäuerung kommt in dem Falle, weil das Licht und die Substanz des Getreides von der Dynamik her noch nicht hineingegliedert werden kann. Der Stoffwechsel wird zu stark mit dem Nahrungsmittel überfordert. Deshalb muss man mit einer langsamen Kost beginnen. Das Getreide ist das am schwierigsten zu bewältigende Nahrungsmittel, denn es ist unmittelbar seelische Nahrung. Fehlt aber das Vermögen zu einer schöpferischen, freien und aktiven Bewegung in der Seele, fehlt die Fähigkeit, wie wir bereits sagten, von einem reflektierenden Denken, *vicāra*, zu einem unterscheidenden Denken, *viveka*, zu kommen, dann kann man in der Regel das Getreide nicht richtig verwerten. Somit haben wir es mit einer Übersäuerung zu tun.

Bei der Rohkost ist dies etwas anders gelagert als bei der Getreidekost. Bei der Rohkost stärkt man die Peripherie, vor allem die Haut. Man stärkt die Kieselbildung an der Haut. Wenn jemand Erfahrung hat in der Rohkost, im Rohkostessen oder auch in der Rohkosttherapie, dann wird er feststellen, dass derjenige, der drei Wochen lang Rohkost isst, viel Obst, viel rohes Gemüse, Salate, außergewöhnlich stark strahlt. Er strahlt direkt von der Haut ausgehend. Er verliert auch das Bedrücktsein, die Augen beginnen zu leuchten. Gerade bei Arthritis oder Arthrose kann man durch Rohkostkuren unglaublich gute Heilerfolge erzielen. Die Rohkost aber ist nicht unbedingt die günstigste Form, um den Lichtstoffwechsel zu bereinigen. Das Rohkostessen der vergangenen fünf Jahre, das zu einem Trend der Zeit gewachsen war, hat sich dann immer mehr als Illusion herausgestellt. Es fehlt die Wärme. Durch Rohkost wird das Licht enorm stark nach außen motiviert. Eine neue Spannkraft entsteht im Körper, die Glieder sind nicht mehr müde und die Augen nicht mehr beschwert. Der Einzelne aber bringt bald keine Wärme mehr hervor, und die fehlende Wärme führt ihn mit der Zeit wieder zum Kranksein, denn er braucht neben dem Licht auch Wärme. So braucht er gekochte Nahrung, weil die gekochte Nahrung ihm mehr Wärme in den Gliedern und im Stoffwechsel vermittelt. Vor allem das Feste, das Eiweißreiche, die Kohlenhydrate, besonders im Getreide, geben ihm Wärme. Die Ernährung ist eine wichtige Grundlage, damit sich schließlich die so wesentliche mentale und innere Aktivität einer schöpferisch-produktiven Auseinandersetzung entwickeln kann, die dem Weg zu *viveka* entspricht und die allgemein mehr Bewusstheit, Freude und Leichtigkeit im Leben gewährt.

Dieser Lichtstoffwechsel, der beispielsweise durch die Nahrungsauswahl eine Grundlage erhalten kann, sollte von einem Arzt oder Therapeuten studiert werden. Dieses Studieren, Nachsinnen und Forschen nach Wahrheit bahnt das Denken besser von *vicāra* zu *viveka*, von passiven Reflektionen zu aktivem Erkennen. Für den Kranken ist aber dieses Studium selbst ein unmittelbarer Weg zu einem heilsameren und erkraftenden Niveau. Gerade bei all jenen gegenwärtigen »kalten« Krankheiten fehlt der »warme« Teil der schöpferischen Gedankenbildung. Ein Studium in der Lebendigkeit und im Geistbeseeltsein entfacht den Lichtstoffwechsel oder den Stoffwechsel und die Wärme im Gedanken. Wer krank ist, sollte deshalb in erbauendem Maße dieses geistig-spirituell orientierte Studium beginnen.

Eine Seelenübung zur Erkenntnis der Lichtätherkräfte

Liebstöckelkraut

Kartoffelpflanze

Man betrachte eine Pflanze wie beispielsweise das Levisticum, das Liebstöckelkraut, mit den Gedanken:

Ist die Pflanze für die umgebende Sphäre geöffnet, ist sie mir und dem Kosmos entgegenatmend, entgegenwirkend? Mit dieser Frage im Gedächtnis ruht der Blick auf den Blättern für einige Minuten, bis eine lebendige, kontemplative Impression mit einer möglichst genauen Erinnerung an die äußere Form und Gestalt entsteht. Dann schließe man für eine halbe Minute die Augen und lasse das Bild in der gedanklichen Erinnerung erneut entstehen.

Bei dieser Übung spürt und fühlt der Betrachter die Lichtätherkräfte, indem er die Pflanze in der kosmischen Offenheit oder in der Verschlossenheit erlebt. Bei der Kartoffelpflanze äußert sich bald eine Empfindung von Zurückgezogenheit in die eigene Vitalität, der Betrachter fühlt die Morphologie der Gestalt wie eine umgestülpte Schale, während er beim Liebstöckelkraut die Form wie eine auch ein Ausdruck von der Kraft des Abwehrsystems; deshalb wird dem Fieber eine ganz wichtige und wesentliche Bedeutung beigemessen. Je mehr der Körper fiebrig reagiert und mit durchaus vielleicht heftigen Reaktionen sogar reagiert, um so mehr ist das Immunsystem aktiv. Dieses aktive Immunsystem wehrt damit einen Fremdkörper – und eine Geschwulst ist ein Fremdkörper – besser ab. Ist dagegen diese Reaktionsfähigkeit herabgesetzt, so kann der Organismus diesen Fremdkörper nicht mehr bewältigen, und wenn wir dies in einem Zusammenhang sehen, kann er ihn vielleicht auch gar nicht mehr als Fremdkörper identifizieren.

Ein recht deutliches Symptom ist auch eine Art des Gleichmütigseins, die entsteht, wenn die Individualität, die Reaktionskraft und die Spannkraft herabgesetzt sind. Diese Art des Gleichmutes zeigt sich in einer oftmals sensitiven Anlage, aber in einer Form, die man als ein Fehlen von Angst bezeichnen kann. Es sind zwar Ängste vorhanden, aber es sind nicht mehr die typischen Ängste, die auftreten. Es gibt auch beispielsweise ein Erkennungszeichen: der typische Hypochonder, der krankhaft Eingebildete, der bei jeder Kleinigkeit, der bei jedem kleinen Schmerz sofort alle nur erdenklichen Schwersterkrankungen vermutet oder wahrnimmt, der eigentlich ohne Notarzt schon gar nicht mehr auf die Straße gehen möchte, der typische Hypochonder ist niemals von einer malignen Krankheit überfallen, denn er hat noch eine reaktive Angst, die zwar eine Phobie ist, eine wirklich neurotische Angst, aber diese zeigt seine lebendige, wache kontaktfähige Reaktionsbereitschaft. Er hat noch ein starkes Symptom von Angst und Einbildung, die ihn in der Aufmerksamkeit des Immunsystems gegenwärtig hält. Und da er diese aufwallenden Ängste hat, ist er in seinem Immunsystem auch ständig wachsam, er ist ständig bereit zur Abwehr. Er wird die Krankheit, schon bevor sie überhaupt auftritt, diagnostizieren. Er wird durch seine Phobie also schneller sein als der Gedanke ist, und somit hat die Krankheit keinen so rechten Platz in ihm. Wenn aber jener eigentümliche und müde Gleichmut eintritt, jene herabgesetzte Spannkraft in der Psyche und auch in der Empfindsamkeit, in der Erregbarkeit der Nerven, wenn diese Kondition, diese Zustandsform einmal eingetreten ist, dann ist es immer sehr kritisch, denn es ist damit auch eine gewisse Lebensresignation gegeben. Es ist keine wirkliche Depression, sondern eine Art schlafende Lebensresignation, eine schlafende Depression, die in den Leib hineingleitet und die sich nicht mehr in den verschiedenen Formen der Angst erlebt, die die Angst als psychisches Symptom gar nicht mehr hervorbringt. Wohl sind die Ängste und die vielen Formen des Traurigseins gegeben, aber es sind nicht mehr die richtigen lebendigen Gefühle der Angst. Die Angst ist in Form eines müden Gleichmutes eine Stufe in den Leib hineingeglitten.

Es gibt viele Symptome, die mit der Zeit diese Lebensresignation erkennen lassen oder die diesen wunden Punkt, der in der Entwicklung unweigerlich bei fast jedem Menschen einmal eintritt, verdeutlichen. Man sieht es an den Augen, an der Strahlkraft der Augen. Die Augen haben nicht mehr diese wache Feuerkraft, sie zeigen etwas nach innen Gekehrtes, sie verlieren ihr Leben, sie verlieren ihr Licht. Der ganze Körper verliert seine Spannkraft, er verliert sein Getragensein, seine natürliche Aufgerichtetheit. Die Haut des Körpers ist nicht mehr so reaktiv, wie sie normalerweise sein soll – wenigstens in den meisten Fällen, nicht immer. Sie hat keine wirkliche Kontaktbereitschaft, sie ist fahl oder einfach mehr körperlich, ohne pulsierendes Blut und ohne schwingende Nerven, es fehlt das Durchlichtetsein der Haut, es fehlt die Lebendigkeit der Farbe. Wohl hat sie Farbe, doch fehlt die Lebendigkeit der Farbe, es fehlt die Spannkraft, die Wärme, die richtige Kommunikation in der Haut.

Dies sind Zeichen, die man allgemein in einem mehr oder weniger großen Maße eigentlich immer beobachten kann. Immer ist in der psychischen Situation zu erkennen, dass eine bedrückende Last den Stoffwechsel herabmindert, das Willensleben damit herabmindert, einschnürt und somit die Perspektive, die Weite im Leben verlorengeht. Wenn der Stoffwechsel herabgemindert wird, dann wird auch die Willenskraft des Menschen geschwächt, denn Wille und Stoffwechsel sind in sich identisch. Auch das Immunsystem und die Abwehrfähigkeit hängen sehr stark mit diesem Stoffwechselgeschehen zusammen, das im Wesentlichen im Bauchraum und in den wärmenden Organen veranlagt ist. Der Stoffwechsel hängt also ganz wesentlich zusammen mit der Fähigkeit des Willenseinsatzes.

Weiterhin begleitet eine zunehmende Müdigkeit den Tag, und die Nächte lassen keinen richtigen tiefen Schlaf mehr zu. Obwohl es viele verschiedene Formen der Schlaflosigkeit gibt und Formen der Müdigkeit, die den Tag prägen, so ist bei demjenigen, der im präancerösen Stadium ist, eine oft auffällige Willenserschlaffung und Lebensmüdigkeit erkennbar.

III

Die vermeintliche Gesundheit im Festhalten der jugendlichen Vitalität im idealistischen Denken

Dieses Geschehen kann nun etwas tiefer verfolgt werden. Die Betrachtung kann von der sichtbaren, äußeren Begutachtung der Umstände, der körperlichen wie auch psychischen Umstände, nun eine Stufe tiefer in das unsichtbare Geschehen hinein verfolgt werden. Hier, in diesem unsichtbaren Geschehen der mehr feineren Leiber, äußert sich wieder eine ganz typische Situation, die charakteristisch ist für das Entstehen eines degenerativen Zellwachstums. Wenn man diese innere Situation studiert, wie die feinstofflichen Leiber zusammenhängen, so muss man den Menschen in seiner ganzen Art und Weise des Lebens betrachten, und man muss vor allem den Blick auf verschiedene Kräfteströmungen richten. Diese verschiedenen Kräfteströmungen äußern sich in einer Art der Lebenszielsetzung, Lebensführung, Lebensmeisterschaft. Diese Beobachtung sei einmal auf drei Hintergründe bezogen:

Eine seelisch-geistige Entwicklung schreitet Jahrsiebt für Jahrsiebt in unterschiedlichen Rhythmen voran. Das erste Lebensjahrsiebt bringt zuerst einmal rein körperliches Wachstum und eine Ausbildung der ganzen Bewegungsanlage, die Willensanlage des Kindes. Das zweite Lebensjahrsiebt bringt schon eine erste direkte Lernfreudigkeit, eine schon bewusste Lernfreudigkeit, eine bewusste Identifikation auch mit der Umwelt. Das dritte Lebensjahrsiebt bewirkt oder bringt eine Spannkraft, ein Weitwerden der Willensfähigkeit und der Gedankenbildung, eine eigene Schöpferkraft, eine intensive Schöpferkraft hinein in das Leben. Das vierte Lebensjahrsiebt bringt wieder mehr ein Bewusstsein für die Umwelt und für Religion, für höhere Gesetze; der junge Erwachsene wird aufmerksamer auf sein soziales Umfeld, auf seine Mitmenschen, und er gewinnt auch erstmals eine bewusste Empfindung für die göttliche Allmacht. Im fünften Lebensjahrsiebt kommen dann stärker die Bewusstseinsvorgänge, die zur Gedankenbildung und schließlich zur schöpferischen Gedankenbildung dann im sechsten Lebensjahrsiebt weiter beitragen.

Im vierten Lebensjahrsiebt ist schon leise ein Ende des körperlichen, vitalen Wachstums zu erkennen. Eine typische Beobachtung ist es jetzt, dass die Tendenzen, die in der Jugend noch natürlich sind, von Sport, Spannkraft, vitalem Ehrgeiz, von sinnlicher Lebensgestaltung, eifernden Wettkämpfen, dass diese in späteren Jahren, also beispielsweise im vierzigsten Lebensjahr, nicht mehr angebracht sind. Denn im vierzigsten Lebensjahr wird der Einzelne reifer, er gewinnt eine ganz andere Einordnung und Sicht für das gesamte Leben. Wenn jemand im dritten Lebensjahrsiebt, das ein mehr impulsives, sinnliches, leidenschaftliches Wesen in sich trägt, ganz beheimatet bleibt und die Reifetendenzen, die Bewusstseinsentfaltungsvorgänge von späteren Lebensjahrsiebten dadurch nicht mehr richtig ausgestaltet, nicht mehr richtig erlebt, dann ist er durchaus für die Lebensmeisterschaft recht gut ausgerüstet, denn er lebt seine Sinnlichkeit noch bis ins hohe Alter hinein. Er lebt etwas Jugendliches, etwas Wetteiferndes, etwas Einfaches und somit Expansives. Dieses wetteifernde Prinzip sieht man bei vielen Menschen heute überdeutlich; man sieht es bei Menschen mittleren Alters und auch bei älteren Menschen. Die Sinnlichkeit oder die Sexualität ist nicht in eine wirkliche Ordnung gekommen, sondern sie ist immer noch die erste Antriebskraft auf elementarer, primärer Stufe geblieben, denn gerade das dritte Lebensjahrsiebt ist das leidenschaftliche Lebensjahrsiebt. In späteren Jahren soll aber dieses Leidenschaftliche nicht mehr auf dem Plan vordergründig stehen, sondern durch höhere Gedankengänge, durch höhere Verantwortung, Religion, Weisheit und durch Erkenntnis der schöpferischen Natur und Erde eine Überwindung oder wenigstens eine rechte Zurückweisung und Eingliederung ins Leben erhalten. Da dies aber ganz häufig nicht der Fall ist, leben Menschen ihr leidenschaftliches Gemüt, ihr begehrendes Wollen, ihr egozentrisches Ideal bis in späte Jahre hinein, und dadurch behalten sie einen Wärmeorganismus. Sie behalten ein Feuerelement. Dieses Feuerelement ist aber nicht das beste Zeichen, weder für Ethik noch für Religion und höhere Gestaltung. Es macht jedoch den Menschen tatsächlich gesund oder erhält ihn wenigstens für dieses Leben gesund. Es verhindert das Hereinbrechen einer größeren Identitätskrise. Dies kann man, wenn man sorgfältig das Leben beobachtet, an vielen Erscheinungen unserer Zeit beobachten. Die Sexualität, die Sinnlichkeit oder einfach auch der extreme Materialismus, die Suche nach eigener Bequemlichkeit, die Suche nach eigenen Prinzipien im Leben, die sehr verwandt mit diesem dritten Lebensjahrsiebt sind, diesem doch eigenbezogenen, wesenhaften Bezug, hält den Einzelnen tatsächlich in einer vitalen Spannkraft und damit gesund im Leben. Die Gesundheit ist aber nicht eine wirkliche Gesundheit, sondern sie ist nur durch ein nicht Altwerden oder ein nicht Hergeben des Jugendlichen gekennzeichnet. Sie ist nicht eine wirkliche Gesundheit, und deshalb wirkt sich solch ein Leben für spätere Jahre dann in der Regel immer dramatisch aus. Man könnte jetzt die Forschung weiter anstellen und ein nächstes Leben betrachten, das Leben im Geistigen betrachten, dann wird man hier ganz andere Bilder erhalten, man wird Bilder der Schwäche und des Entsetzens kennenlernen. Es ist nicht der Sinn des Menschseins, dass man seine Jugendlichkeit auslebt; aber wir sehen, wenn wir es beobachten, dass der Einzelne vielleicht durch diese materielle, durch diese gebundene, sinnliche, leidenschaftliche Tendenz des dritten Lebensjahrsiebtes sich mit einem Feuerelement, mit einem damit vitalen Eingebundensein gesund erhält und somit kein Karzinom bekommen kann.

Eine andere Form, wie Kräfte wirken können, ist es, wenn sich der Einzelne ganz viele Ideologien zurechtrichtet und er ein hochgradiger Idealist wird. Der Idealismus hat das Kennzeichen, dass er allzuleicht auch in die Schizophrenie hinübergleitet, in die Psychose, dass er sich durch sich selbst übersteigert und so vom Leben entfremdet, dass er eine Spaltung zum realen, körperlichen, gegebenen Leben bringt. Es ist ein tatsächliches Kennzeichen, dass Schizophrenie und maligne Tumorbildung eigentlich nicht oder ganz selten miteinander anzutreffen sind. Das kommt daher, weil dieses idealistische Denken, dieses ideologienhafte Erleben ebenfalls zu einer Krafttendenz wird und den Menschen durch das Leben trägt – aber eben wieder auf falsche Weise, weil es nicht zur Erfüllung beiträgt, sondern nur zu einer falschen Form des psychischen Materialismus. Der psychische Materialismus in dieser ideologischen, schizoid abgespalteten Form oder allgemein einer ideologischen, entfremdeten Weise lässt den Menschen nicht zu sich selbst kommen und zur Erfüllung seines Lebensgesetzes, seiner wirklichen Pflicht und seiner wirklichen, innersten, reinen, seelischen Aufgabe. Er kompensiert dadurch, und die Kompensation kann tatsächlich wieder diese Paradoxie bringen, dass sie das Leben nicht wirklich in eine maligne Krankheit fallen lässt. Der Idealist, der in seinen vitalen Gedanken lebt, bekommt wohl kein Karzinom.

IV

Der Mensch als Abbild eines geistigen Kräftewirkens

Wir sehen bei weiterer Betrachtung, dass das Leben den unterschiedlichsten Verlauf nehmen kann. Der Körper selbst bringt kein Leben hervor, sondern es sind Kräfte, die am Körper wirken. Dass der Körper kein Leben hervorbringt, sehen wir spätestens dann, wenn wir einmal den abgeschiedenen Körper betrachten, also den vom Geist verlassenen Körper nach dem Tode, nach dem Heraustreten des Geistes. Wenn wir diesen toten Körper einmal wirklich betrachten, dann nehmen wir unweigerlich wahr, dass all diese Kräfte, die Lebenskräfte waren, die dynamisierende Kräfte waren, jetzt herausgegangen sind und eine andere Region einnehmen und der Körper selbst ohne diese Verbindung keine Substanz hervorbringen kann. Er wird zu Erde, er wird zu Staub, er zerfällt in den Boden. Er unterliegt ganz den irdischen Abbauvorgängen und den irdischen

Das geistige Kräftefeld

Eingliederungsvorgängen. Der Geist selbst geht heraus, die Seele, der Geist verlässt den physischen, leiblichen Träger und nimmt die Heimat in den jenseitigen Welten an. Der Geist gewinnt seine Heimat, er gewinnt die Glorie der Erfüllung, da er tatsächlich zu dem wieder wird, zu dem er auch bestimmt ist. Es ist die Betrachtung des Ereignisses des Todes eine der wesentlichsten Studien, um die wichtigste Gesetzmäßigkeit zu erfassen, die unserem Dasein von existentieller Seite zugrunde liegt. Geist und Körper sind miteinander eine Einheit. Sie entfernen sich mit dem Tode wieder voneinander, der Körper nimmt den Weg zur Erde, der Geist nimmt den Weg zum Himmel oder zum Außerirdischen, zu dem, was unfassbar und ewig ist.

Der Glaube, dass der Körper von sich aus den Geist hervorbringt, ist ein heimtückischer Trick des Intellektes. Der Körper selbst kann kein Wachstum hervorbringen. Er kann nicht ohne den Zustrom eines höheren Kräftefeldes, eines geheimnisvollen Ätherfeldes oder eines geheimnisvollen, außerirdischen Astralischen wachsen. Alle Kräfte, die sich am Organismus zeigen und sich in den Organen, im Gehirn, im Nervensystem äußern, sind Kräfte, die vom Geiste, vom Lichte aus kommen und die Gestaltung durch den Organismus finden. Das Organ selbst ist gebildet aus dem Zusammenwirken verschiedener kosmischer, geistiger Ströme, es ist veranlagt und mit einer Summe weiterer Funktionen ausgestaltet. Das Kräftefeld besteht, so lange das Leben besteht; mit dem Abscheiden des Lebens, mit dem Hinübergehen des Geistes in die jenseitige Region und mit dem Abfallen des Leibes in das Diesseitige hört auch sehr abrupt das Kräftewirken zueinander auf. Aus diesen Beobachtungen sehen wir, dass alles, was sich aus dem Körper äußert – scheinbar für unser Auge sich aus dem Körper äußert – in Wirklichkeit eine Äußerung, ein Ausdruck ist von etwas Geistigem, das durch den Körper wirkt und eine Offenbarung, eine Ausgestaltung findet durch die Haut, durch das Angesicht, durch die Glieder, durch das Wesen des Menschen.

Es ist etwas Geistiges, das die Krankheit hervorbringt, und es ist etwas Geistiges, das die Gesundheit hervorbringt. Es ist etwas Geistiges, Existentes, das die Sinnlichkeit hervorbringt, und es ist etwas Geistiges, Wesenhaftes, das die Ideologie hervorbringt. Würde der Mensch im Geiste keine Ideologie empfangen, dann würde er keine Ideologie ausgestalten können, er könnte dann aber auch nicht trennende, schizoide Gefühle entfalten. Und würde er keine Sinnlichkeit aufnehmen, würde er das Wesen dieser ganzen leidenschaftlichen Kräfte nicht in seinen Organismus hineinnehmen, so würde er niemals eine Sexualität hervorbringen. Die Sexualität ist nicht das Endprodukt eines Leiblichen, sondern es ist die Reaktion von Kräften, die den Organismus ergreifen und schließlich in leidenschaftlichem Verlangen, in triebhaftem Drängen sich wieder durch bestimmte Symptome im Körper ausdrücken. Es sind lebendige Kräfte, die der Einzelne aufnimmt.

Der Mensch ist ein Abbild aus unzähligen, unterschiedlichen Kräften. Er ist das Ergebnis einer Summe von Wirkungen, die geheimnisvoll und weise zusammenspielen und ein ganz bestimmtes individuelles, einzigartiges Niveau an der genau genannten Stelle hervorbringen.

V

Die wärmende und heilende Seite der schöpferischen Gedankenbildung

Dieses Studium zeigt uns, dass wir von der seelisch-geistigen Entwicklung verschiedene Möglichkeiten in einem Freiraum wählen können. Wir können uns diversen unterschiedlichen Kräfteströmungen hinwenden. Wir haben die Möglichkeit, dass wir uns mehr idealistischen oder mehr sinnlichen Formen hingeben. Als dritte Möglichkeit, die jetzt als das günstigere Resultat, als das schöpferische Ergebnis genannt werden soll, kann sich der Mensch der Spiritualität, der Pflicht, der Aufgabe, der Sinnbestimmung, der Lebensmeisterung im innersten Auftrag der Seele hinwenden. Diese schöpferische Seite wäre diejenige, die eine Gesundheit in bestmöglichem Maß gewähren kann oder wenigstens, wenn wir es von der logischen Seite her ausdrücken, die in der Konsequenz zu einer Harmonie und Freiheit des Individuums führt.

Diese spirituelle Seite erfordert aber eine beständige Entwicklung des Gedankenlebens, des Bewusstseins. Sie erfordert primär die Zielsetzung und Sehnsucht nach der höchsten Glückseligkeit, nach dem, das der Geist des Yoga als das göttliche *ānanda* bezeichnet. Sie erfordert jeden Tag diese Zielsetzung, und damit fordert sie den Willen auf ein nie versiegbares, unendliches Maß heraus. Auf diesem Wege der Entwicklung erfordert sie schließlich die Entfaltung des Charakters, die Entfaltung der Tugendkräfte und vor allem erfordert sie die Überwindung von Gewohnheiten, Routinen, Hindernissen und Problemen – sie erfordert eine beständige Meisterschaft im Werden zu einem größeren Selbst. Da dieser Weg immer von vielen Geschicken und Missgeschicken, von vielen heimtückischen Fallen begleitet ist, kommt es sehr oft vor, dass ein Stranden stattfindet, eine Krise stattfindet, aber eine Auswegsuche sowohl in rein vitale, leidenschaftliche Ebenen schon nicht mehr als sinnvoll oder als nicht mehr erwünscht erscheint und auch ein Ausweg in bloße Ideologien ebenfalls als Irrtum erkannt wird. Schließlich bleibt auch hier an dieser Stelle erwähnenswert, dass sehr viele Menschen in unserer Zeit ihren Willen unabhängig von allen positiven oder negativen Richtungen, die er nehmen kann, noch gar nicht entfaltet haben. Das Leben, das ein einzigartiges Kampffeld um eine Höherentwicklung ist, hat für viele Menschen noch gar nicht begonnen, und deshalb entsteht durch eine Art chronische Willensunterforderung eine chronische Lebensmüdigkeit. Wenn dieser Krisenpunkt eintritt, stellt sich die Frage: Wie kann der weitere Weg entstehen? Hier an diesen Krisenpunkten, an dem der Wille zu dem ewigen göttlichen *ānanda* erschlafft, zeigen sich dann die größten Belastungen von der Gesundheit, hier zeigen sich die heftigsten Kräftewirkungen, die den Einzelnen ergreifen können und krankmachend stürzen.

Diese Beobachtung des Lebens nimmt einen Ausgang durchaus einmal an dem Sichtbaren und führt uns mit der Zeit zu einer Anschauung der verschiedenen Gedankenkräfte; sie führt uns mit der Zeit zu einer Erkenntnis des inneren Wesens, der innersten Situation, die vorliegt. Sie führt uns auch zu einer deutlicheren Identifikation, um welche tatsächliche Bestimmtheit es sich in diesem Wesen im Leben handelt. Wir sehen, dass die Gedankenbildung etwas ganz Wichtiges und Notwendiges ist für das Leben. Die Gedankenbildung ist immer mit einem Weitwerden verbunden. Wir können uns Gedanken bilden in – grob gesagt – einer Gier zur Welt, in einer leidenschaftlichen Gier zur Welt, oder wir können uns Gedanken bilden in ausschweifenden, weltfernen Ideologien. Wir können uns aber auch Gedanken bilden über die Wirklichkeit und die Wirklichkeit erkennen, die Wirklichkeit im Sinne einer tieferen Bewusstheit aufnehmen und dieser Wirklichkeit nach bestmöglicher Schöpferkraft gerecht werden. Wir können das *dharma*-Gesetz, das Gesetz unseres Lebens und des schöpferischen Seins allgemein im Leben erkunden, wir können das *sanātanadharma*, das allumfassende Gesetz ergründen, und wir ergründen damit auch unser Gesetz; wir können aber auch das menschliche Gesetz oder unser eigenes Gesetz, das *svadharma* ergründen, und wir ergründen mit unserem eigenen Gesetz oder dem Gesetz unseres Lebens auch wieder das ewige Gesetz. Denn das ewige Gesetz ist auch unser Gesetz, so wie unser Gesetz das Gesetz des ewigen Lebens ist.

Die Gedankenbildung ist ein schöpferischer Vorgang. Der schöpferische Vorgang ist gleichzeitig ein aktiver Wärmeprozess. Er trägt den Menschen, er verschönert oder veredelt den Menschen, er hilft ihm, die Hürden zu überwinden, um sein altes Erbgut, sein vitales Leben einmal hinter sich zu lassen. Dieser Gedankenbildeprozess, der eine Weite und eine Unabhängigkeit, eine Freiheit und eine mutige Lebendigkeit erhalten soll und der sich immer wieder den vielen Prüfungen nach Richtigkeit und Objektivität unterstellt, ist ein so wichtiger Vorgang, da er die tragende Entwicklung unseres Lebens bezeichnet.

VI
Die Hintergründe des degenerativen Zellwachstums aus geistiger Sicht

In der Krankheitssituation einer malignen Geschwulstbildung ist es ein typisches Symptom, dass der Organismus im Überschwemmen und Überwuchern von einem Fremdkörper gefangen ist. Es ist das Zellwachstum in einer ständigen wuchernden Proliferation, in einem ständigen, unkontrollierbaren, ungeordneten Wachstum. Das Wachstum entgleist der natürlichen Ordnung, es verselbständigt sich. Man könnte jetzt versuchen, dieses sich Verselbständigen des Wachstums aus der Degeneration oder aus dem disharmonischen Zellsystem selbst heraus zu erklären und die Ursachen in der Zelle zu ergründen. Man könnte jetzt versuchen, eine Ursache ganz im Organismus selbst zu finden. Aber das wäre dann so, wie wenn man einen toten Körper bearbeitet und aufschneidet und die Ursache für das Leben finden möchte. Denn die Zelle ist ja nur das Endprodukt, sie ist nur dasjenige Produkt, das herausgekommen ist als Resultat eines viel größeren Seins. Die Zelle geht über wieder in die vielen Verwandlungsvorgänge, wenn einmal das Wachstum aus dem Körper gewichen ist. Aus der Zelle können wir die Ursache nicht finden für das degenerative Wachstum. Die Zelle hat sogar etwas in sich, wenn man sie genau nimmt, durch die Lebenssubstanz, die von einer Lebensquelle in ihr liegt, dass sie eigentlich immer wächst. Sie kann sogar zu Wachstum, wenn ihr Lebenssubstanz zugefügt wird, gezüchtet werden, wie manche Versuche gezeigt haben. Man hat sie unter bestimmten Bedingungen im Labor gezüchtet und dann außerhalb des Körpers in vitro durch eine Lebenssubstanz lebendig gehalten, und es hat sich die Zelle dadurch immer wieder vermehrt, und man hat immer die gleiche Krebszelle dann über Jahre hinweg erhalten können. Das ist tatsächlich möglich. Die Zelle allein erklärt aber nicht das degenerative Wachstum.

Der Mensch ist in sich ein einziges komplexes Gebilde, das weise und intelligent zusammenwirkt aus den verschiedenen Kräfteströmungen. Wenn nun diese formbildenden und spezialisierenden wie auch lenkenden Kräfteströmungen aufhören in der Bestimmtheit, wenn sie aufhören, angenommen, so wie vielleicht das Licht der Sonne plötzlich aufhören würde, dann beginnt sich

Naturheilkundliche Möglichkeiten

im Organismus plötzlich eine Lebensmacht zu entfalten, die sich ins Utopische ausweiten möchte; eine Degeneration beginnt sich zu zeigen. Der Vorgang der Kontrolle ist nicht mehr gewährleistet. Das Zusammenwirken aus höheren Kräftesystemen kommt in eine Störung und dadurch kommt dieses inneliegende Lebensquellende zu einem unermesslichen Wachstum, zu einer ständig übergleitenden und überschießenden Auswirkung. Der Organismus ist dann von der Krankheit eines Karzinoms befallen, von einer malignen Geschwulstbildung. Man spricht von einer bösartigen Geschwulstbildung, weil sie sich dann an den verschiedensten Stellen des Körpers plötzlich zeigen kann, sich ausweiten kann und Metastasen bildet. Sie kann, wenn die Malignität sehr groß ist, innerhalb kürzester Zeit den ganzen Körper besetzen, so dass überall im ganzen Körper Geschwulstbildungen, Metastasen sichtbar werden.

Dieses abgeschlossene Zellwachstum ist ein Ergebnis von einer ganz bestimmten Entwicklung, und es liegen dem die verschiedensten Wesensmächte zugrunde, die in diesen abgeschlossenen Prozess hineingeraten. Das Tragische oder das scheinbar so Schwerwiegende für die Therapie und auch für die Diagnose ist es, dass der Fremdherd, dieses Fremde, diese Geschwulst nicht vom eigenen Organismus als fremd erkannt wird und insofern auch vom Immunsystem gar nicht mehr bekämpft wird. Die weise Steuerungskraft des Immunsystems und die formende Führung ist tatsächlich abgerissen. Dennoch sind die Therapien von der Naturheilkunde unbedingt notwendig und in jedem Falle anzuraten. Man kann den Organismus aktivieren, indem man beispielsweise einmal von außen so viel Wärme wie möglich zuführt und den Wärmeorganismus von außen indirekt stärkt. Es ist ein Versuch der Aktivierung des eigenen Wärmeorganismus und damit eine Stärkung der Individualität. Man kann als eine Therapieform versuchen, mit Zytokinen die Information dem Körper wiederzugeben, dass er die kranken Zellen auch tatsächlich als krank erkennt, so dass die Wachheit des Organismus, des Abwehrsystems steigt. Man hat verschiedene sinnvolle Therapien gefunden, die man von außen hereinbringt und die dadurch zu einer Verbesserung, meist auch einer sehr sinnvollen Verbesserung der Gesamtsituation führen. Die Therapien wie Chemotherapie, Strahlentherapie oder Operation sind jedoch passive Eingriffe, die versuchen, diesen Herd gering zu halten, auszuschalten, herauszuschneiden, aber sie sind nicht auf das Wesen des Menschen ausgerichtet und können infolgedessen nicht wirklich die Situation bereinigen. Sie mögen vielleicht unter Umständen die Situation entlasten. Sie mögen den Organismus von Giftstoffen wieder mehr befreien, das ist vielleicht der Wert; aber sie können, das muss man ganz deutlich sagen, sie können keine wirkliche Heilung herbeileiten, weil das Wesen des Menschen, das Wesen des Selbst, des Geistes nicht berührt ist. Und da dieses Wesen des Geistes nicht berührt ist, ist auch die Entwicklung damit noch nicht in eine entsprechende Führung gekommen.

VII

Das Studium der Heilmittel als tiefgreifender Therapieansatz am Beispiel der Birke

Von dieser Sicht aus können wir nun leicht hinüberleiten zu der entscheidensten Frage: zur Therapie. Diese Fragen sind aber vorweg für jede Art von Krankheit notwendig, da sie erst die Richtung für die Therapie weisen. Diese Fragen und diese Art der Diagnose, Begutachtung und Übersicht ist auf jeden Fall etwas ganz Wesentliches, da es den Menschen in der Schwierigkeit der Entwicklung und im Eingebundensein in den verschiedenen Kräfteverhältnissen des geistigen Lebens, des allumfassenden Weltengeistes zeigt. Die Therapie für diese doch schwerwiegende Krankheit, die auch immer mit einer Erbbelastung des Organismus zusammenhängt oder auf jeden Fall mit einer entsprechenden, schon konstitutionellen Anlage einhergeht, wird sehr schwer sein. Die Therapie für eine Krankheit, die so in diesem Lebensleib liegt, erfordert deshalb eine große Sorgfalt. Eine Erkältung kann man leicht therapieren. Sogar eine Pneumonie, eine Lungenentzündung, kann man relativ leicht mit den heutigen Methoden therapieren, aber auch früher konnte man mit diesen Krankheiten viel leichter umgehen, man musste nur verschiedene Vorsichtsmaßregeln treffen. Eine Krankheit in dieser Form aber, die im Lebensgebilde sitzt und aus den Zellen scheinbar selbst entsteht oder, richtig gesagt, die Zellen sich verselbständigen lässt, ist etwas sehr Schwieriges, und damit bedarf es einer außerordentlichen Sorgfalt. Gleich welche Methoden man sich allgemein aneignet, ob man jetzt eine schulmedizinische Therapie zu einem gewissen Grad einschaltet oder ob man mehr ein Naturheilverfahren, eine entsprechende Ernährungstherapie zusätzlich zu der Operation einleitet, das ist jetzt für unsere Betrachtung nicht das Wesentliche. Für unsere Betrachtung ist die Entwicklung der Seele das Wesentliche. Auch die verschiedenen Naturheilverfahren sind ja nur als eine Begleithilfe, als eine unterstützende Hilfe, als eine Konditionsverbesserung zu verstehen, aber nicht als letztendliche Antwort auf die Heilung.

Die Heilung selbst bedarf eines seelischen Ansprechens und eines seelischen Wachwerdens. Hierzu einmal ein kleines Beispiel: Wir haben die Möglichkeit, dass wir die Naturheilkunde benützen, und sie ist eine gute Möglichkeit, das leibliche Wohl, die leibliche Kondition zu stärken. Wir können die verschiedensten

Betrachtungen zur Birke

Pflanzen als Tee oder als bestimmte Zubereitungen zu uns nehmen. Mit den Pflanzen ist immer eine Anregung des Organismus, eine Anregung bestimmter Kräftefelder oder eine Unterstützung verschiedener bereits schwächerer Bereiche verbunden. Dadurch hat das leibliche Niveau eine bessere Ausgangsbasis. Man kann diese unterstützende Therapie entweder per Injektion zuführen oder per Tee, per Tropfen oder indem man sie einfach über die Verdauung zu sich nimmt; das ist die gängigste, einfachste Methode. Es gibt jetzt aber eine schon aktivere Methode, und diese aktivere Methode ist, dass man das Heilmittel nicht isst, sondern dass man es kennenlernt, dass man es auf andere Weise studieren lernt und somit auf mentale Weise verdauen lernt. Das wäre jene anspruchsvolle und schon weite Methode zur Heilung. Dies soll einmal an einem Beispiel geschildert werden:

Gestern im Vortrag haben wir ein Bild von der Birke gesehen. Man betrachtet beispielsweise die Birke und verschafft sich einen Eindruck. Wenn man die Birkenblätter als Tee zu sich nimmt, dann wird dadurch die verjüngende Kraft des Organismus gestärkt oder der Stoffwechsel angeregt, die Ausscheidungsprozesse werden angeregt; die Eiweißbildung wird auf subtile Weise im Organismus gefördert, und es findet eine bessere Bahnung der Eiweißprozesse und auch eine bessere Ausscheidung statt. Die Birke ist ganz besonders bei Rheuma ein ganz wertvolles Mittel, sie ist ein typisches Rheumamittel. Sie ist ebenfalls ein ganz typisches Mittel bei Hautkrankheiten, bei Reaktionen, Ausscheidungen über die Haut, die sehr feucht sind. Durch Birkenblätter, Birkenelixiere, spezielle Zubereitungen aus Birke können die Stoffwechselprozesse wieder gebahnt werden und somit an den richtigen Ort der Ausscheidung besser hingelangen. Dies ist durch die orale Einnahme von Birke möglich. Die Birke ist ein außerordentlich wichtiges Heilmittel. Wenn man aber den Birkenbaum studiert, die Blätter, wie sie ganz fein im geringsten Wind schon ganz leise raspeln, sich bewegen, sich ganz fein jugendlich bewegen, dann bekommt man den Eindruck: da handelt es sich um eine Pflanze, die möchte so typisch das Frühjahr symbolisieren, dieses so feine Grün, dieses feine Wesen, dieses noch so reine Wesen auch von etwas Kindlich-Jugendlichem. Ihre Blätter sind annähernd wie Blüten, und die Blüte ist ein Ausdruck für den Stoffwechsel oder Willen. Die Birke ist tatsächlich ein Stoffwechselmittel.

Wenn wir diese Betrachtung noch weiter ausweiten, können wir auf einen Zusammenhang kommen, der zwar schon schwierig ist, aber durch verinnerlichte Betrachtung können wir vielleicht auf diesen Zusammenhang kommen. Wenn wir einmal die Gestalt der Pflanze nehmen und die Blätter, wie sie so stark und gleichzeitig fein an der Peripherie wirken, dann werden wir sehen: die Peripherie dieser Birke, dieses feine, lichte und bewegte, jugendliche Element, scheint tatsächlich mit etwas zusammenzuhängen, das nichts Anderes sein kann als dasjenige, das der Eiweißstoffwechsel ist. Warum der Eiweißstoffwechsel? Dies ist eine Frage, die etwas Wissen zur Beantwortung voraussetzt. Der Eiweißstoffwechsel ist das Zeichen der Jugend und ein Zeichen der Ich-Bildung. Im Eiweiß lebt zutiefst das Wesen des Selbst eingebunden; das Eiweiß ist der Trägerstoff des Körperlichen, und dadurch ist er auch der Träger, die Trägersubstanz für das tiefste Wesen überhaupt. Er ist einerseits für die Materie verantwortlich, aber andererseits für das tiefste Wesen überhaupt. Diese Eiweißsubstanz wird gebildet im Stoffwechsel. Der ganze Stoffwechsel ist im Wesentlichsten von diesen Aufbauvorgängen und von dem Eiweißartigen geleitet. Und so wirkt tatsächlich das, was sich mehr an der Peripherie der Pflanze befindet, am tiefsten hinein in den Organismus – und das ist der Eiweißstoffwechsel. Dort wirkt die

Peripherie der Pflanze hin. Während allgemein, wenn man vielleicht eine mineralische Substanz aus verschiedenen anderen, beispielsweise aus Rinde nimmt, oder aus dem ganzen Kraut, so dass man nicht nur die Peripherie verwendet, dann wirkt dies in der Regel wieder stärker auf bestimmte Organe oder bestimmte andere Bezirke. Aber gerade das, was sich sehr stark an der Peripherie befindet, wirkt ganz tief nach innen. So, wie bei der Pflanze das, was blütenhaft ist, das, was Blüte ist, am stärksten in den Bauchraum, in den Stoffwechsel hineinwirkt, während das, was Wurzel ist, auf den Nerven-Sinnes-Pol wirkt, also auf das Nervensystem. Man kann in der Pflanze, wenn man sie beobachtet, das Gleichnis oder das Sinnbild für den eigenen Organismus sehen.

Wir können die Birke studieren, und indem wir die Birke studieren, machen wir etwas ganz Herrliches: wir bilden uns Gedanken. Wir werden die Birke oder überhaupt jede andere Pflanze, jede andere Naturerscheinung nicht ohne schöpferische Gedankenbildung ergründen. Das ist das Wesentliche. Damit ist ein größerer Heilszusammenhang gegeben als bei jenem, bei dem man das Heilmittel nach innen zu sich nimmt. Denn wenn wir die Birke einmal verstehen lernen, wenn wir diesen Prozess schauen lernen, wenn wir uns dem hingeben lernen, wird es fast nicht mehr notwendig sein, sie oral zu sich zu nehmen, denn wir nehmen das Heilmittel auf eine seelische Weise auf. Es ist ein schöpferischer Prozess, ein Gedankenbildeprozess, der das menschliche Leben und seine Qualitäten damit höher wiegt. Auf diesen schöpferischen Prozess möchte ich ganz besonders hinweisen, da er durch Studium, durch Wiederholung, durch Anteilnahme und reges Interesse, durch Lebendigkeit, Lebenssinnfragen und lebenskräftigen, vorwärtsdrängenden Ehrgeiz angegangen wird. Bei Rudolf Steiner wird die Mistel und ihre Anwendung in der Krebsbehandlung erwähnt. So hat sich in der Therapie gezeigt, dass sich die Heilwirkung der Mistel etwa verdoppelt, wenn neben der stofflichen Aufnahme eine lebendige Anschauung zum Wesen der Pflanze gepflegt wird. In Verbindung mit einem spirituellen Schulungsweg scheint sich die Wirkungsdimension der Mistel sogar um ein Vierfaches zu erhöhen. Es ist dies das Wesen der Schöpferkraft selbst, die in eine Richtung aufsteigt, die mehr schöpferisch in sich selbst wird und damit objektiv in den Weltenzusammenhang hineinfindet. Darin trägt sich das Menschsein und erbaut sich das edle Leben unseres gesamten Gemütes. Dieser Vorgang aber erfordert immer ein Zurücklassen verschiedener mehr konsumierender Formen oder wenigstens abhängiger Formen. Um diese Schöpferkraft zu entfalten, bedarf es einer ständigen Anstrengung und eines großen Mutes, der erst entwickelt werden muss zur Meisterschaft und zu verschiedenen Gemütsprozessen.

VIII

Die Therapie mit einem lebendigen Studium des Yoga in drei Schritten

In Bezug auf diese Schöpferbildung, auf diese schöpferische Bildung der Gedanken ist der Yoga, wie er hier gegeben ist, ein sehr wertvolles Heilmittel. Im Yoga wollen wir nicht nur ein Therapeutikum finden, das uns hilft, im Sinne des Nehmens, im Sinne des Einverleibens, Konsumierens, im Sinne des passiven Bloß-Arbeiten-Lassens. Mit *yoga-āsana*, mit dem Studium der *āsana* wollen wir das mentale und empfindungsgemäße Gemütsniveau trainieren. Dazu sind die Übungen gegeben. Sie sind zur Individuation, zur Entwicklung dieser inneren Gedankenbildung und innersten Empfindungserweiterung gedacht. Indem man die Yogaübungen studiert, sie nicht bloß annimmt und praktiziert in passiver Form, sondern sie erforschen, sie gestalten lernt, entwickelt man ein Gedankenleben. Man entwickelt auch ein Empfindungsleben und stärkt seine Willenskraft. Dies ist das Wesentliche von einer einfachen Formulierung her gesehen.

Wie man jetzt beispielsweise bei einer Erkrankung, wie sie die maligne Tumorbildung ist, vorgehen kann, ist eine Frage, die abschließend diese Ausführungen noch beenden soll. Diese Frage klärt sich von dem bisher Gesagten. Es handelt sich bei der Diagnose einer malignen Geschwulstbildung um eine Krankheit, die im Lebensleib sitzt, im Lebensgefüge zu wachsen beginnt, die vom Erbe schon lange vorbereitet war und die gerade zu jenem Zeitpunkt ausbricht, an dem eine Krise eintritt. Wenn die Spannkraft des Stoffwechsels und des Willens sich verliert oder einfach eine gewisse Entgleisung stattfindet, wenn keine rechte Zukunftshoffnung mehr vorhanden ist und die Krankheit nun ausbricht, dann befindet sich der gesamte Organismus schon in einer ziemlichen Erschöpfung. Man kann dies nicht durch bloße Ernährungsumstellung und eine vorübergehende Praxis von *yoga-āsana* und Atemübungen beheben. Es bedarf bei solch einer Krankheit, das erklärt sich aus dem bisher Gesagten und aus einem weiteren Beobachten der Sinnfrage, einer vollkommenen Umstellung des Lebens. Diese vollkommene Umstellung des Lebens ist aber nur möglich, wenn man die Grundlagen dazu setzt. Setzt man diese Grundlage nicht, dann kann man das Leben nicht auf ein anderes, neues, durchlichtetes und durchgestaltendes energetisches Niveau setzen. Denn das Leben ist zunächst einmal schon ganz davon abhängig, wie dieses Zusammenwirken ist von den kosmisch-geistigen Kräften, also von Seele, allgemein von der Weite der Seele zum leiblichen Träger. Und da dieses Zusammenwirken an einem Endpunkt angelangt ist, muss erst ein neues Leben, ein neues Gedankenleben geboren werden. Das

Geborenwerden findet über den Gedanken, über die Gedankenbildung statt. Es ist also notwendig, dass man eine längere Zeit kalkuliert und sich nicht mit vorschnellen, kurzen Erfolgen zufriedengibt, aber auch nicht von Misserfolgen zu sehr aus dem Rhythmus treiben lässt. Es wäre für die gesamte Durchgestaltung sinnvoll, im Sinne der hier vorgegebenen Möglichkeiten ein Jahr lang die *yoga-āsana* richtiggehend zu erlernen und die Grundprinzipien zu studieren. Ein Jahr lang *yoga-āsana* richtig studieren, erlernen, praktizieren, beschreibt eine aktive Willensleistung. Indem man diese *yoga-āsana* praktiziert und einen Ehrgeiz entfaltet, bringt man weiterhin ein höheres leibliches und gedankliches Niveau hervor. Vor allem lernt man, sich auf eine neue Sache einzustellen. Es ist dies etwa mit dem Erlernen einer fremden Sprache vergleichbar. Es mag sein, dass anfangs vieles ungewohnt ist. Man lernt aber durch ständige Wiederholung, Bereitschaft, Ausdauer, durch Interesse und Ehrgeiz.

Nach etwa einem Jahr wird man in der Regel aber mit diesem bloßen Praktizieren nicht mehr weiterkommen. Es ist dann notwendig, in die Tiefe hineinzudringen. Man würde, wenn man die *yoga-āsana* immer nur als Ausweg oder als Möglichkeit praktizierte, dennoch in eine konsumierende Form und Haltung abgleiten. Und somit wäre auch das weitere schöpferische Prinzip spätestens nach zwei Jahren erschöpft. Das heißt, es muss die Vertiefung nun weitere Richtungen nehmen, und es müssen wieder neue Aspekte, wieder neue Lernschritte, Gedanken, schöpferische aktive Schritte in die Geburt kommen. Es beginnt dann das Studium der Imaginationen zu den *āsana*. Man muss die Zusammenhänge nun eingehender studieren, die Bilder zu den *āsana* von der Tiefe her studieren. Wenn man beispielsweise den Kopfstand studiert, so soll man nun auch den Sinn der Stellung erfassen. Der Kopfstand ist eine typisch männliche *āsana*, während der Schulterstand typisch das weibliche Prinzip fördert. Der Kopfstand hat eine ganz andere Einordnung von der Dynamik der Bewegung her als der Schulterstand. Wenn man dann so diese Hintergründe studiert und verinnerlicht, bereichert man weiter seinen Empfindungsbereich. Man hat vielleicht schon vorbereitend durch das bisherige *āsana*-Studium viel kennengelernt, aber hier legt man dann ganz besonders Wert auf das Studium der Imaginationen. Wenn man dies ein ganzes Jahr lang verfolgt, dann wird man seinen Empfindungsbereich unglaublich erweitern, denn dieses *āsana*-Studium ist ein sehr intensives Studium. Man lernt Gesetze kennen, Gesetze schauen, man lernt Tiefen zu fühlen, die noch gar nicht in den Bereich der Sicht traten. Das ganze Leben verwandelt sich daran.

Schließlich lernt man nach diesem zweiten Jahr ein drittes Jahr – es kann der Zeitraum etwas länger oder kürzer sein, aber nehmen wir wieder den Zeitraum von einem Jahr an –, man studiert, wenn man dann zu einer der Kernfragen des Yoga vordringt, das Mysterium des Ich-Selbst, das Selbst, das unberührte Wesen des Selbst. Dies wäre der eigentliche Yoga, der mit diesem Studium beginnt. Der eigentliche Yoga beginnt mit dem Studium des Höchsten, mit dem Studium von *jñānā-, bhakti-, karma-yoga* im Sinne der göttlichen Selbstkraft, die jedem Menschen eigen ist, die der ganzen Schöpfung apersonal eigen ist und die geheimnisvoll das große Mysterium, das einzige, einzigartige Mysterium unseres Lebens beschreibt.

Wenn ein Durchhalten über diese Zeit hinweg der Fall ist, Liebe und Interesse bestehen, dann wird es in der Regel zu einer vollständigen Verwandlung des ganzen Lebens kommen. Mit der vollständigen Verwandlung des ganzen Lebens wird ein Band, das bislang noch bestanden hat, zerschnitten. Dieses Band, das in der Regel erst nach dieser langen Vorbereitung zerschnitten werden kann, ist das Band des Erbes. Das Erbe fällt hinweg. Die verschiedensten Krankheiten, beispielsweise auch Geisteskrankheiten, Diabetes, aber auch Karzinome, Alkoholismus, Herzkrankheiten, diese verschiedenen Krankheiten werden auf die Erbfolge, auf genetische Faktoren zurückgeführt. Man beobachtet immer wieder das Auftreten von Krankheiten in bestimmten, schon disponierten Verhältnissen. Das Band des Erbes wird zerschnitten. Das Band des Fleisch und Blutes zu den Abhängigkeiten, die auch Teil unseres Selbst sind oder im Leibe manifestiert sind, fällt hinweg. Eine Neuschöpfung des Bewusstseins, eine vollkommene Neuorientierung ist damit auch gleichzusetzen mit einer reinen Heilung aus der Seele. Diese wäre die reine Heilung aus der Seele, die in diesem Sinne mit solch einem intensiven Studium stattfindet. Diese Heilung aus der Seele erfordert einen Glauben in höchstem Maße; sie erfordert Ausdauer und ein Pensum an wachsender Liebe.

Dies ist eine Schilderung von dem, wie man von der Beobachtung langsam hinüberkommt zur seelisch-geistigen Entwicklung, zum Zusammenwirken der seelisch-geistigen Entwicklung und zur Notwendigkeit einer seelisch-geistigen Entwicklung. Dies ist eine praktische Beschreibung, wie Kräfte am Organismus wirken können und wie durch Eigenaktivität diese verschiedenen Kraftströme oder auch Erbanlagen durch eine Neuschöpfung im Bewusstsein überwunden werden. Die Worte sind eine für die Zukunft gehaltene Erzählung des Grundprinzips der Heilung. Tatsächlich ist es in jedem Leben der Fall, dass Altes zurückbleiben und Neues geboren werden muss. Im Sinne der Spiritualität ist dies Tod und Auferstehung in einer klaren Form, im Sinne des gesamten Lebens und in der Lebensweisheit unserer Schöpfung aber ist es ein immerwährend bestehendes Gesetz. Altes muss vergehen, Neues wird geboren. Im Neuen findet sich das Licht, die Seele. Es muss damit immer wieder Überwindung und Meisterschaft erfolgen. Diese Meisterschaft kennzeichnet unser Leben. Sie macht uns zum Menschen selbst, zum Menschen im Geist und in der Erde.

Die Heilung der malignen Tumorbildung

Vortrag vom 17. August 1996

I

Die Entwicklung der Schöpferkraft über drei Jahre

Für den heutigen Abend wollen wir noch einmal rückschauend zu einigen Inhalten kommen, die an das Thema von vorgestern anknüpfen. Wir haben das Thema der Gesundung von dem schwerwiegenden Krankheitssymptom der malignen Tumorbildung in den Mittelpunkt gestellt. Dieses Thema ist ein sehr zeitaktuelles, da heute nach Statistiken jeder vierte von der Krebskrankheit befallen ist. Wenn wir ganz kurz eine vorsichtige Prognose erwägen, so ist es für die nächsten fünf bis acht Jahre zu erwarten, dass selbst in den Universitäten, wo die jungen Menschen lernen, schon jene Zahl eintreten wird, dass jeder vierte krebskrank ist. Schon unter jungen Menschen werden degenerative und maligne Neubildungen sehr stark hervortreten. Dieses starke Hervortreten dieser Krankheitserscheinungen hat für unser Zeitgeschehen und für unsere individuelle Entwicklung eine bestimmte Bedeutung. Es ist eine Krankheit, die aus den gesamten Umständen und aus den gesamten inneren Werdeprozessen der Seele hervorkommen muss.

Wir haben in der Therapie oder für die Therapie durch Yoga drei Stufen unterschieden, die auf drei Jahre bezogen sind. Ein erstes Jahr soll beginnend dafür genützt werden, dass zunächst einmal die *āsana* erlernt werden; ein zweites Jahr soll gefüllt sein mit dem Studium der Imaginationen zu den *āsana*, zu den tieferen geistigen Inhalten; und ein drittes Jahr soll jenes schwierigste Arbeitsfeld in der Ausgestaltung beinhalten, dass die Gedanken real in Erwägung kommen mit dem Wesen, mit dem Leben, mit der Realitätsebene des Ich-Selbst. So studiert man zuerst einmal das Einfachere, bevor man sich dann im dritten Jahr an das ungreifbare und für den Verstand so schwer erfassbare Wesen des Selbst, des göttlichen Selbst, des höchsten Wesenskernes unseres Menschseins heranwagt.

Dieses Studium hat einen ganz besonderen Hintergrund, warum es gerade in diesem Sinne systematisch in diese drei Jahre aufgeteilt ist. Dieser Hintergrund ist einmal mit einer ganz einfachen Antwort zu erklären: Würde man sofort mit dem Studium des Ich-Selbst beginnen, dann studierte man gerade jenes Geheimnis, jenes Mysterium, das am allerschwersten zu entschlüsseln ist, sowohl für den gesunden als auch für den kranken Menschen. Gerade dann, wenn dieses Ich-Selbst ohnehin geschwächt ist, das bei jeder Krankheit in irgendeiner Form in eine Verminderung, eine Reduzierung kommt, ist es ohnehin um so schwerer, die hohen Gedanken der Religion und die hohen Mysterieninhalte zu erfassen. Mit dem Studium des Ich-Selbst, mit dem göttlichen, ewigen Einen, ist die schwierigste Anforderung überhaupt gegeben, die man sich von seinem Bewusstsein her stellen kann. Deshalb ist eine Vorbereitung notwendig, damit man sich überhaupt zu diesem heiligen Geheimnis herantasten kann und dieses heilige Geheimnis auch real in eine Entschlüsselung zu bringen vermag.

Dieses Studium über drei Jahre hinweg hat den Vorteil, dass es mit anderen Therapiearten, sowohl schulmedizinisch anerkannten Therapiearten als auch Alternativmethoden oder Naturheilmethoden, jederzeit kombiniert werden kann. Die Aktivierung mit *yoga-āsana* und einem Studium von Imaginationen hat in Wirklichkeit nicht sehr viel gemeinsam mit den üblichen Therapiekonzepten, so dass diese Form des Arbeitens oder diese Heilsuche, dieses Suchen nach seelischer Heilwerdung und auch körperlicher Heilwerdung nicht in Konflikt geraten muss mit den üblichen zeitgemäßen Formen der Medizin.

II

Die Selbstverantwortung und die Grundlage des geistigen Studiums

Für eine detailliertere Betrachtung dieser drei Jahre muss aber vorweg noch ein Hintergrund geklärt werden: Es ist für diese langfristige und weitgewählte Aktivität, für ein spirituelles Studium, das täglich etwa ein bis zwei Stunden voraussetzt, eine gewisse Reife notwendig. Ohne diese Reife aus dem gesamten inneren Menschsein wird man unweigerlich früher oder später auf dem Pfade des Yoga scheitern. Wie sieht diese Reife oder wie sieht diese Einstiegsgrundlage aus? Man benötigt schon ein gewisses Empfinden, ein gewisses Wahrnehmen, ein gewisses Bewusstsein für das Verhältnis des körperlichen, vergänglichen Lebens und für das Leben der Seele. Je mehr man schon ein erstes Bewusstsein vorbereitet hat für dieses einzigartige Wesen der Seele, das auch nicht identisch ist mit den leiblichen Gefühlen und den Stimmungen und Launen des Gemütes, um so leichter ist die integrale Yogaaktivität in den Beginn zu bringen. Eine gewisse Unterscheidung, eine gewisse Grundlage zur Erkenntnis sollte schon, bevor man sich auf solch einen Pfad einlässt, vorbereitet werden. Weiterhin ist es hilfreich, wenn man die Kraft zur Selbstverantwortung auf ein größtmögliches Maß ausprägt. Dies ist eine recht kritische Angelegenheit. Wer besitzt heute die mutige Kapazität und persönliche Fülle der Selbstverantwortung? Und was bedeutet der Begriff »Selbstverantwortung«? Wie zeigt sich diese persönliche Fähigkeit? Die Selbstverantwortung mag sicherlich heute durch unser staatliches System, durch unsere aufgeklärte Zeit, durch unsere religiös offene Zeit dem Bürger recht stark nahegelegt werden. Aber es handelt sich um eine allein auf den Nutzwert und auf den äußeren Lebenssinn bezogene Selbstverantwortung, die innerhalb der weiten Möglichkeiten einer ganzheitlichen Betrachtung nur eine ganz schmale Bahn, ein ganz enges Verhältnis gewinnen kann. Die Toleranzgrenze in dieser Erziehung durch den Geist der Intellektualität ist äußerst gering. Das sieht man beispielsweise, wenn man die medizinische Erziehung, die ganze Art und Weise, wie die Medizin im Verhältnis zum Menschen steht, betrachtet. Vor allem wird dieses an die Materie gebundene Verhältnis deutlicher, wenn man auch noch die Rechtsgesetze betrachtet. ...

... Eine Selbstverantwortung auf einer viel weiteren Ebene ist aber notwendig, um den Pfad des Yoga und somit den Pfad der Entwicklung der Seele zu betreten. Es ist auch durchaus ein gesundes Bewusstsein zu den Verhältnissen Medizin, Therapie, Möglichkeiten der Therapie und Möglichkeiten des Yoga Voraussetzung. Ein gesundes Verhältnis heißt, dass man mit natürlicher Unterscheidung, mit natürlicher Sicht die verschiedentlichen Umstände einigermaßen beurteilen kann. Diese Sicht betrifft vor allen Dingen den Unterschied zwischen Heiltherapie und Notfalltherapie oder zwischen ganzheitlicher Medizin, die den unfassbaren Bereich der Seele mit einschließt, und Symptomtherapie. Eine Operation oder eine Chemotherapie ist mehr eine Notmaßnahme oder einfach eine Maßnahme, die ergriffen wird, damit der Prozess vorübergehend zwingend zu einem Stoppen kommt. Aber sie ist keine Heilsmaßnahme, sie ist keine Heiltherapie. Die Seele bleibt davon vollkommen unberührt. Der Weg einer wirklichen Stärkung des Organismus und eines systematischen Aufbaus, den die Heilung erforderlich macht, wird auf diesem Wege in keinster Weise gegeben. Die Heilung kann auch nicht einzig und allein von außen kommen. Sie kann dem Einzelnen nicht durch verschiedene Methoden, durch verschiedene Rezepte gegeben werden. Die Heilung muss durch ein seelisches Wachstum, durch ein wirkliches inneres Aufsteigen des Individuums zu reineren und gesünderen oder weiten und menschlich reiferen Ebenen geschehen. Heilung ist nur dann gewährleistet, wenn auch wirklich eine seelische und geistige Entwicklung kombiniert mit einer körperlichen Umgestaltung stattfindet. Heilung kann nicht passiv nur durch eine alleinige Symptombehandlung und durch eine alleinige Beeinflussung des physischen Körpers entstehen. Wenn diese Basisunterscheidung und natürliche Beurteilung schon einigermaßen im eigenen Innenraum gegründet ist, dann ist auch die Selbstverantwortung und die Kraft zur selbständigen Entscheidung wesentlich besser gewährleistet. Dieses hier vorgeschlagene Yogastudium, das eine unglaubliche Disziplinierung voraussetzt und den Willen systematisch im integralen Sinne aktiviert, wäre nicht möglich, wenn der eigene Sinn und der Glaube an die Entwicklung des Seelenlebens fehlen würde. Das oftmals so übliche und kurzlebige Ausprobieren, dieses Testen, dieses Von-außen-Herantasten und vorübergehende, oberflächliche Experimentieren, das ohne klare Selbstentscheidung und ohne klare innere Sicht zu den Möglichkeiten entsteht, kann zu keinem guten Erfolg führen. Die Voraussetzung ist schon eine erste Unterscheidung, eine erste Sicht zu dem Wesen der Krankheit und zu dem Wesen der Gesundheit und auch eine wirkliche Bereitschaft, eine wirkliche Sehnsucht für die eigenverantwortliche Aktivierung des gesamten Lebens.

Die Grundlage des Studiums ist das bewusste Erlernen von neuen Gedanken und neuen Inhalten, die bislang noch sehr fremd sind. Mit diesen Inhalten studiert man eine Botschaft, die für das ungeübte mentale Bewusstsein äußerst schwierig zu erfassen ist. Sie ist eine geheimnisvolle Botschaft, eine religiöse Botschaft, eine Botschaft für die Seele. Da sie eine Botschaft für die Seele ist und zur Seele spricht, beeinflusst sie die schöpferische Gedankenbildung und das Empfindungsleben. Diese Botschaft des Yoga aus der Reinheit der Seele ist aus einem visionären oder imaginativen Schauen geboren, und sie entspricht den Gesetzen der jenseitigen Welt. Sie entspricht tatsächlich, real gesehen, einer großen Vision, die unserem Leben zugrunde liegt, die aber aus dem Ursprung des Jenseitigen oder aus dem Seelensein selbst, aus dem unsterblichen Seelensein entspringt. Sie ist eine Botschaft, die nicht aus der menschlichen Meinung oder aus den materiellen Sinneswelten heraus geschrieben ist. Sie ist eine Botschaft, die aus dem Wesen der Gesetze des Geistes entstanden ist. Dadurch dürfen wir sie durchaus als eine rein spirituelle Botschaft bezeichnen. Sie ist nicht eine auf den materiellen Nutzwert ausgerichtete weltliche Botschaft, nicht eine von der Zeit im Moment hervorgegangene Botschaft, sie ist nicht eine Botschaft, die durch die naturwissenschaftliche Methode entstanden ist, sondern sie ist aus einer Schau der geistigen Gesetze entstanden und drückt sich aus in den verschiedenen *āsana*, in den verschiedenen Übungen, in den verschiedenen philosophischen Hintergründen und in den einzelnen Meditationen.

Indem man eine Botschaft im lebendigen Wort studiert, erhält man das irdische Leben, man erhält die Erde, man ererbt das Land. So paradox dieser Zusammenhang klingt, so real ist er im Leben. Studiert man nur die weltlichen

Gesetze, bleibt man haften mit den Sinnesorganen ganz an den äußeren Umständen unserer Sinneswelt und unserer Erscheinungswelt, erwachen die vielen unlösbaren Widersprüchlichkeiten. Man wird sich immer in dieser irdischen Welt befremdet fühlen oder wenigstens wird man niemals das Gefühl bekommen der Einheit, der Aussöhnung mit der irdischen Welt. Studiert man nur diese vielen Aspekte und vielen Gedankenformen, die in unserem Leben Tag für Tag in ihrer phänomenalen Vielfalt hervorkommen, dann bleibt man ein Bürger, der sowohl diese Erde als auch das geistige Leben nicht kennt. Studiert man aber das jenseitige Leben, erhebt man seine Augen zu einer Botschaft, die nicht primär aus dem momentanen Zeitgeschehen dieser Gegenwart gekommen ist, studiert man Gesetze, die hinter der Sinneswelt liegen, so wird man dadurch die Sinneswelt erfassen und man wird vor allem dieses Land ererben, man wird erst zum Bürger dieser Erde. Das Auge wird die sakrale und versöhnende Erde entdecken, es wird das Leben, das irdische Sein und gleichzeitig in ihm das verborgene sakrale Menschsein entdecken. Dies scheint nahezu wirkliche Paradoxie zu sein. Diese Paradoxie zeigt aber, wie gerade unser Leben von vielen, scheinbar unerkannten Widersprüchlichkeiten gekennzeichnet ist. Man studiert das Außerirdische und erhält das Irdische. Bleibt man aber nur in der Erde, studiert man nur nach der gewöhnlichen wissenschaftlichen Methode und rein historisch die irdischen Erscheinungen, die von Zeitkultur zu Zeitkultur bestehen, verfolgt man nur die Stimmen der Welt, so wird man bald die Versöhnung mit der Erde verlieren. Die Motivation und Zielsetzung ist für das Studium von einer jenseitigen Botschaft oder von einer wirklich geistig-seelisch durchdrungenen Meditationsübungsweise etwas außergewöhnlich Schwieriges. Der materialistisch denkende Verstand stellt sich schon von vornherein die so zweifelnde Frage nach dem Sinn und vor allem auch nach dem Gewinn. ...

III

Die geheime Sehnsucht nach Harmonie und der mystische Abstieg

Aus diesen gegebenen Konditionen des Gemütes ist es für den, der diese Inhalte studiert, tatsächlich eine entscheidende Frage, wie und mit welchem Hintergrund er ein so langatmiges, intensives Studium überhaupt machen soll. Die Zielsetzung sollte im idealen Sinn nicht auf einen materiellen und körperlichen Erfolg ausgerichtet sein. Die Frage über die innerste Zielsetzung soll aus diesen Gründen einmal eine erste Beantwortung erhalten. Derjenige, der von einer schweren Krankheit, wie es beispielsweise die maligne Geschwulstbildung ist, heimgesucht wird, besitzt fast immer eine ganz besondere Vorliebe zu einer Rückkehr in das leiblich-organische Innere. Sein Gemüt trägt weniger die Vorliebe im Herzen für ein sich immerfort weitendes und mutiges gedankliches spirituelles Studium, sondern mehr eine Anziehung, eine verborgene Sympathie zu dem, was die mehr negative Form einer Mystik beschreibt. Diese negative Form der Mystik, wie man sie wohl am trefflichsten beschreiben kann, ist eine Erfahrungssuche ohne das schöpferische Selbstwerden und entspringt mehr dem Herzen und der Leber in ihren Lebenssehnsüchten. Diese Kondition, die sehr häufig vorherrscht, trägt das Bedürfnis, sich mit dem innersten Organischen der Schöpfung zu versöhnen, unmittelbar sich in diese Erfahrungen, die aus der Subjektivität kommen, hineinzuleben. Gerade jene negative Meditation mit einem tiefen, geheimnisvollen Hintergrund, mit einem bewussten Drang nach Lebensvereinigung, nach einer selbstlosen und doch ohne Selbst stattfindenden Versöhnung mit der Erde oder auch mit dem Menschsein, liegt dem Kranken nahe. Diese auffällige innere Verwandtschaft in einer mehr oder weniger deutlichen Anlage wird man durch Erfahrungsberichte einmal bestätigen. Eine Verwandtschaft liegt für das Auge schon erkenntlich im soliden Autoritätsgehorsam, den in der Regel die Krebskranken ganz besonders besitzen. Ein unstillbares, drängendes Herz nach Lebensharmonie mit einem anderen liegt im Geschehen der Situation. Nicht, dass man glauben sollte, dass sich der Kranke in seiner Anlage besonders zu der mystischen Literatur hingezogen fühlt; vielmehr ist es eine allgemeine Anlage im empfindenden Gefühlsbereich, dass sich der Einzelne, ohne vielleicht jemals religiöse Absichten zu bekunden, auf eine Art nach Versöhnung und Einheit mit der Welt sehnt, die dem inneren Charakter eines rein ängstlichen Lebensgefühls verwandt ist.

Diese Lebenssehnsucht, die vielleicht auch gar nicht mehr sichtbar ist und doch als ein innerstes Gefühl die Führung übernimmt, beschreibt aber ein Gebiet, das am allermeisten missverstanden wird. Aus diesen Lebensgefühlen und diesem passiven Hoffen heraus stellt man sich heute das Thema Selbstverwirklichung vor als ein Hineinleben in Erfahrungszustände, als ein bewusstes Hineinfallen oder Hinabstürzen in das leibliche Innere und ein Wohlfühlen innerhalb der Körperlichkeit. Dieses Hineinleben, das vielfach einer negativen Mystik entspricht, ist aber tatsächlich ein Anachronismus, eine aus der Zeit und ihren Bedingungen nicht mehr nachvollziehbare Erfahrung. Es ist nicht möglich, dass man sich in wirkliche Meditationen oder in das Mysterium des Geistes hineinleben kann. Man kann nicht unmittelbar von seiner leiblich konditionierten Anlage, verbunden mit einer bestimmten, vielleicht stimulierten psychischen Verfassung, direkt hineingehen oder hinabsteigen in das Wesen des Geistes, das man im Inneren der Organe vermutet. Dieses

Missverständnis lebt aber leider sehr weit verbreitet und zeichnet die mystischen Pfade mit einer negativen, krankmachenden Komponente auf ganz weiten Strecken.

Für die heilsame, erfahrende und reinigende Mystik muss man die Definition im Sinne einer persönlichen und weitgeformten Bemühung erweitern. Richtige Mystik, richtig gelebte Erfahrung bedarf eines inneren Aufstiegs der Willenskraft und der Gedankenkraft und vor allen Dingen der Empfindungskraft. Mystik ist mit der Empfindungskraft sehr nahe verwandt. Diese Empfindungskraft muss aber auf eine höhere Stufe gehoben werden, bevor das Einswerden erfolgen kann. Ansonsten ist eine religiöse Betätigung nur ein Hineinleben, nur eine Versuchung, die darin endet, dass sie in den leiblichen Projektionen und Gefühlsmustern ein gewisses Versinken findet. Sie ist aber tatsächlich auf dieser noch ungehobenen, auf dieser noch versunkenen Stufe eine reine Schwächung des Lebens, niemals eine Bereicherung. Deshalb muss der Empfindungsbereich gehoben, auf ein weitaus höheres Niveau gerückt werden, er muss durch eine erste Disziplinierung, durch eine gezielte Übungsform aus dem leibgebundenen Niveau herausgehoben werden. Wenn dies dann geschieht, sind die nächsten Schritte schon weitaus hoffnungsvoller und können in eine besser fundierte Linie gebracht werden. Richtige Mystik erfordert, um dieses Anheben, um diese Energiebereicherung, um diese Läuterung erst einmal in diesen Empfindungen und Gefühlen zu schaffen, ein ganz bewusstes Hingeben an ein anderes Leben. Wenn man die Einheit sucht, die Versöhnung mit der Welt, die Versöhnung mit dem Leben, dann muss man sich an einen anderen Menschen hinwenden und den Menschen studieren und sein Werk gedanklich erfahren. Die Versöhnung, die mystische Versenkung ist in Wirklichkeit die Versenkung in einen anderen hinein – nicht in das eigene Innere oder in den bisher bestehenden und veranlagten Gefühlsbereich. Solange man sich nur in das eigene Innere, in das Leibliche, in das Gewohnte hineinleben möchte, solange man sich nur bei sich selbst in eine Welt hineinleben möchte, die man als Meditation annimmt, solange gehorcht man ganz den alten Machenschaften der Versuchungsmacht, den bindenden und rein körperorientierten Mächten des Fleisches und Blutes. Wenn man aber seine ganzen Kräfte sammelt, seinen Empfindungsbereich weiter und weiter emporhebt und sich an ein anderes Leben, an ein anderes Werk hingibt, dann entsteht mit der Zeit eine wirkliche mystische Versenkung. Diese mystische Versenkung ist schließlich tatsächlich ein Weg der Einigung und der Versöhnung. Er führt zu einem Neuwerden, er führt zu einem Aufstieg im seelisch-geistigen Leben.

Jene Krankheiten, die im Lebensleib sitzen – und das Karzinom ist eine ganz typische Krankheit, die im Lebensleib sitzt –, sind geprägt von subjektiven Lebensgefühlen und Lebenssehnsüchten. Aus diesem Grunde lebt in dem Einzelnen weniger der Drang nach Yoga und seinem unverkennbaren geistig-willentlichen Aufstieg, sondern mehr der Drang nach Harmonie in den Gefühlen und einer fast unstillbaren Angst vor dem Leben und seiner geistigen Entwicklung. Dieses Gefühl der Angst äußert sich häufig in einem unbewussten Festhalten des Körpers. Der Kranke hält seinen eigenen geschwächten Körper, der vielleicht von Operationen belastet ist, mit ängstlichsten Händen fest und raubt sich dadurch jede weite Gedankenperspektive und die Möglichkeiten eines neuen Willensanfangs. Es wäre für eine rationale Therapie die realistische Auseinandersetzung mit der Realität des Todes nötig, und es sollte möglichst jenes Gefühl über die Vergänglichkeit des Körperlichen durch eine realistische Unterscheidungsbildung erwachen. In der Krankheit lebt eine unbewusste Forderung nach einem Grenzüberschreiten in der Persönlichkeit. Der Kranke sollte hier in der größtmöglichen, weitestgewählten Perspektive zu dem Gedanken des göttlichen und unsterblichen wie auch unberührbaren Selbst reifen und darunter seine unbewusste Absicht nach Lebensharmoniegefühlen, passiven Erwartungen und Festhalten an sterblichen Begrenzungen besiegen.

Diese häufige und sichtbare Anlage in einer starken Anhaftung an die Lebensgefühle und an ein starkes Bedürfnis, dass man sich in diese Lebensgefühle auch versenken möchte, zeigt sich darin, dass innerhalb einer Krankheitssituation der Einzelne in der Regel nicht leicht aufgibt und resigniert. Er hält das Leben ganz stark fest und hält einen gefühlsmäßig, aber doch rein subjektiven Glauben fest. Er hat eine Liebe zum Leben, er hat eine Liebe zu den Mitmenschen, er fühlt sich sehr stark verbunden und auch vereint mit den Mitmenschen. Häufig aber erwacht hieraus ein falsches Pflicht- und Verantwortungsgefühl mit Opferdiensten, die zu Belastungen und Schwächungen des Immunsystems führen. Dem Kranken ist nichts wichtiger als dieses Empfinden, dieses Gefühl des Nicht-getrennt-Seins. Nun aber ist es die notwendige Voraussetzung für die Therapie im Sinne des Yoga, im Sinne des Aufstieges der gesamten inneren seelischen Qualitäten, dass man von der passiven Macht dieser Gefühle freier wird und im Beweggrund des Herzens und mentalen Bewusstseins zu einem Leben aufsteigt, das anderer Natur ist, anderer Qualität, das imstande ist, durch die Ausstrahlung, durch das innerste Wirkungsfeld der Gedanken das eigene Ich oder die ganze Gemütskraft neu zu beleben und zu durchdringen.

Diese sehr charakteristische Anlage prädestiniert das Leben in der Krankheitssituation zu einer noch stärkeren Eigendrehung, die sich in jener Tatsache äußert, die sich in Selbstvorwürfen, Schuldgefühlen und einer meist typischen Moralität und Festhalten an einer Moralität zeigt. Der Kranke muss hier von

Selbstvorwürfen und moralischen Interpretationen gegenüber seinem Leben frei werden, er darf sich für die Krankheit nicht so sehr selbst verantwortlich machen, denn er würde hier nur ausweglos in einer begrenzten Moralvorstellung bleiben und die Entwicklung zu einer größeren spirituellen Dimension, die weit, frei und großmütig erstrahlt, versperren.

IV

Ein erster Heilsimpuls durch Aktivierung der Willenskraft

Die Willensaktivierung ist etwas sehr Bedeutungsvolles. Es gibt verschiedene Beispiele von Heilungen bei schwerwiegenden oder auch bei schon fortgeschrittenen Krankheiten. Wenn man diese Heilungen verfolgt, dann sind sie beispielsweise nicht entstanden durch passive Handauflegung oder durch äußere Maßnahmen ohne Eigenleistung und Eigenbeteiligung. Eine Heilung von einer Krankheit, die im Lebensleibe sitzt und die dadurch ganz tief in das Zellsystem eingegraben ist, kann eigentlich nur erfolgen, wenn auch die Willenskraft, die Empfindungskraft, die Gedankenkraft entschieden trainiert werden.

Das erste Jahr ist durch das Lernen der *āsana* gekennzeichnet. Wenn man eine Zahl von dreißig *āsana* lernt und sie wirklich auf ästhetische Weise ausführen kann, so hat man schon einen ersten Willenseifer erbracht. Mit den *āsana* ist auch das Studium der Hintergründe verbunden. Es ist notwendige Voraussetzung, dass die Praxis nicht nur Praxis im körperlichen Sinne bleibt, nicht nur eine bloße Übungsausrichtung, sondern dass die Hintergründe, der imaginative Aspekt während der Lernphasen studiert wird. Für das erste Jahr ist es vorteilhaft, wenn man die Hintergründe lernt durch Interesse, durch wiederholtes Dabeisein und gleichzeitiges freudiges Praktizieren, und zwar auf solch eine Weise, wie wenn man das Vokabular einer Sprache lernt. Man lernt die Hintergründe nicht willkürlich durcheinander, sondern man lernt sie schon nach System, nach einer ganz gezielten Vorgehensweise und einer gezielten Methodik. So wie man eine Sprache lernt, das Vokabular langsam studiert und wiederholt sich in das Gedächtnis einprägt, so prägt man sich nach und nach die Hintergründe der *āsana* in das Gedächtnis ein. Man praktiziert die *āsana*, studiert ihre Bedeutung. Diese Zeit des Studiums erfolgt kontinuierlich nach den körperlichen Möglichkeiten ausgerichtet über ein Jahr. Es mag erforderlich sein, dass die einzelnen *āsana* auf wesentlich leichtere Art und Weise ihre Ausgestaltung erhalten.

In der Regel ist mit einem Studium, das körperlich und mental stattfindet, ein energetischer Aufladeprozess verbunden, und dies selbst, wenn man die Inhalte noch nicht vollständig verstehen kann. Nur durch das Studieren und nur durch das rhythmische, wiederholte Praktizieren und wiederholte Lernen wird das Gedächtnis trainiert, wird das Leib-Seele-Verhältnis oder Leib-Bewusstseins-Verhältnis auf ein besseres Niveau gebracht, und es entsteht dadurch eine Steigerung der Lebensqualität. Das Verständnis kommt nach und nach besser zustande, aber das Verständnis ist noch gar nicht einmal diese erste und wichtigste Voraussetzung für die Entwicklung des ersten Jahres. Vor allen Dingen soll der Yoga einmal gelernt werden, so wie eine Sprache erst einmal gelernt wird.

V

Das Studium der Imaginationen als innerer Weg zu einem neuen Leben

Im nächsten Jahr erst erfolgt die innere Sinnergründung von den Imaginationen und von den Zusammenhängen. Dies erfordert jetzt eine stärkere Willensenergie. Sie erfordert nicht mehr quantitative oder methodisch bessere Arbeit, sondern sie erfordert jetzt schon eine Intensität in der Konzentration und eine gewisse Ruhe in der Betrachtung. Normalerweise, wenn man das erste Jahr bewältigt hat, ist dieses zweite Jahr im Anschluss rhythmisch zu bewältigen, so wie eine Schulklasse nach der anderen zu bewältigen ist. Die Imaginationen zu studieren heißt tatsächlich, sie in ihrem Zusammenhang, in ihrer geheimnisvollen Existenz zu ergründen. Imaginationen sind geistige Geheimnisse, sie sind freie, lichte Gedanken, die vom Intellekt oder vom Gemüte nicht in diesem Sinne sogleich ertastet werden können. Sie sind dem Intellekt fremd, sie sind sogar unlogisch für den Intellekt. Die Angaben beispielsweise über die Atmung scheinen dem normalen, gewöhnlichen, naturwissenschaftlichen Denken ganz zu widersprechen. All diese Imaginationen und ganz besonders die Inspirationen, die auf gesteigerter Stufe noch einen Ausdruck vermitteln, können insofern so schwer erfasst werden, weil sie immer in einer anderen zusammenhängenden Weise das menschliche Sein erklären, als unser Intellekt, unser Gemüt oder unsere naturwissenschaftliche Methode es gewohnt sind.

Es werden dann in diesem zweiten Jahr ganz wichtige Fragen interessant. Es werden jene Fragen interessant, die man sich normalerweise nicht in der herkömmlichen Auseinandersetzung mit den verschiedenen Aspekten des Lebens stellt. Man stellt sich beispielsweise die Fragen: Wie ist die Verbindung von Denken und Atmen? Warum wird diese Verbindung des Denkens zum Atem als wichtig erachtet? Oder wie ist die Verbindung vom Denken zum Willen? Was bedeutet es, wenn der Wille mit dem Denken verkoppelt ist, und was bedeutet es, wenn der Wille vom Denken oder Gedanken losgelöst ist? Solche ganz entscheidenden Fragen stellt man sich dann in diesem zweiten Schulungsjahr. Es gibt viele Hunderte von Fragen, die diese ungewöhnlichen und selbst für die Psychologie fremden, imaginativen Zusammenhänge berücksichtigen. Um diese Fragen zu verstehen und die Problematik der seelisch-geistigen Entwicklung zu erfassen, sollte man aber schon ein erstes Vokabular an *āsana* und Seelenübungen kennen. Den Atem wirklich zu studieren, erfordert schon erste Erfahrungen und erste Erkenntnisse in der Körperarbeit. Wenn man dieses zweite Jahr nimmt und in lebendiger Fülle an der Arbeit bleibt, so ändert sich dadurch das Leben von innen heraus auf subtile Weise. Man wird Geheimnisse kennenlernen, die man vorher noch nicht gekannt hat, und es wird sich ein seelisches Wesen in der Mitte zeigen, das mit der Zeit den Rhythmus für ein ganz neues Leben vorbereitet. Das Studium dieser Gesetze, das Studium der Imaginationen, geht bis hinein in das tiefste Innere des Herzens und Verstandes. Es beginnt die Seelenkräfte zu bewegen, es beginnt das Denken viel stärker mit einer Gedankenkraft zu erbauen. Es kommen, wenn das Studium einige Zeit fortgesetzt wird, ätherische Kräfte, neue Lebenskräfte ins Fließen.

Wenn im Idealfall der Heilspraxis das dritte Jahr herannaht – welches man vom zweiten nicht einfach trennen kann, aber um es etwas methodisch darzustellen, ist es jetzt einfach einmal getrennt geschildert –, dann ist noch einmal eine weitere Anforderung zu bewältigen. Diese Anforderung ist aber jetzt weniger, dass man eine eiserne Disziplin bei sich selbst im Studium und in der Herstellung oder Beibehaltung des Rhythmus schaffen muss, sondern die Disziplin und die Anforderung ist jetzt eine ganz andere. Da sie so sehr anders nun nach einer gewissen Zeit des ersten Bewegtseins oder des ersten Erfolges kommt, werden wohl die meisten an diesen dann wesentlichen, neuen Grundzügen scheitern. Das Leben bleibt nicht immer das gleiche. Wenn man Gedanken empfangen lernt, Gedanken aufnehmen lernt, dann werden diese Gedanken für die spätere Zeit Zukunft. Alle Gedanken, die wir heute schon pflegen, werden für morgen, für die Zeit später unsere Realität. Es ist dies ein Lebensgesetz. So wie man sich analog hierzu auch nach dem Tode mit all jenen Gedanken versöhnt, die man im Ideal für sich in der irdischen Zeit gepflegt hat, so versöhnt man sich bereits in kleineren Schritten schon mit all jenen Zielperspektiven und Zielobjekten, die man einmal erdachte. Der Gedanke gewinnt seine Realität erst Jahre, nachdem er gedacht wurde. Der Gedanke wird später zum Leitstern.

Das erste Jahr ist es noch ein Füllen, noch ein Kennenlernen der vielen unterschiedlichen Aspekte. Das zweite Jahr ist es ein tiefes Hineindringen, ein Leben, ein Bewegtsein in diesen Imaginationen. Und im dritten Jahr kommt in der Regel, es kann vielleicht auch im vierten Jahr sein oder im fünften, die Realität dieses bisherigen Gedankenaufbaus. Im dritten Jahr wird man zu dem, was man vorher schon als Gedanke vorbereitet hat. Man wird zu dem Wesen, zu dem Leben, zu dem Geist, der in diesem gesamten, bisher gepflegten Gedankenleben lebt. Und da man tatsächlich ein Anderer in seiner Identität wird, kommt eine unglaubliche und ungewöhnliche Willensanforderung an den Einzelnen heran. Der Einzelne steht an einem Scheidepunkt, an einer Wendung im Leben. Er muss nun diesen Konflikt bewusst bewältigen. Er wird tatsächlich in eine Identitätskrise kommen mit diesem Studium. Da diese Identitätskrise herankommt, wird es ihm sehr schwer fallen, dass er zu dem neuen Leben »Ja« sagt. Sagt er aber zu diesem Leben »Ja«, so wird die Krankheit endgültig den Körper verlassen. Diese Schilderung beschreibt das Wachstum des Glaubens, das schon von allem Anfang an eine mutige Bereitschaft, ein Vertrauen und ein unendliches Grenzüberschreiten erfordert.

Dieser Pfad, der jetzt mit diesen drei Jahren geschildert wurde, ist speziell für die Heilung einer Krankheit, die im Lebensleib sitzt. Grundsätzlich ist dies aber ein relativ allgemeiner Weg, der nicht nur für die Heilung in einem speziellen Falle zutrifft, sondern für die Geistschulung in jeder Form. Man kann die Geistschulung etwa in diese rhythmische Systematik gliedern. Deshalb ist die Ausführung nicht speziell auf dieses Thema begrenzt. Das Thema wurde nur als Anlass genommen, damit dieser Weg einmal von dieser Warte aus geschildert wird.

Wie erlangt man geistige Erkenntnisse (Imagination)

Das Wort »Imagination« beschreibt ein lichthaftes, körperfreies Denken oder geistiges Schauen. Es ist ein Denken, das frei von Gefühlen, Emotionen, Wünschen und Begierden ist. Der Gedanke ist ein Lichtwesen und dieser versinnbildlicht den feinsten Bestandteil der Schöpfung. Die Imagination äußert nicht nur ein bildliches Vorstellen, sie ist vielmehr ein reines Denken, das gegenüber unseren konventionellen Wahrnehmungen und Sinneseindrücken ein neugegründetes Bewusstsein eröffnet. Dieses Bewusstsein gründet sich in seiner gedanklichen Konzentration und freudigen Weite, im seligen Charakter und in der freien, übergeordneten Klarheit tatsächlich neu. Die Imagination ist die Seligkeit des Denkens im Gedanken selbst.

Das imaginative Denken stellt das einfachste und am leichtesten erreichbare Bewusstseinsprinzip des erwachenden Geistes dar. Es beruht auf einer wahrnehmenden Anschauung und einer reinen Beobachtung der Gedanken, die in einer lichten Ebene ihren Ausdruck finden. Der Gedanke erscheint in seiner erwachenden Realität erstmals wie ein reines, konkretes Objekt. Mit der Imagination wird eine konkrete geistige Realität betreten. Diese Ebene des lichten Gedankens äußert sich sehr bewusst und differenziert gegenüber den Körperwelten, zu denen die Gefühle, Leidenschaften, Wünsche, Emotionen und Abhängigkeiten zählen. Der Gedanke erscheint innerhalb der realen geistigen Beobachtung und objektiven, konkreten Wahrnehmung seiner selbstseienden Äußerung wie ein Objekt, das nicht im Leibe ruht, sondern außerhalb des Körpers, er erscheint gleichsam wie in einer von außen hereinströmenden kosmischen Seligkeit. Der Gedanke ist eine kosmische Wesenheit, und er ist in letzter Konsequenz eine rein geistige Existenz. Diese erste Beobachtung beschreibt das einfachste Prinzip, das wir in einer stufenweise aufgebauten Schulung zur Hellsichtigkeit oder Erleuchtung in Form einer Unterscheidung und ersten Wahrnehmung entwickeln. Diese Ebene ist die reine Ebene, die man in Sanskrit als *manas* bezeichnet. Mit der Realisierung der Imagination begeben wir uns in das freie, beobachtende Gedankenlicht, und es ist für den Geist des Yoga die Hülle oder Geistigkeit, die er als *manomaya-kośa* bezeichnet. Das Denken in *manomaya-kośa* ist wie ein Denken aus den Lichtflukturierungen der Sterne. Es ist wie ein kosmisches Denken.

Eine zweite Stufe, die sich auf dieses wahrnehmende Beobachten des Gedankens anschließt, ist die Stufe der Inspiration. In dieser schöpferischen Inspiration, die eine Konzentrationssteigerung und zunehmende Reinheit im Bewusstsein beschreibt, beginnen die Gedanken in eine Melodie und in einen Klang hineinzufließen. Diese Musik ist aber nicht mit physisch hörbaren Tönen und Klängen identisch, sondern sie wirkt in ihrer Einzigartigkeit und Schönheit auf geistige Weise und strahlt auf die innersten Empfindungen des Herzens, in dem sie bewusst erfahren wird. Es sind Klänge und Töne, die weder durch Instrumente angeschlagen sind, noch durch »räumliche« Frequenzen eine Begrenzung erhalten. Durch diese Musik, die auf die Seele hineinwirkt, erwachen lebendige Wahrheitsempfindungen und entzückende Eindrücke, die das Innenleben gleichsam wie von außen aus einer kosmischen Sphäre zum Schweigen aufrufen und eine unbekannte, unnennbare Seligkeit und Erfüllung spenden. Es sind die Empfindungen, die die Wahrheit des Gedankens melodiös vernehmen und sie als Seele erkennen. Sie sind wie eine Einströmung aus der aushauchenden Offenbarung des Gedankens, der dem Geiste eigen ist und sich selbst in den Zusammenhang der Welt der Empfindungen und Gefühle begibt. In dieser Welt der Empfindungen werden nicht nur die Gedanken als kosmische Entitäten erlebt, sondern ihre Bedeutungen und vor allen Dingen ihre Zusammenhänge in einer ganz neuen sich eröffnenden Logik identifiziert. In der Stufe der Inspiration erwacht innerhalb den Empfindungen von oben nach unten oder vom Geiste beginnend ein neues Bewusstsein in einer neuen sowohl erkennenden als auch erfühlenden und teilnehmenden inneren Logik. Es ist die Ebene der reinen Gnosis, oder wie der Geist des Yoga diese Dimension bezeichnet, es ist die Ebene des Wissens in der *vijñānamaya-kośa*.

Eine dritte und schwierigere Dimension beschreibt die Ebene der schöpferischen Intuition, die eine Fortsetzung oder zunehmende Konzentrierung aus der Ebene der Inspiration bedeutet. In dieser schwierigsten und vollkommenen Stufe des sich realisierenden Bewusstseins lösen sich die trennenden Schranken zwischen dem Körper und den Gedanken und dem Außen und Innen auf. Das Äußere wird das Innere und das Innere das Äußere. Die Aufmerksamkeit ist nun nicht mehr beobachtend auf ein Objekt ausgerichtet, und die Empfindungen ruhen auch nicht mehr in der schweigenden Rezeption von hohen Eindrücken, sondern nun verlagert sich unsere Wahrnehmung, Identität und Beobachtung unmittelbar in die Gedankenebene, und wir werden zum Gedanken selbst. Der Geist erscheint nicht mehr als eine überpersönliche und eine, vielleicht wie man annehmen könnte, fernliegende Instanz, er lebt nun im Gedanken selbst. Der Geist bildet unmittelbar mit dem Gedanken eine Einheit, und diese Einheit zentriert die Identität unseres Wesens. In der Intuition erwachen wir mit unserem Ich im Gedanken und erfüllen uns im Gedanken selbst. Die Schranke der Trennungen und die Unsicherheiten der verschiedenen Differenzierungen entschwinden aus dem Bewusstsein, und es entsteht ein Ziel und eine selig schaffende und ausströmende Einheit. Diese Einheit ist reine Liebe, in der sich das Selbst durch sich selbst ausdrückt und erfüllt. Die Intuition ist das *ānanda* oder die Glückseligkeit Gottes, der sich selbst offenbarende Ausdruck im Gedanken in der Gestalt eines reinen Lichtwesens und eines Urgrundes, und dies ist die reinste Form, in der sich die Seele erfüllt.

Diese drei Stufen sind hier in einer Steigerung der Konzentration beschrieben. Sie entsprechen auch dem Entwicklungsweg, der in Sanskrit mit *manas*, Geistselbst, *buddhi*, die weise Intelligenz oder Lebensgeist, und *ātman*, die Erfüllung im höchsten Geist oder Geistesmenschen, bezeichnet wird. Sie mögen bei einer geistigen Schulung möglichst immer in ihrer konsequenten Reihenfolge von der Wahrnehmung des Gedankens zu der Empfindung der Seele im Gedanken und schließlich zu der Einswerdung mit dem Gedanken zur Entfaltung gelangen. Der natürliche und sichere Weg geschieht von der Imagination über die Inspiration zur Intuition, und er geschieht vom Gedanken ausgehend zur Erfüllung der Empfindungen und zur Integration des Willens. Eine geistige Schulung beginnt deshalb mit der Aufmerksamkeit und Anschauung, mit der Entwicklung von Gedanken und Vorstellungen und mit konzentrierten Beobachtungen. Damit aber dieser hier technisch angedeutete Weg eine reale Basis und eine spirituelle Kraft durch jene Dimension erhält, die wir als Gnade oder im persönlichen Sinne mit Christus bezeichnen, benötigen wir zu allen Übungen eine Meditationsquelle. Diese Meditationsquelle lebt in ihrem ureigenen Mysterium in unserer Gegenwart, und es ist nun die Aufgabe, uns durch geeignete Bewusstseinsinhalte, Übungen und Beobachtungen wie auch Gedankenanregungen diese eine, immer gegenwärtige Quelle des Geistes aus dem Geiste selbst zu offenbaren. Die bedeutungsvollsten Initiationsquellen, die seit langem zur Verinnerlichung und Geistesschulung benutzt werden, sind die vier Evangelien und die Johannes-Apokalypse. Von den vier Evangelien ist das Johannes-Evangelium die intensivste Meditationsliteratur. Diese Schrift, die der tief eingeweihte Johannes, der Lieblingsjünger des Jesus Christus, verfasst hat, teilt ein tiefes Empfinden der übersinnlichen, kosmischen Liebe Christi durch die Gegenwart des Wortes mit. Die wohlabgestimmten Sätze sind eine Quelle reiner geistiger Inspiration. Johannes war ein Seher mit einem hohen Reifegrad der Reinheit im Gedanken durch die Teilhabe und der überkommenden Initiation mit Christus, der sein Leben verloren hatte und die höchsten Geheimnisse der Mysterien erschauen und niederschreiben konnte. Diese höchsten Geheimnisse offenbaren sich im Johannes-Evangelium in ihrer übersinnlichen Bedeutung und in ihrer Gegenwart gleich einem Gesetze und einer Liebe, die in der Erde wirken.

Für unsere Betrachtung und für die von mir vorgeschlagene Schulung erscheinen aber noch weitere Quellenschriften zum Studium und zum Lesen, zur Meditation und Gedankenmodellierung notwendig. Die Entwicklung jener Fähigkeit zu einem übersinnlichen Schauen und übersinnlichen Erkennen geschieht durch die hereinströmende Gnade, die Geist und Gedanke ist und die wiederum aus uns selbst und durch uns selbst und unserer reinen Individualität und in einer höchsten Reinheit ausströmt. Wir benötigen heute in unserer Zeit und Kultur, die eine sehr materialistische und somit tief in die Körperwelten hinabgestürzte Melodie trägt, weitere konsequente, ausgewählte Hilfen, die uns in der Gnade durch die Einzigartigkeit des Gedankens in der Meditation überwalten. Wir leben heute in einer tieferen emotionalen Bindung an die Erde als früher, und dadurch ist der Gedanke als geistiges Wesen für uns nicht mehr identifizierbar. Eine Schulung bedarf einer konsequenten Gedanken-, Empfindungs- und Willensentwicklung, und sie bedarf einer gleichzeitigen Hinwendung zu den hohen Idealen der Menschheit. Von mir wird deshalb das Studium von Yogaübungen und ihren niedergelegten Imaginationen und Inspirationen vorgeschlagen, damit das Denken erst einmal auf die reine Ebene des Gedankens aufmerksam gemacht wird. Von dieser ersten und leichteren Ebene öffnet sich jener beschwerliche Zugang und die ersten inneren, geistigen Bedeutungen, und dies auf dem integralen Weg des übersinnlichen Schauens, der in einer Synthese von Gnade und eigenschöpferischer Aktivität stattfindet, in dem Leben eines Wachsens und Gedeihens, das nicht vom Fleische kommt, sondern sich aus dem Gedanken ausdehnt.

Manche Menschen haben die individuelle Kraft und können in einem völlig alleinigen Beurteilen, Entscheiden und Handeln ein geistiges Schauen verwirklichen. Dies sind aber wohl nur noch sehr wenige, die in der Individualität wie auch im Wissen sehr kräftig geblieben sind. Wieder andere mögen auch noch eine Art anlagegemäßes Wahrnehmen für Wahrheiten besitzen. Für die größere Zahl aller Suchenden scheint jedoch ein strukturiertes Übungskonzept sehr wichtig und wegweisend, da die Abschweifungen und Verirrungen auf dem geistigen Weg doch recht groß sind. Die Wege der Realisation mögen aber dennoch sehr vielseitig sein, und die Möglichkeiten einer Hinwendung können nach individuellen Bedürfnissen und Notwendigkeiten ebenfalls sehr unterschiedlich ihre Auswahl nehmen. Eine Grundlage scheint jedoch allen Wegen gemeinsam: Die Objekte, die wir zum Studium wählen, seien sie nun *yoga-āsana*, Seelenübungen, Aphorismen, Textinhalte, christliche Gedanken oder fernöstliche Schriften, müssen aus dem Wissen der heiligen und reinen Welten geboren sein. Wir nehmen nur Texte und Interpretationen, die den geistigen Hintergrund und die hohe Achtsamkeit der inneren Einsicht in das Mysterium tragen. Jene Personen sind unsere Lehrer, die in diesem Mysterienwissen dachten, empfanden und lebten. Wir sollten die Auswahl nach sorgfältiger Prüfung, Überlegung und Achtsamkeit treffen und uns auf einen hauptsächlichen Pfad der Gedankenschulung, Empfindungsentwicklung und Realisierung bewegen.

Eine ganz besondere und wichtige Aktivität innerhalb der Gedankenbildung liegt in der Beziehung, die wir zu einem Lehrer entwickeln. Diese Beziehung bedarf einer sorgfältigen Aufmerksamkeit und erfordert eine sehr lange Entwicklung, die wohl in den meisten Fällen eine beginnende, unendlich fortlaufende Verbindung von einer Seele zu einer anderen Seele darstellt. Die Beziehung von einem Lehrer zu einem Schüler ist leider bei uns in unseren westlichen Kulturkreisen durch materialistische religiöse Verhältnisse in ein schattenhaftes Licht gerückt. Wir müssen auf dem Pfade einer Imaginationsschulung die Botschaft des Lehrers verinnerlichen und sie mehr und mehr aus ihrer reinen Sicht, wie sie von unserem Lehrer gemeint ist, verstehen lernen. Das Studium erfordert neben den inhaltlichen Übungen, Konzepten und Lernschritten ein direktes Hineindenken und Hineinfühlen in den Lehrer, der für uns die Quelle der Inspiration ist. In diesem Sinne dürfen wir die Worte sprechen, dass wir uns mit ganzer Seele, mit ganzem Verstande und mit ganzer Kraft in unseren Lehrer hineinversetzen und seine Motive, Hintergründe, Eindrücke und edlen Äußerungen kennenlernen. So verstehen wir, dass es leichter ist, wenn wir in unserem Ringen nach Einsichten einem weisen und wissenden Menschen begegnen, dem wir das Vertrauen und unsere Hilfsbedürftigkeit, unsere leidenschaftliche Sehnsucht nach Wissen in der Armut der bindenden Identität und Gefangenschaft schenken können. Finden wir aber keinen lebenden Lehrer, so müssen wir den schwierigeren Pfad wählen und mit Hilfe von Büchern, Bildern und Überlieferungen eine ehemalige heilige Persönlichkeit vor unser Herz rücken. Diese persönliche Beziehung führt zur Förderung, Erhöhung und Erhaltung unserer eigenen Individualität und Einzigartigkeit. Nicht nur allein die Botschaft mit ihrem lehrenden Charakter kann unser Inneres erleuchten. Der geheimnisvollste und intensivste Einfluss erwacht mit dem Wahrheitsfühlen aus dem rufenden Herzen gegenüber der Lehrerpersonalität oder dem Propheten oder Heiligen. Wer ein anspruchsvolles, hohes oder heiliges Werk studiert, das aus den Inspirationen spricht, nimmt jene einzigartige, erhaltende und bewahrende Seelenwärme auf, die ihm selbst im Innersten zur Seele wird, und er erkennt bald durch diese Wärme den ewigen Frieden, der von Christus herabströmt und in den menschlichen Herzen wie ein verborgenes, rufendes Wort auf seine Offenbarung wartet. Der ganze Charakter des Suchenden verfeinert sich vom Geiste ausgehend oder von oben durch die neue Seelendimension, die auf unsichtbare Weise in unser Inneres hineinströmt.

Die Hinwendung zu einer begnadeten oder zumindest wissenden Persönlichkeit, die entweder noch lebt oder mit ihren Werken in die Geschichte eingegangen ist, ist deshalb so wichtig, da die Hellsichtigkeit wie auch jeder geistige Fortschritt innerhalb der großen Evolution des spirituellen Selbst nur mit einem Auslöschen aller egoistischen, selbstsüchtigen und niedrigen Absichten einhergehen kann. Würde die Entfaltung eines übersinnlichen Schauens ohne die Achtung und Anerkennung der Gnadengaben versucht werden, die sich in Christus und in der Fortsetzung von heiligen Menschen ausdrückt, so wäre die Gefahr einer Selbsterlösung und anthropozentrischen Ich-Position sehr groß. Es würde jener gefährliche Irrtum aufflackern, dass wir die hohen Gaben und geistigen Sinne zur Imagination aus der Organwelt und somit aus dem Erbe des physischen Leibes nehmen könnten. Die anziehende Hingabe, die aufschauende Verehrung, die tönende Liebe und wachsame Achtung sind im Yoga als *bhakti* bekannt und beschreiben die direkte selbstschöpferische und selbstaktive Überschreitung der eigenen Begrenzungen zu einem größeren, gnadenerfüllten Leben. Dieses Leben wird mit unermüdlichen verehrenden Gefühlen als die Quelle zum Aufstieg und Wachstum der eigenen Seele betrachtet, und sie wird gemäß dem Yoga sogar als die Quelle, die Gott selbst ist, bewertet.

Damit diese niedrigen Kräfte der innerleiblichen Vitalnatur unseres eigenen Wesens nicht die wirkliche Vernunft überwuchern, muss eine sinnvolle Koordination aus dem überschauenden und wachsenden Selbst erfolgen. Nicht die Erkenntniskräfte werden verloren, sondern die edlen Anlagen der Seele gewinnen die Verbindung zu den höheren, übersinnlichen Seelenregionen, die in den ausstrahlenden und wirkenden Geistsphären bestehen. Wir müssen tatsächlich erst vollständig in den niederen Tendenzen des Ich sterben, damit sich eine neue Seele mit ihrer befreienden Liebe, Wahrheit und schöpferisch-inspirativen Unterscheidungskraft in uns versenken kann.

Durch die Hinwendung an die Werke von heiligen Personen und gleichzeitig auch an ihr personales Leben, an ihre ausstrahlende und wirkende Seele, erkraftet das wahre, heilsame, weisende und unnennbare Selbstbewusstsein. Dieses Selbstbewusstsein offenbart sich positiv auf allen menschlichen Ebenen durch ein gesteigertes Erkenntnisvermögen und eine höhere Unterscheidungskraft. Wenn wir dieses Selbst der Unterscheidung erlangen, erhalten wir den Schlüssel zum Tor des Himmels, das vergleichsweise dem Tor des reinen Gedankens und der reinen Erkenntnis entspricht. Das Evangelium nach Matthäus erzählt uns die Geschichte von der Schlüsselübergabe des wirkenden Jesus an den Jünger Petrus:

Jesus fragt seine Jünger, wer er denn sei. Petrus antwortet auf spontane Weise: »Du bist der Christus, der Sohn Gottes«. Jesus entgegnete ihm: »Glückselig bist du Simon, Bar Jona, denn Fleisch und Blut haben es dir nicht geoffenbart, sondern mein Vater, der in den Himmeln ist ... Dir werde ich die Schlüssel zum Himmelreich geben.« (Mt 16, 17)

Der Schlüssel, den Petrus erhielt, war die Bezeichnung für hohe Unterscheidungskraft. Wir lernen auf dem geistigen Weg die Unterscheidung zwischen menschlichen Kräften und den hohen, erhabenen Ausstrahlungen kennen, die aus dem Geistselbst, Lebensgeist und dem reinen Geistesmenschen kommen.

Versetzen wir uns einmal in die damalige Situation, in der sich Petrus im Dialog mit Jesus befand. Wie gewaltig groß war diese Erkenntnis, die der Jünger ganz aus sich selbst, seiner erhabenen, lichterfüllten Seele erschaute. Durch das Zusammensein der Jünger mit dem Christus Jesus strahlte auf sie das kosmische Kräftewirken eines Geistes, der durch das Fleisch wirkte, aber aus den außerirdischen Regionen des ätherischen Lebens geboren war. Dadurch erkraftete in ihnen jener edle Wesensteil, der seelisch und geistig ist und sich als das wahre Selbstbewusstsein, ein Bewusstsein der unsichtbaren und dennoch wirkenden Göttlichkeit, verkündet. Der Schlüssel symbolisiert die Kraft der Seele zu Erkenntnis und Unterscheidung.

Der Schlüssel als das innere Vermögen des Selbst erscheint ebenfalls in der Johannes-Apokalypse. Im Kapitel des Sendschreibens an Philadelphia wird er als der Schlüssel Davids bezeichnet. Dieser Schlüssel wird öffnen und niemand wird schließen, und er wird schließen und niemand wird öffnen. Das Selbst des Menschen ist seine geistige Kraft. Diese Kraft ist die Wurzel des Glaubens, sie ist der massive Stamm des Realitätsbewusstseins, und sie ist der feine Zweig der lichten Erkenntnis. Dieses Selbst soll um der göttlichen Liebe willen zu einem kräftigen Baum gedeihen.

Wenn nun durch die meditative Seelenpflege die Unterscheidungskraft entwickelt wurde, erfolgen die nächsten Schritte zur Imaginationsschulung. Wir spüren bei jenen Schriften, die aus dem Geistselbst oder Lebensgeist verfasst wurden, die wundersame heilende Kraft einer Liebe, die sich durch die mitgeteilten Gedanken ausdrückt und das Licht einer Seele äußert, die eine andere ist und unmittelbar und nah zu uns selbst spricht. Auf ganz natürliche Weise fühlen wir uns zu den edlen Texten oder wenigstens zu jenen Schriften, die in Achtsamkeit, in den Gedanken und in der freien Verfügbarkeit des Geistes verfasst sind, hingezogen. Da diese Unterscheidung auf einer Erkenntnis beruht, die bald wie eine sichere innere Stimme aus dem Herzen spricht, können wir unserem Leben auf langsame Weise eine eigene Richtung geben. Wir setzen uns ganz gezielte Aufgaben und beobachten verschiedene Erscheinungsformen der Natur oder der menschlichen Äußerungen, oder wir lenken das Licht der Kontemplation auf bestimmte Gegenstände, die wir ergründen wollen. Die Aufmerksamkeit gilt zunächst in einer ganz einfachen Form der Materie oder der sichtbaren Erscheinung gegenüber, in der wir aber ein inneres Geheimnis oder eine verborgene Tiefe und Wahrheit vermuten. Durch den Körper, den Gegenstand, durch die Erscheinung oder durch die Szene drückt sich eine tiefere Wahrheit aus, die unsichtbar für die herkömmlichen Sinne bleibt. Die Erscheinungen der Materie wie auch die Äußerungen unseres Körpers mögen vielleicht für die erste Wahrnehmung geistleer und wahrhaftig entsprechend wie das Evangelium aussagt, eine Finsternis darstellen. Indem wir aber durch die Unterscheidung und durch die verehrende Liebe zu einem heiligen Leben immer mehr die eigenen Projektionen und die eigenen Sinnestäuschungen und die daran gebundenen Gefühle als eine wirkliche unwichtige wesenhafte Realität erkennen und sie sogar als Täuschung des Gemütes oder Verstandes identifizieren, können wir bald den Gedanken in seinem Licht als die größere, freie und unberührte Realität annehmen. Der Gedanke ist in diesem Sinne das Licht, das in allen verborgenen Erscheinungen des Daseins auf seine stille Weise leuchtet und einen Frieden in sich selbst trägt. Wir verehren ein heiliges Leben, und diese Verehrung führt uns zu einem steigenden Interesse und zu einem flammenden Eifer, die Geheimnisse der Schöpfung in einer mutigen Forschungsarbeit lesen zu lernen. Im Bewusstsein einer Seele plastizieren wir einen Gedanken, bewegen ihn in den Zusammenhang und erfahren ihn in seiner eigenen Offenbarung mit jener Konzentration und jener Intensität, die uns entsprechend unseres eigenen Gedankenbildevermögens eigen ist.

Der Erkenntnispfad wird im Yoga mit *jñāna*, das so viel wie »Weisheit« und »Wissen« bedeutet, bezeichnet. Der Pfad der liebenden Verehrung heißt *bhakti*, und der Pfad der Kontrolle und Konzentrationsentwicklung heißt *rāja-yoga*. Der Weg mag vielleicht sehr stark von der reinen Erkenntnis verbunden mit einer gezielten Selbstkontrolle ausgehen und zu der verehrenden Liebe des *bhakti-yoga* hinführen. Oder er mag unmittelbar in der unermüdlichen Hingabe und Sehnsucht nach der höchsten Wahrheit und Liebe aus dem Herzen beginnen. Es ist für eine allgemeine Formulierung noch nicht bedeutungsvoll, mit welchen Schwerpunkten eine geistige Schulung beginnt. Sehr wichtig ist für das gesamte Studium und für die fortschreitende Entwicklung von Einsichten, Erkenntnissen und geistigen Zusammenhängen die Loslösung niedriger Ich-Kräfte, damit das Denken sich immer mehr in der Gegenwart einer reinen Gedankenschau zu gründen vermag. Das niedrige Ich ist wie eine einhüllende Wolke, und sie besteht aus verschiedenen projektiven Gedankenmustern und emotionalen, sich beständig wandelnden Gemütsbewegungen. Wir dürfen nicht zu sehr ein System des Glaubens mit vielen Strukturen und Vorschriften in den Vordergrund rücken, und wir dürfen auch nicht zu sehr mit intellektuellen Konzepten die Wahrheit umzingeln. Durch diese aufrichtige, belebende Verehrung erhebt sich nicht ein Glaubensgefüge, noch preist sich eine äußere Person an. Die Kraft der Liebe ist die herrliche Größe und Gnade zugleich. Sie gilt es über alles zu stellen. Damit erniedrigt sich das menschliche Bewusstsein mit all den projektiven Machenschaften, und es erhebt sich in Gedanken das ewige Dasein einer höchsten Seele. Durch die Hingabe und Verehrung erhebt sich in Wirklichkeit das verborgene, unsterbliche Leben, das nicht von uns selbst getrennt, nicht von dem Kosmos getrennt und auch nicht von Gott getrennt ist.

Das geistige Schauen beginnt in der heiligen Äthersphäre, die frei von allen Gefühlen, intellektuellen Reflektionen und Launen des Gemütes ist. Diese Region ist von einer anderen Beschaffenheit und Logik, sie ist unantastbar und so bezeichnet man sie als heilig. Dort im Äther oder in der unmittelbaren Reinheit der Seele beginnt das höhere Wahrnehmen und Schauen. Wenn sich das Bewusstsein durch Übung und aktive Hingabebereitschaft auf dem Pfade des *sādhanā* dieser geheimnisvollen Äther oder Seelenwelt bewusst wird, entspannt sich das Nervensystem und dem Gedanken eröffnet sich ein weiter und freier Raum. Zu diesem *sādhanā*, das eine vollkommene Disziplin darstellt, benötigen wir unbedingt eine eigenständige Entscheidungsfreiheit und ein großes Maß an Mut. Eine Imagination zu erlangen, ist schwierig, und eine Inspiration zu entwickeln ist weitaus schwieriger, und eine Intuition in ihrer vollendeten Weite in die Erfahrung zu heben, ist das Schwierigste.

Die Verehrung ohne Weisheit und Wissen und ohne rigorose Kontrolle der Gedanken und Gefühle und ohne inneren Aufstieg von niederen zu höheren ethischen Ebenen würde bald erlöschen und das Denken würde sehr schnell den Zugriffen des eigenen Begehrens unterliegen. Die verehrenden Gefühle bewirken eine befreiende Energie der Reinigung und lösen die Bänder der ergreifenden Versuchungen und heimtückischen Zugriffe des Intellektes auf. Wir dürfen deshalb die ersehnte Verehrung nicht mit den versuchenden Zugriffen des projizierenden Gefühls oder des materialistischen Verstandes verwechseln. Das Studium des geistigen Lebens und das Studium eines Fachgebietes im Sinne einer imaginativen Erkenntnisschulung erfordern sehr viel Geduld, Aufmerksamkeit und Arbeitsbereitschaft, die in den meisten Formen und individuellen Situationen von Zeiten der Ruhe begleitet sind.

Manche Schüler stellen sich eine Imaginationsaufgabe und sie finden die rechte Erkenntnis nach zwei Wochen. Andere stellen sich die gleiche Aufgabe und finden die Erkenntnis nach zwei Tagen, und wieder andere finden die Erkenntnis nach zwei Stunden. Die Erfolge mögen sich auf sehr unterschiedliche Weise ausdrücken, und es mögen sich ganz besonders am Anfang eines Studiums viele Unsicherheiten und Misserfolge zeigen. Vielleicht werden wir bald den Eindruck gewinnen, Bettler im Geiste zu sein, die noch weniger wissen als jene, die scheinbar hoch im Wissen gegründet sind. Die Erfolge in einer geistigen Schulung dürfen nicht zu sehr in äußeren Ergebnissen ihren Maßstab erhalten, denn sie drücken sich am Anfang meistens in einer Art Reinheit des Charakters und einer feinen, sensitiven Strahlkraft im Gemüte aus. Vielleicht mag es Jahre der Hingabe erfordern, bis wir auf einem Gebiet die ersten Ergebnisse einer zusammenhängenden Geistesschau erhalten. Die Zeit und der Weg dorthin prägen unser Innenleben und fördern unsere Seele. Die Arbeit und der darin liegende Einsatz, den wir auf diesem Pfad leisten, ist ein Opferdienst an der Schöpfung, und wenn wir der Ideale und Ziele nicht müde werden, wird uns der Erfolg sicher entgegengehen.

Es gäbe viele technische Möglichkeiten, den Weg der Imaginationsschulung in einer ganz korrekten Richtung anzuleiten. Auf diese konkrete technische Beschreibung und auf die verschiedenen Übungen wurde hier verzichtet. Diese Zeilen dienen zur Meditation, um das innere Verständnis zur Unterscheidung und ersten Einstimmung in der Seele aufzunehmen. Es handelt sich nicht um eine besondere Fähigkeit, die als Erstes gelernt wird, sondern vielmehr wird die innere Liebeskraft unseres Herzens und die Gedankenkraft unseres Hauptes auf eine solch intensive Weise zum Schwingen gebracht, dass wir uns dadurch mehr dem geistigen Sinn annähern. Wir sollten diese Gedanken, die in diesem Buch niedergeschrieben sind, so tief, direkt, rein und gewissenhaft in uns aufnehmen, dass sie zum Samen der Seele werden und schließlich in uns selbst die Erkenntnisse entflammen. Indem wir diese Gedanken studieren und sie vielleicht mit weiteren Gedanken von der Anatomie und Physiologie erwägen, indem wir das Leben mit einer eingehenden Kontemplation beobachten und die Übungen des Yoga im Sinne einer Nachfolge im Geiste praktizieren, indem wir den Glauben in die noch unbekannte Wirklichkeit dieser Imaginationen setzen und nicht müde werden, erwacht bald eine größere Kraft und Freude. Wir glauben nicht an ein abstraktes, theoretisches Dogma, an eine äußere Formel oder an ein unsichtbares Ideal, sondern nehmen diese Gedanken tiefer in unser Gedächtnis, erwägen sie über die Tage und Wochen hinweg von verschiedenen Seiten, und wir bemerken ihre bewegende, verwandelnde und erhebende Kraft. Der Weg der Imagination führt uns zur unmittelbaren Anregung der Schöpferkräfte in

Gedanken und Empfindungen, die uns durch sich selbst zu der Fähigkeit einer reinen Beobachtung und inneren Wahrnehmung leiten.

(Anmerkung: Dieses Kapitel wurde mit geringfügigen Ergänzungen aus dem vergriffenen Titel »Anatomie und Physiologie aus der Quelle schöpferischer Erkenntnis«, Soyen 1993, übernommen.)

Anhang
Anmerkungen und Literaturhinweise

Das vorliegende Buch bringt eine Darstellung medizinisch-therapeutischer Hintergründe zum Ausdruck, die an manchen Stellen an die Inhalte der durch Rudolf Steiners Anthroposophie erweiterten Heilkunst erinnern mögen. Sie sind selbständig aus der Ebene der schöpferischen Imagination vom Autor herausgearbeitet worden und weisen vielfach Parallelen zur Anthroposophie aus dem Grunde auf, dass eben auch diese auf der Grundlage einer imaginativen, geistigen Sichtweise entstanden ist. So müssen sich die Ergebnisse einer Erforschung geistiger Zusammenhänge – trotz vielleicht zum Teil differierender Begriffsbestimmungen – im Wesentlichen decken, da die Bemühung um ein Wahrheitsbewusstsein gleichermaßen gegeben ist.

Nachfolgende Anmerkungen zum Text sollen Bezüge schaffen zu Aussagen der anthroposophisch orientierten Medizin, die zum Teil das Verständnis erleichtern oder aber zur Vertiefung der gegebenen Inhalte anregen.

Sie sind im Text jeweils mit fortlaufenden Nummern markiert. Die Unterpunkte geben den Literaturhinweis ab Seite 402 an.

(zu Nr. 1 auf Seite 70)
Die verschiedenen Ätherkräfte: Wärme-, Licht-, Lebens-, und chemischer Äther werden vom Autor mehrfach erwähnt. So wie am physischen Menschen Festes, Flüssiges, Gasförmiges und Wärme wahrgenommen werden können, wird in der geisteswissenschaftlich orientierten Medizin auch der Ätherleib in vier Ätherformen aufgeteilt, die mit den vier Elementen in Zusammenhang stehen. Dazu beschreibt Rudolf Steiner, dass wir die Wärme immer zweifach erleben, als physische, äußere und als feinere oder seelische Wärme. In der äußeren Wärme wirkt die feinere Wärme. In dem, was im Menschen an Luftförmigem vorhanden ist, wirkt das Licht. (Er bemerkt dazu, dass es nicht nur äußeres, sondern auch metamophorisiertes, inneres Licht gibt.) Mit dem Wasser, mit dem flüssigen Element lebt der Chemismus. Das Erdige ist im Menschen nur vorhanden, indem es zu gleicher Zeit gebunden ist an das Leben.

Erdig	Leben
Wasser	Chemismus
Luft	Licht
Wärme	Wärme
Physischer Leib	Ätherleib

Der Mensch wendet den Wärmeäther auf den Wärmeorganismus, den Lichtäther auf den Luftorganismus, den chemischen Äther auf den flüssigen Organismus und den Lebensäther auf seine feste Organisation an.

Wenn vom erdigen, flüssigen, luftigen und vom Wärmeorganismus die Rede ist, gilt es aber zu berücksichtigen, dass im Sinne der Geisteswissenschaft mit flüssig, luftig usw. nicht die in der Physik gebräuchliche Definition der Aggregatzustände gemeint ist. So würden wir im normalen physikalischen Sinne sicher die Muskeln als fest einordnen und nur die Flüssigkeiten, wie zum Beispiel Blut und Lymphe als flüssig definieren. Rudolf Steiner spricht hingegen zum Beispiel von der Muskulatur als zum flüssigen Menschen zugehörig. Auch mit Luftförmigem ist in diesem Sinne zum Beispiel nicht die Atemluft gemeint, sondern die inneren Organe gehören zum luftigen Menschen. Um in diesem Sinne die vier im Menschen waltenden Elemente zu erfassen, ist laut Rudolf Steiner zum Erfassen des Wärmeorganismus die Intuition, zum Verstehen der inneren Organe und des Luftigen die Inspiration und zur Erkenntnis des Muskelsystems die Imagination notwendig. Einzig das Knochensystem, der erdige Mensch, lässt sich durch die normale, gedankliche Anschauung erfassen.[1.1]

(zu Nr. 2 auf Seite 75)
Zu den Krankheitsbildern der Wirbelsäulendegeneration, der Arthritis/Arthrose und der Osteoporose sind weitere Ausführungen in dem Vortrag über den Lichtstoffwechsel (S. 318 ff.) zu finden.

(zu Nr. 3 – *cakra* auf Seite 79 und weiteren Seiten)
Unter *cakra* (Rad) versteht man im Yoga 7 Energiezentren, die im feinstofflichen Leib bzw. Astralleib des Menschen angelegt sind. Diese Energiezentren verteilen und lenken auf der vitalen Ebene die mit dem Empfinden noch relativ einfach zugängliche *pranā*- oder Lebensenergie im Organismus. Auf einer höheren, seelischen Ebene hängen sie mit den Tugenden und der Bewusstseinsentwicklung des Menschen zusammen. Mit den Körperübungen des Yoga kann das energetische Niveau der Energiezentren angehoben werden. Für die sogenannte Entfaltung der *cakra*, die zur Erkenntnisbildung und Wahrnehmung der geistigen Welten im Sinne der Imagination, Inspiration und Intuition führt, reichen diese Übungen nicht aus. Zur Neugeburt der Lotusblüten (die *cakra* werden auch Lotusblüten genannt) ist eine sorgfältige Geistesschulung und die Ausbildung verschiedener Charaktertugenden notwendig.[3.1]

(zu Nr. 4 auf Seite 88)
Nach der von Rudolf Steiner entwickelten Betrachtungsweise der Dreigliederung des Menschen kann auch die Haut in drei unterschiedliche Funktionseinheiten eingeteilt werden:[4.1]

- Als unser größtes Sinnesorgan mit zahllosen Nerven ist die Haut ein Ausdruck des Nerven-Sinnes-Systems.
- Dem Stoffwechselsystem zugeordnet werden kann die rege Hauterneuerung und -abschuppung sowie die Tätigkeit der Talg- und Schweißdrüsen.
- Das rhythmische System spiegelt sich im Blut- und Lymphstrom des Hautgewebes und in der Atmungsfunktion der Haut an sich.

Diese Dreigliederung ist auch anatomisch anschaubar in der Unterteilung der Haut in Epidermis (Nerven-Sinnes-System), Corium (rhythmisches System) und Subcutis (Stoffwechsel-Gliedmaßen-System).
R. Steiner geht in seinen physiologischen Betrachtungen[4.2] davon aus, dass die äußere Haut als körperliche Formbegrenzung das ausdrückt, was der Mensch ist, und dass somit in der Haut alles zu finden sein muss, was im Menschen zur Gesamtorganisation gehört. So sind tatsächlich alle vier Wesensglieder im Aufbau der Haut vertreten:

- im Blut die Ich-Organisation,
- in den Nerven das Bewusstsein bzw. der Astralleib,
- in den Drüsen und Absonderungsorganen die Lebensprozesse oder der Ätherleib und
- im Transportieren von Stoffen von einem Organ zum anderen der Ernährungs- und Stoffprozess des physischen Leibes.

Diese Viergliederung entspricht ebenfalls dem anthroposophischen Menschenbild, und es können wohl diese vier Wesensglieder mit den vier Elementen in folgenden Zusammenhang gebracht werden:
Der physische Leib entspricht so gesehen der Erde, der Ätherleib dem Wasser, der Astralleib der Luft und die Ich-Organisation dem Feuer.
Heinz Grill beschreibt in diesem Kapitel das Hautorgan in einer viergegliederten Weise, die sich auf die vier Elemente bezieht, wobei er erwähnt, dass sie im Speziellen in der Lederhaut, im Allgemeinen aber auch insgesamt ein Sinnbild für das Element der Erde sei.

Man findet eine ähnliche Aussage bei Rudolf Steiner:[4.3]
»Der ganze Mensch ist in seiner Haut eigentlich eine Art Erdboden, ...« und »Beim Menschen liegt nur von außen nach innen unter der harten Hornhaut die Lederhaut. Das ist der Erdboden. Und aus dem Erdboden wachsen die Zwiebeln (Pacinische Körperchen, eine Art von Gefühlsnerven) heraus und haben im Gehirn ihre Blüte.«

(zu Nr. 5 auf Seite 95)
Rudolf Steiner erwähnt die Kieselsäure als ein Heilmittel für Hautkrankheiten, die mit Entzündungserscheinungen verbunden sind. Nach seiner Anschauung entlastet die dem Organismus zugeführte Kieselsäure die auf die Haut entfallenden Tätigkeiten des astralischen und des Ich-Organismus, wodurch die nach innen erfolgende Tätigkeit dieser Organismen wieder freigegeben wird und ein Gesundungsprozess eintritt.[5.1]
Die Hirse wird wegen ihres hohen Kieselgehaltes gern als Diätetikum bei Hautkrankheiten empfohlen, wenn es gilt, zwischen »Dickfelligkeit« und zu starker Durchlässigkeit der Haut auszugleichen.[5.2]

(zu Nr. 6 auf Seite 98)
Den Zusammenhang zwischen der Milz und dem Unterbewusstsein beschreibt Rudolf Steiner, wenn er sagt, die Milz sei »in hohem Grade ein starkes unterbe-

wusstes Sinnesorgan«, und etwas später: »Die Milzfunktionen sind nun geradezu anzusprechen als wesentlich das unterbewusste Seelenleben regelnd«, sowie: »In der Milz liegt das Zentrum für die unbewussten Willenszustände.«[6.1]

Er schildert die Milz auch als ein Organ, welches »sehr stark nach der geistigen Seite hinneigt« und welches am leichtesten nach seiner operativen Entfernung durch »sein ätherisches Gegenbild«, also durch die ätherische Milz, ersetzt werden kann.[6.1]

An anderer Stelle ordnet er dem Organ der Milz den Planeten Saturn zu. Den Saturn beschreibt er dort als den äußersten Planeten unseres Sonnensystems, der somit die Grenze, den Abschluss bildet eines in sich selbständigen und unabhängigen Organismus. Und diese Saturnkräfte finden sich in der Bildung der Milz wieder, welche für den menschlichen Organismus eine ähnliche Aufgabe übernimmt wie der Saturn für unser Sonnensystem: ein Isolieren, ein Unabhängigmachen von der Außenwelt (z.B. indem die Milz u.a. zuständig ist dafür, den äußeren Rhythmus der Nahrungszufuhr und auch den Eigenrhythmus, die Eigenregsamkeit der Wesenhaftigkeit der zugeführten Nahrungsmittel unserem inneren Rhythmus des Blutes anzugleichen, damit unser Physisches seiner menschlichen Wesenheit gemäß gestaltet werden kann).[6.2]

So wird in der anthroposophisch orientierten Medizin bei einer Störung dieser Grenzbildung – was bei der Allergie der Fall ist – z.B. Plumbum (Blei, in homöopathischer Form) als das dem Saturn zugehörige Metall eingesetzt. Auch Milzextrakte erweisen sich als wirksam, so wie das von Rudolf Steiner entwickelte Heilmittel für Heuschnupfen, Gencydol, in dem u.a. die zusammenziehenden und abgrenzenden Kräfte der Zitrone und der Quitte zur Wirkung kommen.
Auch bei schizophrenieartigen Erscheinungen sowie bei »Enthusiasmus« und Hypochondrie wird z.B. die Heilwirkung von Plumbum in Anspruch genommen, und zwar als Bleisalbe, über der Milzgegend eingerieben.[6.3]
Zum Thema Allergie sei hier noch auf den später folgenden Vortrag über den Wärmestoffwechsel hingewiesen (S. 305 ff.).

(zu Nr. 7 auf Seite 107)
Im Verlauf seiner geisteswissenschaftlichen Forschung kommt Rudolf Steiner zu einem ähnlichen Ergebnis, nämlich dass es eine Unterscheidung in motorische und sensitive Nerven eigentlich nicht wirklich gebe:
»Die gibt es eben nicht, sondern dasjenige, was man motorische Nerven nennt, sind nichts anderes als sensitive Nerven, die die Bewegungen unserer Glieder

wahrnehmen, also dasjenige, was im Stoffwechsel unserer Glieder vor sich geht, wenn wir ›wollen‹. Wir haben also auch in den motorischen Nerven sensitive Nerven, die nur in uns selber wahrnehmen, während die eigentlich sensitiv genannten Nerven die Außenwelt wahrnehmen.« [7.1]

(zu Nr. 8 auf Seite 135)
Zum vegetativen Nervensystem hat Rudolf Steiner in seiner »Okkulten Physiologie« ausführliche Betrachtungen angeführt. Er nennt es dort »sympathisches Nervensystem« und beschreibt als dessen Hauptfunktion, das unbewusste Leben, das in den inneren Organen seinen Ausdruck erhält, nicht ins Bewusstsein hinaufdringen zu lassen: »Wir wissen ja, dass wir vor dem Ins-Bewusstsein-Treten dessen, was sich da unten im Organismus abspielt, geschützt sind durch das sympathische Nervensystem.« [8.1]

Er sagt dazu auch, dass man sich normalerweise erst beim Krankwerden der Organe bewusst wird, dass dies aber auch lange Zeit vor der Krankheitsgrenze, vor allem von hypochondrischen Naturen, durchaus schon empfunden werden kann. Jene würden etwas von den Dingen verspüren, die in ihren inneren Organen vorgehen, allerdings in einer anderen Art, als diese Dinge tatsächlich vorgehen. Auch bereits bei einer unregelmäßigen Tätigkeit unserer Verdauungsorgane, welche uns in unbehaglichen Gefühlen zum Bewusstsein komme, liege ein Hereinstrahlen des sonst unbewussten menschlichen Innenlebens in das Bewusstsein vor, in einer von der tatsächlichen Realität jedoch abgewandelten Weise. Und auf der anderen Seite können aber auch Affekte aus dem Bewusstsein, wie Zorn, Wut, Angst, innere Erregungen der Seele, die innere, unbewusste Organwelt in besonders schädigender Weise beeinflussen. [8.1]

An einer anderen Stelle schildert er, dass gerade durch das sympathische Nervensystem die innere Organwelt in unser Bewusstsein hineintritt:
»Da aber unser körperliches Innere wie alles Physische aus dem Geiste heraus aufbaut ist, so bekommen wir das, was sich als geistige Welt zusammengedrängt hat in den entsprechenden Organen des inneren Menschen, herauf in unser (waches) Ich auf dem Umwege durch das sympathische Nervensystem.« [8.1]
Ähnlich wie Heinz Grill beschreibt Rudolf Steiner diesen Weg des Hineindringens in das leibliche Innere als mystische Versenkung, als Untertauchen in das eigene Ich, als ein Zusammenziehen der ganzen Gewalt und Energie des Ich in den eigenen Organismus hinein. Das Problem liege aber eben darin, dass man bei dieser Versenkung auch alle minder guten Eigenschaften hineindrücke in dieses Innere, dass also alles, »was im leidenschaftlichen Blute ist, mit hineinge-

prägt wird in das sympathische Nervensystem.« So müsse der Mystiker unbedingt vorher Sorge tragen, dass seine minder guten Eigenschaften immer mehr und mehr verschwänden und an Stelle dieser egoistischen Züge selbstlose treten würden.

Man kann damit auch gut nachvollziehen, warum eine von außen vollzogene Manipulation der vegetativen Zentren oder Chakren, ohne vorher durchschrittene Läuterung, zu einer Unordnung und Schwächung im gesamten Zusammenspiel des Nervensystems führen muss. Deshalb betont Heinz Grill immer wieder die Notwendigkeit der Entwicklung eines weiten, objektiven, vom Körper und den in ihm aufgespeicherten Erfahrungen unabhängigen Bewusstseins, welches eine sinnvolle, integrative Steuerung für das vegetative Nervensystem bieten kann.

(zu Nr. 9 – *karma*, auf Seite 147 und weiteren Seiten)
Im einfachen Sprachgebrauch bezeichnet *karma* das Schicksal des Menschen und ist mit der Vorstellung von Reinkarnation und Wiedergeburt verknüpft. Die mit dem Begriff *karma* bezeichneten Gesetzmäßigkeiten und die vielfältigen und komplizierten Zusammenhänge der schicksalsbildenden Kräfte entziehen sich eines einfachen Erklärungsversuches. Das *karma* wird auch das Gesetz von Ursache und Wirkung genannt. In diesem Zusammenhang beschreibt Rudolf Steiner in mehreren Vorträgen 3 Bestandstücke des *karma*:

1. Im Zusammenhang mit dem Ätherleib des Menschen steht der Anteil des *karma*, der die Wachstumskräfte bestimmt und das Wohlbehagen oder Missbehagen als Grundkonstitution des Menschen im Leben verursacht. Es ist das Schicksal, das davon abhängt, wie unser Ätherleib die Säfte zusammensetzt, ob wir groß oder klein werden usw.
2. Im Zusammenhang mit dem Astralleib steht ein Teil, der unsere Sympathien und Antipathien bestimmt. Diese Sympathien und Antipathien, unsere Vorlieben und Begierden bestimmen einen weiteren, großen Teil unseres Schicksals.
3. Im Zusammenhang mit dem eigentlich Menschlichen, dem Ich, steht das Bestandstück des *karma*, das die Ereignisse und Erlebnisse im Menschenleben bestimmt.

Um die Ursachen für die Wirkungen im Menschenleben zu finden, müssen wir in vergangenen Inkarnationen suchen. Sie stehen im Zusammenhang mit den Sternenkonstellationen im vorgeburtlichen Leben.[9.1]

(zu Nr. 10 auf Seite 155)
Siehe auch das Kapitel Seite 290: »Die verjüngende Kraft des Geistes für das Bewusstsein und den Körper«.

(zu Nr. 11 auf Seite 156)
Interessant erscheint auch in diesem Zusammenhang die Zuordnung des Hungergefühls zum Lungenorgan, wie Rudolf Steiner sie getroffen hat.[11.1]

(zu Nr. 12 auf Seite 167)
Hier sei nur kurz hingewiesen auf eine ausführliche Abhandlung der Depression in: »Die Angst als eine jenseitige Krankheit« von Heinz Grill.

(zu Nr. 13 auf Seite 188)
Die öffentliche Darstellung dieser entscheidenden Auffassung vom Herzen als Endpunkt – und nicht als Beginn – des Kreislauflebens war bereits Rudolf Steiner ein sehr großes Anliegen, was aus den vielen Angaben innerhalb seiner zahlreichen Vortragswerke leicht zu erahnen ist. Hier sei nur eine Stelle zitiert: »Die äußere Theorie macht heute das Herz zu einer Pumpe, welche das Blut durch den Körper pumpt, so dass man im Herzen zu sehen hätte das Organ, das den Blutkreislauf reguliert. Das umgekehrte ist wahr. Der Blutkreislauf ist das, was das Ursprünglichste ist, und das Herz gibt in seinen Bewegungen einen Widerklang dessen, was in der Blutzirkulation vor sich geht. Das Blut treibt das Herz, nicht umgekehrt das Herz das Blut.«[13.1]

An einer anderen Stelle vergleicht er das Herz mit einem Thermometer, das mit der Entstehung der äußeren Wärme und Kälte ebenso wenig zu tun habe wie das Herz mit dem, was als Zirkulation im Menschen funktioniere.[13.2]

Otto Wolff nennt den Ursprung der Blutbewegung »primäres Strömen«, welches durch das Ansetzen von Umkreis- oder Ätherkräften im Gebiet der Kapillaren zustande komme und das Blut wie »saugend« in Richtung Herz bewege. Dieses Prinzip der Ätherwirkung sei sozusagen »Leichtekraft«, die der Schwerkraft der Zentral- oder Erdenkräfte also genau entgegengesetzt sei. Voraussetzung für ein Eingreifen dieser ätherischen Kräfte in die Materie sei eine gewisse Kleinheit bei gleichzeitiger Größe der Oberfläche, wie dies ja bei den Kapillaren zutreffend sei.[13.3]
Rudolf Steiner spricht in diesem Zusammenhang davon, dass man in früheren

Zeiten »wusste, dass die innerlichen Säfte des Menschen innerliches Leben haben, dass also die Säfte sich selbst bewegen, dass das Herz nur ein Sinnesorgan ist, um die Säftebewegung in seiner Art wahrzunehmen.«[13.4]

(zu Nr. 14 auf Seite 190)
Rudolf Steiner spricht von Rhythmus als einer tragenden Kraft: »Rhythmus trägt Leben«, und er bezeichnet das Herz als Urbild der Gesundheit, das eigentlich von sich aus nicht krank werden kann. Es gehen von diesem rhythmischen System die eigentlichen Heilungskräfte aus: »Das ganze rhythmische System ist ein Arzt.«

(zu Nr. 15 auf Seite 191)
Siehe dazu das Zitat von Rudolf Steiner in der Anmerkung Nr. 16.

(zu Nr. 16 auf Seite 196)
Interessant dürfte hierzu eine Ausführung von Rudolf Steiner sein, in der er das Herz als ein Zukunftsorgan beschreibt, das noch entwicklungsbedürftig ist: »Das, was die bewegende Kraft des Blutes ist, sind die Gefühle der Seele. Die Seele treibt das Blut, und das Herz bewegt sich, weil es vom Blute getrieben wird. Also genau das Umgekehrte ist wahr von dem, was die materialistische Wissenschaft sagt. Nur kann der Mensch sein Herz heute noch nicht willkürlich leiten; wenn er Angst hat, schlägt es schneller, weil das Gefühl auf das Blut wirkt und dieses die Bewegung des Herzens beschleunigt. Aber das, was der Mensch heute unwillkürlich erleidet, wird er später auf höherer Stufe der Entwicklung in der Gewalt haben. Er wird später sein Blut willkürlich treiben und sein Herz bewegen wie heute die Handmuskeln. Das Herz mit seiner eigentümlichen Konstruktion ist für die heutige Wissenschaft eine Crux, ein Kreuz. Es besitzt quergestreifte Muskelfasern, die sonst nur bei willkürlichen Muskeln gefunden werden. Warum? Weil das Herz heute noch nicht am Ende seiner Entwicklung angelangt, sondern ein Zukunftsorgan ist, weil es ein willkürlicher Muskel werden wird. Daher zeigt es heute schon die Anlage dazu in seinem Bau.«[16.1]

(zu Nr. 17 auf Seite 202)
Eine sehr schöne Beschreibung einer umfassenden Heilung gibt Otto Wolff im Kapitel »Das rhythmische System« des Buches: »Das Bild des Menschen als Grundlage der Heilkunst«.

»Erst wenn der Mensch von sich aus eine neue Verbindung zu seinem göttlich-geistigen Ursprung wiedergefunden hat, ist die mit der Trennung verbundene Disharmonie und Krankheit überwunden, eine neue Einheit und Harmonie geschaffen unter Wahrung der Freiheit. Dieser Vorgang wurde als jeder Heilung zugrunde liegend beschrieben.«

(zu Nr. 18 – Elementargeister auf Seite 209)
Als Elementargeister werden geistige Wesenheiten bezeichnet, die in der feinstofflichen Ätherregion existieren und an der Ausformung der Materie im gesamten Naturreich arbeiten. In der Geisteswissenschaft, Esoterik und auch in Märchen und älteren Schriften werden sie auch mit Gnomen, Undinen, Sylphen und Salamander benannt. Dabei werden die Gnome als Erdgeister, die Undinen als Wasser-, die Sylphen als Luft- und die Salamander als Feuergeister bezeichnet. Im Pflanzenreich z. B. arbeiten die Gnome an der Ausgestaltung der Wurzel Undinen am Blattwerk, Sylphen an der Blüte und Salamander an der Fruchtbildung. In früheren Kulturepochen konnten die Elementargeister von Menschen noch direkt wahrgenommen werden und mit ihnen kommunizieren. In Anlehnung an Rudolf Steiner gibt Wilhelm Pelikan im 3. Band seiner Heilpflanzenkunde eine ausführlichere Schilderung zum Thema Elementargeister.

(zu Nr. 19 auf Seite 239)
Diese Wechselwirkungen zwischen dem Stoffwechsel und dem Nervensystem beschreibt bereits ausführlich Rudolf Steiner im Rahmen des dreigegliederten Menschenbildes in einigen seiner Vorträge.

So zum Beispiel in dem Vortragszyklus »Geisteswissenschaft und Medizin«, wo er das Krankheitsbild der Migräne folgendermaßen darstellt:
»Die Migräne ist ja in Wahrheit nichts anderes als ein Verlegen von Verdauungstätigkeiten, die eigentlich im übrigen Organismus sitzen sollten, in den Kopf hinein, ... Es ist darüber zu sagen, dass durch dieses Stattfinden einer nicht in den Kopf hineingehörigen Verdauungstätigkeit den Kopfnerven etwas aufgeladen wird, von dem sie im normalen Leben entlastet sind. Gerade dadurch, dass im Kopfe nur eine ganz geregelte Verdauungstätigkeit, also Aufnahmetätigkeit, vor sich geht, dadurch sind die Kopfnerven entlastet, sind zu Sinnesnerven umgestaltet. Dieser Charakter wird ihnen genommen, wenn im Kopfe eine so wie eben charakterisierte ungeordnete Tätigkeit stattfindet. Sie werden daher innerlich empfänglich, empfindlich, und auf dieser innerlichen Empfindung desjenigen, für was der Innenorganismus eben keine Empfindung haben sollte, beruhen

auch die Schmerzen, die bei der Migräne auftreten, überhaupt diese ganzen Zustände. Es ist auch durchaus begreiflich, wie ein Mensch sich fühlen muss, der, statt dass er die Umwelt, die Außenwelt wahrnimmt, plötzlich gezwungen ist, das Innere seines Kopfes wahrzunehmen. Nun, wer aber diesen Zustand richtig erschaut, wird bei der Migräne doch nur als auf das beste Heilmittel auf das In-Ruhe-Ausschlafen derselben oder dergleichen hinweisen können.«[19.1]

Ähnlich schildert er das Entstehen einer sogenannten Geisteskrankheit als die Folge einer Organerkrankung:
»Aber man wird immer finden, dass gerade bei den sogenannten Geisteskrankheiten, die eigentlich ihren Namen mit Unrecht führen, physische Krankheitsprozesse irgendwo verborgen vorliegen. Ehe man dilettantisch gerade bei Geisteskrankheiten herumhantieren will, soll man eigentlich den physischen Krankheitsherd, der sich manchmal sehr verbirgt, diagnostisch richtig finden, dann wird man gerade wohltätig wirken durch entsprechende Heilung des physischen Organismus.«[19.2]

(zu Nr. 20 auf Seite 242)
Rudolf Steiner hat in seinen medizinischen Ausführungen öfter darauf hingewiesen, dass im Grunde nicht Bakterien, Viren, Pilze etc. eine Krankheit verursachen, sondern dass sich diese nur vermehrt in Bereichen ansiedeln, die ihnen ein für sie günstiges Milieu, einen guten Mutterboden sozusagen bieten. Wie solch ein krankes Milieu z.B. im Darm entstehen kann, schildert er wie folgt:
»Dasjenige, was sehr in Betracht kommt, das ist, dass durch eine gewisse Beziehung des Oberen und Unteren im Menschen, wie ich sie in diesen Tagen charakterisiert habe, eben die Veranlassung gegeben werden kann, dass nicht das richtige Wechselverhältnis besteht zwischen dem Oberen und dem Unteren. So dass also durch eine zu geringe Gegenwirkung des oberen Menschen in dem unteren Menschen Kräfte tätig sein können, welche nicht aufhalten können den, ich möchte sagen, veranlagten und aufzuhaltenden Vegetationsprozess, den Prozess des Pflanzenwerdens. Dann ist auch die Entstehung einer reichlichen Darmflora gegeben und dann wird die Darmflora zur Anzeige dafür, dass eben der Unterleib des Menschen nicht in entsprechender Weise arbeitet.«[20.1]

Zur Candidiasis siehe auch den weiter hinten abgedruckten Vortrag über den Lichtstoffwechsel (S. 318 ff.).

(zu Nr. 21 auf Seite 255)
Die Sinnestätigkeit der Niere wird von Rudolf Steiner mit folgenden Worten beschrieben:
»Die Niere ist zum Beispiel ein Sinnesorgan, das in feiner Weise das wahrnimmt, was im Verdauungs- und Ausscheideprozess sich vollzieht.«
Als ein Beispiel für die Nierenpathologie nennt er einen Zustand, in dem die Niere »zu wenig Sinnesorgan ist für die umliegenden Verdauungs- und Ausscheideprozesse; sie ist zuviel Stoffwechselorgan, das Gleichgewicht ist gestört.«
Als Heilmittel für solch ein Krankheitsgeschehen gibt er Equisetum arvense (Ackerschachtelhalm, Zinnkraut) an, da dies den für die Sinnestätigkeit nötigen Kieselsäureprozess durch seine schwefelsauren Salze zum Organ der Niere hinbringt.[21.1]

(zu Nr. 22 auf Seite 257)
Den Zusammenhang, den Heinz Grill zwischen der heutigen Kultur des Materialismus und einer in unserer Zeit sehr häufig zu beobachtenden gestörten Tätigkeit der Nierenorgane herstellt, könnte man zu Aussagen Rudolf Steiners in Beziehung setzen, in welchen dieser feststellt, dass das Seelenleben des Menschen in verschiedenen Zeitepochen jeweils in bevorzugter Beziehung zu den einzelnen Organen stehe. Etwa seit Mitte des 19. Jahrhunderts gewinne hierbei die Niere eine größere Bedeutung.

»Aber das neunzehnte Jahrhundert ist stolz darauf geworden, nichts von Seele und Geist zu wissen, und die Folge davon war, dass diese Riesen-Nierenkrankheit, die heute noch in der Welt schleicht, aufgetreten ist. (Rudolf Steiner meint damit den ersten Weltkrieg, den er als Nierenkrankheit der Menschheit bezeichnet.) Also die Zukunft wird einmal sagen: Wodurch ist denn die Menschheit im Anfang des zwanzigsten Jahrhunderts benebelt worden? Durch eine unbemerkte Nierenkrankheit! – Das ist es, was einem heute zu Herzen geht. Und man kann zweierlei wollen: Man kann die Sachen so fortlaufen lassen, wie sie jetzt fortlaufen; dann werden ja die Ärzte einmal recht viel zu tun haben. Die Menschen werden immer unfähiger und unfähiger werden, etwas Vernünftiges zu denken. Sie werden immer müder und müder werden. Es wird dasjenige, was heute, nicht wahr, zu einer sehr großen Höhe gediehen ist, dieses ganze unsinnige Treiben, es wird aufs höchste kommen. Die Menschen werden schwach werden, und die Ärzte werden den Urin untersuchen; da werden sie allerlei schöne Dinge darin finden, nicht wahr: Eiweißkörper, Zucker und so weiter. Man wird nur finden, dass die Nierentätigkeit in Unordnung ist. ... Aber man wird nicht wissen, wie der Zusammenhang ist. ... Der andere Weg ist der: Man

... reformiere das geistige Leben der Menschheit, bringe ordentliche geistige Gedanken in den Menschen hinein.«

Er schildert dann noch, dass es nicht genüge, sich nur auf äußerliche Art Gedanken oder Theorien einzuprägen, es müsse für den Menschen dasjenige, was er aufnimmt, so werden, dass es ihn innerlich durchdringe.
»Dieses innerliche Frohsein, dieses tiefe Interesse, das ist es, was man braucht für das geistige Leben. Und dadurch, dass der Mensch sich durchdringt mit Interesse, wird das zu schwer gewordene Blut – in allen Menschen ist ja heute das Blut zu schwer geworden – wiederum leichter gemacht. Die Nieren werden vergeistigt, und die Folge davon wird sein, dass es besser werden wird in der Welt, wenn die Menschen wiederum etwas werden wissen wollen von dem, was ihnen schon seit Jahrhunderten genommen worden ist.«[22.1]

Otto Wolff beschreibt in diesem Kontext den Unterschied zwischen einem bloß intellektuellen und einem mehr empfindenden und schöpferischen Denken:
»Die ganze Seelenart und die veränderten Reaktionsweisen der Menschen stehen damit im Zusammenhang. Um eine richtige Eingliederung des Astralleibes im Nierengebiet zu ermöglichen, ist es nötig, Gedanken nicht nur äußerlich aufzunehmen, sondern diese innerlich zu durchdringen. Die nicht durchdrungenen Gedanken werden abstrakt, intellektuell und leben nur im Kopfgebiet; sie sind kraftlos und berühren den übrigen Organismus nicht. Innerlich durchdrungene Gedanken gehen aus der Aktivität des Menschen hervor. In ihnen leben die Herzenskräfte des Fühlens und die Schöpferkräfte des Willens. Hier liegen Ansätze zu einer umfassenden seelischen Hygiene.«[22.2]

(zu Nr. 23 auf Seite 260)
Die schizoide Angst sowie weitere Formen von Ängsten und Depressionen werden ausführlich in dem Buch: »Die Angst als eine jenseitige Krankheit« von Heinz Grill dargestellt.

(zu Nr. 24 auf Seite 283)
Bei der Betrachtung der Naturreiche in ihrem Zusammenhang mit den Wesensgliedern des Menschen wird in der von Rudolf Steiner begründeten Geisteswissenschaft der Anthroposophie eine Verbindung gesehen zwischen Mineralreich und physischem Leib, zwischen Pflanzenreich und Lebens- oder Ätherleib und zwischen Tierreich und Seelen- oder Astralleib. Wenn nun Heinz Grill das Pflanzenreich mit der Seele des Menschen in Beziehung setzt, so gründet sich dies auf

einem von den Qualitäten des Astralleibes zu unterscheidenden Verständnis des Seelendaseins, das über die Dualitäten von Sympathie und Antipathie und die entsprechende Welt der Gefühle und Emotionen hinausgeht und ein reinstes, ätherisches Sein beschreibt, welches im Innersten des Ätherleibes gegründet ist und als die »Reinheit der Seele« bezeichnet werden könnte.

(zu Nr. 25 auf Seite 292)
In Rudolf Steiners »Eine okkulte Physiologie« [25.1] ist die Wirkungsweise von Seelen- oder Konzentrationsübungen auf ein leibfreies Wahrnehmen der Außenwelt bis in die Vorgänge des physischen Leibes hinein dargestellt.

Er beschreibt dort, dass bei dem normalen Wahrnehmungsvorgang eines äußeren Objektes der Weg von den Sinnesorganen aus über die Nerven des Gehirn-Rückenmark-Nervensystems bis hinein ins Blut sich vollzieht. Die Wirkung der äußeren, physischen Erscheinung auf unser Seelenleben (im Sinne des Astralleibes) wird über den Weg der Nerven sozusagen in die »Bluttafel« – und somit in das Werkzeug des individuellen Ich – hineingeschrieben. Nun besteht aber für den Menschen die Möglichkeit, durch ein Üben von »scharfer innerer Konzentration der Seele« den Nerv gleichsam voll in Anspruch zu nehmen und ihn dadurch vom Blutlauf zurückzuziehen, so dass eine Wechselwirkung zwischen Blut und Nerv nicht mehr stattfinden kann. Der Nerv wird auf diese Weise befreit von dem Zusammenhang mit dem Blutsystem und somit auch befreit von dem, wofür das Blutsystem das äußere Werkzeug ist, also befreit von den gewöhnlichen Erlebnissen des Ich.

»Und es ist in der Tat so – und das kann vollständig experimentell belegt werden –, dass durch die Erlebnisse der geistigen Schulung, die in die höheren Welten hinaufführen soll, durch die anhaltende scharfe Konzentration das gesamte Nervensystem zeitweise dem gewöhnlichen Zusammenhang mit dem Blutsystem und dessen Aufgabe für das Ich entrückt wird.«

Durch diesen Vorgang entsteht eine ganz andere Art des inneren Erlebens, ein vollständig veränderter Bewusstseinshorizont.

Im normalen Leben bezieht der Mensch die Eindrücke, die von außen kommen, auf sein Ich. Durch diese innere Konzentration jedoch hebt er sozusagen sein Nervensystem aus der Wirkung auf sein Blutsystem heraus, »dann lebt er auch nicht in seinem bisherigen gewöhnlichen Ich.« ...

»Der Mensch fühlt sich hinweggehoben von dem ganzen Blutsystem, gleichsam herausgehoben von dem ganzen Blutsystem, gleichsam herausgehoben aus dem Organismus. Es ist ein bewusstes Herausheben des Ich aus dem Wirkungsbereich des Astralleibes.«

Der Mensch empfindet sich damit in einem anderen, sozusagen makrokosmischen Ich, er fühlt das Hereinragen einer übersinnlichen Welt. Er lebt eigentlich damit außerhalb seiner selbst, in dem Objekt der Außenwelt drinnen. Er empfindet den physischen Menschen wie etwas Äußerliches und identifiziert sich nicht länger mit ihm.

»Wenn wir aber die Seele so entwickelt haben, dass wir gleichsam an den Nervenenden kehrtmachen, dann haben wir das Blut ausgeschaltet von dem, was wir den höheren Menschen nennen, zu dem wir kommen können, wenn wir von uns selber loskommen.« (Vgl. hierzu die Hinweise von Heinz Grill, dass zu einer ganzheitlichen Heilung grundsätzlich ein bewusstes In-Ruhe-Lassen und eine Ausrichtung zu höheren Zielen und Dimensionen notwendig ist.)

Besteht dieser enge Zusammenhang zwischen Nerv und Blut, so spricht Rudolf Steiner von dem normalen Bewusstseinszustand, Heinz Grill nennt dies auch ein projizierendes, leibabhängiges Denken. Bei dem oben geschilderten Durchbrechen dieses Zusammenwirkens zeigt sich ein »herausgehobener« Bewusstseinszustand, im Sprachgebrauch von Heinz Grill ist dann der Gedanke leibunabhängig, in ein freies Licht erhoben, was dann der Imagination oder auch der Äthertrennung entspricht. (Siehe auch das Kapitel: »Wie erlangt man geistige Erkenntnisse?« S. 376 ff.)

Weiter heißt es bei Rudolf Steiner, dass, wenn man also lernt, sich selbst wie einer fremden Person gegenüberzustehen, dann fühlt man eine höhere Wesenheit in sein Seelenleben hineinragen und die Objekte und Wesen der Außenwelt erscheinen einem zur gleichen Zeit nicht mehr als etwas Fremdes, sondern es ist, »wie wenn das andere Wesen in uns eindringen würde und wir uns mit ihm eins fühlten.« Es schreibt sich also dann die geistige Welt ein in unsere »Bluttafel« und dadurch in unser individuelles Ich, das man – bringt man es in Zusammenhang mit der Begrifflichkeit von Heinz Grill – wohl mit einem realen Seelenwachstum, mit einer Zunahme an Schöpferkraft oder Selbstkraft, mit einer Wiedereingliederung in den Weltenzusammenhang vergleichen kann.

Literaturhinweise

1.1 Steiner, Rudolf: »Meditative Betrachtungen und Anleitungen zur Vertiefung der Heilkunst«, 6. Vortrag

3.1 Ausführliche Beschreibung der *cakra* siehe: Heinz Grill, »Die sieben Lebensjahrsiebte, die sieben Energiezentren und die Geburt aus Geist und Wasser« und Rudolf Steiner, »Wie erlangt man Erkenntnisse der höheren Welten«).

4.1 Husemann/Wolff: Das Bild des Menschen als Grundlage der Heilkunst, Bd. 3, Verlag Freies Geistesleben, Stuttgart
4.2 Steiner, Rudolf: Eine okkulte Physiologie (GA 128), 6. Vortrag
4.3 Steiner, Rudolf: Über Gesundheit und Krankheit (GA 348), 7. Vortrag

5.1 Steiner, Rudolf: Grundlegendes für eine Erweiterung der Heilkunst (GA 27)
5.2 Renzenbrink, Udo: Ernährung und Krebs, Arbeitskreis für Ernährungsforschung e.V., Bad Vilbel

6.1 Steiner, Rudolf: Geisteswissenschaft und Medizin (GA 312), 15. und 16. Vortrag
6.2 Steiner, Rudolf: Eine okkulte Physiologie (GA 128), 3. Vortrag
6.3 Bott, Victor: Anthroposophische Medizin (Bd. I und II), Haug Verlag, Heidelberg

7.1 Steiner, Rudolf: Eine okkulte Physiologie (GA 128), 3. Vortrag

8.1 Steiner, Rudolf: Eine okkulte Physiologie (GA 128), 2. und 3. Vortrag

9.1 Steiner, Rudolf: »Esoterische Betrachtungen karmischer Zusammenhänge«, mehrere Bände; Steiner, Rudolf: »Geheimwissenschaft im Umriss« u. a.; siehe auch Grill, Heinz: »Verborgene Konstellationen der Seele« und »Initiatorische Schulung in Arco, Seelsorge für die Verstorbenen«

11.1 Steiner, Rudolf: Geisteswissenschaft und Medizin (GA 312), 11. Vortrag

13.1 Steiner, Rudolf: Welche Bedeutung hat die okkulte Entwicklung des Menschen für seine Hüllen – physischen Leib, Ätherleib, Astralleib – und sein Selbst? (GA 145), 2. Vortrag
13.2 Steiner, Rudolf: Geisteswissenschaftliche Gesichtspunkte zur Therapie (GA 313), 6. Vortrag
13.3 Husemann/Wolff: Das Bild des Menschen als Grundlage der Heilkunst, Bd. 3, Verlag Freies Geistesleben, Stuttgart
13.4 Steiner, Rudolf: Der Entstehungsmoment der Naturwissenschaft (GA 326), Vortrag 3.1.1923

16.1 Steiner, Rudolf: Die Theosophie des Rosenkreuzers (GA 99), Vortrag 5.6.1907

19.1 Steiner, Rudolf: Geisteswissenschaft und Medizin (GA 312), 16. Vortrag
19.2 Steiner, Rudolf: Geisteswissenschaft und Medizin (GA 312), 16. Vortrag

20.1 Steiner, Rudolf: Geisteswissenschaft und Medizin (GA 312), 4. Vortrag

21.1 Steiner, Rudolf: Geisteswissenschaft und Medizin (GA 319), Vortrag 21.7.1924

22.1 Steiner, Rudolf: Rhythmen im Kosmos und im Menschenwesen (GA 350), Vortrag 28.7.1923
22.2 Husemann/Wolff: Das Bild des Menschen als Grundlage der Heilkunst, Bd. 3, Verlag Freies Geistesleben, Stuttgart

25.1 Steiner, Rudolf: Eine okkulte Physiologie (GA 128), 2. und 3. Vortrag

GA = Gesamtausgabe der Werke Rudolf Steiners; alle erschienen im Rudolf Steiner Verlag, Dornach/Schweiz

ZUM AUTOR:

Der 1960 in der Nähe von Wasserburg am Inn geborene Autor Heinz Grill lebt und arbeitet als Heilpraktiker, Yogalehrer und spiritueller Lehrer. Seine Werke über medizinische und heilkundliche Themen sind aus eigenständiger geistiger Schau und Forschung sowie aus der jahrzehntelangen praktischen Erfahrung im Umgang mit kranken Menschen entstanden.

Die Auseinandersetzung mit der Heilkunst und seine langjährige Arbeit als Heilpraktiker haben ihn zu der Erkenntnis geführt, dass zu einer umfassenden Heilung neben der Behandlung mit Mitteln vor allem eine schöpferische Aktivität und Bewusstseinsformung notwendig ist, die im Weiteren eine Stärkung der Seelenkräfte bewirkt. Sein Anliegen, das innere Wissen um die Seele an andere weiterzugeben, führte unter anderem zur Begründung des »Yoga aus der Reinheit der Seele« und zur »Initiatorische Schulung in Arco«.

Viele Leser schätzen seine Schriften, da in ihnen auf einmalige Weise Erkenntnisse aus der Geisteswissenschaft mit medizinischen und naturheilkundlichen Realitäten eine Synthese finden. Aufgrund erheblicher Behinderung seiner Arbeit vornehmlich von kirchlichen Institutionen in Deutschland und Österreich hält sich Heinz Grill zur Zeit im Asyl in Italien auf.

Außer den Werken zu heilkundlichen Themen existieren zahlreiche Veröffentlichungen zu Yoga, Spiritualität, Erziehung, Ernährung und Naturerkenntnis.

Kontaktadresse für weitere Informationen zum Thema:

Büro Heinz Grill
I-38074 Dro, Via Battisti 4
Tel. 00 39 / 0464 / 54 47 17

Heinz Grill

Erklärung, Prophylaxe, Therapie
der

Krebskrankheit

aus ganzheitlicher medizinischer
und spiritueller Sicht

272 Seiten
2 Zeichnungen sw, 21 Farbbilder
ISBN 3-935925-67-0

AUSZUG AUS DEM INHALT:

– Was ist die Krankheit Krebs
– Ursachen der Krebskrankheit, Mut zu einem bewussten Neuanfang
– Aktive und passive Unterstützung des Immunsystems
– Aktive Immunstärkung durch die Übungen des Yoga
– Die Heilung von entstandenen psychischen Verletzungen
– Das Immunsystem aus geistiger Sichtweise
– Die heilstherapeutische Anwendung von Yoga-Körperübungen
– Karma und die Krebskrankheit
– Die Erklärung der Krebskrankheit aus der Wesensschau des Geistes

»*Die in diesem Buch beschriebenen Übungen erscheinen meistens für den Anfang etwas ungewöhnlich und sind noch nicht sogleich wie ein alternatives Rezept zu verwenden. Es ist aber nicht das Gewöhnliche, das Altbekannte, das Materielle oder die passive Erwartungshoffnung, die Konsumbereitschaft oder märtyrerhafte Hingabe, die ein Heil hervorrufen. Es ist vielmehr das Ungewöhnliche, das Ungeborene oder noch nicht Bekannte, das die Heilung im Inneren vollziehen kann. Aus diesen Gründen dürfen wir nicht mit einer rein konsumorientierten Einstellung an die Übungen zur Stärkung des Immunsystems herangehen. Wir müssen uns vielmehr immer wieder über einige Grenzen hinwegbewegen lernen und in das Angesicht von neuen Gedankengängen blicken lernen. In der eigenen Psyche finden sich für den Menschen die größten Möglichkeiten, sich selbst zu stärken und neue Quellen der Energie zu erschließen.*« *Heinz Grill*

WEITERE TITEL VON HEINZ GRILL:

Erkenntnisgrundlagen zur Bhagavad Gita
Der östliche Pfad des Yoga und der westliche Pfad der Nachfolge Christi
3-935925-62-X

Erziehung und Selbsterziehung
Die Seele als schöpferisches Geheimnis der werdenden Persönlichkeit
3-935925-66-2

Erklärung, Prophylaxe, Therapie der Krebskrankheit aus ganzheitlicher medizinischer und spiritueller Sicht
3-935925-67-0

Initiatorische Schulung in Arco, Band VI
Gemeinschaftsbildung und Kosmos
Die Individualität im Verhältnis zur Universalität (Der Mensch und das Tierreich)
3-935925-61-1

Initiatorische Schulung in Arco, Band V
Die Seelsorge für die Toten
3-935925-68-9

Initiatorische Schulung in Arco, Band IV
Der Hüter der Schwelle und der Lebensauftrag
3-935925-69-7

Initiatorische Schulung in Arco, Band III
Ein neuer Yogawille für ein integratives Bewusstsein in Geist und Welt
3-935925-70-0

Initiatorische Schulung in Arco, Band II
Übungen zur Erkenntnisbildung der höheren Welten
3-935925-71-9

Initiatorische Schulung in Arco, Band I
Die Herzmittelstellung und die Standposition im Leben
3-935925-72-7

Verborgene Konstellationen der Seele
Wie wirken das Ich, der Engel, Erzengel und Archai im Werden der Seele?
3-935925-73-5

Der Archai und der Weg in die Berge
Eine spirituell-praktische Anleitung in der Ergründung der Wesensnatur des Berges
3-935925-65-4

Cass. Die Wirkungen von Karma aus seelisch-geistiger Sicht
3-935925-75-1

Die Orientierung und Zielsetzung des »Yoga aus der Reinheit der Seele«
Eine exoterische Arbeitsgrundlage
3-935925-77-8

Die geistige Bedeutung des Schlafes
3-935925-78-6

Cass. Die Philosophie des Yoga und die verschiedenen Arten der christlichen Einweihung und der Einweihung der Bhagavad Gita
3-935925-79-4

Cass. Die Zunahme von Ängsten und ihre Heilung – Selbsterziehung und unterstützende Maßnahmen bei Ängsten
3-935925-81-6

Cass. Die Bedeutung von Gebeten und spirituellen Übungen auf die jenseitige Welt des Totenreiches
3-935925-83-2

Über die Einheit von Körper, Seele und Geist
Vorträge vom Frühjahr und Sommer 1997
3-935925-84-0

Geistige Individuation innerhalb der Polaritäten von Gut und Böse
Das Bewußtsein an der Schwelle zur geistigen Welt
3-935925-85-9

Die Wirksamkeit des Heiligen Geistes in Sakrament und Wort – Ein ökumenischer Beitrag
3-935925-87-5

Lebensgang und Lebensauftrag für Religion und Kirche – Eine autobiographische Skizze
3-935925-88-3

Die Kirche und ihr geistiger Weltenzusammenhang
3-935925-89-1

Die Angst als eine jenseitige Krankheit
Praktische und spirituelle Grundlagen zur Überwindung von Depressionen und Ängsten
3-935925-91-3

Die Heilkraft der Seele und das Wesen des selbstlosen Dienens
3-935925-92-1

Die Vergeistigung des Leibes
Ein künstlerisch-spiritueller Weg mit Yoga
3-935925-93-X

Die sieben Lebensjahrsiebte, die sieben Energiezentren und die Geburt aus Geist und Wasser
3-935925-94-8

Die Offenbarung nach Johannes
Vorträge über das geheimnisvolle Dokument
3-935925-95-6

Yoga und Christentum
Grundlagen zu einer christlich-geistigen Meditations- und Übungsweise
3-935925-96-4

Lieder in Hingabe an Gott
3-935925-97-2

Das Hohelied der Asanas – Fortgeschrittene Asanas – ihre geistige Bedeutung und praktische Ausführung
3-935925-98-0

Ernährung und die gebende Kraft des Menschen
Die geistige Bedeutung der Nahrungsmittel
3-935925-99-9